Avaliação de Impacto na Prática

SEGUNDA EDIÇÃO

Visite o site do livro *Avaliação de Impacto na Prática* em http://www.worldbank.org/ieinpractice. O site contém materiais que complementam o livro, tais como: soluções para as perguntas do estudo de caso HISP, bem como os conjuntos de dados e códigos de análise correspondentes no software Stata; um acompanhamento técnico que oferece um tratamento mais formal da análise dos dados; apresentações em PowerPoint relacionadas aos capítulos; uma versão eletrônica do livro com hyperlinks para outros sites; e links para materiais adicionais.

Este livro só foi possível graças ao generoso apoio do Fundo Estratégico de Avaliação de Impacto (SIEF). Lançado em 2012, com o apoio do Departamento para o Desenvolvimento Internacional do Reino Unido (DfID), o SIEF é um programa de parceria que promove a formulação de políticas públicas baseadas em evidências. Atualmente, o fundo concentra-se em quatro áreas críticas para o desenvolvimento humano saudável: educação básica, sistemas de saúde e prestação de serviços, desenvolvimento e nutrição na primeira infância e água e saneamento. O SIEF trabalha em todo o mundo, principalmente em países de baixa renda, levando seu conhecimento técnico e as evidências coletadas com a prática da avaliação de impacto para vários programas e equipes de formulação de políticas públicas.

Avaliação de Impacto na Prática

SEGUNDA EDIÇÃO

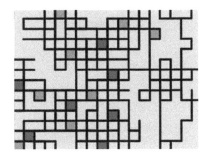

Paul J. Gertler, Sebastián Martínez,

Patrick Premand, Laura B. Rawlings

e Christel M. J. Vermeersch

SUMÁRIO

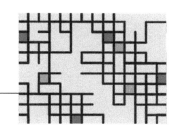

PARTE 4. COMO OBTER DADOS PARA A AVALIAÇÃO DE IMPACTO

Figuras

Quadros

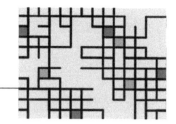

PREFÁCIO

Este livro oferece uma introdução acessível ao tema da avaliação de impacto e sua prática na agenda de desenvolvimento socioeconômico. Fornece orientações práticas para a concepção e implementação de avaliações de impacto, juntamente com uma visão geral não técnica de métodos de avaliação de impacto.

Esta é a segunda edição do manual de *Avaliação de Impacto na Prática*. Publicado pela primeira vez em 2011, o manual tem sido amplamente utilizado por comunidades acadêmicas e de fomento ao desenvolvimento em todo o mundo. A primeira edição está disponível em inglês, francês, português e espanhol.

A versão atualizada abrange as mais recentes técnicas de avaliação de programas e recomendações para implementação, bem como um conjunto mais amplo de exemplos e estudos de casos que se baseiam em intervenções recentes de fomento à agenda de desenvolvimento socioeconômico. Inclui também novos materiais sobre ética de pesquisa e parcerias para conduzir avaliações de impacto. Ao longo do livro, estudos de caso ilustram aplicações das avaliações de impacto. O livro fornece links para materiais didáticos complementares disponíveis on-line.

A abordagem da avaliação de impacto neste livro é, em boa medida, intuitiva e tentamos minimizar a notação técnica. Os métodos são extraídos diretamente de pesquisa aplicada na área de ciências sociais e compartilham muitas semelhanças com os métodos de pesquisa utilizados nas ciências naturais. Nesse sentido, a avaliação de impacto reúne ferramentas de pesquisa empírica amplamente utilizadas na economia e em outras ciências sociais, juntamente com as realidades operacionais e de economia política relacionadas à implementação de políticas públicas e práticas de desenvolvimento.

Nossa abordagem da avaliação de impacto também é pragmática: acreditamos que os métodos mais apropriados devem ser identificados para atender ao contexto operacional, e não o contrário. A melhor maneira de alcançar esse objetivo é no início de um programa, por meio da criação de avaliações de impacto prospectivas que sejam formuladas durante a implementação do projeto. Argumentamos que a obtenção de consenso entre as principais partes interessadas e a identificação de um desenho de avaliação que satisfaça o contexto político e operacional são tão importantes quanto o próprio método. Também acreditamos que as avaliações de impacto devem ser claras sobre suas limitações e ressalvas. Por fim, incentivamos fortemente os responsáveis pela formulação de políticas públicas e os gestores de programas a considerar as avaliações de impacto como parte de uma teoria da mudança bem desenvolvida que defina claramente os mecanismos causais pelos quais um programa atua para produzir e influenciar resultados, e os encorajamos a combinar avaliações de impacto com o monitoramento e a avaliação complementar para obter uma visão completa dos resultados.

Nossas experiências e lições sobre como fazer avaliação de impacto na prática são extraídas do ensino e do trabalho com centenas de parceiros competentes das áreas governamental, acadêmica e de desenvolvimento socioeconômico. Este livro se baseia em experiências obtidas durante dezenas de anos trabalhando com avaliações de impacto em quase todos os cantos do globo e é dedicado às futuras gerações de profissionais e responsáveis pela formulação de políticas públicas.

Esperamos que o livro seja um recurso valioso para a comunidade que atua com o desenvolvimento internacional, universidades e gestores públicos que buscam cultivar melhores evidências a respeito do que funciona para a agenda de desenvolvimento. Mais e melhores avaliações de impacto ajudarão a fortalecer a base de evidências para a criação de políticas e programas de desenvolvimento em todo o mundo. Nossa esperança é que, se os governos e os profissionais da área de desenvolvimento puderem tomar decisões políticas baseadas em evidências — incluindo evidências geradas por meio da avaliação de impacto —, os recursos destinados ao desenvolvimento socioeconômico serão gastos de maneira mais eficaz para reduzir a pobreza e melhorar a vida das pessoas.

Roteiro para o conteúdo do livro

Parte 1 – Introdução à avaliação de impacto (capítulos 1 e 2) discute por que a avaliação de impacto pode ser realizada e quando vale a pena fazê-la. Analisamos os vários objetivos que a avaliação de impacto pode alcançar e destacamos as questões de políticas públicas fundamentais que ela pode vir a responder. Insistimos na necessidade de traçar cuidadosamente uma teoria da mudança que explique os mecanismos pelos quais os programas podem influenciar os resultados finais. Insistimos na análise cuidadosa dos indicadores de resultados e da dimensão dos efeitos previstos.

Parte 2 – Como avaliar (capítulos 3 a 10) analisa várias metodologias que produzem grupos de comparação que podem ser usados para estimar os impactos dos programas. Começamos por introduzir o *contrafactual* como o ponto crucial de qualquer avaliação de impacto, explicando as propriedades que a estimativa do contrafactual deve ter e fornecendo exemplos de estimativas inválidas do contrafactual. Em seguida, apresentamos um menu de opções de avaliação de impacto que pode produzir estimativas válidas do contrafactual. Em especial, discutimos a intuição básica por trás de cinco metodologias de avaliação de impacto: *seleção aleatória, variáveis instrumentais, método de regressão descontínua, diferença em diferenças* e *pareamento*. Discutimos por que e como cada método pode produzir uma estimativa válida do contrafactual, em que contexto de política pública cada método pode ser implementado e as principais limitações de cada método.

Ao longo dessa parte do livro, usa-se um estudo de caso — o Programa de Subsídio ao Seguro Saúde (HISP) — para ilustrar como os métodos podem ser aplicados. Além disso, apresentamos exemplos específicos de avaliações de impacto que utilizaram cada método. A parte 2 conclui com uma discussão sobre como combinar métodos e resolver problemas que podem surgir durante a implementação, reconhecendo que os projetos de avaliação de impacto muitas vezes não são implementados exatamente conforme o planejado originalmente. Nesse contexto, analisamos os desafios comuns encontrados durante a implementação, incluindo o cumprimento parcial ou os transbordamentos, e discutimos como abordar essas questões. O capítulo 10 termina com orientações sobre avaliações de programas multifacetados, especialmente aqueles com diferentes níveis de tratamento e múltiplos tratamentos.

Parte 3 – Como implementar uma avaliação de impacto (capítulos 11 a 14) analisa como implementar uma avaliação de impacto, começando no capítulo 11, com explicações sobre como usar as regras de operação de programas — ou seja, os recursos disponíveis de um programa, os critérios de seleção de beneficiários e o cronograma de implementação — como base para a seleção de um método de avaliação de impacto. Um quadro simples foi criado para determinar qual das metodologias de avaliação de impacto apresentadas na parte 2 é mais adequada para um determinado programa, dependendo das suas regras operacionais. O capítulo 12 discute a relação entre a equipe de pesquisa e a equipe de gestão e formulação de políticas públicas e seus respectivos papéis na formação conjunta de uma equipe de avaliação. Analisamos a distinção entre independência e imparcialidade, e destacamos áreas que podem se revelar sensíveis na realização de uma avaliação de impacto. Também fornecemos orientação sobre como gerenciar as expectativas, ressaltar alguns dos riscos comuns envolvidos na realização de avaliações de impacto e oferecer sugestões sobre como gerenciar esses riscos. O capítulo termina com uma visão geral de como gerenciar as atividades de avaliação de impacto, incluindo a formação da equipe de avaliação, a criação de um cronograma para a avaliação, a realização de um orçamento, a captação de recursos e a coleta de dados. O capítulo 13 (1) fornece uma visão geral sobre a ética e a ciência da avaliação de impacto, incluindo a importância de não negar benefícios aos beneficiários elegíveis para efeitos da avaliação; (2) o papel dos conselhos de revisão de ética de pesquisa que aprovam e monitoram as pesquisas envolvendo seres humanos; e a (3) importância de registrar as avaliações seguindo a prática da ciência aberta, por meio da qual os dados são disponibilizados publicamente para pesquisas adicionais e replicação dos resultados. O capítulo 14 fornece orientações sobre como usar as avaliações de impacto para fornecer dados e informações aos responsáveis pelas políticas públicas, incluindo recomendações sobre como tornar os resultados relevantes; uma discussão sobre os tipos de produtos que as avaliações de impacto podem e devem fornecer; e orientações sobre como produzir e disseminar resultados para maximizar o impacto das políticas.

Parte 4 – Como obter dados para a avaliação de impacto (capítulos 15 a 17) discute como obter dados para a avaliação de impacto, incluindo a escolha da amostra e a determinação do tamanho adequado da amostra de avaliação (capítulo 15), bem como a localização de fontes de dados apropriadas (capítulo 16). O capítulo 17 conclui a parte 4 e fornece algumas listas de verificação.

Material complementar on-line

Os materiais complementares estão localizados no site de Avaliação de Impacto na Prática (http://www.worldbank.org/ieinpractice) e incluem soluções para as questões do estudo de caso HISP apresentado neste livro, o conjunto de dados e o código de análise correspondentes do software Stata, bem como material técnico que fornece um tratamento mais formal para a análise de dados. Encontram-se também apresentações em PowerPoint vinculadas aos capítulos, uma versão on-line do livro — com hiperlinks para sites — e links para materiais adicionais.

O site Avaliação de Impacto na Prática também oferece links para o material relacionado nos sites Fundo Estratégico de Avaliação de Impacto (SIEF), do Banco Mundial, Avaliação de Impacto sobre o Desenvolvimento (DIME) e Ferramentas de Avaliação de Impacto, bem como para o Portal de

Avaliação de Impacto do Banco Interamericano de Desenvolvimento e o curso de métodos aplicados de avaliação de impacto da Universidade da Califórnia, em Berkeley.

Desenvolvimento do livro *Avaliação de Impacto na Prática*

A primeira edição do livro *Avaliação de Impacto na Prática* se baseou em um conjunto de materiais didáticos desenvolvidos para as oficinas Turning Promises to Evidence (Transformando promessas em evidências), organizadas pelo Departamento do Economista-Chefe para o Desenvolvimento Humano em parceria com unidades regionais e com o Grupo de Pesquisa de Economia do Desenvolvimento do Banco Mundial. Quando a primeira edição estava sendo preparada, a oficina tinha sido realizada mais de 20 vezes em todas as regiões do mundo.

A realização das oficinas e a publicação tanto da primeira quanto da segunda edição deste manual ocorreram graças a generosas doações do governo espanhol, do Departamento para o Desenvolvimento Internacional do Reino Unido (DFID) e da Fundação do Fundo de Investimento para Crianças (CIFF UK) por meio de contribuições para o Fundo Estratégico de Avaliação de Impacto (SIEF). A segunda edição também se beneficiou do apoio do Escritório de Planejamento Estratégico e Eficácia do Desenvolvimento do Banco Interamericano de Desenvolvimento (BID).

Esta segunda edição foi atualizada para abranger as técnicas mais modernas e as orientações de implementação mais avançadas na esteira dos progressos realizados nos últimos anos. Também ampliamos o conjunto de exemplos e estudos de caso para refletir aplicações de amplo alcance para a avaliação de impacto em projetos da agenda de desenvolvimento socioeconômico e enfatizamos suas ligações com as políticas públicas. Por fim, incluímos aplicações de técnicas de avaliação de impacto com o Stata, utilizando o conjunto de dados do estudo de caso HISP, como parte do material on-line complementar.

AGRADECIMENTOS

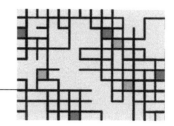

Os materiais didáticos nos quais o livro se baseia passaram por inúmeras versões e foram ensinados por diversos professores talentosos, que deixaram sua marca nos métodos e na abordagem de avaliação de impacto adotados no livro. Gostaríamos de agradecer e reconhecer as contribuições e a ajuda valiosa de vários professores que apresentaram a seus alunos as oficinas que serviram de base para a compilação da primeira edição deste livro, incluindo Paloma Acevedo Alameda, Felipe Barrera, Sergio Bautista-Arredondo, Stefano Bertozzi, Barbara Bruns, Pedro Carneiro, Ryan Cooper, Jishnu Das, Damien de Walque, David Evans, Claudio Ferraz, Deon Filmer, Jed Friedman, Emanuela Galasso, Sebastian Galiani, Arianna Legovini, Phillippe Leite, Gonzalo Hernández Licona, Mattias Lundberg, Karen Macours, Juan Muñoz, Plamen Nikolov, Berk Özler, Nancy Qian, Gloria M. Rubio, Norbert Schady, Julieta Trias e Sigrid Vivo Guzman. Agradecemos os comentários de nossos pares que fizeram a revisão da primeira edição do livro (Barbara Bruns, Arianna Legovini, Dan Levy e Emmanuel Skoufias), bem como da segunda edição (David Evans, Francisco Gallego, Dan Levy e Damien de Walque), além de Gillette Hall. Também agradecemos os esforços de uma talentosa equipe de organização de oficinas, que inclui Holly Balgrave, Theresa Adobea Bampoe, Febe Mackey, Silvia Paruzzolo, Tatyana Ringland, Adam Ross e Jennifer Sturdy.

Agradecemos a todos os indivíduos que participaram da elaboração das transcrições originais da oficina de julho de 2009 em Pequim, na China, nas quais se baseiam partes deste livro, especialmente Paloma Acevedo Alameda, Carlos Asenjo Ruiz, Sebastian Bauhoff, Bradley Chen, Changcheng Song, Jane Zhang e Shufang Zhang. Também somos gratos a Garret Christensen e à Berkeley Initiative for Transparency in the Social Sciences, além de Jennifer Sturdy e Elisa Rothenbühler, pelas contribuições ao capítulo 13. Agradecemos ainda a Marina Tolchinsky e Kristine Cronin pela excelente assistência de pesquisa; Cameron Breslin e Restituto Cardenas pelo apoio com os agendamentos; Marco Guzman e Martin Ruegenberg pela criação das ilustrações, e Nancy Morrison, Cindy A. Fisher, Fiona Mackintosh e Stuart K. Tucker pelo apoio editorial durante a produção da primeira e segunda edições deste livro.

Gostaríamos também de reconhecer o contínuo apoio e entusiasmo a este projeto por parte de nossos gerentes do Banco Mundial e do Banco Interamericano de Desenvolvimento, e, especialmente, da equipe do SIEF, incluindo Daphna Berman, Holly Blagrave, Restituto Cardenas, Joost de Laat, Ariel Fiszbein, Alaka Holla, Aliza Marcus, Diana-Iuliana Pirjol, Rachel Rosenfeld e Julieta Trias. Ficamos muito agradecidos pelo apoio recebido do SIEF, incluindo Luis Benveniste, Joost de Laat e Julieta Trias. Gostaríamos ainda de agradecer a Andrés Gómez-Peña, do Banco Interamericano de Desenvolvimento, e a Patricia Katayama e Mayya Revzina, do Banco Mundial, por sua ajuda com as comunicações e o processo de publicação.

A elaboração da segunda edição deste livro em sua versão em português foi realizada pelo Escritório de Planejamento Estratégico e Eficácia do Desenvolvimento do Banco Interamericano de Desenvolvimento. Agradecemos particularmente a Carola Álvarez e Arturo Galindo pelo apoio a essa iniciativa. Estamos em dívida com Andrés Gómez-Peña e Michaela Wieser por seu esforço e dedicação na coordenação do processo de tradução. De igual forma, agradecemos especialmente a Claudia Gonçalves pela tradução do livro, bem como a Eloisa D. Marques, encarregada da edição e da leitura das provas da tradução em português. Cabe também o nosso reconhecimento a Maína Celidonio pelo trabalho intensivo de revisão técnica de cada um dos capítulos do livro e a André Loureiro pela revisão final do manuscrito.

Por fim, gostaríamos de agradecer aos participantes de numerosas oficinas, especialmente as realizadas em Abidjã, Acra, Amã, Ancara, Berkeley, Buenos Aires, Cairo, Cidade do Cabo, Cidade do México, Cidade do Panamá, Cuernavaca, Daca, Dacar, Fortaleza, Katmandu, Kigali, Lima, Madri, Manágua, Manila, Nova Délhi, Paipa, Pequim, Pretória, Rio de Janeiro, Santiago, São Salvador, Sarajevo, Seul, Sófia, Túnis e Washington DC.

Devido ao interesse dos gestores de políticas públicas, a suas perguntas perspicazes e seu entusiasmo, pudemos aprender passo a passo o que eles estão buscando nas avaliações de impacto. Esperamos que este livro reflita suas ideias.

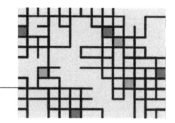

SOBRE OS AUTORES

Paul J. Gertler é professor de economia na cátedra Li Ka Shing da Universidade da Califórnia em Berkeley, onde leciona na Haas School of Business e na Escola de Saúde Pública. Gertler também é diretor científico do Centro para Ação Global Efetiva da Universidade da Califórnia. Especialista em avaliação de impacto reconhecido internacionalmente, atuou como economista-chefe da Rede de Desenvolvimento Humano do Banco Mundial entre 2004 e 2007; foi também presidente-fundador do Conselho de Administração da Iniciativa Internacional para Avaliação de Impacto (3ie) entre 2009 e 2012. No Banco Mundial, Gertler liderou um esforço para institucionalizar e ampliar a avaliação de impacto para aprender o que funciona na área do desenvolvimento humano. Foi o pesquisador principal de diversas avaliações de impacto implementadas em escala em diferentes localidades, incluindo o programa de transferência condicional de renda do México, o Progresa/Oportunidades, e o sistema de pagamento por desempenho para a área de saúde de Ruanda. Gertler é doutor em economia pela Universidade de Wisconsin e ocupou postos acadêmicos em Harvard, na RAND e na Universidade Estadual de Nova York em Stony Brook.

Sebastián Martínez é economista principal do Departamento de Planejamento Estratégico e Eficácia no Desenvolvimento do Banco Interamericano de Desenvolvimento (BID). O trabalho de Martínez concentra-se no fortalecimento da base de evidências e da eficácia do desenvolvimento dos setores sociais e de infraestrutura, incluindo as áreas de saúde, proteção social, mercados de trabalho, água e saneamento básico e habitação e desenvolvimento urbano. Lidera uma equipe de economistas que realiza pesquisas sobre os impactos de programas e políticas de desenvolvimento, apoia a implementação de avaliações de impacto de operações e dirige a capacitação de clientes e funcionários. Antes de ingressar no BID, Martínez passou seis anos no Banco Mundial, onde liderou avaliações de programas sociais na América Latina e na África Subsaariana. É doutorado em economia pela Universidade da Califórnia em Berkeley, com especialização em desenvolvimento e microeconomia aplicada.

Patrick Premand é economista-sênior da área de proteção social e práticas trabalhistas globais do Banco Mundial. Realiza trabalhos operacionais e de análise sobre proteção social e redes de segurança, mercados de trabalho, emprego juvenil e empreendedorismo, além de desenvolvimento da primeira infância. A pesquisa de Premand concentra-se na coleta de evidências relacionadas à eficácia das políticas de desenvolvimento por meio de avaliações de impacto de programas de desenvolvimento social e humano em larga escala. No Banco Mundial, Premand também ocupou cargos na Unidade de Economia do Desenvolvimento Humano da África, no Departamento do Economista-Chefe para Desenvolvimento Humano e na Unidade de Estudos sobre a Pobreza da América Latina e do Caribe. É doutor em economia pela Universidade de Oxford.

Laura B. Rawlings é especialista principal em Proteção Social do Banco Mundial, com mais de 20 anos de experiência na concepção, implementação e avaliação de programas de desenvolvimento humano. Gerencia operações e pesquisas voltadas para o desenvolvimento de abordagens inovadoras de sistemas de proteção social eficientes e escaláveis em locais com poucos recursos. Rawlings liderou uma equipe responsável pelo desenvolvimento da Estratégia Trabalhista e de Proteção Social para o período de 2012 a 2022 do Banco Mundial e, anteriormente, atuou como gerente do Fundo Estratégico de Avaliação de Impacto (SIEF). Foi também líder setorial de Desenvolvimento Humano na América Central, onde era responsável pela gestão das carteiras de saúde, educação e proteção social do Banco Mundial. Rawlings começou sua carreira no Banco Mundial no Grupo de Pesquisa sobre Desenvolvimento, onde trabalhou na avaliação de impacto de programas sociais. Trabalhou na América Latina e no Caribe, bem como na África Subsaariana, liderando diversas iniciativas de pesquisa e projetos nas áreas de transferência condicional de renda, obras públicas, fundos sociais, desenvolvimento na primeira infância e sistemas de proteção social. Antes de ingressar no Banco Mundial, Rawlings trabalhou para o Overseas Development Council, onde dirigiu um programa educacional relacionado a questões de desenvolvimento para funcionários do Congresso dos Estados Unidos. Rawlings publicou vários livros e artigos sobre avaliação e desenvolvimento humano e é professora-adjunta do programa de Desenvolvimento Humano Global da Universidade de Georgetown, em Washington DC.

Christel M. J. Vermeersch é economista-sênior da Prática Global de Saúde, Nutrição e População do Banco Mundial e trabalha com questões relacionadas ao financiamento do setor de saúde, ao financiamento baseado em resultados, ao monitoramento e avaliação e à avaliação de impacto. Anteriormente, Vermeersch atuou nas áreas de educação, desenvolvimento na primeira infância e capacitação. Foi coautora de estudos de avaliação de impacto de programas de financiamento baseados em resultados na Argentina e em Ruanda, do acompanhamento de longo prazo de um estudo de estimulação na primeira infância, bem como do kit de avaliação de impacto em saúde do Banco Mundial. Antes de ingressar no Banco Mundial, teve bolsa como pesquisadora do pós-doutorado Prize da Universidade de Oxford. Vermeersch é doutora em economia pela Universidade de Harvard.

SIGLAS E ABREVIAÇÕES

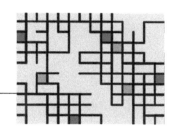

3ie	Iniciativa Internacional para Avaliação de Impacto
ATE	efeito médio do tratamento (average treatment effect)
BID	Banco Interamericano de Desenvolvimento
CITI	Collaborative Institutional Training (Iniciativa de Treinamento Institucional Colaborativo)
DIME	Development Impact Evaluation (Avaliação de Impacto sobre o Desenvolvimento) (Banco Mundial)
HISP	Health Insurance Subsidy Program (Programa de Subsídio ao Seguro Saúde)
ID	número de identificação
IHSN	International Household Survey Network (Rede Internacional de Pesquisas Domiciliares)
IRB	Conselho de Revisão de Práticas Éticas de Pesquisa (Institutional Review Board)
ITT	intenção de tratar
J-PAL	Abdul Latif Jameel Poverty Action Lab (Laboratório de Ação contra a Pobreza Abdul Latif Jameel)
LATE	efeito médio local do tratamento (local average effect treatment)
NIH	National Institutes of Health (Estados Unidos)
ODI	Overseas Development Institute
OMS	Organização Mundial da Saúde
ONG	organização não-governamental
ONU	Organização das Nações Unidas
OSF	Open Science Framework

RCT	experimento aleatório controlado (randomized controlled trial)
RDD	método de regressão descontínua (regression discontinuity design)
RIDIE	Registro de Avaliações de Impacto sobre Desenvolvimento Econômico Internacionais (Registry for International Development Impact Evaluations)
SIEF	Fundo Estratégico de Avaliação de Impacto (Strategic Impact Evaluation Fund) (Banco Mundial)
SMART	específico, mensurável, atribuível, realista e direcionado (specific, measurable, attributable, realistic, targeted)
SUTVA	pressuposto de estabilidade de valor da unidade de tratamento (stable unit treatment value assumption)
TCR	transferência condicional de renda
TOT	tratamento no tratado (treatment-on-the-treated)
USAID	Agência dos Estados Unidos para o Desenvolvimento Internacional
VI	variáveis instrumentais

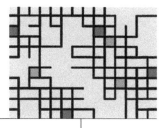

Parte 1

INTRODUÇÃO À AVALIAÇÃO DE IMPACTO

Nesta primeira parte do livro, apresentamos uma visão geral sobre o que é avaliação de impacto. No capítulo 1, discutimos por que a avaliação de impacto é importante e como ela se encaixa no contexto da implementação de políticas públicas baseadas em evidências e na ética. Comparamos a avaliação de impacto com o monitoramento, introduzimos as características que definem a avaliação de impacto e discutimos abordagens complementares, incluindo análises de custo-benefício e análises de custo-efetividade. Introduzimos um foco central do livro: como os recursos disponíveis para um programa, os critérios de elegibilidade para a seleção dos beneficiários e o cronograma da implementação servem para estruturar as opções na hora da seleção de métodos de avaliação de impacto. Finalmente, apresentamos diferentes modalidades de avaliação de impacto, tais como as avaliações prospectiva e retrospectiva e os testes de eficácia versus testes de efetividade — e concluímos com uma discussão sobre quando utilizar as avaliações de impacto.

No capítulo 2, discutimos como formular perguntas de avaliação e hipóteses que sejam úteis às políticas. Essas questões e hipóteses formam a base da avaliação, pois determinam o que ela busca responder. Introduzimos também o conceito fundamental de uma teoria da mudança e o uso de cadeias de resultados e indicadores de desempenho. O capítulo 2 apresenta a primeira introdução ao estudo de caso ficcional, o Programa de Subsídio ao Seguro Saúde (HISP), que é usado em todo o livro e no material complementar encontrado no site de Avaliação de Impacto na Prática (www.worldbank.org/ieinpractice).

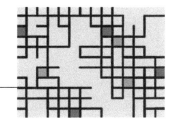

CAPÍTULO 1

Por que avaliar?

Políticas baseadas em evidências

Os programas e políticas de desenvolvimento geralmente são elaborados para alterar resultados como, por exemplo, aumentar a renda, melhorar o aprendizado ou reduzir doenças. Uma questão crucial de política pública, mas que não é examinada com frequência, é saber se essas mudanças são realmente alcançadas ou não. Em geral, os gestores de programas e responsáveis pela formulação de políticas públicas concentram-se em controlar e medir os insumos e os produtos imediatos de um programa — tais como o total de gastos ou o número de livros didáticos distribuídos e quantas pessoas participaram de um programa de incentivo ao emprego — em vez de avaliar se os programas atingiram os objetivos pretendidos de melhoria do bem-estar.

As avaliações de impacto fazem parte de uma agenda mais ampla da formulação de políticas baseadas em evidências. Essa crescente tendência global é marcada por uma mudança no enfoque, que passou dos insumos para os resultados, e está reformulando as políticas públicas. O foco nos resultados está sendo usado não apenas para definir e monitorar metas nacionais e internacionais, mas os resultados estão, cada vez mais, sendo usados e exigidos por gestores de programas para aperfeiçoar a prestação de contas, determinar a alocação orçamentária e orientar o modelo dos programas e as decisões relacionadas às políticas.

O monitoramento e a avaliação estão no cerne da formulação de políticas baseadas em evidências. Eles fornecem um núcleo básico de ferramentas que as partes interessadas podem usar para verificar e melhorar a qualidade, eficácia e efetividade das políticas e dos programas nas várias etapas da implementação — ou, em outras palavras, para focar em resultados. No nível da gestão do programa, é necessário compreender quais as opções de desenho de programas que são mais custo-efetivos ou demonstrar, junto aos tomadores de decisões, que os programas estão atingindo os resultados pretendidos de forma a obter alocações orçamentárias para mantê-los ou expandi-los. No nível nacional, os ministérios competem por recursos orçamentários. Ao fim e ao cabo, os governos são responsáveis por prestar contas a seus cidadãos sobre o desempenho dos programas públicos. As evidências podem constituir uma base sólida para a promoção da transparência e da prestação de contas.

As evidências robustas geradas pelas avaliações de impacto estão cada vez mais servindo de base para reforçar a prestação de contas, a inovação e o aprendizado. Em um contexto no qual os formuladores de políticas e a sociedade civil exigem resultados e cobram prestação de contas dos programas públicos, a avaliação de impacto pode oferecer evidências críveis e robustas quanto ao desempenho e, fundamentalmente, quanto a saber se um programa específico atingiu ou está atingindo os resultados desejados. As avaliações de impacto também estão progressivamente sendo usadas para testar inovações na concepção de programas ou na prestação de serviços. Em nível global, as avaliações de impacto são fundamentais para a construção de conhecimento sobre a efetividade dos programas, pois esclarecem o que funciona e o que não funciona na redução da pobreza e na promoção do bem-estar.

Simplificando, uma avaliação de impacto estima as mudanças no bem-estar dos indivíduos que podem ser atribuídas a um projeto, política pública ou programa específico. O enfoque na atribuição do resultado é o selo distintivo das avaliações de impacto. Igualmente, seu desafio central é identificar a relação causal entre o programa ou a política e os resultados de interesse.

As avaliações de impacto geralmente estimam os impactos médios de um programa, das diferentes formas de implementação do programa ou de uma inovação do projeto. Por exemplo: será que um programa de água e saneamento básico aumentou o acesso à água potável e melhorou a saúde da população? Será que um currículo alternativo aumentou as notas dos estudantes nos testes? Será que a inovação de incluir as habilidades não cognitivas como parte de um programa de treinamento para jovens foi bem-sucedida na promoção do empreendedorismo e no aumento da renda? Em cada um desses casos, a avaliação de impacto fornece informações sobre se o programa causou as mudanças desejadas nos resultados, em contraste com estudos de caso ou fatos reais específicos, que podem fornecer apenas informações parciais e não ser representativos do impacto geral do programa. Nesse sentido, avaliações de impacto bem concebidas e bem implementadas são capazes de fornecer evidências convincentes e abrangentes que podem ser usadas para proporcionar informações para a tomada de decisão sobre políticas, moldar a opinião pública e melhorar a execução dos programas.

As avaliações de impacto clássicas abordam a efetividade de um programa em comparação com a ausência do programa. O boxe 1.1 aborda a conhecida avaliação de impacto do programa de transferência condicional

---

Boxe 1.1: Como uma avaliação bem-sucedida pode promover a sustentabilidade política de um programa de desenvolvimento: programa de transferência condicional de renda do México

Na década de 1990, o governo do México lançou um inovador programa de transferência condicional de renda batizado de "Progresa" (juntamente com alguns elementos do programa, o nome mudou para "Oportunidades" e, posteriormente, para "Prospera"). Os seus objetivos eram proporcionar às famílias pobres um apoio financeiro de curto prazo e criar incentivos para investimentos no capital humano das crianças, principalmente ao fornecer transferências de dinheiro para mães de famílias pobres desde que seus filhos frequentassem regularmente a escola e fossem atendidos em um centro de saúde.

Desde o início, o governo considerou essencial acompanhar e avaliar o programa. Os funcionários que atuavam no programa contrataram um grupo de pesquisadores para desenhar uma avaliação de impacto que seria parte integrante do programa à medida que ele se expandia para as várias comunidades participantes.

As eleições presidenciais do ano 2000 trouxeram uma mudança do partido no poder. Em 2001, os avaliadores externos do Progresa apresentaram suas descobertas ao novo governo eleito. Os resultados do programa eram impressionantes: mostravam que o programa estava bem focalizado nos pobres e tinha gerado mudanças promissoras no capital humano das famílias. Schultz (2004) concluiu que o programa tinha melhorado significativamente a matrícula escolar, com um aumento médio de escolaridade de 0,7 ano. Gertler (2004) constatou que a incidência de doenças nas crianças tinha diminuído 23%, e que entre os adultos houvera uma redução de 19% em dias perdidos de trabalho devido a doença ou incapacidade. Entre os resultados nutricionais, Behrman e Hoddinott (2001) constataram que o programa tinha reduzido a probabilidade de nanismo em cerca de 1 centímetro por ano para crianças na faixa etária crítica de 12 a 36 meses.

(continua)

de renda do México, ilustrando como a avaliação contribuiu para as discussões sobre políticas referentes à expansão do programa.[1]

O boxe 1.2 ilustra como a avaliação de impacto influenciou a política educacional em Moçambique ao mostrar que as pré-escolas comunitárias podem ser uma forma acessível e eficaz de aprimorar a educação na primeira infância e levar as crianças a se matricularem na escola primária na idade certa.

Além de abordar a questão básica sobre se um programa é eficaz ou não, as avaliações de impacto também podem ser usadas para testar explicitamente diferentes formas de implementação ou inovações no desenho dos programas. À medida que os formuladores de políticas públicas se concentram cada vez mais em entender melhor como aperfeiçoar a implementação e fazer o melhor uso dos seus recursos, as abordagens que testam desenhos alternativos de projetos estão rapidamente ganhando terreno. Por exemplo, uma avaliação pode comparar o desempenho de um programa de treinamento ao de uma campanha publicitária e verificar qual deles é mais eficaz para melhorar os conhecimentos financeiros. Uma avaliação de impacto pode testar a combinação de abordagens relativas a nutrição e estimulação infantil que tenha o maior impacto no desenvolvimento da criança. Pode também testar uma inovação no desenho para melhorar um programa existente, como o uso de mensagens de texto para lembrar os usuários sobre a hora certa para a ingestão de medicamentos prescritos.

Boxe 1.2: O impacto político de um modelo pré-escolar inovador: desenvolvimento na pré-escola e na primeira infância em Moçambique

Embora a pré-escola seja reconhecida como um bom investimento e uma abordagem eficaz para preparar as crianças para a escola e vida adulta, os países em desenvolvimento têm se deparado com o desafio de introduzir um modelo pré-escolar escalável e financeiramente acessível. Em Moçambique, apenas cerca de 4% das crianças frequentam a pré-escola. Ao chegar à escola primária, algumas crianças de comunidades rurais mostram sinais de atraso no desenvolvimento e geralmente não estão preparadas para as demandas da sala de aula. Além disso, apesar de a taxa de matrícula na escola primária ser de quase 95%, um terço das crianças não se matricula na idade correta.

Em 2006, Save the Children lançou um programa pré-escolar comunitário piloto nas comunidades rurais de Moçambique com o objetivo de melhorar o desenvolvimento cognitivo, social, emocional e físico das crianças. No que se acredita ser a primeira avaliação aleatória de um programa pré-escolar na África rural, uma equipe de pesquisa conduziu uma avaliação de impacto do programa em 2008. Com base nos resultados positivos da avaliação, o governo de Moçambique adotou e decidiu expandir o modelo de pré-escola comunitária de Save the Children para 600 comunidades.

A avaliação constatou que as crianças que frequentaram a pré-escola estavam 24% mais propensas a se matricular na escola primária e 10% mais propensas a começar os estudos na idade certa do que as crianças no grupo de comparação. Na escola primária, as crianças que haviam frequentado a pré-escola passaram quase 50% mais tempo fazendo lição de casa e outras atividades relacionadas à escola do que aquelas que não haviam frequentado. A avaliação também mostrou ganhos positivos na preparação para a vida escolar: as crianças que tinham frequentado a pré-escola apresentaram melhor desempenho em testes de desenvolvimento cognitivo e socioemocional e de habilidades motoras de controle fino em relação ao grupo de comparação.

Outros membros da família também se beneficiaram da matrícula das crianças na pré-escola por terem mais tempo para participar de atividades produtivas. A probabilidade de os irmãos mais velhos frequentarem a escola era 6% maior. E a probabilidade de que os cuidadores tivessem trabalhado nos 30 dias anteriores era 26% maior quando a criança pequena frequentava a pré-escola.

Essa avaliação mostrou que, mesmo em um ambiente de baixa renda, as pré-escolas podem ser uma forma eficaz de promover o desenvolvimento cognitivo, preparar as crianças para o ensino fundamental e aumentar a probabilidade de que elas iniciem a escola primária na idade apropriada.

Fonte: Martinez, Nadeau e Pereira 2012.

O que é avaliação de impacto?

A avaliação de impacto é uma entre várias abordagens que respaldam políticas baseadas em evidências, incluindo o monitoramento e outros tipos de avaliação.

O *monitoramento* é um processo contínuo, que acompanha o que está acontecendo com um determinado programa e usa os dados coletados para informar sobre sua implementação e fornecer subsídios para a gestão e tomada de decisões no dia a dia. Utilizando, principalmente, dados administrativos, o monitoramento rastreia os desembolsos financeiros e o desempenho do programa em relação aos resultados esperados e analisa tendências ao longo do tempo.[2] O monitoramento é necessário em todos os programas e é uma fonte essencial de informação sobre o seu desempenho, incluindo a implementação e os custos. Geralmente, o monitoramento acompanha insumos, atividades e produtos, embora possa, às vezes, incluir resultados, tais como o progresso em relação às metas nacionais de desenvolvimento.

As *avaliações* são análises periódicas e objetivas de um projeto, política ou programa planejado, em andamento ou concluído. As avaliações são usadas seletivamente para responder perguntas específicas relacionadas ao desenho, à implementação e aos resultados. Ao contrário do monitoramento contínuo, elas são realizadas em pontos separados no tempo e, geralmente, buscam uma perspectiva externa de especialistas. O seu desenho, método e custo variam substancialmente, dependendo do tipo de pergunta que a avaliação tenta responder. Em geral, as avaliações compreendem três tipos de questões (Imas e Rist 2009):[3]

- *Perguntas descritivas* procuram saber o que está ocorrendo. Concentram-se nos processos, condições, relações organizacionais e pontos de vista das partes interessadas.

- *Perguntas normativas* comparam o que está ocorrendo ao que deveria ocorrer. Avaliam atividades e se as metas estão sendo alcançadas ou não. As perguntas normativas podem se aplicar a insumos, atividades e produtos.

- *Perguntas de causa e efeito* concentram-se na atribuição. Questionam a diferença que a intervenção exerce nos resultados.

Existem muitos tipos de avaliações e métodos de avaliação que se baseiam em dados quantitativos e qualitativos. Os *dados qualitativos* não são expressos em números, mas sim por meio da linguagem ou, às vezes, de imagens. Os *dados quantitativos* são medições numéricas e estão comumente associados a escalas ou métricas. Tanto os dados quantitativos quanto os qualitativos podem ser utilizados para responder as questões levantadas acima.

Conceito-chave

As avaliações são análises periódicas e objetivas de uma política pública, projeto ou programa planejado, em andamento ou concluído. As avaliações são usadas para responder perguntas específicas, geralmente relacionadas ao desenho, à implementação ou aos resultados.

Na prática, muitas avaliações dependem de ambos os tipos de dados. Existem várias fontes de dados que podem ser usadas nas avaliações e que se valem de dados primários coletados especificamente para a avaliação ou de dados secundários disponíveis (ver o capítulo 16 sobre fontes de dados). Este livro concentra-se nas avaliações de impacto que usam dados quantitativos, mas ressalta o valor do monitoramento, dos métodos de avaliação complementares e do uso tanto de dados quantitativos quanto qualitativos.

As *avaliações de impacto* são um tipo particular de avaliação que procura responder a uma pergunta específica de causa e efeito: qual é o impacto (ou efeito causal) de um programa sobre um resultado de interesse? Esta pergunta básica incorpora uma importante dimensão causal. O foco reside apenas no *impacto*, ou seja, as mudanças *diretamente atribuíveis* a um programa, modalidade de programa ou inovação no desenho do projeto.

A pergunta básica da avaliação de impacto — qual é o impacto (ou efeito causal) de um programa sobre um resultado de interesse? — pode ser aplicada a muitos contextos. Por exemplo, qual é o efeito causal das bolsas de estudo na frequência escolar e no desempenho acadêmico dos alunos? Qual é o impacto da contratação de fornecedores privados para serviços de atenção básica no acesso ao sistema de saúde? Se o chão de terra batida fosse substituído por um piso de cimento, qual seria o impacto sobre a saúde das crianças? Será que estradas melhores aumentam o acesso aos mercados de trabalho e a renda familiar? E, se o fazem, em quanto? O tamanho das turmas nas escolas influencia o desempenho dos alunos? E, se o faz, em quanto? Conforme esses exemplos demonstram, espera-se que a pergunta básica da avaliação analise o impacto de uma *modalidade de programa* ou *inovação no desenho*, e não apenas de um programa.

O foco na causalidade e na atribuição é a marca das avaliações de impacto. Todos os métodos de avaliação de impacto tratam de alguma forma de questão de *causa e efeito*. A abordagem da questão da causalidade determina as metodologias que podem ser usadas. Para poder estimar o efeito causal ou o impacto de um programa nos resultados, qualquer método de avaliação de impacto escolhido deve estimar o chamado *contrafactual*, ou seja, qual teria sido o resultado para os participantes do programa se eles não tivessem participado no programa. Na prática, a avaliação de impacto exige que a equipe de avaliação encontre um grupo de comparação para estimar o que teria acontecido aos participantes do programa sem o programa e, em seguida, faça comparações com o grupo de tratamento que recebeu o programa. A parte 2 do livro descreve os principais métodos que podem ser usados para encontrar grupos de comparação adequados.

Uma das principais mensagens deste livro é que a escolha de um método de avaliação de impacto depende das características operacionais do programa que está sendo avaliado. Quando as regras de operação do programa

Conceito-chave

As avaliações de impacto procuram responder a um tipo de pergunta específico: qual é o impacto (ou efeito causal) de um programa sobre um resultado de interesse?

Conceito-chave

A escolha de um método de avaliação de impacto depende das características operacionais do programa que está sendo avaliado, particularmente dos recursos disponíveis, dos critérios de elegibilidade para a seleção dos beneficiários e do cronograma de implementação do programa.

são equitativas e transparentes e possibilitam a prestação de contas, um bom desenho de avaliação de impacto pode quase sempre ser encontrado — desde que a avaliação de impacto seja planejada no início do processo de elaboração ou implementação de um programa. Ter regras claras e bem definidas sobre as operações do programa não somente tem valor intrínseco para políticas públicas sólidas e para o gerenciamento de programas, como também é essencial para a construção de bons grupos de comparação — a base das avaliações de impacto rigorosas. Especificamente, a escolha de um método de avaliação de impacto é determinada pelas características operacionais do programa, particularmente pelos recursos disponíveis, pelos critérios de elegibilidade para a seleção dos beneficiários e pelo cronograma de implementação do programa. Como discutiremos nas partes 2 e 3 do livro, podem ser feitas três perguntas sobre o contexto operacional de determinado programa: o programa tem recursos para atender a todos os beneficiários elegíveis? O programa é focalizado ou universal? O programa será oferecido a todos os beneficiários de uma vez ou em sequência? A resposta a essas três perguntas determinará quais dos métodos apresentados na parte 2 — seleção aleatória, variáveis instrumentais, regressão descontínua, diferenças em diferenças ou pareamento — são os mais adequados ao seu contexto operacional.

Avaliação de impacto prospectiva versus retrospectiva

As avaliações de impacto podem ser divididas em duas categorias: prospectivas e retrospectivas. As avaliações prospectivas são desenvolvidas ao mesmo tempo em que o programa está sendo elaborado e são integradas à implementação do programa. Os dados de linha de base são coletados antes da implementação do programa, tanto para o grupo que receberá a intervenção (conhecido como *grupo de tratamento*) quanto para o grupo usado como comparação, que não receberá a intervenção (conhecido como *grupo de comparação*). As *avaliações retrospectivas* avaliam o impacto do programa após sua implementação, gerando grupos de tratamento e de comparação *a posteriori*.

Em geral, as avaliações de impacto prospectivas tendem a produzir resultados mais robustos e confiáveis, por três razões. Em primeiro lugar, os dados de linha de base podem ser coletados para estabelecer medidas dos resultados de interesse antes do início do programa e são importantes para medir os resultados pré-intervenção. Os dados de linha de base dos grupos de tratamento e de comparação devem ser analisados para assegurar que os grupos sejam semelhantes. Os dados de linha de base também podem ser usados para avaliar a efetividade da focalização, ou seja, para saber se o programa atinge os beneficiários visados.

Em segundo lugar, a definição de medidas para o êxito de um programa na fase de planejamento deve se concentrar tanto no programa quanto na avaliação dos resultados pretendidos. Como veremos, as avaliações de impacto se originam da teoria da mudança ou da cadeia de resultados de um programa. A concepção de uma avaliação de impacto ajuda a esclarecer os objetivos do programa — especialmente porque requer o estabelecimento de medidas bem definidas para o seu êxito. Os formuladores de políticas devem definir metas claras para o programa e formular perguntas objetivas a ser respondidas pela avaliação a fim de garantir que os resultados sejam de fato relevantes para a política. Na verdade, o pleno apoio dos formuladores de políticas é um pré-requisito para a realização de uma avaliação bem-sucedida. As avaliações de impacto não devem ser empreendidas a menos que os formuladores de políticas estejam convencidos da sua legitimidade e do seu valor para informar a tomada de importantes decisões de políticas públicas.

Em terceiro lugar, o mais importante: em uma avaliação prospectiva, os grupos de tratamento e de comparação são identificados antes da intervenção que está sendo avaliada ser implementada. Como explicaremos mais detalhadamente nos capítulos a seguir, existem muito mais opções para realizar avaliações válidas quando elas são planejadas desde o início do programa, antes de sua implementação. Nas partes 2 e 3, discutimos que é quase sempre possível encontrar uma estimativa válida do contrafactual para qualquer programa com regras de seleção claras e transparentes, desde que a avaliação seja planejada prospectivamente. Em suma, as avaliações prospectivas têm uma melhor chance de gerar contrafactuais válidos. Na fase de concepção, podem ser consideradas formas alternativas de estimar um contrafactual válido. O desenho da avaliação de impacto também pode ser totalmente alinhado às regras de operação do programa, bem como às etapas de sua implantação ou expansão.

Por outro lado, nas avaliações retrospectivas, é comum que a equipe de avaliadores possua informações tão limitadas que se torna difícil analisar se o programa foi implementado com sucesso e se os seus participantes realmente se beneficiaram dele. Muitos programas não coletam dados de linha de base a menos que a avaliação tenha sido integrada desde o início e, uma vez que o programa começa a funcionar, é tarde demais para realizar essa coleta.

As avaliações retrospectivas que usam os dados existentes são necessárias para os programas criados no passado. As opções para obter uma estimativa válida do contrafactual são muito mais limitadas nessas situações. A avaliação depende de regras claras de operação do programa referentes à

Conceito-chave

As avaliações prospectivas são concebidas e estruturadas antes da implementação de um programa.

alocação dos benefícios. Depende também da disponibilidade de dados, com cobertura suficiente dos grupos de tratamento e de comparação, tanto antes quanto depois da implementação do programa. Como resultado, a viabilidade de uma avaliação retrospectiva depende do contexto e nunca é garantida. Mesmo quando factíveis, as avaliações retrospectivas geralmente lançam mão de métodos quase-experimentais, que dependem de pressupostos mais fortes, e, portanto, podem produzir evidências mais facilmente contestáveis.[4]

Estudos de eficácia e de efetividade

O principal papel da avaliação de impacto é produzir evidências sobre o desempenho de um programa para o uso de autoridades governamentais, gestores de programas, membros da sociedade civil e outras partes interessadas. Os resultados da avaliação de impacto são particularmente úteis quando as conclusões podem ser aplicadas para uma população de interesse mais ampla. A questão da possibilidade de generalização é essencial para os formuladores de políticas, pois determina se os resultados identificados na avaliação podem ser replicados para outros grupos além daqueles estudados na avaliação, caso o programa venha a ser ampliado.

Nos primórdios das avaliações de impacto, uma grande parcela das evidências se baseava em *estudos de eficácia*: análises realizadas em um ambiente específico, sob condições rigorosamente controladas, para garantir a fidelidade entre o projeto de avaliação e a implementação do programa. Como os estudos de eficácia são, muitas vezes, realizados como projetos-piloto com forte envolvimento técnico dos pesquisadores durante a implementação do programa, o impacto desses projetos-piloto de pequena escala pode não ser necessariamente informativo no caso de um projeto semelhante implementado em uma escala maior e em circunstâncias normais. Estudos de eficácia exploram a prova do conceito, muitas vezes para testar a viabilidade de um novo programa ou uma teoria da mudança específica. Se o programa não gerar os impactos antecipados sob essas condições cuidadosamente administradas, é improvável que funcione se for implementado em circunstâncias normais. Por exemplo, uma intervenção-piloto que introduza novos protocolos de tratamento médico pode funcionar em um hospital com excelentes gestores e corpo médico, mas a mesma intervenção pode não funcionar em um hospital mediano com gestores menos atentos e uma equipe menor. Além disso, os cálculos de custo-benefício variam, uma vez que os custos fixos e as economias de escala podem não ser capturados em estudos de eficácia pequenos. Como resultado, embora as evidências dos estudos de eficácia possam ser úteis para testar uma abordagem inovadora, os resultados frequentemente limitam as generalizações e nem sempre representam adequadamente os contextos mais gerais, que, normalmente, são a principal preocupação dos formuladores de políticas.

Por outro lado, *os estudos de efetividade* fornecem evidências de intervenções que ocorrem em circunstâncias normais, utilizando canais de implementação regulares e que visam a produzir descobertas que podem ser generalizadas para uma grande população. Quando as avaliações de efetividade são devidamente concebidas e implementadas, os resultados podem ser generalizáveis aos beneficiários pretendidos para além da amostra avaliada, desde que a expansão utilize as mesmas estruturas de implementação e alcance populações semelhantes à da amostra da avaliação. Essa validade externa é de fundamental importância para os formuladores de políticas, pois permite que eles utilizem os resultados da avaliação para orientar decisões sobre o programa que poderão ser aplicadas também aos beneficiários pretendidos que não fazem parte da amostra de avaliação (ver o boxe 1.3).

Boxe 1.3: Testando a possibilidade de generalização dos resultados: uma avaliação em múltiplos locais sobre uma iniciativa de "emancipação" para mitigar a pobreza extrema

Ao avaliar um programa em contextos múltiplos, os pesquisadores podem examinar se os resultados de uma avaliação de impacto são generalizáveis. Essas *avaliações multilocacionais* (realizadas em vários locais diferentes) contribuem para o crescente corpo de evidências sobre o que funciona e o que não funciona em termos de desenvolvimento econômico e podem fornecer *insights* importantes para os formuladores de políticas públicas de todo o mundo.

Por exemplo, em 2007, Banerjee iniciou uma avaliação multilocacional de uma iniciativa de "emancipação" para mitigar a pobreza extrema. O modelo havia recebido muita atenção em todo o mundo depois de apresentar resultados impressionantes em Bangladesh. Desenvolvido pelo Comitê de Avanço Rural de Bangladesh (BRAC), uma grande organização global de desenvolvimento, o modelo visava ajudar a "emancipar" da pobreza extrema os muito pobres por meio de transferência de renda, bens de produção e capacitação intensiva.

Banerjee e coautores procuraram determinar se a abordagem de "emancipação" funcionaria em todos os países por meio de seis avaliações de impacto aleatórias e simultâneas realizadas na Etiópia, Gana, Honduras, Índia, Paquistão e Peru. Em cada país, os pesquisadores trabalharam com organizações não governamentais (ONGs) locais para implementar um programa similar de emancipação. Apesar do programa ter sido ajustado de acordo com os diferentes contextos de cada país, os princípios-chave permaneceram os mesmos. O programa tinha como público-alvo as famílias mais

(continua)

Abordagens complementares

Conforme observado, as avaliações de impacto respondem perguntas específicas de causa e efeito. Outras abordagens — incluindo o *monitoramento* rigoroso do programa, bem como a utilização complementar de outras abordagens de avaliação, como *simulações* ex-ante, *análise de métodos mistos* baseada em dados qualitativos e quantitativos e *avaliações de processos* — podem servir como complementos valiosos para avaliações de impacto. Essas outras abordagens têm muitas aplicações úteis, tais como estimar o efeito das reformas antes que sejam implementadas, ajudar a enfocar questões centrais da avaliação de impacto, acompanhar a implementação do programa e interpretar os resultados das avaliações de impacto.

Realizadas isoladamente, distantes de outras fontes de informação, as avaliações de impacto são vulneráveis tanto em termos de qualidade técnica quanto de relevância política. Embora os seus resultados possam fornecer evidências sólidas quanto à existência ou não de um efeito, são muitas vezes limitados em fornecer *insights* sobre os canais pelos quais a política ou programa afetou os resultados observados. Sem as informações obtidas com avaliações de processos quanto à natureza e ao conteúdo do programa para contextualizar os resultados da avaliação, os formuladores de políticas podem ficar confusos em relação aos motivos pelos quais os resultados foram ou não alcançados. Ademais, sem o monitoramento dos dados sobre como, quando e onde o programa está sendo implementado, a avaliação não será capaz de informar se ou quando os benefícios foram recebidos pelos beneficiários pretendidos ou se os benefícios chegaram ao grupo de comparação involuntariamente.

Monitoramento

A implementação do *monitoramento dos programas*, geralmente por meio do uso de dados administrativos, é fundamental para uma avaliação de impacto. Permite que a equipe de avaliação verifique se as atividades estão sendo implementadas conforme o planejado, que participantes receberam o programa, quão rapidamente o programa está se expandindo e como os recursos estão sendo gastos. Essas informações são essenciais para a implementação da avaliação para, por exemplo, garantir que os dados de linha de base sejam coletados antes da introdução do programa na amostra de avaliação e verificar a integridade dos grupos de tratamento e comparação. O monitoramento é fundamental para conferir se um determinado beneficiário realmente está participando do programa e se um não beneficiário não está participando. Adicionalmente, os dados administrativos podem fornecer informações sobre o custo de implementação do programa, que também são necessárias para a análise de custo-benefício e custo-efetividade.

Simulações *ex-ante*

As *simulações ex-ante* são avaliações que utilizam os dados disponíveis para simular os efeitos esperados de um programa ou reforma de política pública sobre os resultados de interesse. Podem ser muito úteis para avaliar a efetividade relativa esperada de uma série de opções alternativas de desenho de programas em relação aos resultados. Esses são métodos comumente usados e que dependem da disponibilidade de dados abrangentes e de alta qualidade, podendo ser empregados para aplicar modelos de simulação adequados à pergunta em questão (ver o boxe 1.4). Em contraste com as avaliações de impacto, esses métodos são utilizados para simular os efeitos futuros potenciais, em vez de medir os impactos reais dos programas implementados. Esse tipo de método pode ser extremamente útil para a avaliação comparativa dos efeitos prováveis dos programas e o estabelecimento de objetivos realistas, bem como para a estimativa de custos, taxas de retorno e outros parâmetros econômicos. São, muitas vezes, utilizados como base para a análise econômica dos projetos, especialmente antes da introdução de uma reforma ou da implementação de um projeto.

Boxe 1.4: Simulação dos possíveis efeitos do projeto por meio de modelagem estrutural: a construção de um modelo para testar projetos alternativos usando os dados do Progresa no México

Um determinado tipo de simulação *ex-ante* — a *modelagem estrutural* — pode ser usado para estimar os efeitos de um programa sob diferentes desenhos alternativos. Na avaliação do Progresa/Oportunidades/Prospera, descrita no boxe 1.1, os dados coletados foram suficientemente ricos para que os pesquisadores construíssem um modelo que pudesse simular os efeitos esperados dos desenhos de programas alternativos.

Todd e Wolpin (2006) utilizaram dados de linha de base da avaliação de impacto para construir um modelo das decisões dos pais a respeito de seus filhos, incluindo a educação. Simularam quais seriam os efeitos sob diferentes desenhos de programas e descobriram que, se o programa eliminasse os incentivos financeiros vinculados à frequência escolar para os alunos das séries mais baixas e usasse o dinheiro para aumentar os incentivos financeiros para os alunos das séries mais elevadas, os efeitos sobre a média de escolaridade concluída provavelmente seriam maiores.

Nesse caso, as projeções foram feitas usando a pesquisa de linha de base de uma avaliação de impacto que havia sido concluída. Os resultados das previsões poderiam ser testados para verificar se teriam o mesmo impacto que o experimento do programa real. No entanto, isso geralmente não é possível. Esse tipo de método de simulação é frequentemente usado antes que o programa seja realmente implementado para examinar os prováveis efeitos dos vários desenhos alternativos de programas. Dessa maneira, simulações *ex-ante* podem fornecer uma base para restringir a gama de opções a ser testada na prática.

Fonte: Todd e Wolpin 2006.
Observação: para outro exemplo de modelagem estrutural, ver Bourguignon, Ferreira e Leite (2003).

Métodos mistos

As abordagens de *métodos mistos* que combinam dados quantitativos e qualitativos são um complemento-chave das avaliações de impacto baseadas apenas no uso de dados quantitativos, especialmente para ajudar a gerar hipóteses e formular as perguntas de pesquisa antes da coleta de dados quantitativos, e fornecer perspectivas e *insights* sobre o desempenho de um programa durante e após sua implementação. Existem muitos métodos qualitativos, os quais compreendem seu próprio campo de pesquisa.[5] Os métodos que geram dados qualitativos geralmente empregam abordagens abertas que não dependem de respostas predeterminadas dos entrevistados. Os dados são gerados por meio de uma série de abordagens, incluindo grupos focais, histórias de vida e entrevistas com os beneficiários

Avaliação de Impacto na Prática

selecionados e outros informantes-chave (Rao e Woolcock 2003). Podem também incluir várias análises observacionais e etnográficas. Apesar de as observações, os pontos de vista e as opiniões coletadas durante o trabalho qualitativo geralmente não serem estatisticamente representativas dos beneficiários do programa — e, portanto, não serem passíveis de generalização —, são úteis para entender por que certos resultados foram ou não alcançados (ver o boxe 1.5).

Boxe 1.5: Uma avaliação do método misto em ação: combinando um experimento aleatório controlado com um estudo etnográfico na Índia

As abordagens de métodos mistos podem ser especialmente úteis para avaliar programas cujos resultados são difíceis de mensurar por meio de pesquisas quantitativas. Os programas relacionados a democracia e governança são um exemplo.

Ao desenvolver uma estratégia de avaliação para o programa People's Campaign (Campanha do Povo), que visava a melhorar a participação dos cidadãos nos governos dos povoados, Ananthpur, Malik e Rao (2014) integraram um experimento aleatório (RCT em inglês) a um estudo etnográfico realizado em um subconjunto de 10% da amostra de avaliação utilizada para o RCT. Foram utilizados métodos de pareamento para garantir características semelhantes entre os povoados de tratamento e de comparação da amostra do estudo qualitativo. Um pesquisador de campo experiente foi designado para viver em cada um dos povoados e estudar os impactos do programa sobre suas estruturas sociais e políticas.

O estudo etnográfico continuou por dois anos após o RCT ter terminado, permitindo observações dos efeitos de longo prazo. Apesar de o RCT ter detectado que a intervenção não teve impacto estatisticamente significativo, o estudo qualitativo forneceu informações sobre por que a intervenção fracassou. A pesquisa qualitativa identificou vários fatores que dificultaram a efetividade da intervenção: variações na qualidade da organização do programa, falta de apoio da liderança e estruturas de poder local muito arraigadas.

A evidência qualitativa também revelou alguns impactos menos tangíveis e inesperados do programa. Nos povoados que participaram do tratamento, o programa melhorou a resolução de conflitos relativa à prestação de serviços e aumentou a participação das mulheres nas atividades de desenvolvimento dos povoados. Além disso, os pesquisadores de campo observaram que os governos dos povoados de tratamento funcionaram melhor.

Sem a compreensão diferenciada sobre o contexto e a dinâmica local fornecida pelo componente qualitativo, os pesquisadores não teriam sido capazes de entender por que os dados quantitativos não detectaram impactos. O estudo etnográfico proporcionou uma avaliação mais rica, com *insights* sobre os elementos úteis para a melhoria do programa.

Fonte: Ananthpur, Malik e Rao 2014.

As avaliações que integram análises qualitativas e quantitativas se caracterizam como *métodos mistos* (Bamberger, Rao e Woolcock 2010). Ao desenvolver uma iniciativa de método misto, Creswell (2014) define três abordagens básicas:

1. *Paralelo convergente.* Tanto os dados quantitativos quanto os qualitativos são coletados ao mesmo tempo e utilizados para gerar e conjugar resultados iniciais sobre como o programa está sendo implementado e percebido pelos beneficiários.

2. *Sequencial explicativa.* Os dados qualitativos fornecem contexto e explicações para os resultados quantitativos com o intuito de explorar os casos particulares de sucesso e fracasso, e para desenvolver explicações sistemáticas sobre o desempenho do programa conforme detectado pelos resultados quantitativos. Dessa forma, o trabalho qualitativo pode ajudar a explicar por que certos resultados são observados na análise quantitativa e também ser usado para explorar a "caixa preta" do que aconteceu no programa (Bamberger, Rao e Woolcock, 2010).

3. *Sequencial exploratória.* A equipe de avaliação pode usar grupos focais, listagens, entrevistas com informantes-chave e outras abordagens qualitativas para desenvolver hipóteses sobre como e por que o programa funcionaria e para esclarecer questões de pesquisa que precisam ser abordadas no trabalho de avaliação de impacto quantitativo, incluindo as alternativas de desenho do programa mais relevantes a ser testadas pela avaliação de impacto.

Avaliação de processos

As *avaliações de processos* se concentram em como um programa é implementado e como opera, analisando se ele está de acordo com o projeto original e documentando seu desenvolvimento e operação. Geralmente, as avaliações de processos podem ser realizadas com relativa rapidez e a um custo acessível. Nos projetos-piloto e nos estágios iniciais de um programa, podem ser uma valiosa fonte de informações sobre como melhorar a implementação do programa e são frequentemente usadas como as primeiras etapas do desenvolvimento de um programa para que possam ser feitos ajustes operacionais antes que o desenho do programa seja finalizado. Essas avaliações podem testar se um programa está funcionando conforme planejado e se ele é consistente com a teoria da mudança do programa (boxe 1.6).

Uma avaliação de processo deve incluir os seguintes elementos, que geralmente são extraídos de uma cadeia de resultados ou de um modelo

Boxe 1.6: Orientar a expansão nacional por meio de uma avaliação de processo na Tanzânia

O desempenho de um programa tem muitas facetas. As evidências das avaliações de processos podem complementar os resultados da avaliação de impacto e fornecer uma visão mais completa sobre o desempenho do programa. Isso pode ser especialmente importante para que os programas-piloto sejam capazes de esclarecer como as novas instituições e os novos processos estão funcionando.

Em 2010, o governo da Tanzânia decidiu criar um projeto-piloto comunitário de transferência condicional de renda em três distritos. O programa ofereceu transferência de renda para famílias pobres com base no cumprimento de certos requisitos de educação e saúde. Os grupos comunitários auxiliavam na concessão dos benefícios de forma que as famílias mais vulneráveis de suas localidades recebessem a transferência de renda. Para avaliar se esse sistema comunitário funcionava no contexto tanzaniano, um grupo de pesquisadores do Banco Mundial decidiu integrar uma avaliação de processo a uma avaliação de impacto tradicional.

A avaliação de processo utilizou dados qualitativos e quantitativos. Um ano após a realização da pesquisa de linha de base nos distritos-piloto, os pesquisadores organizaram um exercício de pontuação para avaliar os aspectos do programa com base em grupos focais constituídos por membros da comunidade. Esses grupos também foram usados para realizar discussões profundas sobre os impactos do programa que podiam ser mais difíceis de quantificar, como as mudanças nos relacionamentos entre os membros da família ou a dinâmica comunitária. O objetivo da avaliação de processo era entender como o programa operava na prática e fazer recomendações para melhorias.

A avaliação de impacto constatou que o programa teve impactos positivos e estatisticamente significativos sobre os principais resultados nas áreas de educação e saúde. As crianças das famílias participantes tinham uma probabilidade aproximadamente 15% maior de concluir o ensino fundamental e 11% menor de ficar doentes. Os grupos focais formados com professores revelaram ainda que os alunos dos grupos de tratamento eram mais preparados e atentos.

No entanto, os grupos focais formados por membros da comunidade indicaram que havia um nível de descontentamento com o processo de seleção dos beneficiários. Os participantes reclamaram da falta de transparência na seleção dos participantes e dos atrasos nos pagamentos. A avaliação do processo permitiu aos gestores do programa abordar essas questões, melhorando as operações da iniciativa.

As informações proporcionadas pelo trabalho de avaliação foram cruciais para a decisão do governo tanzaniano de expandir o programa. Espera-se que a transferência condicional de renda baseada nas comunidades atinja quase 1 milhão de lares até 2017, aproveitando as lições dessa avaliação.

Fontes: Berman 2014; Evans e outros 2014.

lógico (ver o capítulo 2), complementados por documentos do programa e entrevistas com informantes-chave e grupos focais de beneficiários:[6]

- Objetivos do programa e contexto no qual o programa está operando

- Descrição do processo usado para conceber e implementar o programa

- Descrição das operações do programa, incluindo quaisquer alterações nas operações

- Dados básicos sobre as operações do programa, incluindo indicadores financeiros e de cobertura

- Identificação e descrição de eventos intermediários que possam ter afetado a implementação e os resultados

- Documentação, como notas conceituais, manuais de operações, atas de reuniões, relatórios e memorandos.

A aplicação de uma avaliação de impacto a um programa cujos processos operacionais não tenham sido validados apresenta o risco de que ou os recursos de avaliação de impacto sejam desperdiçados, quando uma avaliação de processo mais simples teria sido suficiente, ou os ajustes necessários no desenho do programa sejam introduzidos após a avaliação de impacto já estar em andamento, alterando, assim, a natureza do programa que está sendo avaliado e a utilidade da avaliação de impacto.

Análises de custo-benefício e de custo-efetividade

É fundamental que a avaliação de impacto seja complementada com informações sobre o custo do projeto, da política ou do programa que está sendo avaliado.

Conceitos-chave

A análise de custo-benefício estima o total de benefícios esperados de um programa em comparação aos custos totais esperados. A análise de custo-efetividade compara o custo relativo de dois ou mais programas ou alternativas de programas para alcançar um resultado comum.

Uma vez que os resultados da avaliação de impacto estejam disponíveis, eles podem ser combinados com informações sobre os custos do programa para responder duas perguntas adicionais. Primeiro, considerando a forma básica da avaliação de impacto, adicionar informações de custo permitirá realizar uma análise de custo-benefício que responderá à pergunta: qual é o benefício gerado pelo programa para um dado custo? A *análise de custo-benefício* estima o total de benefícios esperados de um programa em comparação ao total de custos esperados. Procura quantificar, em termos monetários, todos os custos e benefícios de um programa e avaliar se os benefícios ultrapassaram os custos.

Em um mundo ideal, a análise de custo baseada em evidências de avaliação de impacto ocorreria não somente para um programa específico, mas também para uma série de programas ou alternativas de programa, de modo que os formuladores de políticas pudessem avaliar que programa ou alternativa de programa teria a melhor relação custo-efetividade para alcançar um determinado objetivo. Quando uma avaliação de impacto testa alternativas de programa, a inclusão de informações de custo permite responder uma segunda pergunta: como as várias alternativas de implementação do programa se comparam em termos de custo-efetividade? Essa *análise de custo-efetividade* compara o custo relativo de dois ou mais programas (ou alternativas de programa) para alcançar um mesmo resultado comum, como a produtividade agrícola ou as notas de estudantes.

Em uma análise de custo-benefício ou custo-efetividade, a avaliação de impacto estima o lado do benefício ou da efetividade e a análise de custo fornece informações sobre os custos do programa. Este livro enfoca a avaliação de impacto e não discute detalhadamente como coletar dados de custos ou realizar a análise de custo-benefício ou custo-efetividade.[7] Entretanto, é fundamental que a avaliação de impacto seja complementada por informações sobre os custos do projeto, da política ou do programa que estiver sendo avaliado. Quando as informações sobre impacto e custo estão disponíveis para uma variedade de programas, a análise de custo-efetividade pode identificar que investimentos geram as taxas de retorno mais altas e permite que os formuladores de políticas públicas tomem decisões bem informadas sobre quais as intervenções nas quais devem investir. O boxe 1.7 ilustra como as avaliações de impacto podem ser usadas para identificar os programas com maior custo-efetividade e melhorar a alocação de recursos.

Boxe 1.7: Estimar o custo-efetividade: comparação de avaliações de programas que afetam o aprendizado em escolas de ensino fundamental

Ao avaliar uma série de programas com objetivos semelhantes, é possível comparar o custo-efetividade relativo das diferentes abordagens para melhorar resultados, como o aprendizado nas escolas de ensino fundamental. Para que isso seja possível, os avaliadores devem disponibilizar não apenas os resultados das avaliações de impacto, como também informações detalhadas sobre os custos relacionados às intervenções. Em uma meta-análise dos resultados de aprendizado obtidos em países em desenvolvimento, Kremer, Brannen e Glennerster (2013) utilizaram informações sobre custos provenientes de 30 avaliações de impacto para analisar a relação de custo-efetividade de diferentes tipos de intervenções educacionais.

Os autores compararam vários tipos de intervenções educacionais, incluindo acesso à educação, insumos educacionais, inovações pedagógicas, responsabilização de professores

(continua)

Boxe 1.7: Estimar o custo-efetividade: comparação de avaliações de programas que afetam o aprendizado em escolas de ensino fundamental *(continuação)*

e gestão escolar. Investigaram, especialmente, a melhoria nas notas de testes dos alunos, em termos de desvio padrão, que poderia ser obtida com o investimento de US$ 100 no programa. Embora seja provável que os custos caíssem se os programas fossem implementados em larga escala, os pesquisadores mantiveram, por coerência, os custos relatados nas avaliações. Descobriram que as reformas e intervenções pedagógicas que melhoram a prestação de contas e aumentam os incentivos aos professores tendem a apresentar maior custo-efetividade. Por outro lado, os pesquisadores concluíram que o fornecimento de mais dos mesmos insumos sem alterar os métodos pedagógicos nem a prestação de contas teve impactos limitados nas pontuações dos testes. Por exemplo, um programa que aumentou o número de professores em escolas no Quênia não teve impacto significativo nos resultados dos testes dos alunos.

Os programas que empoderaram as comunidades locais mediante intervenções de gestão escolar parecem ser os mais bem-sucedidos e custo-efetivos, especialmente quando essas reformas foram formalizadas. Por exemplo, enquanto a criação e o treinamento de comitês escolares locais na Indonésia não tiveram impacto significativo nos resultados dos testes, tornar esses comitês mais representativos por meio de eleições foi altamente efetivo quanto ao custo.

Como ilustra o estudo de Kremer, Brannen e Glennerster (2013), comparar avaliações de intervenções que têm objetivos semelhantes pode esclarecer a efetividade de diferentes intervenções em diferentes contextos. No entanto, os pesquisadores devem reconhecer que os contextos variam consideravelmente entre programas. Ademais, continua sendo relativamente raro ter dados detalhados sobre vários programas com medidas de resultado, avaliações de impacto e informações sobre custos que sejam comparáveis.

Fonte: Kremer, Brannen e Glennerster 2013.

Considerações éticas relativas à avaliação de impacto

Quando a decisão de desenvolver uma avaliação de impacto é tomada, algumas importantes questões éticas devem ser consideradas. Já se questionou inclusive se a avaliação de impacto é em si mesma ética. Um ponto de partida para esse debate é considerar a ética de investir recursos públicos substanciais em programas cuja eficácia é desconhecida. Nesse contexto, a falta de avaliação pode ser vista como não ética. As informações sobre a eficácia dos programas geradas pelas avaliações de impacto podem levar a um investimento mais eficaz e ético dos recursos públicos.

Outras considerações éticas se referem às regras usadas para selecionar os beneficiários dos programas, aos métodos usados para estudar os participantes e à transparência na documentação dos dados, planos de pesquisa e resultados. Essas questões são discutidas em detalhe no capítulo 13.

O princípio ético mais básico em uma avaliação é que a realização de intervenções com benefícios conhecidos não deve ser negada ou adiada apenas em função da avaliação. Neste livro, argumentamos que as avaliações não devem determinar como os benefícios são alocados, mas que, em vez disso, devem ser ajustadas a regras de seleção de programas que sejam equitativas e transparentes. Nesse contexto, quaisquer preocupações éticas sobre as regras de seleção dos programas não resultam da própria avaliação de impacto, mas diretamente das regras operacionais do programa. O planejamento das avaliações pode ser útil para esclarecer as regras operacionais dos programas e ajudar a rever se elas são equitativas e transparentes com base em critérios claros de elegibilidade.

A seleção aleatória dos benefícios do programa suscita, muitas vezes, preocupações éticas sobre a negação de benefícios a candidatos elegíveis. No entanto, a maioria dos programas opera em contextos operacionais com recursos financeiros e administrativos limitados, tornando impossível atingir todos os beneficiários elegíveis de uma só vez. Do ponto de vista ético, todos os indivíduos que são igualmente elegíveis para participar em qualquer tipo de programa social devem ter a mesma chance de receber os benefícios da iniciativa. A seleção aleatória cumpre esse requisito ético. Nas situações em que um programa será introduzido gradualmente ao longo do tempo, o cronograma de implementação pode ser baseado na seleção aleatória da ordem em que beneficiários igualmente merecedores receberão o programa. Nesses casos, os beneficiários que entram mais tarde no programa podem ser utilizados como grupo de comparação para beneficiários anteriores, gerando um projeto sólido de avaliação, bem como um método transparente e justo para a alocação de recursos escassos.

A ética da avaliação de impacto vai além da ética das regras de seleção dos programas. Inclui também a ética da realização de pesquisas com seres humanos, assim como a ética da realização de pesquisas transparentes, objetivas e reproduzíveis, conforme é discutido no capítulo 13.

Em muitos países e instituições internacionais, foram criados conselhos de revisão ou comitês de ética para regulamentar pesquisas envolvendo seres humanos. Esses conselhos são encarregados de avaliar, aprovar e monitorar estudos de pesquisas e têm como objetivos principais proteger os direitos e promover o bem-estar de todos os participantes. Embora as avaliações de impacto sejam principalmente tarefas operacionais, constituem também estudos de pesquisa e, como tais, devem aderir às diretrizes de pesquisa cujo objeto de estudo sejam seres humanos.

Um componente ético igualmente importante em pesquisa é que a sua avaliação de impacto seja objetiva, transparente e reproduzível. Para que a investigação seja transparente, a avaliação de impacto pode ser incluída em um plano de pré-análise e submetida a um registro de estudos. Uma vez concluída a pesquisa, os dados e o código usados na análise podem ser disponibilizados publicamente para que outros possam replicar o trabalho, sempre atentando para a proteção do anonimato dos participantes.

Avaliação de impacto para decisões de políticas públicas

As avaliações de impacto são necessárias para orientar os formuladores de políticas públicas a respeito de uma série de decisões, que vão dos cortes em programas ineficazes à ampliação das intervenções que funcionam, ao ajuste dos benefícios e à seleção entre várias alternativas de programas. São mais eficazes quando aplicadas seletivamente para responder a importantes questões de políticas públicas e, geralmente, se aplicam a programas-piloto inovadores que estão testando uma abordagem não comprovada, mas promissora. A avaliação da transferência condicional de renda no México, descrita no boxe 1.1, tornou-se influente não só pelo caráter inovador do programa, mas também porque forneceu evidências fortes e críveis que não podiam ser ignoradas pelas decisões políticas subsequentes. A adoção e expansão do programa, tanto em nível nacional quanto internacional, foram fortemente influenciadas pelos resultados dessa avaliação.

As avaliações de impacto podem ser utilizadas para explorar diferentes tipos de questões de políticas públicas. O modelo básico de uma avaliação de impacto testará a efetividade de um determinado programa. Em outras palavras, responderá à seguinte pergunta: será que determinado programa ou intervenção é eficaz em comparação à sua não existência? Conforme discutido na parte 2, a fim de estimar a efetividade, esse tipo de avaliação de impacto se baseia em comparar um grupo de tratamento que recebeu a inovação, o programa ou a política com um grupo de comparação que não recebeu esse benefício. O principal desafio de uma avaliação de impacto é construir um grupo de comparação que seja o mais semelhante possível ao grupo de tratamento. O grau de comparabilidade entre os grupos de tratamento e de comparação é fundamental para a *validade interna* da avaliação e, portanto, é essencial para mensurar o impacto causal de um programa.

As avaliações de impacto também estão sendo cada vez mais utilizadas para testar inovações no desenho de programas que não dispõem de um grupo de comparação puro selecionado fora do programa. Esse tipo de avaliação é, muitas vezes, realizado para verificar se determinada inovação é capaz de aumentar a efetividade do programa ou reduzir os custos (ver o boxe 1.8).

As avaliações também podem ser usadas para testar a efetividade de alternativas de implementação dos programas. Por exemplo, podem responder à seguinte pergunta: quando um programa pode ser implementado de várias maneiras, qual é a modalidade mais efetiva ou com mais custo-efetividade? Nesse tipo de avaliação, duas ou mais abordagens ou desenhos de um programa podem ser comparados para gerar evidências sobre qual é a alternativa de maior custo-efetividade para alcançar um determinado objetivo. Por exemplo, um programa pode desejar testar campanhas alternativas de divulgação e selecionar um grupo para receber as informações via correio, outro para receber visitas em casa e um terceiro para receber mensagens de texto (SMS) a fim de avaliar qual é a melhor relação de custo-efetividade. As avaliações de impacto que testam os tratamentos

---

Boxe 1.8: Avaliar programas inovadores: a Behavioural Insights Team do Reino Unido

Criada em 2010 pelo governo britânico, a Behavioural Insights Team-BIT (Equipe de Insights Comportamentais) foi a primeira instituição governamental dedicada a melhorar os serviços públicos por meio da aplicação da ciência comportamental. Entre os objetivos da organização estão o aumento do custo-efetividade dos serviços públicos, a introdução de modelos realistas do comportamento humano na análise de políticas públicas e o incentivo para que as pessoas façam escolhas melhores. Com esse objetivo, a BIT utiliza experimentos, conjugados com avaliações de impacto, para testar ideias inovadoras em políticas públicas. Desde sua criação, a organização implementou mais de 150 experimentos aleatórios em uma ampla variedade de áreas de políticas nacionais, muitas vezes usando dados administrativos.

A BIT realizou avaliações de inovações em serviços públicos baseando-se na literatura da ciência comportamental. A organização trabalhou em conjunto com um bairro de Londres para introduzir um incentivo via loteria para aumentar o registro de eleitores antes das eleições. Os residentes foram distribuídos aleatoriamente em três grupos: sem loteria, loteria com um prêmio de £ 1.000 caso se registrassem antes de determinada data, e loteria com um prêmio de £ 5.000 caso se registrassem antes da mesma data. A BIT descobriu que o incentivo vinculado à loteria aumentou significativamente o registro de eleitores. Além disso, o governo local economizou muito

(continua)

Boxe 1.8: Avaliar programas inovadores: a Behavioural Insights Team do Reino Unido *(continuação)*

dinheiro: antes dessa iniciativa, as autoridades tinham criado um dispendioso sistema de campanha de porta em porta para aumentar o registro dos eleitores.

Em outra avaliação inovadora, a BIT firmou uma parceria com o Serviço Nacional de Saúde e o Departamento de Saúde para analisar como incentivar as pessoas, com custo-efetividade, a se registrarem como doadoras de órgãos. Esse foi um dos maiores experimentos aleatórios realizado no setor público do Reino Unido. Os pesquisadores chegaram a resultados encorajadores a partir de uma intervenção que testou o uso de diferentes mensagens em uma página de alto tráfego do governo na internet. A frase curta que obteve o melhor desempenho se baseou na ideia de reciprocidade ao perguntar: se precisasse de um transplante de órgão, você teria um? Por isso, ajude os outros.

A BIT é controlada e financiada conjuntamente pelo governo britânico, pela inovadora instituição de caridade Nesta, e pelos próprios funcionários. O modelo se espalhou além do Reino Unido. Hoje, há escritórios da BIT na Austrália e nos Estados Unidos. Além disso, os Estados Unidos seguiram o modelo da BIT para estabelecer uma Iniciativa de Ciência Social e Comportamental na Casa Branca em 2015.

Fonte: Behavioural Insights Team, http://www.behaviouralinsights.co.uk.

alternativos normalmente incluem um grupo de tratamento para cada uma das opções, assim como um grupo de comparação puro que não receberá nenhuma intervenção do programa. Isso permite que os tomadores de decisões escolham entre as várias alternativas de implementação, e podem ser muito úteis para melhorar o desempenho dos programas e cortar custos (boxe 1.9).

Ademais, é possível fazer comparações entre subgrupos de beneficiários de uma determinada avaliação para responder à seguinte pergunta: o programa é mais efetivo para um subgrupo em comparação com outro subgrupo? Por exemplo, a introdução de um novo currículo terá aumentado mais as notas nos testes dos estudantes do sexo feminino ou do sexo masculino? Esse tipo de pergunta de avaliação de impacto procura documentar se existe alguma heterogeneidade nos impactos do programa entre os subgrupos. Essas questões devem ser consideradas logo no início do processo de avaliação, pois precisam ser incorporadas ao desenho da avaliação de impacto e requerem amostras suficientemente grandes para possibilitar a análise dos diferentes subgrupos de interesse.

Além das várias características de desenho já discutidas, é útil considerar os canais pelos quais as avaliações de impacto afetam as políticas públicas. Isso pode acontecer em um programa com relação à continuidade, à reformulação ou ao encerramento da iniciativa. Os resultados das avaliações

Boxe 1.9: Avaliar alternativas de desenho de programas: desnutrição e desenvolvimento cognitivo na Colômbia

No início dos anos 1970, a Human Ecology Research Station (Estação de Pesquisa sobre Ecologia Humana) implementou, em colaboração com o Ministério da Educação da Colômbia, um programa-piloto para enfrentar a desnutrição infantil em Cali, fornecendo assistência médica e atividades educativas, assim como alimentos e suplementos nutricionais. Como parte desse piloto, uma equipe de avaliadores foi encarregada de determinar quanto tempo o programa deveria durar para reduzir a desnutrição entre crianças de idade pré-escolar de famílias de baixa renda e se as intervenções também poderiam resultar em melhorias no desenvolvimento cognitivo.

O programa foi eventualmente oferecido para todas as famílias elegíveis, mas, durante o piloto, os avaliadores puderam comparar grupos semelhantes de crianças que receberam o tratamento com diferentes durações. Primeiramente, os avaliadores usaram um processo de seleção para identificar um público-alvo de 333 crianças desnutridas. Essas crianças foram, então, classificadas em 20 setores de acordo com o bairro de residência, e cada setor foi aleatoriamente alocado a um dos quatro grupos de tratamento. Os grupos se diferenciavam somente pela data em que começaram o tratamento e, portanto, pela quantidade de tempo que permaneceram no programa. O grupo 4 começou antes e foi exposto ao tratamento pelo período mais longo, seguido pelos grupos 3, 2 e, por último, 1. O tratamento consistia em seis horas diárias de assistência médica e atividades educativas, mais a ingestão de alimentos e suplementos nutricionais. Em intervalos regulares durante o programa, os avaliadores usavam testes cognitivos para acompanhar o progresso das crianças em todos os quatro grupos.

Os avaliadores descobriram que as crianças que permaneceram no programa por mais tempo obtiveram os maiores ganhos cognitivos. No teste de inteligência de Stanford-Binet, que estima a idade mental menos a idade cronológica, as crianças do grupo 4 obtiveram uma média de -5 meses, enquanto as crianças do grupo 1 obtiveram uma média de -15 meses.

Esse exemplo ilustra como os gestores de programas e formuladores de políticas podem usar as avaliações de tratamentos múltiplos para determinar a forma mais efetiva de implementar o programa.

Fonte: McKay e outros 1978.

de impacto também podem fornecer informações para a expansão de projetos-piloto, como ilustra o exemplo de Moçambique no boxe 1.2.

As avaliações também podem disseminar evidências de um país para outro ou ser usadas para explorar questões fundamentais, como as que se referem ao comportamento. Aventurar-se além das fronteiras da avaliação de um programa individual levanta a questão da possibilidade de generalização. Conforme se verá no capítulo 4 no contexto de uma determinada avaliação, a amostra da avaliação é elaborada para representar estatisticamente a população de unidades elegíveis das quais se extraiu a amostra, sendo, portanto, válida externamente. Além da validade externa, a generalização levanta a questão se os resultados de uma avaliação realizada localmente serão válidos em outros contextos e entre outros grupos populacionais. Este conceito mais expansivo e ambicioso depende da acumulação de evidências empíricas críveis em uma variedade de contextos.

Cada vez mais, a área de avaliação de impacto vem procurando se basear no estoque crescente de avaliações com credibilidade para obter resultados amplamente generalizáveis. Este esforço concentra-se em testar se uma determinada teoria da mudança é válida em diferentes contextos e em explorar se um programa semelhante testado em diferentes configurações e ambientes produz resultados semelhantes (ver o boxe 1.10). O uso de avaliações múltiplas para responder a perguntas centrais ou reunir evidências por meio de meta-análises, revisões sistemáticas e registros de avaliação está

Boxe 1.10: A abordagem de agrupamento na avaliação de impacto: gerando evidências estrategicamente para preencher lacunas de conhecimento

Embora o grau de generalização de uma única avaliação de impacto possa ser baixo, em combinação com avaliações semelhantes obtidas em diferentes contextos, os profissionais da área de desenvolvimento econômico podem tirar conclusões mais amplamente aplicáveis sobre o que funciona e o que não funciona. Cada vez mais, as iniciativas de avaliação de impacto, como o Fundo Estratégico para a Avaliação de Impacto (SIEF), do Banco Mundial, e a Avaliação de Impacto sobre o Desenvolvimento (DIME), bem como a Iniciativa Internacional para a Avaliação de Impacto (3ie), visam fornecer aos responsáveis pelas políticas públicas *insumos* sobre como as intervenções podem ser mais amplamente aplicadas por meio de uma abordagem de *agrupamento de pesquisa*.

Em geral, os convites à apresentação de propostas são formulados em torno de um conjunto de perguntas de pesquisa destinado a orientar o desenho dos programas e das políticas no sentido de gerar avaliações de impacto que contribuam para uma base de evidências conjunta. O objetivo é direcionar a pesquisa e gerar evidências sobre determinado tipo de intervenção ou resultados.

Dentro desses agrupamentos, as avaliações são desenvolvidas para preencher as lacunas do conjunto de evidências existente. Por exemplo, existem evidências sólidas que mostram que as crianças que recebem uma combinação de nutrição, estimulação cognitiva e assistência médica nos primeiros 1.000 dias de vida têm uma maior probabilidade de não apresentar atrasos no desenvolvimento. No entanto, faltam pesquisas sobre a melhor maneira de oferecer esse benefício combinado de forma escalável e com custo-efetividade. O SIEF vem

(continua)

crescendo rapidamente e abre uma nova fronteira no trabalho de avaliação. Se os resultados são consistentes em múltiplas configurações, isso dá aos responsáveis pela formulação de políticas públicas uma maior confiança na viabilidade dos programas em uma variedade de contextos e grupos populacionais. Trata-se de uma consideração importante, uma vez que os debates sobre a capacidade de replicar os resultados são fundamentais para responder aos questionamentos sobre a efetividade e a escalabilidade de determinado programa.

A decisão sobre realizar ou não uma avaliação de impacto

Nem todos os programas justificam a realização de uma avaliação de impacto. As avaliações de impacto devem ser utilizadas de forma seletiva quando é necessário fazer uma profunda análise de causalidade. Elas podem ser dispendiosas se você coletar seus próprios dados. Por isso, o orçamento de avaliação deve ser usado estrategicamente. Se você está começando um novo programa — ou pensando em expandi-lo — e está se questionando se deve realizar uma avaliação de impacto, algumas perguntas básicas podem ajudar nessa decisão.

A primeira pergunta a fazer é: o que está em jogo? Será que as evidências sobre o sucesso do programa, sua forma de implementação ou uma inovação no desenho do projeto serão relevantes para a tomada de decisões importantes? Frequentemente, essas decisões envolvem alocações orçamentárias e a escala do programa. Se houver implicações orçamentárias limitadas ou se os resultados forem afetar apenas algumas pessoas, talvez não valha a pena fazer uma avaliação de impacto. Por exemplo, talvez não valha a pena realizar uma avaliação de impacto de um programa implementado em uma pequena clínica que oferece aconselhamento a pacientes de hospital utilizando voluntários. Em comparação, uma reforma salarial implementada para a categoria dos professores, que acabaria por afetar todos os docentes do ensino fundamental de um país, seria um programa com implicações muito maiores.

Se você determinar que há muita coisa em jogo, as próximas perguntas são: existe alguma evidência de que o programa funciona? Em especial, você sabe qual seria a magnitude do impacto do programa? Há evidências disponíveis sobre programas semelhantes em circunstâncias parecidas? Se não houver evidência disponível sobre o potencial do tipo de programa que está sendo contemplado, você pode querer começar com um piloto que incorpore uma avaliação de impacto. Em contrapartida, se existirem evidências disponíveis sob circunstâncias semelhantes, o custo de uma avaliação de impacto provavelmente só será justificado se ela puder abordar alguma nova e importante pergunta de política pública. Esse é o caso se o seu programa incluir inovações importantes que ainda não foram testadas.

Para justificar a mobilização dos recursos técnicos e financeiros necessários à realização de uma avaliação de impacto de alta qualidade, a intervenção a ser avaliada deve ser:

- *Inovadora*. Ela testará uma abordagem nova e promissora.

- *Replicável*. Ela pode ser ampliada para vários grupos ou pode ser aplicada em uma configuração ou em um ambiente diferente.

- *Estrategicamente relevante*. As evidências fornecidas pela avaliação de impacto orientarão uma importante decisão referente à intervenção. Essa decisão pode estar relacionada à expansão do programa, à sua reformulação ou a alocações orçamentárias.

- *Não testada*. Pouco se sabe sobre a efetividade do programa ou sobre as formas alternativas de desenho do programa, tanto em nível mundial quanto em um contexto específico.

- *Influente*. Os resultados serão utilizados para fundamentar e orientar as decisões sobre políticas públicas.

A pergunta final que deve ser feita é: dispomos dos recursos necessários para fazer uma avaliação de impacto de qualidade? Esses recursos referem-se a elementos técnicos, tais como dados e tempo apropriados, recursos financeiros para realizar a avaliação, bem como recursos institucionais relacionados às equipes envolvidas e seu interesse e comprometimento para coletar e usar evidências causais. Conforme será discutido mais detalhadamente no capítulo 12, uma equipe de avaliação é essencialmente uma parceria entre dois grupos: uma equipe de formuladores de políticas públicas e uma equipe de pesquisadores. Essas equipes precisam trabalhar pelo objetivo comum de garantir que uma avaliação bem projetada e tecnicamente robusta seja implementada adequadamente e forneça resultados relevantes para questões-chave relacionadas à formulação de políticas públicas e ao desenho de programas. A compreensão clara da equipe de avaliação sobre as premissas e as promessas da avaliação de impacto ajudará a garantir seu sucesso.

Se você decidir que a avaliação de impacto faz sentido após levar em conta as perguntas expostas acima, além da necessidade de examinar a causalidade, as implicações associadas aos resultados e a necessidade de evidências sobre o desempenho de seu programa, continue com a leitura — este livro foi feito para você e para a sua equipe de avaliação.

Recursos adicionais

- Para acessar os materiais complementares a este capítulo e os hiperlinks com recursos adicionais, ver o site Avaliação de Impacto na Prática (www.worldbank.org/ieinpractice).
- Para obter informações adicionais sobre avaliações de impacto, ver Khandker, Shahidur R., Gayatri B. Koolwal e Hussain Samad. 2009. *Handbook on Quantitative Methods of Program Evaluation*. Washington, DC: Banco Mundial.
- Para obter uma boa visão geral dos experimentos aleatórios, ver Glennerster, Rachel e Kudzai Takavarasha. 2013. *Running Randomized Evaluations: A Practical Guide*. Princeton, NJ: Princeton University Press.
- Outros recursos sobre experimentos aleatórios incluem:
  - Duflo, Esther, Rachel Glennerster e Michael Kremer. 2007. "Using Randomization in Development Economics Research: A Toolkit." CEPR Discussion Paper No. 6059, Center for Economic Policy Research, Londres.
  - Duflo, Esther e Michael Kremer. 2008. "Use of Randomization in the Evaluation of Development Effectiveness." Em vol. 7 de *Evaluating Development Effectiveness*. Washington, DC: Banco Mundial.
- Outros recursos úteis sobre avaliação de impacto incluem:
  - Leeuw, Frans e Jos Vaessen. 2009. *Impact Evaluations and Development. NONIE Guidance on Impact Evaluation*. Washington, DC: NONIE.

- Ravallion, Martin. 2001. "The Mystery of the Vanishing Benefits: Ms. Speedy Analyst's Introduction to Evaluation." *World Bank Economic Review* 15 (1): 115–40.
- ———. 2008. "Evaluating Anti-Poverty Programs." Em vol. 4 de *Handbook of Development Economics,* editado por T. Paul Schultz e John Strauss. Amsterdã: North Holland.
- ———. 2009. "Evaluation in the Practice of Development." *World Bank Research Observer* 24 (1): 29–53.

Notas

1. Para uma visão geral dos programas de transferência condicional de renda e do papel influente desempenhado pelo programa do México e sua avaliação de impacto, ver Fiszbein e Schady (2009).
2. Dados administrativos são os dados rotineiramente coletados como parte da administração do programa e incluem informações sobre custos, registro e transações, geralmente como parte da prestação de serviços.
3. Existem muitas tipologias para avaliações e questões de avaliação. Ver Berk e Rossi (1998) e Rossi, Lipsey e Freeman (2003).
4. Métodos *quase-experimentais* são métodos de avaliação de impacto que usam um contrafactual, mas são diferentes dos métodos *experimentais* porque *não* se baseiam na seleção aleatória da intervenção. Ver a parte 2 para uma discussão sobre ambos os tipos de métodos.
5. Para uma visão geral dos métodos de pesquisa qualitativa, ver Patton (1990).
6. Adaptado do Bureau of Justice Assistance (1997, 97–98 e 102–3).
7. Para uma discussão detalhada sobre a análise de custo-benefício, ver Zerbe e Dively (1994); Brent (1996); Belli e outros (2001); e Boardman e outros. (2001).

Referências

Ananthpur, Kripa, Kabir Malik e Vijayendra Rao. 2014. "The Anatomy of Failure: An Ethnography of a Randomized Trial to Deepen Democracy in Rural India." Policy Research Working Paper 6958, Banco Mundial, Washington, DC.

Bamberger, Michael, Vijayendra Rao e Michael Woolcock. 2010. "Using Mixed Methods in Monitoring and Evaluation: Experiences from International Development." Policy Research Working Paper 5245, Banco Mundial, Washington, DC.

Banerjee, Abhijit, Esther Duflo, Nathanael Goldberg, Dean Karlan, Robert Osei e outros. 2015. "A Multifaceted Program Causes Lasting Progress for the Very Poor: Evidence from Six Countries." *Science* 348 (6236). doi:10.1126 /science.1260799.

Behrman, Jere R. e John Hoddinott. 2001. "An Evaluation of the Impact of PROGRESA on Pre-school Child Height." FCND Briefs 104, International Food Policy Research Institute, Washington, DC.

Belli, Pedro, Jock Anderson, Howard Barnum, John Dixon e Jee-Peng Tan. 2001. *Handbook of Economic Analysis of Investment Operations.* Washington, DC: Banco Mundial.

Berk, Richard A. e Peter Rossi. 1998. *Thinking about Program Evaluation,* segunda edição. Thousand Oaks, CA: SAGE Publications.

Berman, Daphna. 2014. "Tanzania: Can Local Communities Successfully Run Cash Transfer Programs?" Human Development Network, Banco Mundial, Washington, DC.

Boardman, Anthony, Aidan Vining, David Greenberg e David Weimer. 2001. *Cost-Benefit Analysis: Concepts and Practice.* New Jersey: Prentice Hall.

Bourguignon, François, Francisco H. G. Ferreira e Phillippe G. Leite. 2003. "Conditional Cash Transfers, Schooling, and Child Labor: Micro-Simulating Brazil's Bolsa Escola Program." *The World Bank Economic Review* 17 (2): 229–54.

BRAC (Bangladesh Rural Advancement Committee). 2013. "An End in Sight for Ultra-poverty." BRAC Briefing Note, novembro. http://www.brac.net/sites/default/files/BRAC%20Briefing%20-%20TUP.pdf.

Brent, Robert. 1996. *Applied Cost-Benefit Analysis.* Cheltenham, U.K.: Edward Elgar.

Bureau of Justice Assistance. 1997. *Urban Street Gang Enforcement.* Relatório preparado pelo Institute for Law and Justice, Inc. Washington, DC: Office of Justice Programs, Bureau of Justice Assistance, U.S. Department of Justice.

Creswell, John W. 2014. *Research Design: Qualitative, Quantitative, and Mixed Methods Approaches.* Thousand Oaks, CA: SAGE Publications.

Evans, David K., Stephanie Hausladen, Katrina Kosec e Natasha Reese. 2014. "Community-based Conditional Cash Transfers in Tanzania: Results from a Randomized Trial." Banco Mundial, Washington, DC.

Fiszbein, Ariel e Norbert Schady. 2009. *Conditional Cash Transfers, Reducing Present and Future Poverty.* Policy Research Report 47603. Washington, DC: Banco Mundial.

Gertler, Paul J. 2004. "Do Conditional Cash Transfers Improve Child Health? Evidence from PROGRESA's Control Randomized Experiment." *American Economic Review* 94 (2): 336–41.

Glennerster, Rachel e Kudzai Takavarasha. 2013. *Running Randomized Evaluations: A Practical Guide.* Princeton, NJ: Princeton University Press.

Imas, Linda G. M. e Ray C. Rist. 2009. *The Road to Results: Designing and Conducting Effective Development Evaluations.* Washington, DC: Banco Mundial.

Kremer, Michael, Conner Brannen e Rachel Glennerster. 2013. "The Challenge of Education and Learning in the Developing World." *Science* 340 (6130): 297–300.

Khandker, Shahidur, Gayatri B. Koolwal e Hussain A. Samad. 2010. *Handbook on Impact Evaluation: Quantitative Methods and Practices.* Washington, DC: Banco Mundial.

Levy, Santiago e Evelyne Rodríguez. 2005. *Sin Herencia de Pobreza: El Programa Progresa-Oportunidades de México*. Washington, DC: Banco Interamericano de Desenvolvimento.

Martínez, Sebastián, Sophie Nadeau e Vitor Pereira, 2012. "The Promise of Preschool in Africa: A Randomized Impact Evaluation of Early Childhood Development in Rural Mozambique." Washington, DC: Banco Mundial e Save the Children.

McKay, Harrison, Arlene McKay, Leonardo Siniestra, Hernando Gomez e Pascuala Lloreda. 1978. "Improving Cognitive Ability in Chronically Deprived Children." *Science* 200 (21): 270–78.

Patton, M. Q. 1990. *Qualitative Evaluation and Research Methods*, segunda edição. Newbury Park, CA: SAGE Publications.

Rao, Vijayendra e Michael Woolcock. 2003. "Integrating Qualitative and Quantitative Approaches in Program Evaluation." Em *The Impact of Economic Policies on Poverty and Income Distribution: Evaluation Techniques and Tools*, editado por F. J. Bourguignon and L. Pereira da Silva, 165–90. Nova York: Oxford University Press.

Rossi, Peter, Mark W. Lipsey e Howard Freeman. 2003. *Evaluation: A Systematic Approach*, sétima edição. Thousand Oaks, CA: SAGE Publications.

Schultz, Paul. 2004. "School Subsidies for the Poor: Evaluating the Mexican Progresa Poverty Program." *Journal of Development Economics* 74 (1): 199–250.

Skoufias, Emmanuel e Bonnie McClafferty. 2001. "Is Progresa Working? Summary of the Results of an Evaluation by IFPRI." International Food Policy Research Institute, Washington, DC.

Todd, Petra e Kenneth Wolpin. 2006. "Using Experimental Data to Validate a Dynamic Behavioral Model of Child Schooling and Fertility: Assessing the Impact of a School Subsidy Program in Mexico." *American Economic Review* 96 (5): 1384–417.

Zerbe, Richard e Dwight Dively. 1994. *Benefit Cost Analysis in Theory and Practice*. Nova York: Harper Collins Publishing.

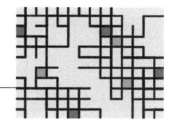

CAPÍTULO 2

Preparando-se para uma avaliação

Etapas iniciais

Este capítulo define as etapas iniciais da elaboração de uma avaliação. Essas etapas incluem a construção de uma teoria da mudança que detalhe como o projeto deve alcançar os resultados pretendidos, o desenvolvimento de uma cadeia de resultados como uma ferramenta útil para descrever a teoria da mudança, a especificação da(s) pergunta(s) da pesquisa e a seleção de indicadores para avaliar o desempenho.

Essas etapas são necessárias para se preparar para uma avaliação. É melhor adotá-las no início do programa ou da reforma que está sendo avaliada, ainda durante o período de concepção do projeto. As etapas mencionadas envolvem o engajamento de uma gama de atores — dos formuladores de políticas públicas aos gestores dos programas — para forjar uma visão comum sobre os objetivos do programa e sobre como eles serão alcançados. Esse engajamento cria um consenso sobre o foco da avaliação e as principais perguntas a ser respondidas, e fortalece as ligações entre a avaliação, a implementação do programa e a política. A aplicação dessas etapas confere clareza e especificidade ao processo, o que é útil tanto para o desenvolvimento de uma boa avaliação de impacto quanto para o desenho e a implementação de um programa eficaz. Cada etapa é claramente definida e articulada de acordo com o marco lógico agregado à cadeia de resultados — da especificação precisa de metas e perguntas até a articulação das ideias incorporadas na teoria da mudança e a identificação dos resultados que o programa pretende gerar. Uma definição clara dos indicadores específicos que serão utilizados para medir o êxito do programa é necessária não apenas para garantir que a avaliação tenha foco, mas também para assegurar que o programa tenha objetivos bem definidos. Serve também como base para determinar a magnitude dos efeitos previstos do programa. Esses parâmetros são essenciais para estabelecer os elementos técnicos da avaliação, incluindo o tamanho da amostra necessária e os cálculos de poder estatístico, conforme analisado no capítulo 15.

Na maioria das avaliações de impacto, será importante incluir uma análise de custo-benefício ou custo-efetividade, como se viu no capítulo 1. Os formuladores de políticas públicas sempre estão preocupados em saber não apenas quais os programas ou as reformas que são eficazes, mas também quais são os custos. Essa é uma consideração crucial para orientar as decisões quanto à possibilidade de ampliação e replicação de um programa — uma preocupação central para as decisões referentes a políticas públicas.

A construção de uma teoria da mudança

Uma *teoria da mudança* é a descrição de como uma intervenção é pensada para gerar os resultados desejados. Ela descreve a lógica causal de como e por que um determinado programa, uma forma de implementação do programa ou uma inovação no desenho do programa atingirá os resultados pretendidos. Uma teoria da mudança é o alicerce-chave de qualquer avaliação de impacto, considerando-se que o foco da pesquisa está no binômio causa e efeito. Como uma das primeiras etapas de um desenho de avaliação, construir uma teoria da mudança pode ajudar a especificar as perguntas da pesquisa.

As teorias da mudança retratam uma sequência de eventos que leva aos resultados. Elas exploram as condições e pressupostos necessários para que a mudança ocorra, explicitam a lógica causal do programa e mapeiam as intervenções do programa ao longo de trajetórias lógico-causais. Trabalhar com os atores relevantes do programa para construir uma teoria da mudança pode clarificar e melhorar o desenho do programa. Isso é especialmente importante nos programas que buscam influenciar o comportamento: as teorias da mudança podem ajudar a distinguir os insumos e as atividades da intervenção, os resultados que são obtidos e aqueles que decorrem das mudanças comportamentais esperadas dos beneficiários.

O melhor momento para desenvolver uma teoria da mudança para um programa é no início do processo de concepção, quando as partes interessadas podem se reunir para desenvolver uma visão comum para o programa, seus objetivos e o caminho para alcançá-los. As partes interessadas podem, então, começar a implementar o programa a partir de um entendimento comum da iniciativa, de seus objetivos e de como ela funciona.

Os profissionais responsáveis pela elaboração dos programas também devem analisar a literatura para descobrir relatos sobre experiências com programas semelhantes e verificar os contextos e pressupostos por trás das trajetórias causais da teoria da mudança que estão delineando. Por exemplo, no caso do projeto realizado no México (descrito no boxe 2.1), no qual a terra batida foi substituída por pisos de cimento, a literatura forneceu informações valiosas sobre como os parasitas são transmitidos e como a infestação parasitária leva à diarreia infantil.

Boxe 2.1: A articulação de uma teoria da mudança: como pisos de cimento geraram felicidade no México

Na avaliação do projeto Piso Firme, Cattaneo e outros (2009) investigaram qual o impacto que as melhorias na habitação têm sobre a saúde e o bem-estar. Tanto o projeto quanto a avaliação foram motivados por uma clara teoria da mudança.

O objetivo do projeto Piso Firme é melhorar o padrão de vida — especialmente a saúde — de grupos vulneráveis que vivem em áreas densamente povoadas e de baixa renda no México. O programa teve início no norte do estado de Coahuila, e se baseou em um diagnóstico conduzido pelo governo estadual.

A cadeia de resultados do programa é clara. Os bairros elegíveis passam por uma pesquisa de porta em porta e as famílias selecionadas recebem uma oferta de até 50 metros quadrados de cimento. O governo compra e entrega o cimento, e as famílias e os voluntários da comunidade fornecem a mão de obra para instalar o piso. O produto é a construção de um piso de cimento, que pode ser concluído em cerca de um dia. Entre os resultados esperados da melhoria do ambiente doméstico estão a limpeza, saúde e felicidade dos moradores.

O raciocínio por trás dessa cadeia de resultados é que os pisos de terra batida são um vetor para parasitas, já que é mais difícil mantê-los limpos. Os parasitas vivem e se reproduzem em meio às fezes e podem ser ingeridos pelos seres humanos quando são trazidos para dentro de casa por animais ou pessoas. Evidências mostram que as crianças pequenas que vivem em casas com chão de terra são mais propensas a ser infectadas por parasitas intestinais, que podem causar diarreia e desnutrição e, muitas vezes, prejudicam o desenvolvimento cognitivo e podem até mesmo levar à morte. Os pisos de cimento interrompem a transmissão de infestações parasitárias. Eles também controlam melhor a temperatura da casa e são esteticamente mais agradáveis.

(continua)

Desenvolver uma cadeia de resultados

Conceito-chave

Uma cadeia de resultados estabelece a sequência de insumos, atividades e produtos cuja função é melhorar os resultados e os resultados finais.

Uma cadeia de resultados é uma maneira de descrever uma teoria da mudança. Outras abordagens incluem modelos teóricos, marcos lógicos, estruturas lógicas e modelos de resultados. Cada um desses modelos inclui os elementos básicos de uma teoria da mudança: uma cadeia causal, uma especificação das influências e condições externas e as principais hipóteses. Neste livro, usaremos o modelo de cadeia de resultados porque acreditamos que esse é o modelo mais simples e mais claro para descrever a teoria da mudança no contexto operacional dos programas de desenvolvimento.

Uma cadeia de resultados estabelece a lógica causal a partir do início do programa, começando pelos recursos disponíveis, até o seu final, analisando as metas de longo prazo. Estabelece um esquema lógico e plausível para explicar como uma sequência de insumos, atividades e produtos, pelos quais um programa é diretamente responsável, interage com o comportamento para estabelecer caminhos através dos quais os impactos são alcançados (figura 2.1). Uma cadeia de resultados básica mapeia os seguintes elementos:

- *Insumos*. Os recursos à disposição do projeto, incluindo pessoal e orçamento.

- *Atividades*. As ações adotadas ou o trabalho realizado para converter insumos em produtos.

- *Produtos*. Os bens tangíveis e os serviços que as atividades do projeto produzem. Eles estão diretamente sob o controle da agência responsável pela implementação.

- *Resultados*. Os resultados que são provavelmente obtidos após a população beneficiária utilizar os produtos do projeto. São geralmente

Figura 2.1   Os elementos de uma cadeia de resultados

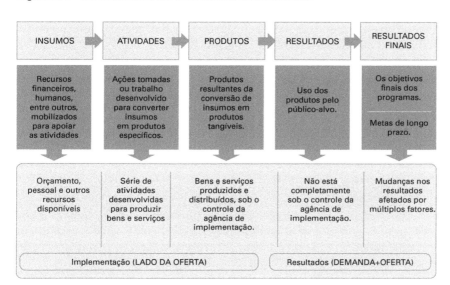

alcançados no curto e médio prazo e, normalmente, não estão diretamente sob o controle da agência responsável pela implementação.

- *Resultados finais.* Os resultados finais alcançados indicam se os objetivos do projeto foram cumpridos. Podem, normalmente, ser influenciados por múltiplos fatores e são alcançados após um período de tempo mais longo.

A cadeia de resultados abrange a implementação e os resultados. A *implementação* diz respeito ao trabalho realizado pelo projeto, incluindo insumos, atividades e produtos. Essas são as áreas sob a responsabilidade direta do projeto, sendo geralmente monitoradas para verificar se a iniciativa está entregando os bens e serviços conforme previsto. Os *resultados* consistem na soma dos resultados e dos resultados finais, que não estão sob o controle direto do projeto e dependem das mudanças comportamentais adotadas pelos beneficiários do programa. Em outras palavras: dependem da interação entre o lado da oferta (implementação) e o lado da demanda (beneficiários). Essas são, em geral, as áreas sujeitas à avaliação de impacto utilizada para medir a efetividade.

Uma boa cadeia de resultados ajudará a expor as hipóteses e riscos implícitos na teoria da mudança. Os formuladores de políticas públicas estão em melhor posição para articular a lógica causal e as hipóteses nas quais ela se baseia — assim como para detectar os riscos que podem afetar a obtenção dos resultados pretendidos. A equipe que conduz a avaliação deve se informar sobre essas hipóteses e riscos implícitos mediante consultas com os formuladores de políticas públicas. Uma boa cadeia de resultados também se referirá a evidências encontradas na literatura sobre o desempenho de programas semelhantes.

As cadeias de resultados são úteis para todos os projetos, independentemente de incluírem ou não uma avaliação de impacto, pois permitem que os formuladores de políticas públicas e gestores de programas tornem explícitos os objetivos do programa, ajudando, dessa forma, a esclarecer a lógica causal e a sequência de eventos por trás de um programa. Adicionalmente, elas podem identificar lacunas e elos fracos do desenho do programa, ajudando, dessa forma, a melhorá-lo. As cadeias de resultados ainda facilitam o monitoramento e a avaliação ao tornar claro quais as informações que precisam ser monitoradas ao longo de cada elo da cadeia para acompanhar a implementação do programa e quais os indicadores de resultados que precisam ser incluídos na avaliação.

Especificar as perguntas de avaliação

Uma pergunta de avaliação clara é o ponto de partida para qualquer avaliação eficaz. A formulação de uma pergunta de avaliação concentra a atividade de pesquisa para assegurar que a avaliação seja feita sob medida para satisfazer o interesse da política em questão. No caso de uma avaliação de impacto, ela precisa ser estruturada como uma hipótese testável. A avaliação de impacto gera, então, evidências críveis para responder a essa pergunta. Conforme já foi mencionado, a pergunta básica da avaliação de impacto é: qual é o impacto (ou efeito causal) de um programa sobre um resultado de interesse? O foco está no *impacto*, isto é, nas mudanças *diretamente atribuíveis* a um programa, a uma forma de implementação do programa ou a uma inovação no desenho.

A pergunta de avaliação deve ser guiada pelo interesse central da política em questão. Conforme discutido no capítulo 1, as avaliações de impacto podem explorar uma variedade de questões. Num primeiro momento, a equipe de avaliação deve esclarecer qual a pergunta a ser respondida e utilizar a teoria da mudança antes de analisar como a avaliação será conduzida.

Tradicionalmente, as avaliações de impacto se concentram no impacto de um programa já completamente implementado nos resultados finais, em contraposição aos resultados observados em um grupo de comparação que não se beneficiou do programa. Com a expansão do uso de avaliações de impacto, a equipe de avaliação pode se questionar: a pergunta principal da avaliação deve ser aquela "clássica" sobre a eficácia de determinado programa para modificar os resultados finais? Ou ela deve testar se uma forma de implementação do programa tem maior custo-efetividade do que outra? Ou deve ser a respeito da introdução de uma inovação no desenho do programa cujo objetivo é mudar o comportamento, como, por exemplo, taxa de matrículas? De forma criativa, a avaliação de impacto vem introduzindo novas abordagens para tratar questões de interesse político em várias disciplinas (ver o boxe 2.2).

Boxe 2.2: Avaliação de mecanismo

Uma avaliação de mecanismo é uma avaliação de impacto que testa um determinado mecanismo causal na teoria da mudança. Digamos que tenha sido identificado um problema e um possível programa que possa resolvê-lo. Você está pensando em formular uma avaliação para testar a efetividade do programa. A sua avaliação deveria testar diretamente o impacto do programa? Uma corrente recente de pensamento argumenta que esse tipo de avaliação de programa pode não ser a melhor abordagem inicial, e que em alguns casos é preferível não realizar uma avaliação direta do impacto, mas simplesmente testar alguns dos pressupostos ou mecanismos subjacentes à intervenção. As avaliações de mecanismo não testam diretamente o impacto de um programa, mas um mecanismo causal subjacente à escolha do programa.

Por exemplo, você pode estar preocupado com o fato de que as pessoas que vivem em bairros pobres de uma cidade têm taxas de obesidade mais altas do que as pessoas que vivem em bairros mais afluentes da mesma cidade. Depois de fazer uma pesquisa, você observou que os bairros pobres contam com menos mercados e barracas que vendem frutas e verduras frescas e outros alimentos nutritivos. Você acredita que essa baixa oferta pode estar contribuindo para a obesidade, e que é possível remediar a situação oferecendo subsídios para que os verdureiros estabeleçam mais pontos de venda. Uma cadeia de resultados simples é apresentada abaixo (ver figura B2.2.1).

O enfoque de uma avaliação de programa seria testar o impacto de subsídios a verdureiros em um conjunto de bairros pobres. Uma avaliação de mecanismo, por sua vez, poderia testar mais diretamente alguns pressupostos subjacentes ao programa, como, por exemplo, a seguinte hipótese: se os moradores de bairros pobres tiverem mais acesso a alimentos nutritivos, o consumo desses alimentos aumentará. Uma forma de testar essa premissa seria distribuir uma cesta semanal grátis de frutas e verduras a um grupo de moradores e comparar a ingestão desses alimentos com a dos moradores que não receberem a cesta grátis. Se não se notar diferença no consumo de frutas e verduras com essa avaliação de mecanismo, é pouco provável que a concessão de subsídios a verdureiros venha a ter um impacto

(continua)

Boxe 2.2: Avaliação de mecanismo *(continuação)*

Figura B2.2.1   Identificar um mecanismo de experimento a partir de uma cadeia de resultados mais longa

significativo, porque um dos mecanismos causais subjacentes não funciona.

Uma avaliação de mecanismo deveria normalmente ser mais barata para implementar do que uma avaliação completa do programa, porque pode ser realizada em escala menor. No exemplo da obesidade, seria bastante caro conceder subsídios a verdureiros em muitos bairros e pesquisar um grande número

de moradores. As cestas grátis de alimentos, por outro lado, seriam muito mais baratas, sendo suficiente entregá-las a umas poucas centenas de famílias. Mesmo que a avaliação de mecanismo demonstre que funciona, ainda assim seria necessário realizar uma avaliação para saber se a concessão de subsídios é uma forma efetiva de disponibilizar frutas e verduras a moradores de bairros pobres.

Fonte: Ludwig, Kling e Mullainathan 2011.

Em uma avaliação de impacto, a pergunta de avaliação precisa ser formulada como uma *hipótese bem definida e testável*. A pergunta deve ser formulada de tal forma que se possa quantificar a diferença dos resultados obtidos entre os grupos de tratamento e de comparação. A cadeia de resultados pode ser usada como base para formular a hipótese que se quer testar usando a avaliação de impacto. Conforme ilustrado no boxe 2.2, frequentemente existe mais de uma hipótese associada ao programa, mas nem todas podem ou devem ser exploradas em uma avaliação de impacto. No exemplo do currículo de matemática do boxe 2.3, a pergunta de avaliação foi extraída de elementos fundamentais da teoria da mudança e formulada como uma

Boxe 2.3: Uma reforma do currículo de matemática no ensino médio: formular uma cadeia de resultados e uma pergunta de avaliação

Imagine que o Ministério da Educação do país A está pensando em introduzir um novo currículo de matemática para o ensino médio. Esse currículo é desenhado para ser mais intuitivo para professores e alunos, melhorar o desempenho dos alunos em testes padronizados de matemática e, em última instância, aumentar a taxa de conclusão do ensino médio e de acesso a melhores empregos.

A cadeia de resultados a seguir descreve a teoria da mudança para o programa.

• Os insumos incluem pessoal do Ministério da Educação para liderar a reforma, professores de matemática do ensino médio, um orçamento para desenvolver o novo currículo de matemática e as instalações municipais onde os professores de matemática serão treinados.

• As atividades do programa consistem em elaborar o novo currículo de matemática, desenvolver um programa de formação de professores, oferecer treinamento aos professores e encomendar, imprimir e distribuir novos livros didáticos.

• Os produtos são o número de professores capacitados, o número de livros didáticos entregues nas salas de aula e a elaboração de testes padronizados para o novo currículo.

• Os resultados de curto prazo consistem na utilização dos novos métodos e dos livros didáticos pelos professores em suas aulas e na aplicação dos novos testes.

• Os resultados de médio prazo são as melhorias no desempenho dos alunos nos testes padronizados de matemática.

Figura B2.3.1   Uma cadeia de resultados para a reforma do currículo de matemática do ensino médio

(continua)

Boxe 2.3: Uma reforma do currículo de matemática no ensino médio: formular uma cadeia de resultados e uma pergunta de avaliação *(continuação)*

- Os resultados finais são o aumento das taxas de conclusão do ensino médio e, posteriormente, taxas de emprego mais altas e maiores salários para os alunos formados.

Há várias hipóteses subjacentes à teoria da mudança:

- Os professores treinados utilizam o novo currículo de maneira eficaz.

- Se os professores forem capacitados e os livros didáticos forem distribuídos, o conteúdo será aplicado e os alunos seguirão o currículo.

- O novo currículo é superior ao antigo na função de transmitir os conhecimentos em matemática.

- Se a implementação for realizada conforme o planejado, os resultados dos testes de matemática aumentarão, em média, cinco pontos.

- O desempenho em matemática durante o ensino médio influencia as taxas de conclusão do ensino médio, as perspectivas de emprego e a renda futura dos alunos.

A principal pergunta de avaliação formulada pela equipe de avaliação, composta pelos formuladores de políticas públicas do Ministério da Educação e pelos pesquisadores envolvidos na avaliação da efetividade do programa, é: qual é o efeito do novo currículo de matemática nas notas dos testes? Esta questão vai ao cerne do interesse da política pública em relação à eficácia do novo currículo.

 O Programa de Subsídio ao Seguro Saúde (HISP): uma introdução

O Programa de Subsídio ao Seguro Saúde (HISP) é o caso fictício de um governo que empreende uma reforma de larga escala no setor de saúde. O caso será utilizado ao longo deste livro para ilustrar diversos aspectos e discutir várias questões relacionadas à avaliação de impacto. O site de Avaliação de Impacto na Prática (www.worldbank.org/ieinpractice) contém respostas para perguntas referentes ao estudo de caso HISP, além de uma base de dados, a programação de análise empírica pelo software do Stata e um complemento técnico on-line que fornece um tratamento mais formal para a análise de dados.

O objetivo final do HISP é melhorar a saúde da população do país. O inovador — e potencialmente dispendioso — HISP está sendo introduzido como um programa-piloto. A preocupação do governo é que as famílias pobres que vivem na zona rural não conseguem arcar com os custos da assistência médica básica, o que gera consequências negativas para a sua saúde. Para resolver essa questão, o HISP subsidia um seguro saúde para as famílias rurais pobres, cobrindo as despesas relacionadas aos

Figura 2.2   A cadeia de resultados do HISP

INSUMOS	ATIVIDADES	PRODUTOS	RESULTADOS	RESULTADOS FINAIS
• Orçamento para o programa-piloto HISP. • Rede de instalações de saúde. • Pessoal nas secretarias de saúde do governo central e local.	• Desenho dos benefícios e da operação do HISP. • Capacitação de pessoal em clínicas rurais nos povoados-piloto. • Criação de sistemas de pagamentos e gestão de informações. • Lançamento do HISP em 100 povoados-piloto rurais. • Campanha de informação e educação.	• Instalações de saúde em 100 povoados-piloto rurais que participam do programa. • Campanha para alcançar 4.959 famílias elegíveis nos povoados-piloto.	• Número e porcentagem de famílias elegíveis inscritas no primeiro ano • Gastos menores com saúde para famílias rurais pobres. • Maior acesso a atenção básica de saúde. • Satisfação com o programa HISP.	• Melhoria dos resultados de saúde.
Implementação (LADO DA OFERTA)			Resultados (LADO DA DEMANDA + LADO DA OFERTA)	

cuidados básicos de saúde e medicamentos. O objetivo principal do HISP é reduzir o custo da assistência médica para as famílias pobres e, em última instância, melhorar a sua condição de saúde. Os formuladores de políticas públicas estão considerando a expansão do HISP para cobrir todo o país, o que custaria centenas de milhões de dólares.

A cadeia de resultados do HISP é apresentada na figura 2.2. As hipóteses relacionadas à reforma do HISP pressupõem o seguinte: que as famílias se inscreverão no programa quando ele for oferecido; que a inscrição no programa reduzirá as despesas diretas das famílias com saúde; que os custos são fatores que restringem o acesso das populações das zonas rurais a assistência médica e a medicamentos; e que os gastos diretos com saúde são um dos principais fatores que determinam a situação de pobreza e as más condições de saúde dessas famílias.

A principal pergunta de avaliação é: qual é o impacto do HISP sobre as despesas diretas com saúde das famílias pobres? Ao longo do livro e no material on-line, responderemos várias vezes essa mesma pergunta de avaliação para o HISP, utilizando diferentes abordagens metodológicas. Veremos que respostas diferentes — e, às vezes, conflitantes — emergirão, dependendo da metodologia de avaliação usada.

hipótese clara, testável e quantificável: qual é o efeito de um novo currículo de matemática sobre as notas dos testes dos alunos? No exemplo que aplicaremos ao longo do livro, o Programa de Subsídio ao Seguro de Saúde (Health Insurance Subsidy Program–HISP), a pergunta de avaliação é: qual o efeito do HISP sobre as despesas diretas com saúde das famílias pobres?

Seleção de indicadores de resultado e desempenho

Uma pergunta clara de avaliação deve ser acompanhada da especificação dos indicadores ou das variáveis de resultado que serão utilizados para avaliar os impactos do programa. Os indicadores de resultado selecionados serão usados para determinar se certo programa ou reforma é bem-sucedido ou não. Serão também importantes na aplicação de cálculos de poder estatístico que são empregados para determinar o tamanho das amostras necessárias para a avaliação, conforme discutido no capítulo 15.

Uma vez selecionados os principais indicadores de interesse, é necessário estabelecer objetivos claros para o programa. Essa etapa equivale a determinar o efeito esperado sobre os principais indicadores de resultados já escolhidos. O *tamanho dos efeitos* consiste na magnitude das mudanças esperadas pelo programa ou pela reforma, por exemplo, a variação nas notas dos testes dos alunos ou a taxa de aceitação de um novo tipo de apólice de seguro. O tamanho dos efeitos esperados é a base para a realização dos cálculos de poder estatístico.

É fundamental que a equipe de avaliação (pesquisadores e gestores) esteja de acordo tanto sobre os indicadores de resultados de interesse quanto sobre o tamanho dos efeitos previstos da intervenção (para obter mais informações sobre a equipe de avaliação, ver o capítulo 12). Esses são os indicadores que serão utilizados para avaliar o sucesso do programa e formar a base para os cálculos de poder estatístico. As avaliações de impacto podem gerar estimativas inadequadas dos impactos porque as amostras não são suficientemente grandes para detectar as mudanças provocadas pelo programa (diz-se que as amostras têm "baixo poder"). O tamanho mínimo dos efeitos esperados deve ser especificado para estabelecer critérios básicos que permitirão determinar se a intervenção foi bem-sucedida. Quando há dados disponíveis, podem ser realizadas simulações *ex-ante* para comparar diferentes cenários que auxiliarão na definição do tamanho dos efeitos esperados para uma série de indicadores. As simulações *ex-ante* também podem ser usadas para analisar estimativas iniciais de custo-benefício ou custo-efetividade e para comparar intervenções alternativas capazes de gerar as mudanças esperadas nos indicadores de interesse.

Uma cadeia de resultados claramente articulada fornece um roteiro útil para selecionar os indicadores que serão empregados ao longo da cadeia. Entre esses indicadores estão aqueles a ser utilizados tanto para monitorar a execução do programa quanto para avaliar os seus impactos. Cabe enfatizar novamente a importância de envolver na seleção desses indicadores as partes interessadas do programa, tanto a equipe de gestores quanto a de pesquisadores, para assegurar que aqueles que forem selecionados representarão boas medidas de desempenho do programa. Uma regra geral amplamente utilizada para garantir que os indicadores utilizados constituam boas medidas de desempenho é resumida pelo acrônimo SMART (em inglês). Os indicadores devem ser:

- *Específicos (specific)*: para medir as informações necessárias com a maior acurácia possível

- *Mensuráveis (measurable)*: para garantir que as informações sejam facilmente obtidas

- *Atribuíveis (attributable)*: para garantir que cada medida esteja vinculada às dimensões embutidas no programa

- *Realistas (realistic)*: para garantir que os dados possam ser obtidos em tempo hábil, com frequência e custo razoáveis

- *Direcionados (targeted)*: para a população-alvo do programa.

Ao escolher os indicadores, lembre-se que é importante identificá-los ao longo de toda a cadeia de resultados, e não apenas no nível dos impactos, de modo que se possa rastrear a lógica causal de quaisquer resultados do programa que venham a ser observados. Em avaliações de implementação que foquem em testar duas ou mais alternativas de desenho da intervenção, os resultados de interesse podem ocorrer mais cedo na cadeia de resultados, como um produto gerado pelo programa ou um resultado intermediário. Mesmo que se esteja interessado apenas em medidas dos impactos dos programas, ainda assim é importante monitorar os indicadores de implementação, de forma a permitir que se determine se as intervenções foram realizadas conforme o planejado, se atingiram os beneficiários desejados e se foram implementadas no tempo pretendido. Sem demarcar esses indicadores ao longo da cadeia de resultados, a avaliação de impacto corre o risco de produzir uma "caixa preta" que identificará se os resultados previstos se concretizaram ou não, mas não será capaz de explicar o porquê dos resultados obtidos.

Lista de verificação: obter dados para seus indicadores

Para fazer uma lista de verificação final após a seleção dos indicadores, é útil considerar as providências que devem ser tomadas para obter os dados que serão utilizados para medir esses indicadores. Na parte 4 do livro, há uma discussão completa sobre como obter dados para a avaliação do seu programa. A lista de verificação abaixo cobre as providências práticas necessárias para garantir que se possa gerar cada um dos indicadores de maneira confiável e em tempo hábil (adaptado de PNUD 2009):

✓ Os indicadores (produtos e resultados) estão claramente especificados? Eles devem ser extraídos das principais perguntas de avaliação e devem ser consistentes com a documentação do desenho do programa e com a cadeia de resultados.

✓ Os indicadores são SMART (específicos, mensuráveis, atribuíveis, realistas e direcionados)?

✓ Qual é a fonte de dados de cada um dos indicadores? É necessário que haja clareza quanto à fonte a partir da qual os dados serão obtidos, como uma pesquisa domiciliar ou dados administrativos.

✓ Com que frequência os dados serão coletados? Inclua um cronograma para essa atividade.

✓ Quem é o responsável pela coleta dos dados? Defina quem é o responsável pela organização da coleta de dados, pela verificação da fonte e qualidade dos dados e pela garantia do cumprimento dos padrões éticos.

✓ Quem é o responsável pela análise e elaboração de relatórios? Especifique a frequência e o método de análise e a responsabilidade pela produção de relatórios.

✓ Que recursos são necessários para gerar os dados? Assegure que os recursos necessários (inclusive humanos) estejam bem definidos e comprometidos em gerar os dados. Esta geralmente é a parte mais dispendiosa de uma avaliação quando há coleta de dados primários.

✓ Existe documentação apropriada? Estabeleça planos para definir como os dados serão documentados, incluindo a utilização de um arquivo de registro e a garantia de anonimato.

✓ Quais são os riscos envolvidos? Considere todos os riscos e hipóteses no momento da realização das atividades planejadas de monitoramento e avaliação e leve em conta como elas podem afetar o cronograma e a qualidade dos dados e dos indicadores.

Recursos adicionais

- Para acessar os materiais complementares a este capítulo e hiperlinks com recursos adicionais, consulte o site Avaliação de Impacto na Prática (www .worldbank.org/ieinpractice).

- Uma figura sobre a teoria da mudança, um quadro da cadeia de resultados e exemplos de indicadores para financiamentos de projetos baseados em resultados são disponibilizados no Módulo 1 da Impact Evaluation Toolkit (www.worldbank.org/health/impactevaluationtoolkit), do Banco Mundial.
- Uma boa revisão sobre as teorias da mudança pode ser encontrada em Imas, Linda G. M. e Ray C. Rist. 2009. *The Road to Results: Designing and Conducting Effective Development Evaluations*. Washington, DC: Banco Mundial.
- Para discussões sobre como selecionar indicadores de desempenho, consulte:
  - Imas, Linda G. M. e Ray C. Rist. 2009. *The Road to Results: Designing and Conducting Effective Development Evaluations*. Washington, DC: Banco Mundial.
  - Kusek, Jody Zall e Ray C. Rist. 2004. *Ten Steps to a Results-Based Monitoring and Evaluation System*. Washington, DC: Banco Mundial.

Referências

Cattaneo, Matias, Sebastian Galiani, Paul Gertler, Sebastián Martínez e Rocio Titiunik. 2009. "Housing, Health and Happiness." *American Economic Journal: Economic Policy* 1 (1): 75–105.

Imas, Linda G. M. e Ray C. Rist. 2009. *The Road to Results: Designing and Conducting Effective Development Evaluations*. Washington, DC: Banco Mundial.

Kusek, Jody Zall e Ray C. Rist. 2004. *Ten Steps to a Results-Based Monitoring and Evaluation System*. Washington, DC: Banco Mundial.

Ludwig, Jens, Jeffrey R. Kling e Sendhil Mullainathan. 2011. "Mechanism Experiments and Policy Evaluations." *Journal of Economic Perspectives* 25 (3): 17–38.

PNUD (Programa de Desenvolvimento das Nações Unidas). 2009. *Handbook on Planning, Monitoring and Evaluating for Development Results*. Nova York: UNDP.

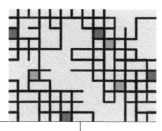

Parte 2

COMO AVALIAR

A parte 2 deste livro explica o que as avaliações de impacto fazem, que perguntas elas respondem, que métodos estão disponíveis para realizá-las e as vantagens e desvantagens de cada um deles. A abordagem para a avaliação de impacto preconizada neste livro favorece a seleção do método mais rigoroso compatível com as características operacionais de um programa. O menu de opções de avaliação de impacto discutido aqui inclui os métodos de seleção aleatória, variáveis instrumentais, regressão descontínua, diferença em diferenças e pareamento. Todas essas abordagens compartilham o objetivo comum de criar grupos de comparação válidos para que os verdadeiros impactos de um programa possam ser estimados.

Iniciamos o capítulo 3 introduzindo o conceito de *contrafactual* como o ponto crucial de qualquer avaliação de impacto, explicando as propriedades que a sua estimativa deve ter e fornecendo exemplos de estimativas inválidas ou falsas do contrafactual. Em seguida, os capítulos 4 a 8 discutem cada metodologia: a seleção aleatória no capítulo 4; as variáveis instrumentais no capítulo 5; o método de regressão descontínua no capítulo 6; o de diferença em diferenças no capítulo 7; e o pareamento no capítulo 8. Analisamos como e por que cada método pode produzir uma estimativa válida do contrafactual, em que contexto de política pública cada método pode ser implementado e as principais limitações de cada um deles. Ilustramos o uso de cada um com exemplos específicos do mundo real relacionados a avaliações de impacto que empregaram esses métodos, bem como o estudo de caso do Programa de Subsídio ao Seguro Saúde (HISP), que foi introduzido no capítulo 2. No capítulo 9, discutimos como lidar com os problemas que podem surgir durante a implementação, reconhecendo que as avaliações de impacto muitas vezes não são implementadas exatamente conforme o planejado. Nesse contexto, analisamos os desafios mais comuns, entre os quais o cumprimento parcial, as externalidades e a atrição, e fornecemos orientação sobre como lidar com essas questões. O capítulo 10 conclui com orientações sobre avaliações de programas multifacetados, especialmente aqueles com diferentes níveis de tratamento e múltiplos tipos de tratamento.

Na parte 2, você terá a chance de aplicar métodos e testar sua compreensão usando o estudo de caso do HISP. Lembre-se que a pergunta-chave de avaliação para os formuladores de políticas do HISP é: qual o impacto do Programa de Subsídio ao Seguro Saúde sobre as despesas diretas com assistência médica das famílias pobres? Usaremos a base de dados do HISP para ilustrar cada método de avaliação e tentar responder essa pergunta. Parta do princípio que os dados já foram organizados corretamente para eliminar quaisquer problemas relacionados a eles. O livro fornecerá os resultados da análise para que você interprete. Mais especificamente, sua tarefa será determinar por que a estimativa sobre o impacto do HISP muda com a utilização de cada método e decidir que resultados são suficientemente confiáveis para servir de justificativa para (ou contra) a expansão do HISP. As soluções dos problemas são fornecidas no site Avaliação de Impacto na Prática (www.worldbank.org/ieinpractice). Se estiver interessado em replicar a análise, também encontrará a base de dados, a programação pelo software Stata e um complemento técnico on-line que fornece um tratamento mais formal para a análise de dados nesse site.

A parte 3 começa com uma explicação sobre como utilizar as regras de operação do programa — a saber, os recursos disponíveis, os critérios de seleção dos beneficiários e o *timing* da implementação — para a seleção de um método de avaliação de impacto. Um arcabouço simples é apresentado para determinar qual das metodologias de avaliação de impacto apresentadas na parte 2 é a mais adequada para um determinado programa, dependendo de suas regras operacionais.

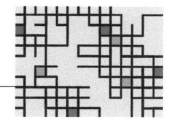

CAPÍTULO 3

Inferência causal e contrafactuais

Inferência causal

Começamos examinando dois conceitos que são parte integrante do processo de realização de avaliações de impacto rigorosas e confiáveis — a inferência causal e os contrafactuais.

Muitas questões políticas envolvem relações de causa e efeito: a capacitação dos professores melhora as notas dos alunos nas provas? Os programas de transferência condicional de renda geram melhores resultados de saúde para as crianças? Os programas de formação profissional aumentam a renda dos participantes?

As avaliações de impacto buscam responder esse tipo de pergunta de causa e efeito com rigor científico. Avaliar o impacto de um programa sobre um conjunto de variáveis de resultado é o equivalente a avaliar o efeito causal do programa sobre essas variáveis. A pergunta básica de avaliação de impacto constitui essencialmente um problema de *inferência causal*.[1]

Embora questões de causa e efeito sejam comuns, respondê-las de forma rigorosa é uma tarefa desafiadora. No contexto de um programa de formação profissional, por exemplo, simplesmente observar que a renda de um aluno aumentou depois de ele ter concluído o programa não é suficiente para estabelecer a causalidade. Mesmo que o participante não tivesse feito o treinamento, sua renda poderia ter aumentado devido a seus próprios esforços, à

Conceito-chave

As avaliações de impacto determinam até que ponto um programa — e somente esse programa — causou uma mudança em uma variável de resultado.

mudança nas condições do mercado de trabalho ou por causa de muitos outros fatores que podem afetar a renda das pessoas. As avaliações de impacto nos ajudam a superar o desafio de estabelecer a causalidade ao definirmos empiricamente até que ponto um determinado programa — *e somente esse programa* — contribuiu para a mudança de um resultado. Para estabelecer a causalidade entre um programa e uma variável de resultado, usamos métodos de avaliação de impacto para descartar a possibilidade de que qualquer outro fator além do programa de interesse explique o impacto observado.

A resposta à pergunta básica de avaliação de impacto — qual é o impacto ou efeito causal de um programa (P) sobre uma variável de resultado de interesse (Y)? — é dada pela fórmula básica de avaliação de impacto:

$$\Delta = (Y \mid P = 1) - (Y \mid P = 0).$$

Essa fórmula estabelece que o impacto causal (Δ) de um programa (P) sobre uma variável de resultado (Y) é a diferença entre o resultado (Y) *com* o emprego do programa (ou seja, quando $P = 1$) e o mesmo resultado (Y) *sem* a presença do programa (isto é, quando $P = 0$).

Por exemplo, se P denota um programa de formação profissional e Y significa a renda, então o impacto causal do programa de formação profissional (Δ) é a diferença entre a renda de uma pessoa (Y) depois de participar do programa de formação profissional (ou seja, quando $P = 1$) e a renda dessa pessoa (Y) no mesmo momento caso ela não tivesse participado do programa (ou seja, quando $P = 0$). Dito de outra forma, gostaríamos de medir a renda no mesmo ponto no tempo para a mesma unidade de observação (uma pessoa, neste caso), mas em dois estados diferentes do mundo ou da realidade. Se fosse possível fazer isso, estaríamos observando quanta renda o mesmo indivíduo teria tido no mesmo ponto no tempo com e sem o programa, de modo que a *única* explicação possível para qualquer diferença de renda dessa pessoa seria o programa. Ao comparar o mesmo indivíduo com ele mesmo no mesmo momento, teríamos conseguido eliminar quaisquer fatores externos que também pudessem explicar a diferença nos resultados. Dessa maneira, poderíamos confiar que a relação entre o programa de formação profissional e a mudança de renda é causal.

A fórmula básica de avaliação de impacto é válida para qualquer unidade que esteja sendo analisada — uma pessoa, uma família, uma comunidade, uma empresa, uma escola, um hospital ou outra unidade de observação que possa receber ou ser afetada por um programa. A fórmula também é válida para qualquer variável de resultado (Y) relacionada ao programa em questão. Após medirmos os dois componentes básicos dessa fórmula — a variável Y tanto com o programa quanto sem ele –, poderemos responder a qualquer pergunta sobre o impacto do programa.

O contrafactual

Conforme já foi discutido, podemos pensar no impacto (Δ) de um programa como a diferença de resultados (*Y*) para a mesma unidade (pessoa, família, comunidade, etc.) com e sem participação em um programa. No entanto, sabemos que medir a mesma unidade em dois estados diferentes ao mesmo tempo é impossível. Em qualquer momento analisado, uma unidade ou participou do programa ou não participou. A unidade não pode ser observada simultaneamente em dois estados diferentes (em outras palavras, com e sem o programa). Isso é chamado de *problema do contrafactual*: como podemos medir o que teria acontecido se outro estado tivesse prevalecido? Embora possamos observar e medir o resultado (*Y*) para um participante do programa (*Y* | *P* = 1), não existem dados para estabelecer qual seria o resultado na ausência do programa (*Y* | *P* = 0). Na fórmula básica de avaliação de impacto, *o termo (Y | P = 0) representa o contrafactual*. Podemos pensar nisso como *o que teria acontecido* com o resultado se uma pessoa ou unidade de observação não tivesse participado do programa.

Por exemplo, imagine que o "sr. Azarado" tomou uma pílula e morreu cinco dias depois. Só porque o sr. Azarado morreu depois de tomar a pílula, não se pode concluir que a pílula *causou* a sua morte. Talvez ele estivesse muito doente quando tomou a pílula, e a doença tenha sido a causadora da morte, não a pílula. Inferir causalidade exigirá que você descarte outros fatores potenciais que poderiam afetar o resultado em questão. Nesse simples exemplo usado para determinar se tomar a pílula causou a morte do sr. Azarado, um avaliador precisaria estabelecer o que teria acontecido ao sr. Azarado se ele não tivesse tomado a pílula. Mas, como o sr. Azarado realmente tomou a pílula, não é possível observar diretamente o que teria acontecido se ele não tivesse feito isso. O que teria acontecido com ele se ele não tivesse tomado a pílula é o contrafactual. Para identificar o impacto da pílula, o principal desafio do avaliador é determinar como seria o estado contrafactual do mundo para o Sr. Azarado (ver o boxe 3.1 para um outro exemplo).

Ao realizar uma avaliação de impacto, é relativamente fácil obter o primeiro termo da fórmula básica (*Y* | *P* = 1) — ou seja, o resultado com a realização de um programa (também conhecido como resultado *para os tratados*). Simplesmente medimos o resultado de interesse para o participante do programa. No entanto, não podemos observar diretamente o segundo termo da fórmula (*Y* | *P* = 0) para o participante. Precisamos obter essa lacuna de informação *estimando o contrafactual*.

Para nos ajudar a entender o conceito-chave de estimar o contrafactual, recorremos a outro exemplo hipotético. Seria possível resolver o problema

Boxe 3.1: O problema do contrafactual: a jovem Única e o programa de transferência de renda

A "jovem Única" é uma menina recém-nascida cuja mãe recebe a oferta de uma transferência mensal de renda desde que ela garanta que a criança fará exames de saúde regulares no posto de saúde local, que será vacinada e que seu crescimento será monitorado. O governo acredita que a transferência de renda motivará a mãe da jovem Única a procurar os serviços de saúde exigidos pelo programa e a ajudará a crescer saudável e alcançar uma boa estatura. Para a avaliação de impacto da transferência de renda, o governo selecionou a altura como um indicador de resultado de saúde no longo prazo.

Suponha que seja possível medir a altura da jovem Única aos 3 anos de idade. Idealmente, para avaliar o impacto do programa, você deveria medir a altura da jovem Única aos 3 anos de idade, tendo sua mãe recebido a transferência de renda, e também deveria medir a altura dela aos 3 anos sem que sua mãe tivesse recebido a transferência de renda. Em seguida, você compararia as duas medições de altura para estabelecer o impacto. Se fosse possível comparar a altura da jovem Única aos 3 anos com o programa e sua altura aos 3 anos sem o programa, saberíamos que qualquer diferença em termos de altura teria sido causada apenas pelo programa de transferência de renda. Como todas as outras circunstâncias relacionadas à jovem Única seriam as mesmas, não haveria outras características que pudessem explicar a diferença de altura.

Infelizmente, no entanto, é impossível observar a jovem Única com e sem o programa de transferência de renda: ou sua família cumpre as condições (exames, vacinas, monitoramento do crescimento) e recebe a transferência de renda, ou não. Em outras palavras, não podemos observar qual é o contrafactual. Como a mãe da jovem Única realmente cumpriu as condições exigidas e recebeu a transferência de renda, não podemos saber qual seria a altura da jovem Única caso sua mãe não tivesse recebido a transferência de renda.

Encontrar uma comparação adequada para a jovem Única será um desafio justamente porque ela é única. Seu histórico socioeconômico, seus atributos genéticos e suas características pessoais e familiares exatos não podem ser encontrados em mais ninguém. Se fôssemos simplesmente comparar a jovem Única com uma criança que não esteja inscrita no programa de transferência de renda — como, digamos, o "jovem Inimitável" —, a comparação poderia não ser adequada. A jovem Única com certeza não é idêntica ao jovem Inimitável. Eles provavelmente não têm a mesma aparência, não vivem no mesmo lugar, não têm os mesmos pais e podem não ter apresentado a mesma altura ao nascer. Portanto, se observarmos que o jovem Inimitável é mais baixo do que a jovem Única aos 3 anos de idade, não seremos capazes de saber se essa diferença se deve ao programa de transferência de renda ou a uma das muitas outras diferenças que existem entre essas duas crianças.

Figura 3.1 O clone perfeito

Beneficiário

Clone

6 doces

4 doces

Impacto = 6 – 4 = 2 doces

contrafactual se o avaliador pudesse encontrar um "clone perfeito" para um participante do programa (figura 3.1). Por exemplo, digamos que o sr. Fulano de Tal começou a receber US$ 12 de mesada e queremos medir o impacto desse tratamento em seu consumo de doces. Se se pudesse identificar um clone perfeito para o sr. Fulano de Tal, a avaliação seria fácil: bastaria comparar o número de doces comidos por ele (digamos, seis) depois de receber o dinheiro com o número de doces comidos por seu clone (digamos, quatro), que não recebeu nenhuma mesada. Neste caso, o impacto do dinheiro recebido seria de dois doces: a diferença entre o número de doces consumidos sob tratamento (seis) e o número de doces consumidos sem o tratamento (quatro). Na realidade, sabemos que é impossível identificar clones perfeitos: mesmo entre gêmeos geneticamente idênticos existem diferenças importantes.

Como estimar o contrafactual

A chave para estimar o contrafactual para os participantes de um programa é passar do nível individual ou da unidade de observação para o nível de grupo. Embora não exista um clone perfeito para uma única unidade, podemos fazer uso de propriedades da estatística para gerar dois *grupos* de unidades que, caso seus tamanhos sejam grandes o suficiente, serão estatisticamente indistinguíveis um do outro. O grupo que participa do programa é conhecido como o *grupo de tratamento*, e seu resultado será $(Y \mid P = 1)$ após ter participado do programa. O *grupo de comparação* (às vezes chamado de *grupo de controle*), estatisticamente idêntico, é o grupo que não será afetado pelo programa e nos permitirá estimar o resultado contrafactual $(Y \mid P = 0)$, ou seja, o resultado que teria prevalecido para o grupo de tratamento caso ele não tivesse recebido o programa.

Assim, na prática, o desafio de uma avaliação de impacto é identificar um grupo de tratamento e um grupo de comparação que sejam estatisticamente idênticos, em média, na ausência do programa. Se os dois grupos forem idênticos, sendo que a única diferença entre eles é que um grupo participa do programa e o outro não, poderemos ter certeza de que qualquer diferença observada nos resultados deve ser atribuída ao programa. Encontrar tais grupos de comparação é a tarefa crucial de qualquer avaliação de impacto, independentemente do tipo de programa que esteja sendo avaliado. Simplificando: sem um grupo de comparação que produza uma estimativa válida do contrafactual, o verdadeiro impacto de um programa não pode ser estabelecido.

Dessa maneira, o principal desafio para identificar impactos é encontrar um *grupo de comparação válido* que tenha as mesmas características do grupo de tratamento na ausência de um programa. Especificamente, os grupos de tratamento e de comparação devem ser iguais em pelo menos três quesitos.

Em primeiro lugar, as características médias do grupo de tratamento e do grupo de comparação devem ser idênticas na ausência do programa.[2] Embora não seja necessário que as unidades individuais do grupo de tratamento tenham clones perfeitos no grupo de comparação, *em média* as características dos grupos de tratamento e de comparação devem ser as mesmas. Por exemplo, a idade média das unidades do grupo de tratamento deve ser a mesma a do grupo de comparação.

Em segundo lugar, o tratamento não deve afetar o grupo de comparação direta ou indiretamente. No exemplo da mesada, o grupo de tratamento não deve transferir recursos para o grupo de comparação (efeito direto) ou afetar o preço dos doces nos mercados locais (efeito indireto). Por exemplo, se quisermos isolar o impacto da mesada no consumo de doces, o grupo de tratamento também não deve ser estimulado a realizar mais idas à loja de doces do que o grupo de comparação. Caso contrário, não será possível distinguir se o consumo adicional de doces se deve ao dinheiro extra ou às visitas extras à loja.

Em terceiro lugar, os resultados das unidades do grupo de controle deveriam mudar da mesma maneira que os resultados do grupo de tratamento se ambos os grupos recebessem o programa (ou não). Nesse sentido, os grupos de tratamento e de comparação deveriam reagir ao programa da mesma maneira. Por exemplo, se a renda das pessoas do grupo de tratamento aumentou em US$ 100 graças a um programa de treinamento, então a renda das pessoas do grupo de comparação também teria aumentado em US$ 100 caso elas tivessem recebido treinamento.

Quando essas três condições são satisfeitas, apenas a existência do programa de interesse explicará quaisquer diferenças na variável de resultado (Y) entre os dois grupos. Isso porque a única diferença entre os grupos de tratamento e de comparação é o fato de que os membros do grupo de tratamento recebem o programa, enquanto os membros do grupo de comparação, não. Quando a diferença de resultados pode ser inteiramente atribuída ao programa, o impacto causal do programa foi identificado.

Voltando ao caso do sr. Fulano de Tal, vimos que, para estimar o impacto do dinheiro recebido em seu consumo de doces, teríamos que cumprir a tarefa implausível de encontrar o seu clone. Em vez de analisar o impacto apenas para um indivíduo, é mais realista analisar o impacto médio para um grupo de indivíduos (figura 3.2). Caso seja possível identificar outro grupo de indivíduos que compartilhe a mesma idade média, composição de gênero, nível educacional, preferência por doces e assim por diante, mas que não receba dinheiro adicional, então se conseguiria estimar o impacto de receber o dinheiro extra. Esse impacto seria simplesmente a diferença entre o consumo médio de doces nos dois grupos. Assim, se o *grupo de tratamento* consome uma média de 6 doces por pessoa, enquanto o *grupo de comparação* consome uma média de 4, o impacto médio do dinheiro extra no consumo de doces seria de 2 doces.

Figura 3.2 Um grupo de comparação válido

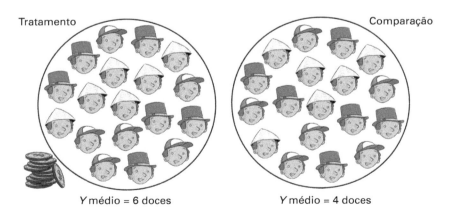

Y médio = 6 doces

Y médio = 4 doces

Impacto = 6 − 4 = 2 doces

Conceito-chave

Quando o grupo de comparação não fornece o verdadeiro contrafactual, o impacto estimado do programa será inválido. Em termos estatísticos, a estimativa do impacto será *enviesada*.

Após definir um *grupo de comparação válido*, é importante considerar o que aconteceria se decidíssemos realizar uma avaliação de impacto sem encontrar esse grupo. Intuitivamente, um grupo de comparação inválido é aquele que difere do grupo de tratamento de alguma forma que não apenas a ausência do tratamento. Essas diferenças adicionais podem fazer com que a estimativa do impacto seja inválida ou, em termos estatísticos, *enviesada*: a avaliação do impacto não estimará o verdadeiro impacto do programa. Em vez disso, ela estimará o efeito do programa combinado com essas outras diferenças.

Duas estimativas falsas do contrafactual

No restante da parte 2 deste livro, vamos discutir os vários métodos que podem ser usados para criar grupos de comparação válidos que permitirão estimar o contrafactual. Antes disso, no entanto, é útil discutir dois métodos comuns, mas altamente arriscados, de criação de grupos de comparação que muitas vezes levam a estimativas inadequadas (falsas) do contrafactual:

- As *comparações antes e depois* (também conhecidas como comparações *pré-pós* ou *reflexivas*) comparam os resultados do mesmo grupo antes e depois de sua participação em um programa.

- As *comparações inscrito e não inscrito* (ou *autosselecionadas*) comparam os resultados de um grupo que opta por participar de um programa com os de um grupo que escolhe não participar.

Estimativa contrafactual falsa 1: comparar os resultados antes e depois de um programa

Uma comparação antes e depois tenta estimar o impacto de um programa acompanhando as mudanças nos resultados para os participantes do programa ao longo do tempo. Voltando à fórmula básica de avaliação de impacto, o resultado para o grupo de tratamento $(Y \mid P = 1)$ é simplesmente o resultado após sua participação no programa. No entanto, as comparações antes e depois tomam o contrafactual estimado $(Y \mid P = 0)$ como o resultado para o grupo de tratamento *antes* de a intervenção ter começado. Essencialmente, esta comparação pressupõe que, se o programa nunca tivesse existido, o resultado (Y) para os participantes do programa teria sido exatamente o mesmo que a sua situação antes do programa. Infelizmente, para a maioria dos programas implementados ao longo do tempo, essa suposição simplesmente não se sustenta.

Considere-se a avaliação de um programa de microcrédito para agricultores rurais pobres. O programa fornece microcrédito aos agricultores para que eles possam comprar fertilizantes para aumentar sua produção de arroz. Observa-se que, no ano anterior ao início do programa, os agricultores colheram uma média de 1.000 quilogramas (kg) de arroz por hectare (ponto *B* na figura 3.3). O programa de microcrédito é lançado e, um ano depois, a produção de arroz aumentou para 1.100 kg por hectare (ponto *A* na figura 3.3). Se você estivesse tentando avaliar o impacto desse programa usando uma comparação antes e depois, tomaria o resultado da linha de base como uma estimativa do contrafactual. Ao aplicar a fórmula básica de avaliação de impacto, você concluiria que o programa aumentou a produção de arroz em 100 kg por hectare (*A-B*).

No entanto, imagine que o regime de chuvas foi normal no ano anterior ao lançamento do programa, mas uma seca ocorreu no ano em que o programa teve início. Devido à seca, a produtividade média dos agricultores sem o esquema de microcrédito provavelmente seria menor do que *B*: digamos que ela ficaria no nível *D*. Nesse caso, o verdadeiro impacto do programa seria *A-D*, que é maior do que os 100 kg estimados usando a

Figura 3.3 Estimativas antes e depois de um programa de microcrédito

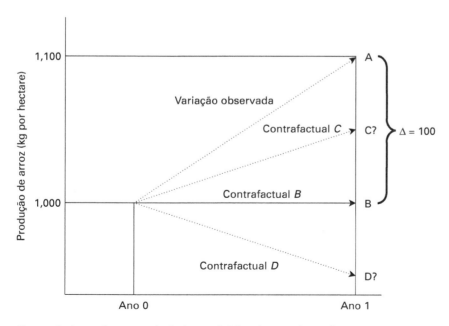

Observação: Δ = mudança na produção de arroz (kg); ha = hectares; kg = quilogramas.

comparação antes e depois. Ao contrário, se as chuvas tivessem melhorado entre os dois anos, a produção de arroz contrafactual poderia ter alcançado o nível *C*. Nesse caso, o verdadeiro impacto do programa teria sido inferior a 100 kg. Em outras palavras, a menos que nossa avaliação de impacto seja capaz de explicar o nível de precipitação e *todos os outros fatores* que podem afetar a produção de arroz ao longo do tempo, simplesmente não podemos calcular o verdadeiro impacto do programa fazendo uma comparação antes e depois.

No exemplo anterior de microcrédito, o nível de chuvas era um dos inúmeros fatores externos que podiam afetar o resultado de interesse do programa (produtividade do arroz) ao longo do tempo. Da mesma forma,

---

🩺 Avaliar o impacto do HISP: uma comparação dos resultados antes e depois

Lembre-se que o Programa de Subsídio ao Seguro Saúde (HISP) é um novo programa a ser lançado em seu país que subsidia a compra de seguro de saúde para as famílias pobres das zonas rurais, e que esse seguro cobre as despesas relacionadas a assistência médica e aquisição de medicamentos para os inscritos no programa. O objetivo do HISP é reduzir a quantia que as famílias pobres gastam com cuidados primários de saúde e medicamentos e visa, em última instância, melhorar a situação de saúde das famílias. Embora muitos indicadores de resultados possam ser considerados para a avaliação do programa, o governo de seu país está particularmente interessado em analisar os efeitos do HISP sobre as despesas anuais com saúde per capita das famílias (que doravante serão chamadas simplesmente de *despesas com saúde*).

O HISP representará uma boa parcela do orçamento público nacional caso o programa seja ampliado para todo o país — segundo algumas estimativas, até 1,5% do produto interno bruto (PIB). Além disso, existem complexidades administrativas e logísticas consideráveis na gestão de um programa dessa natureza. Por essas razões, o alto escalão do governo decidiu introduzir o HISP primeiramente como um programa-piloto e, depois, dependendo dos resultados da primeira fase, expandi-lo gradualmente ao longo do tempo. Com base nos resultados das análises financeiras e de custo-benefício, as autoridades governamentais anunciaram que, para que o HISP seja viável e possa ser estendido ao país como um todo, o programa deverá reduzir as despesas com saúde das famílias rurais pobres em pelo menos US$ 10, em média, em comparação ao que elas teriam gasto na ausência do programa, e terá que fazê-lo dentro de dois anos.

O HISP será implantado em 100 povoados rurais durante a fase piloto inicial. Pouco antes do início do programa, o governo contratará uma empresa especializada em pesquisa de campo para realizar um levantamento de linha de base de todos os 4.959 domicílios desses povoados. A pesquisa coletará informações detalhadas sobre cada família, incluindo sua composição demográfica, os ativos que possui, o acesso a assistência médica e despesas com saúde no ano anterior. Pouco depois da realização do levantamento da linha de base, o HISP será lançado nos 100 povoados-piloto com ampla divulgação, que incluirá eventos comunitários e outras campanhas promocionais para estimular as famílias a se inscrever no programa.

Dos 4.959 domicílios da amostra de linha de base, 2.907 se inscreveram no HISP, e o programa operará com sucesso pelos próximos dois anos. Todas as clínicas de saúde e farmácias dos 100 povoados aceitaram atender os beneficiários desse programa de seguro saúde, e as pesquisas mostrarão que a maioria das famílias registradas está satisfeita com o programa. Ao final do período-piloto de dois anos, uma segunda rodada de dados será coletada para a mesma amostra de 4.959 domicílios.[3]

O presidente e o ministro da Saúde nomearam você como responsável por supervisionar a avaliação de impacto do HISP e por recomendar ou não a ampliação do programa para todo o território nacional. Sua pergunta de interesse para a avaliação de impacto é: qual é o impacto do Programa de Subsídio ao Seguro Saúde sobre as despesas com saúde das famílias pobres? Lembre-se de que há muito em jogo. Caso se determine que o HISP ajudou a reduzir as despesas com assistência médica em US$ 10 ou mais, o programa será expandido nacionalmente. Se o programa não atingir a meta de US$ 10, você não recomendará sua ampliação.

O primeiro consultor "especialista" que você contratou indica que, para estimar o impacto do HISP, você deve calcular a mudança nos gastos com assistência médica ao longo do tempo para as famílias que se inscreveram no programa. O consultor argumenta que, como o HISP cobre todos os gastos com assistência médica, qualquer diminuição nas despesas ao longo do tempo deve ser atribuível ao efeito do HISP. Utilizando o subconjunto de famílias inscritas, você calcula a média das suas despesas médicas antes da implementação do programa e faz o mesmo cálculo dois anos depois. Em outras palavras, você realiza uma comparação do tipo antes e depois. Os resultados são apresentados no quadro 3.1. Observe que o grupo de tratamento reduziu seus gastos diretos com assistência médica em US$ 6,65, tendo passado de

Quadro 3.1 Avaliar o HISP: comparação antes e depois

	Depois	Antes	Diferença	Estatística-*t*
Despesas com saúde das famílias (US$)	7,84	14,49	−6,65**	−39,76

Observação: Nível de significância: ** = 1%.

US$ 14,49 antes da introdução do HISP para US$ 7,84 dois anos depois. Conforme indicado pelo valor da estatística *t*, a diferença entre as despesas com saúde antes e depois do programa é *estatisticamente significativa*.[4] Isso significa que você encontra fortes evidências contra a hipótese de que a verdadeira diferença entre as despesas de antes e depois da intervenção é zero.

Mesmo que a comparação antes e depois diga respeito ao mesmo grupo de famílias, você está preocupado com a possibilidade de que outras circunstâncias também possam ter mudado para essas famílias nos últimos dois anos, afetando seus gastos com saúde. Por exemplo, uma série de novos medicamentos foi lançada recentemente. Você também está preocupado com a possibilidade de a redução nos gastos com saúde ter decorrido, pelo menos em parte, da crise financeira que seu país passou recentemente. Para resolver algumas dessas questões, seu consultor realiza uma análise de regressão mais sofisticada na tentativa de controlar para alguns fatores adicionais.

A análise de regressão é uma ferramenta estatística para estudar as relações entre uma variável dependente (a variável a ser explicada) e variáveis explicativas. Os resultados aparecem no quadro 3.2. A regressão linear é a forma mais simples: a variável dependente é representada pelas despesas com saúde, e há apenas uma variável explicativa: um indicador binário (0-1) que assume o valor 0 se a observação se referir a informações coletadas na linha de base ou 1 se a observação corresponder ao período pós-intervenção.

Uma regressão linear multivariada acrescenta variáveis explicativas para *controlar* ou *manter constantes* outras características observadas nas famílias de sua amostra, incluindo indicadores de riqueza (ativos), composição familiar, etc.[5]

Observe que o resultado da regressão linear é equivalente à diferença simples de antes e depois das despesas médias com saúde observadas no quadro 3.1 (uma redução de US$ 6,65 nos gastos com saúde). Ao usar a regressão linear multivariada para controlar para outros fatores disponíveis em seus dados, você encontra um resultado semelhante — uma diminuição de US$ 6,71 nos gastos com saúde.

muitos dos resultados que os programas de desenvolvimento socioeconômico visam melhorar, como renda, produtividade, saúde ou educação, são afetados por uma série de fatores ao longo do tempo. Por essa razão, o resultado da linha de base quase nunca é uma boa estimativa do contrafactual. É por isso que consideramos esse resultado uma estimativa falsa do contrafactual.

Estimativa contrafactual falsa 2: comparar os grupos inscritos e não inscritos (autosselecionados)

Comparar um grupo de indivíduos que se inscreveu voluntariamente em um programa com um grupo de indivíduos que *optou* por não participar é outro método arriscado para avaliar o impacto de uma intervenção. Um grupo de comparação que se *autosseleciona* para não participar de um programa fornecerá outra estimativa falsa do contrafactual desejado. A *seleção* ocorre quando a participação no programa é baseada nas preferências, decisões ou características não observadas dos participantes potenciais.

Considere, por exemplo, um programa de formação profissional para jovens desempregados. Suponha que, dois anos após o lançamento do programa, uma avaliação tenta estimar o impacto da intervenção sobre a renda ao comparar os rendimentos médios de um grupo de jovens que optou por se inscrever no programa com os de um grupo de jovens que, apesar de elegíveis, escolheram não se inscrever. Suponha que os resultados mostram que os jovens que optaram por se inscrever no programa ganham o dobro daqueles que optaram por não se inscrever. Como esses resultados deveriam ser interpretados? Neste caso, o contrafactual é estimado com base na renda dos indivíduos que decidiram não se inscrever no programa. No entanto, é provável que os dois grupos sejam fundamentalmente diferentes. Aqueles indivíduos que optaram por participar do programa podem ser altamente motivados para melhorar sua condição de vida e esperar um elevado retorno do treinamento. Em contrapartida, aqueles que optaram por não se inscrever podem ser jovens desestimulados que não esperam se beneficiar desse tipo de programa. É provável que esses dois grupos se desempenhassem de forma muito diferente no mercado de trabalho e tivessem rendimentos diferentes mesmo sem o programa de formação profissional.

O mesmo problema surge quando a admissão em um programa é baseada em preferências não observadas dos administradores da iniciativa. Digamos, por exemplo, que os administradores condicionam a admissão e a inscrição à realização de uma entrevista. Os indivíduos que são admitidos no programa podem ser aqueles que os administradores acreditam ter uma boa chance de se beneficiar da iniciativa. Aqueles que não são admitidos podem demonstrar menos motivação na entrevista, ser menos qualificados ou simplesmente não se desempenhar bem em entrevistas. Mais uma vez, é provável que esses dois grupos de jovens tivessem rendas diferentes no mercado de trabalho mesmo na ausência de um programa de formação profissional.

Dessa maneira, o grupo que não se inscreveu não fornece uma boa estimativa do contrafactual. Se você observar uma diferença de renda entre os dois grupos, não será capaz de determinar se ela provém do programa de treinamento ou das diferenças subjacentes em termos de motivação, habilidades e outros fatores que diferem entre os dois grupos. O fato de indivíduos menos motivados ou menos qualificados não se inscreverem no programa de treinamento, portanto, gera um viés na estimativa do impacto do programa.[6] Esse viés é chamado de *viés de seleção*. De um modo mais geral, o viés de seleção ocorre quando as razões pelas quais um indivíduo participa de um programa estão correlacionadas aos resultados, mesmo na ausência do programa. Garantir que o impacto estimado esteja livre de viés de seleção é um dos principais objetivos e desafios para qualquer avaliação de impacto. Nesse exemplo, se os jovens que se matricularam no treinamento de formação profissional tivessem rendimentos mais elevados mesmo na ausência do programa, o viés de seleção seria positivo. Em outras palavras, você superestimaria o impacto do programa de formação profissional atribuindo à intervenção a renda mais alta que os participantes teriam de qualquer forma.

Avaliar o impacto do HISP: comparação das famílias inscritas com as não inscritas

Após analisar em mais profundidade a comparação de antes e depois com sua equipe de avaliação, você percebe que ainda há muitos outros fatores que podem explicar parte da mudança nas despesas com saúde das famílias ao longo do tempo (em especial, o ministro da Fazenda está preocupado com a possibilidade de que uma crise financeira recente possa ter afetado a renda das famílias e possa explicar a mudança observada nas despesas com saúde).

Outro consultor sugere que seria mais apropriado estimar o contrafactual no período pós-intervenção, isto é, dois anos após o início do programa. Esse consultor observa corretamente que, dos 4.959 domicílios da amostra de linha de base, apenas 2.907 realmente se inscreveram no programa, de modo que aproximadamente 41% das famílias da amostra permanecem sem a cobertura do HISP. O consultor argumenta que todas as famílias dos 100 povoados cobertos pelo programa-piloto eram elegíveis para se inscrever. Todas essas famílias frequentam as mesmas clínicas de saúde e estão sujeitas aos mesmos preços locais dos produtos farmacêuticos. Além disso, a maioria das famílias está engajada em atividades econômicas semelhantes. O consultor argumenta ainda que, nessas circunstâncias, os resultados do grupo não inscrito após a intervenção poderiam servir para estimar o resultado contrafactual do grupo inscrito no HISP. Portanto, você decide calcular os gastos médios com saúde no período pós-intervenção, tanto para as famílias que se inscreveram no programa quanto para as que não o fizeram. Os resultados são apresentados no quadro 3.3. Utilizando os gastos médios com saúde das famílias não inscritas como estimativa do contrafactual, você descobrirá que o programa reduziu os gastos médios com saúde em aproximadamente US$ 14,46.

Quadro 3.3 Avaliar o HISP: comparação das médias das famílias inscritas e não inscritas

	Inscritas	Não inscritas	Diferença	Estatística-*t*
Despesas com saúde das famílias (em US$)	7,84	22,30	−14,46**	−49,08

Observação: nível de significância: ** = 1%.

Quadro 3.4   Avaliar o HISP: análise de regressão das famílias inscritas e não inscritas

	Regressão linear	Regressão linear multivariada
Impacto estimado nas despesas com saúde das famílias (em US$)	−14,46** (0,33)	−9,98** (0,29)

Observação: os erros padrão estão entre parênteses. Nível de significância: ** = 1%.

Ao continuar discutindo esse resultado com o consultor, você questiona se as famílias que optaram por não se inscrever no programa podem ser sistematicamente diferentes das que se inscreveram. Por exemplo, as famílias que se inscreveram no HISP podem ser aquelas cujas despesas com saúde seriam naturalmente maiores ou aquelas formadas por pessoas mais bem informadas sobre o programa ou ainda por pessoas que se importam mais com a saúde de seus familiares. Alternativamente, talvez as famílias que se inscreveram fossem mais pobres, em média, do que aquelas que não se inscreveram, uma vez que o HISP era direcionado a famílias pobres. Seu consultor argumenta que a análise de regressão pode controlar para essas diferenças potenciais entre os dois grupos. Realiza, portanto, uma regressão multivariada adicional para controlar para todas as características das famílias disponíveis na base de dados e estima o impacto do programa conforme mostra o quadro 3.4.

Com uma regressão linear simples dos gastos com saúde em uma variável indicadora que afere se um domicílio se inscreveu ou não no programa, você encontra um impacto negativo estimado de US$ 14,46. Em outras palavras, você estima que o programa tenha reduzido as despesas médicas em US$ 14,46. Entretanto, quando todas as outras características dos dados são controladas, você estima que o programa reduziu os gastos com saúde em US$ 9,98 ao ano.

 Perguntas 2 sobre o HISP

A. Esta análise é capaz de controlar para todos os fatores que determinam as diferenças nos gastos com saúde entre os dois grupos?

B. Com base nesses resultados gerados pelo método de inscritos e não inscritos, o HISP deve ser ampliado para todo o país?

Recursos adicionais

- Para acessar os materiais complementares ao livro e os hiperlinks a recursos adicionais, ver o site Avaliação de Impacto na Prática (www.worldbank.org/ieinpractice).

Notas

1. Utilizamos o Modelo Causal de Rubin como arcabouço para a inferência causal (Imbens e Rubin 2008; Rubin 1974).
2. Essa condição será flexibilizada em alguns métodos de avaliação de impacto, porém exigirá que a *variação* média na variável de resultado (tendência) seja a mesma na ausência do programa.
3. Pressupomos que nenhuma família deixou a amostra ao longo de dois anos (a atrição da amostra é zero). Esta não é uma hipótese realista para a maioria das pesquisas domiciliares. Na prática, as famílias que se mudam muitas vezes não conseguem ser rastreadas, e algumas famílias se desfazem, deixando de existir por completo.
4. Observe que uma estatística *t* de 1,96 ou mais (em valores absolutos) é estatisticamente significativa ao nível de 5%.
5. Para obter mais informações sobre a análise multivariada, consulte material técnico complementar on-line disponível no site Avaliação de Impacto na Prática (www.worldbank.org/ieinpractice).
6. Outro exemplo: se os jovens que acreditam que se beneficiarão substancialmente com o programa de treinamento também forem os mais propensos a se inscrever no programa (por exemplo, porque preveem receber salários mais altos após o treinamento), compará-los a um grupo que espera ter um retorno menor e que não se inscreveu no programa resultará em uma estimativa enviesada do impacto.

Referências

Imbens, Guido W. e Donald B. Rubin. 2008. "Rubin Causal Model." In *The New Palgrave Dictionary of Economics*, segunda edição, editado por Steven N. Durlauf e Lawrence E. Blume. Palgrave.

Rubin, Donald B. 1974. "Estimating Causal Effects of Treatments in Randomized and Nonrandomized Studies." *Journal of Educational Psychology* 66 (5): 688–701.

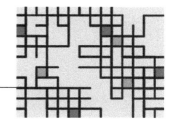

CAPÍTULO 4

Seleção aleatória

Avaliação de programas com base nas regras de seleção

Após discutir duas estimativas "falsas" de contrafactual comumente usadas, mas que têm alto risco de incorporarem viés — comparações antes e depois e comparações entre inscritos e não inscritos —, voltamo-nos agora para um conjunto de métodos que podem ser aplicados para estimar os impactos do programa com maior rigor. Gerar essas estimativas, no entanto, nem sempre é uma tarefa tão simples como poderia parecer à primeira vista. A maioria dos programas é projetada e implementada em um ambiente complexo e em mudança, no qual muitos fatores podem influenciar os resultados, tanto para os participantes do programa quanto para aqueles que não participam dele. Secas, terremotos, recessões, mudanças de governo e mudanças nas políticas locais e internacionais fazem parte do mundo real. Em uma avaliação, queremos garantir que o impacto estimado do nosso programa permaneça válido apesar desses inúmeros fatores.

As regras de um programa para a seleção dos participantes serão o parâmetro fundamental de determinação do método de avaliação de impacto. Acreditamos que, na maioria dos casos, os métodos de avaliação devem procurar ajustar-se ao contexto das regras operacionais de um programa (com alguns ajustes aqui e ali), e não o contrário. No entanto, partimos também da premissa de que *a oferta de vagas de todos os programas deve ter regras justas e transparentes*. Uma das regras mais justas e transparentes de alocação de recursos escassos entre pessoas igualmente merecedoras desses recursos é dar a todas as que são elegíveis uma oportunidade igual de participar no programa. Uma maneira de fazer isso é simplesmente realizar um sorteio.

Neste capítulo, examinaremos um método semelhante ao sorteio para definir quem participa ou não de um programa em determinado momento: o *método de seleção aleatória,* também conhecido como *experimentos aleatórios controlados (randomized controlled trials,* ou RCTs). Esse método não apenas fornece aos administradores do programa uma regra de participação justa e transparente para pessoas igualmente elegíveis, como também constitui o método mais robusto para avaliar o impacto de uma intervenção. Por esses motivos, a aplicação desse método para avaliar o impacto de programas sociais aumentou substancialmente nos últimos anos.

Seleção aleatória do tratamento

Quando a seleção para um programa é realizada aleatoriamente — ou seja, por meio de um sorteio — para uma grande população elegível, podemos gerar uma estimativa robusta do contrafactual. A *seleção aleatória* do tratamento é considerada o padrão-ouro da avaliação de impacto. Ela utiliza um processo aleatório, ou ao acaso, para determinar quem terá acesso ao programa e quem não terá.[1] Quando se utiliza a seleção aleatória, cada unidade elegível (por exemplo, um indivíduo, uma família, uma empresa, uma escola, um hospital ou uma comunidade) tem a mesma probabilidade de ser selecionada para o tratamento em um programa.[2]

Antes de discutirmos como implementar a seleção aleatória na prática e por que ela gera uma estimativa ótima do contrafactual, consideremos alguns motivos pelos quais a seleção aleatória também é considerada uma maneira justa e transparente de oferecer os serviços de um programa. Após a população-alvo ser definida (por exemplo, famílias abaixo da linha de pobreza, crianças com menos de 5 anos ou estradas em áreas rurais do norte do país), a seleção aleatória é tida como uma regra de alocação justa porque permite que os gestores de programas assegurem que cada unidade elegível terá a mesma chance de receber o programa e que o programa não está sendo concedido por meio de critérios arbitrários ou subjetivos, ou mesmo por apadrinhamento ou outras práticas injustas. Quando há excesso de demanda de um programa, a seleção aleatória é uma regra que pode ser facilmente explicada pelos gestores de programas e entendida pela população e é considerada justa em muitas situações. Além disso, quando o processo de seleção é conduzido de forma aberta e transparente, ele não pode ser facilmente manipulado e, portanto, protege os gestores contra possíveis acusações de favorecimento ou corrupção. Assim, a seleção aleatória tem seus méritos próprios como um mecanismo de alocação que vai muito além de sua utilidade como ferramenta de avaliação de impacto. Na realidade, vários programas usam sorteios de maneira rotineira como uma forma de selecionar participantes no conjunto de indivíduos elegíveis, principalmente devido às suas vantagens para administração e governança.[3] O boxe 4.1 apresenta dois desses casos para países na África.

Boxe 4.1: A seleção aleatória como uma valiosa ferramenta operacional

A seleção aleatória pode ser uma regra útil para a distribuição dos benefícios de um programa, mesmo fora do contexto de uma avaliação de impacto. Os dois casos a seguir, ocorridos na África, ilustram como.

Na Costa do Marfim, após um período de crise, o governo introduziu um programa de empregos temporários que, inicialmente, tinha ex-combatentes como público-alvo e que, posteriormente, foi expandido para atender os jovens em geral. O programa proporcionou aos jovens oportunidades de emprego de curto prazo, principalmente em atividades como limpeza ou reconstrução de estradas para o departamento nacional de estradas. Os jovens dos municípios participantes foram convidados a se inscrever. Dada a atratividade dos benefícios, houve uma procura muito superior ao número de vagas disponíveis. A fim de utilizar um método transparente e justo de distribuição dos benefícios entre os candidatos, os gestores do programa colocaram em prática um sorteio público dos beneficiários. Após o período de inscrições ser encerrado e o número de candidatos (digamos, N) de um determinado local ser conhecido, foi organizado um sorteio público. Todas as inscrições foram reunidas em um local público e pequenos pedaços de papel, com números de 1 a N, foram colocados em uma caixa. Em seguida, os candidatos foram chamados um a um para sortear um número da caixa diante de todos os outros inscritos. Os números sorteados eram lidos em voz alta. Após todos os candidatos sorteados terem sido chamados, alguém verificou, um por um, os números restantes na caixa para assegurar que eles se referiam aos candidatos que não compareceram ao sorteio. Se houvesse N vagas disponíveis para o programa, os inscritos que sortearam os números mais baixos seriam os selecionados para o programa. O processo de sorteio foi organizado separadamente para homens e mulheres, foi bem aceito pelos participantes e ajudou a garantir uma imagem de justiça e transparência ao programa em um ambiente pós-conflito marcado por tensões sociais. Após vários anos de operação, os pesquisadores utilizaram essa regra de alocação, já integrada à operação do programa, para realizar a avaliação de seu impacto.

No Níger, o governo começou a desenvolver um programa nacional de proteção social em 2011 com o apoio do Banco Mundial. O Níger é um dos países mais pobres do mundo, e a população de famílias

(continua)

Boxe 4.1: A seleção aleatória como uma valiosa ferramenta operacional *(continuação)*

pobres elegíveis ao programa ultrapassava em muito os benefícios disponíveis durante os primeiros anos de funcionamento da iniciativa. Os gestores do programa basearam-se em focalização geográfica para identificar as regiões onde o programa de transferência de renda seria implementado em primeiro lugar. Foi possível fazer isso porque existiam dados para determinar a pobreza relativa ou a vulnerabilidade das famílias nas províncias e municipalidades do país. No entanto, existiam pouquíssimos dados disponíveis para avaliar quais as comunidades dentro das municipalidades que seriam mais merecedoras do programa com base em critérios objetivos. Para a primeira fase da iniciativa, os gestores decidiram utilizar sorteios públicos para selecionar as comunidades que seriam beneficiadas nas municipalidades-alvo. Essa decisão foi tomada, em parte, porque os dados disponíveis para priorizar as comunidades de maneira objetiva eram limitados e, em parte, porque uma avaliação de impacto estava sendo incorporada ao programa. Nesses sorteios públicos, todos os líderes das comunidades foram convidados a comparecer ao centro municipal local e os nomes de suas comunidades foram escritos em pedaços de papel e colocados em uma caixa. Em seguida, uma criança retirava aleatoriamente da caixa os nomes das comunidades a ser beneficiadas até que as cotas fossem preenchidas. O procedimento foi realizado separadamente para os povoados nômades e sedentários para assegurar a representatividade de cada grupo. (Após a seleção das comunidades, um mecanismo separado de seleção de famílias foi implementado para identificar os domicílios mais pobres, que mais tarde foram inscritos como beneficiários.) A transparência e a justiça dos sorteios públicos foram muito apreciadas pelos representantes das comunidades e gestores do programa, tanto que o processo de sorteio público continuou a ser usado no segundo e terceiro ciclos do programa para selecionar mais de 1.000 comunidades em todo o país. Mesmo que os sorteios públicos não fossem necessários para a realização de uma avaliação de impacto naquele momento, seu valor como um instrumento transparente, justo e amplamente aceito para alocar benefícios para populações elegíveis ao programa justificava seu uso continuado aos olhos dos gestores e das autoridades locais.

Fontes: Bertrand e outros 2016; Premand, Barry e Smitz 2016.

A seleção aleatória muitas vezes pode ser implementada a partir das regras operacionais de um programa. Para muitos programas, a população-alvo — ou seja, o conjunto de todas as unidades que o programa gostaria de atender — é maior do que o número de participantes que o programa pode realmente acomodar em um determinado momento. Por exemplo, em um único ano, um programa educacional pode ser capaz de fornecer material escolar para 500 escolas entre milhares de escolas elegíveis em um país. Ou um programa de melhoria de estradas rurais pode ter como objetivo pavimentar 250 dessas rodovias, embora existam outras centenas que desejaria melhorar. Ou um programa de emprego para jovens pode ter o objetivo de atingir 2.000 jovens desempregados em seu primeiro ano de operação, embora haja dezenas de milhares de jovens desempregados que o programa gostaria de atender. Devido a uma variedade de razões, os programas podem ser incapazes de cobrir toda a população de interesse. Restrições orçamentárias podem simplesmente impedir que os administradores ofereçam o programa a todas as unidades elegíveis desde o início. Mesmo que exista orçamento disponível para cobrir um número ilimitado de participantes, há restrições de capacidade que, por vezes, impedem que um programa seja lançado para todos os interessados ao mesmo tempo. Por exemplo, no caso do programa de formação profissional para jovens, o número de jovens desempregados que deseja obter uma formação profissional pode ser superior ao número de vagas disponíveis nas escolas técnicas existentes durante o primeiro ano do programa, e essa restrição de oferta é limitadora do número de jovens que pode se inscrever no programa.

Quando a população de participantes elegíveis é maior do que o número de vagas disponibilizadas pelo programa, alguém deve decidir quem participará ou não na iniciativa. Em outras palavras, os administradores de programas devem definir um mecanismo de racionamento dos serviços do programa. As vagas de um programa poderiam ser preenchidas por ordem de chegada ou com base em características observadas (por exemplo, o atendimento às áreas mais pobres primeiro). Ou a seleção poderia se basear em características não observadas (por exemplo, permitir que os indivíduos se inscrevam com base em seu próprio conhecimento e motivação). Ou poderia se basear em um sorteio. Mesmo em contextos nos quais é possível classificar os participantes potenciais de acordo com uma medida de vulnerabilidade, pode ser desejável alocar parte dos benefícios por meio de um sorteio. Tomemos, por exemplo, um programa que tenha como público-alvo 20% das famílias mais pobres de acordo com uma medida de renda. Se a renda só puder ser medida de maneira imperfeita, o programa poderia usar essa medida para incluir todos os potenciais participantes identificados como *extremamente pobres* (por exemplo, os 15% mais pobres). Mas, como a renda é medida de maneira imperfeita, os domicílios situados imediatamente abaixo do limiar de elegibilidade do percentil 20 na realidade podem ou não ser elegíveis (só saberíamos caso pudéssemos medir a verdadeira renda), enquanto aqueles situados imediatamente acima do percentil 20 também podem ser elegíveis ou não. Nesse contexto, a realização de um sorteio para alocar benefícios às famílias situadas em torno do percentil 20 (por exemplo, entre os percentis 15 e 25 da distribuição de renda) poderia ser uma maneira justa de alocar recursos para esse grupo de famílias.

Por que a seleção aleatória produz uma excelente estimativa do contrafactual?

Conceito-chave

Na seleção aleatória, cada unidade elegível tem a mesma probabilidade de ser selecionada para tratamento, o que assegura a equivalência entre os grupos de tratamento e de comparação, tanto nas características observadas quanto naquelas não observadas.

Conforme discutido anteriormente, o grupo de comparação ideal deveria ser tão parecido quanto possível com o grupo de tratamento em todos os aspectos, exceto no que se refere à participação no programa que está sendo avaliado. Quando designamos aleatoriamente as unidades aos grupos de tratamento e de comparação, esse processo de seleção aleatória por si só produz dois grupos que têm uma alta probabilidade de ser estatisticamente idênticos desde que o número de unidades potenciais a que se aplicará o processo de seleção aleatória seja suficientemente grande. Mais especificamente, com um número suficientemente grande de unidades, o processo de seleção aleatória produzirá grupos com *médias estatisticamente equivalentes para todas as suas características*.[4]

A figura 4.1 ilustra por que a seleção aleatória produz um grupo de comparação que é estatisticamente equivalente ao grupo de tratamento. Suponhamos que a população de unidades elegíveis (o conjunto de participantes potenciais, ou a população de interesse para a avaliação) seja constituída por 1.000 pessoas. Metade dessas pessoas é distribuída aleatoriamente ao grupo de tratamento e a outra metade é aleatoriamente designada ao grupo de comparação. Por exemplo, imagine que você escreveu os nomes de todas as 1.000 pessoas em pedaços de papel individuais, misturou-os em uma cesta e, em seguida, pediu a alguém para sortear 500 nomes. Se os primeiros 500 nomes formarem o grupo de tratamento, tem-se, então, um grupo de tratamento escolhido aleatoriamente (os primeiros 500 nomes sorteados) e também um grupo de comparação selecionado aleatoriamente (os 500 nomes que restaram na cesta).

Agora, suponhamos que, das 1.000 pessoas originais, 40% sejam mulheres. Como os nomes foram selecionados aleatoriamente, dos 500 nomes tirados

Figura 4.1   Características dos grupos sob seleção aleatória do tratamento

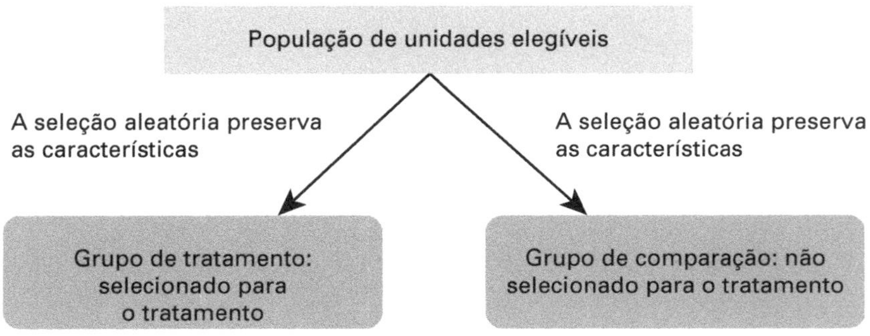

da cesta aproximadamente 40% também serão de mulheres. Se, entre as 1.000 pessoas, 20% tinham olhos azuis, então aproximadamente 20% dos grupos de tratamento e de comparação também devem ter olhos azuis. Em geral, se a população de unidades elegíveis for suficientemente grande, o mecanismo de seleção aleatória assegurará que qualquer característica da população seja observada para o grupo de tratamento e para o grupo de comparação. Assim como as características observadas, como o sexo ou a cor dos olhos, são refletidas nos grupos de tratamento e de comparação, então, logicamente, as características que são mais difíceis de observar (denominadas variáveis não observadas) — tais como motivação, preferências ou outros traços de personalidade difíceis de mensurar — também serão igualmente refletidas nos dois grupos. Assim, os grupos de tratamento e comparação que forem gerados por meio da seleção aleatória serão semelhantes não apenas em suas características observadas, mas também em suas características não observadas. Ter dois grupos semelhantes em todos os aspectos garante que o contrafactual estimado se aproxime do verdadeiro valor do resultado na ausência do tratamento e que, após o programa ser implementado, os impactos estimados não sofram do problema de viés de seleção.

Quando uma avaliação utiliza o método de seleção aleatória para delimitar os grupos de tratamento e de comparação, em tese o processo deve produzir dois grupos equivalentes, desde que se baseie em um número suficientemente grande de unidades. Com os dados da linha de base de nossa amostra de avaliação, podemos testar essa hipótese empiricamente e verificar que, na realidade, não há diferenças sistemáticas nas características observadas entre os grupos de tratamento e de comparação antes do início do programa. Depois de lançarmos o programa, se observarmos diferenças nos resultados entre os grupos de tratamento e de comparação, saberemos que essas diferenças de resultados só podem ser explicadas pela introdução do programa, uma vez que os dois grupos eram idênticos na linha de base, antes do início do programa, e foram expostos aos mesmos fatores ambientais externos ao longo do tempo. Nesse sentido, o grupo de comparação *controla* para todos os fatores que também possam explicar o resultado de interesse.

Para estimar o impacto de um programa com base no método de seleção aleatória, basta levar em consideração a diferença entre o resultado sob tratamento (o resultado médio do grupo de tratamento selecionado aleatoriamente) e a nossa estimativa do contrafactual (o resultado médio do grupo de comparação selecionado aleatoriamente). Podemos ter certeza de que nosso impacto estimado representa o verdadeiro impacto do programa, uma vez que eliminamos todos os fatores observados e não observados que, de outra forma, poderiam explicar plausivelmente a diferença dos resultados. Nos boxes 4.2 a 4.6, discutimos aplicações reais do método de

Boxe 4.2: Seleção aleatória como regra de alocação do programa: transferências condicionais de renda e educação no México

O programa Progresa, atualmente chamado Prospera, efetua transferências de renda para mães pobres que vivem na zona rural do México sob a condição de que elas enviem seus filhos para a escola e os levem para fazer exames médicos regularmente (ver o boxe 1.1 do capítulo 1). A transferência de renda, voltada para as crianças entre a 3ª e 9ª séries, representa cerca de 50% a 75% do custo da mensalidade em escolas particulares e é garantida por três anos. As comunidades e famílias elegíveis para participar do programa foram determinadas com base em um índice de pobreza criado a partir dos dados do censo e da coleta de dados de linha de base. Devido à necessidade de introduzir gradativamente esse programa social em larga escala, cerca de dois terços das localidades (314 de 495) foram selecionadas aleatoriamente para receber o programa nos dois primeiros anos, e as 181 restantes serviram de grupo de comparação antes de entrarem no programa no terceiro ano.

Com base na seleção aleatória, Schultz (2004) detectou um aumento médio de 3,4% nas matrículas para todos os alunos da 1ª à 8ª série, sendo que o maior aumento se deu entre as meninas que tinham concluído a 6ª série, com 14,8%.[a] A razão provável para esse aumento é o fato de as meninas apresentarem uma tendência maior de evasão escolar à medida que ficam mais velhas e, por isso, recebem uma transferência ligeiramente maior para permanecer na escola após a conclusão das primeiras séries. Em seguida, esses impactos de curto prazo foram extrapolados para prever o impacto de longo prazo do programa Progresa sobre a escolaridade e a renda ao longo da vida.

Fonte: Schultz 2004.
[a] Para ser mais preciso, Schultz combinou a seleção aleatória com o método da diferença em diferenças discutido no capítulo 7.

Boxe 4.3: Seleção aleatória de subsídios para melhorar as perspectivas de emprego de jovens no norte de Uganda

Em 2005, o governo de Uganda iniciou um programa destinado a diminuir o desemprego entre jovens e a promover a estabilidade social na região do norte do país, afetada por um conflito. O Programa de Oportunidades para Jovens convidou grupos de jovens adultos a apresentar propostas para abertura de empresas e formação profissional que poderiam ser financiadas de forma subsidiada pelo governo. Milhares de propostas foram apresentadas, mas o governo só podia financiar algumas centenas delas.

Aproveitando a alta demanda despertada pelo programa, os avaliadores trabalharam com o governo para criar um sistema de aleatorização e definir quais os grupos que receberiam financiamento. O governo central de Uganda pediu aos governos distritais que apresentassem um número de propostas superior ao dobro daquelas que poderiam ser financiadas. Depois de analisar as propostas, o governo definiu uma lista de 535 propostas elegíveis para o programa. Em seguida, as propostas foram

(continua)

aleatoriamente alocadas entre os grupos de tratamento e de comparação, com 265 para o de tratamento e 270 para o de comparação.

O financiamento oferecido ao grupo de tratamento foi, em média, de US$ 382 por pessoa. Quatro anos após a concessão dos financiamentos, os jovens do grupo de tratamento tinham uma chance mais de duas vezes superior de estar desempenhando um ofício qualificado do que os jovens do grupo de comparação. Eles também ganhavam 38% mais e tinham 57% mais capital social. No entanto, os pesquisadores não detectaram nenhum impacto do programa sobre coesão social ou comportamento antissocial.

Fonte: Blattman, Fiala e Martínez 2014.

Boxe 4.4: Seleção aleatória de intervenções no setor de água e saneamento na zona rural da Bolívia

A partir de 2012, o governo boliviano, com o apoio do Banco Interamericano de Desenvolvimento, implementou uma seleção aleatória de intervenções no setor de água e saneamento para pequenas comunidades rurais. Entre os 24 municípios mais necessitados do país, o programa identificou mais de 369 comunidades que eram elegíveis para a intervenção. Como havia recursos disponíveis para cobrir apenas 182 comunidades, o programa usou a seleção aleatória para dar a cada comunidade elegível a mesma oportunidade de participar do programa. Junto com os governos municipais, os administradores do programa organizaram uma série de eventos onde realizaram sorteios públicos na presença de líderes comunitários, da imprensa e da sociedade civil.

Primeiro, as comunidades foram divididas em grupos de acordo com o tamanho de sua população. Em seguida, nomes das comunidades de cada grupo foram sorteados e colocados em uma lista. As comunidades que estavam no topo da lista foram alocadas ao grupo de tratamento. Cada sorteio foi monitorado por um tabelião independente, que posteriormente registrou e validou os resultados, conferindo um nível adicional de legitimidade ao processo. Para as comunidades deixadas de fora do programa, os governos municipais se comprometeram a usar a mesma lista ordenada aleatoriamente para alocar fundos futuros após a conclusão da avaliação. Dessa maneira, nenhuma comunidade seria excluída da intervenção com o único propósito de servir de grupo de comparação para a avaliação. No entanto, como restrições orçamentárias limitavam o número de projetos implantados em cada município, o grupo de comparação continuou existindo.

Fonte: Projeto nº BO-L1065 do Banco Interamericano de Desenvolvimento, http://www.iadb.org/en/projects/project-description-title,1303.html?id=BO-L1065.
Observação: ver o sorteio público para a realização de uma seleção aleatória em https://vimeo.com/86744573.

Boxe 4.5: Seleção aleatória na proteção a nascentes para melhorar a saúde no Quênia

A ligação entre a qualidade da água e os impactos sobre a saúde nos países em desenvolvimento tem sido bem documentada. No entanto, os benefícios para a saúde da melhoria da infraestrutura em torno de fontes de água são menos evidentes. Kremer e outros (2011) mediram os efeitos de um programa que fornece tecnologia de proteção das nascentes para melhorar a qualidade da água no Quênia, selecionando aleatoriamente fontes para receber o tratamento.

Aproximadamente 43% dos domicílios localizados na zona rural do oeste do Quênia obtêm água potável de fontes naturais. A tecnologia de proteção de fontes veda as nascentes de água para diminuir a contaminação. A partir de 2005, a ONG International Child Support (ICS) implementou um programa de proteção de nascentes em dois distritos do oeste do Quênia. Devido a restrições financeiras e administrativas, a ICS decidiu implementar o programa ao longo de quatro anos. Isso permitiu que os avaliadores usassem as fontes que ainda não tinham recebido o tratamento como grupo de comparação.

Das 200 fontes elegíveis, 100 foram selecionadas aleatoriamente para receber o programa nos dois primeiros anos. O estudo detectou que a proteção das fontes reduziu a contaminação fecal da água em 66% e os casos de diarreia infantil entre os usuários dessas fontes em 25%.

Fonte: Kremer e outros 2011.

Boxe 4.6: Seleção aleatória de informações sobre os riscos do HIV para reduzir a gravidez na adolescência no Quênia

Em um experimento aleatório realizado no oeste do Quênia, Dupas (2011) testou a efetividade de dois tratamentos educacionais diferentes relacionados ao HIV e à aids na redução do comportamento sexual de risco entre os adolescentes. O primeiro tratamento compreendia o treinamento de professores no currículo nacional sobre HIV/aids, que se concentrava na redução do risco e encorajava a abstinência. O segundo, batizado de Relative Risk Information Campaign (Campanha de informação sobre os riscos relativos), visava reduzir o sexo entre homens mais velhos e meninas mais jovens, fornecendo informações sobre as taxas de HIV desagregadas por idade e sexo.

O estudo foi realizado em dois distritos rurais no Quênia e incluiu 328 escolas de ensino fundamental na amostra. Os pesquisadores selecionaram aleatoriamente 163 escolas para receber o primeiro tratamento, que foi estratificado por localização, notas dos alunos e distribuição de gênero dos estudantes. Em seguida, 71 escolas foram

(continua)

seleção aleatória para avaliar o impacto de várias intervenções realizadas em todo o mundo.

Na figura 4.1, partimos do princípio que todas as unidades da população elegível seriam alocadas ao grupo de tratamento ou ao grupo de comparação. Em alguns casos, no entanto, não é necessário incluir todas as unidades na avaliação. Por exemplo, se a população de unidades elegíveis incluir 1 milhão de mães e você quiser avaliar a efetividade dos bônus em dinheiro na probabilidade de elas vacinarem seus filhos, pode ser suficiente selecionar uma amostra aleatória representativa de, digamos, 1.000 mães e alocá-las ao grupo de tratamento ou de comparação. A figura 4.2 ilustra esse processo. De acordo com a mesma lógica explicada acima, a seleção de uma amostra aleatória da população de unidades elegíveis para formar a amostra de avaliação preserva as características dessa população. Na amostra de avaliação, mais uma vez a alocação aleatória de indivíduos aos grupos de tratamento e de comparação preserva as características encontradas. Discutiremos em mais profundidade o processo de amostragem no capítulo 15.

Validade externa e interna

As etapas descritas acima para a seleção aleatória do tratamento garantirão tanto a validade interna quanto externa das estimativas de impacto (figura 4.2).

Validade interna significa que o impacto estimado do programa é livre de todos os outros fatores potenciais externos que afetam os resultados (fatores

Conceito-chave

Uma avaliação tem validade interna se utilizar um grupo de comparação válido para criar o contrafactual desejado.

Figura 4.2   Amostragem aleatória e seleção aleatória do tratamento

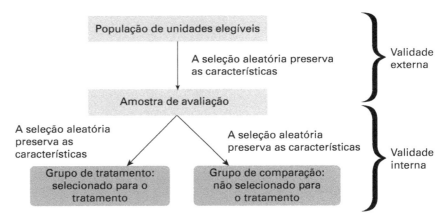

confundidores), ou seja, que o grupo de comparação fornece uma estimativa válida do contrafactual, de modo que podemos estimar o verdadeiro impacto do programa. Lembre-se de que a seleção aleatória cria um grupo de comparação que é estatisticamente equivalente ao grupo de tratamento na linha de base, antes do início do programa. Uma vez iniciado o programa, o grupo de comparação é exposto ao mesmo conjunto de fatores externos que o grupo de tratamento ao longo do tempo — a única exceção é o programa. Portanto, se houver diferenças nos resultados entre os grupos de tratamento e comparação, elas só podem se dever ao fato de que o grupo de tratamento passou pelo programa. A validade interna de uma avaliação de impacto é assegurada por meio do processo de *seleção aleatória do tratamento*.

Validade externa significa que a *amostra* de avaliação representa corretamente a população de unidades elegíveis. Dessa maneira, os resultados da avaliação podem ser generalizados para essa população. Utilizamos uma *amostragem aleatória* para garantir que a amostra de avaliação seja representativa da população de elegíveis e que os impactos identificados na amostra possam ser extrapolados para essa população.

Observe que utilizamos um processo de aleatorização para duas finalidades diferentes: amostragem *aleatória* da população de elegíveis (para a validade externa) e *seleção aleatória* do tratamento como método de avaliação de impacto (para a validade interna). Uma avaliação de impacto pode produzir estimativas de impacto internamente válidas por meio da seleção aleatória de tratamento. No entanto, se a avaliação for realizada em uma amostra não aleatória da população, os impactos estimados podem não ser generalizáveis para a população de unidades elegíveis. Inversamente, se a avaliação utilizar uma amostra aleatória da população de unidades elegíveis, mas o tratamento não for selecionado de forma aleatória, a amostra será representativa da população, mas o grupo de comparação pode não ser válido, comprometendo, assim, a validade interna. Em alguns contextos, os programas podem enfrentar restrições que exigem um equilíbrio entre a validade interna e externa. Analisemos o programa discutido anteriormente, que tem como público-alvo 20% das famílias mais pobres em termos de renda. Se esse programa incorporar todas as famílias abaixo do percentil 15, mas realizar uma avaliação de impacto com seleção aleatória em uma amostra aleatória dos domicílios situados entre os percentis 15 a 25, essa avaliação terá validade interna graças à seleção aleatória. Isto é, conheceremos o verdadeiro impacto para o subconjunto de famílias dos percentis 15 a 25. Mas a validade externa da avaliação de impacto será limitada, uma vez que os resultados não podem ser extrapolados diretamente para toda a população de beneficiários, e, em especial, para as famílias abaixo do percentil 15.

Quando pode ser usada a seleção aleatória?

A seleção aleatória pode ser usada como uma regra de alocação dos serviços do programa em um de dois cenários específicos:

1. *Quando a população elegível for superior ao número de vagas disponíveis no programa.* Quando a demanda por um programa excede a oferta, um sorteio pode ser usado para selecionar o grupo de tratamento dentro da população elegível. Nesse contexto, cada unidade da população tem a mesma chance (ou uma chance conhecida maior do que zero e menor do que um) de ser selecionada para o programa. O grupo sorteado é o grupo de tratamento e o restante da população que não recebe o programa é o grupo de comparação. Enquanto existir uma restrição que impeça a expansão do programa para toda a população, os grupos de comparação podem ser mantidos para medir os impactos do programa no curto, médio e longo prazos. Nesse contexto, não há o dilema ético de manter um grupo de comparação indefinidamente, uma vez que um subconjunto da população será, necessariamente, deixado de fora do programa devido a restrições relacionadas às vagas disponíveis.

   A título de exemplo, suponhamos que o Ministério da Educação deseje financiar a implantação de bibliotecas escolares para as escolas públicas de todo o país, mas o Ministério da Fazenda pode apenas destinar fundos suficientes para cobrir um terço dessas bibliotecas. Se o Ministério da Educação quiser que cada escola pública tenha a mesma chance de receber uma biblioteca, realizará um sorteio no qual cada escola terá a mesma chance (uma em três) de ser selecionada. As escolas que forem sorteadas receberão uma nova biblioteca e constituirão o grupo de tratamento, e os dois terços restantes das escolas públicas do país não receberão a biblioteca e servirão como grupo de comparação. A menos que fundos adicionais sejam alocados para o programa, um grupo de escolas permanecerá sem financiamento para implantar essas bibliotecas, e elas poderão ser usadas como grupo de comparação para representar o contrafactual.

2. *Quando um programa precisa ser introduzido gradualmente até abranger toda a população elegível.* Quando um programa é implantado gradualmente, a aleatorização da ordem em que os participantes recebem o programa dá a cada unidade elegível a mesma chance de receber o tratamento na primeira fase ou em uma fase posterior do programa. Enquanto o último grupo não entrar no programa, ele servirá como grupo de comparação válido a partir do qual o contrafactual para os grupos que já foram selecionados em fases anteriores poderá ser estimado. Essa configuração também permite que a avaliação capte os efeitos de diferentes *tempos de exposição ao tratamento*, isto é, o efeito de receber um programa por mais ou menos tempo.

Por exemplo, suponhamos que o Ministério da Saúde deseja treinar 15 mil enfermeiros no país no uso de um novo protocolo de saúde, mas que serão necessários três anos para capacitar todos eles. No contexto de uma avaliação de impacto, o ministério poderia selecionar aleatoriamente um terço dos enfermeiros para receber o treinamento no primeiro ano, um terço para receber treinamento no segundo ano e um terço para receber treinamento no terceiro ano. Para avaliar o efeito do programa de treinamento um ano após sua implementação, o grupo de enfermeiros treinados no primeiro ano constituiria o grupo de tratamento e o grupo de enfermeiros selecionados para o terceiro ano seria o grupo de comparação, uma vez que este ainda não teria recebido o treinamento no segundo ano.

Como selecionar aleatoriamente um tratamento?

Agora que já discutimos o que a seleção aleatória faz e por que ela produz um bom grupo de comparação, vamos nos voltar para as etapas necessárias para selecionar com sucesso um tratamento de maneira aleatória. A figura 4.3 ilustra esse processo.

A etapa 1 é definir as unidades que são elegíveis para o programa. Lembre-se que, dependendo do programa, uma unidade pode ser uma pessoa, um centro de saúde, uma escola, uma empresa ou até mesmo todo um povoado ou município. A população de unidades elegíveis é constituída por aquelas para as quais você está interessado em saber o impacto de seu programa. Por exemplo, se você estiver implementando um programa de

Figura 4.3   Etapas da seleção aleatória do tratamento

1. Definir as unidades elegíveis

2. Selecionar a amostra de avaliação

3. Aleatorização da seleção para o tratamento

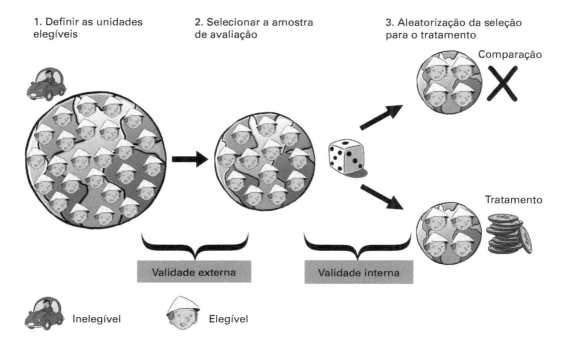

Comparação

Tratamento

Validade externa

Validade interna

Inelegível

Elegível

treinamento para professores de escolas do ensino fundamental localizadas em áreas rurais, os professores de escolas de ensino fundamental localizadas em áreas urbanas ou os professores de escolas do ensino médio não pertencerão à sua população de unidades elegíveis.

Depois de ter determinado a população de unidades elegíveis, será necessário comparar o tamanho do grupo com o número de observações necessárias para a avaliação. O tamanho da amostra de avaliação é determinado por cálculos de poder estatístico e se baseia no tipo de perguntas que você gostaria que fosse respondido (ver o capítulo 15). Se a população elegível for pequena, todas as unidades elegíveis poderão ter que ser incluídas na avaliação. Ao contrário, se houver mais unidades elegíveis do que as necessárias para a avaliação, a segunda etapa será selecionar uma amostra de unidades da população a ser incluída na amostra de avaliação.

Esta segunda etapa é realizada principalmente para limitar os custos da coleta de dados. Caso se verifique que os dados dos sistemas de monitoramento existentes podem ser utilizados para a avaliação e caso esses sistemas abarquem toda a população de unidades elegíveis, pode não ser necessário criar uma amostra de avaliação separada. No entanto, imagine uma avaliação na qual a população de unidades elegíveis inclua dezenas de milhares de professores de todas as escolas do país e para a qual você precisa coletar informações detalhadas sobre a prática e o conhecimento pedagógicos desses professores. Entrevistar e avaliar cada professor do país pode ser proibitivamente oneroso e logisticamente inviável. Com base nos seus cálculos de poder, você pode determinar que, para responder a sua pergunta de avaliação, é suficiente tomar uma amostra de 1.000 professores distribuídos em 200 escolas. Desde que a amostra de professores seja representativa de toda a população de professores, qualquer resultado encontrado na avaliação será externamente válido e poderá ser generalizado para o restante dos professores do país. Coletar dados sobre essa amostra de 1.000 professores de 200 escolas será muito mais barato do que coletar dados sobre cada professor de todas as escolas do país.

A etapa 3 consiste em formar os grupos de tratamento e de comparação por meio da seleção aleatória das unidades da amostra de avaliação. Nos casos em que a seleção aleatória tiver que ser feita de forma pública, digamos, pela televisão, pode ser preciso usar uma técnica prática simples, como jogar cara ou coroa, ou sortear nomes de dentro de um chapéu. Os exemplos a seguir supõem que a unidade de aleatorização é uma pessoa, mas a mesma lógica pode ser aplicada à aleatorização de unidades de observação compostas por um número maior de componentes, como escolas, empresas ou comunidades:

1. Se deseja alocar 50% dos indivíduos ao grupo de tratamento e 50% ao grupo de comparação, jogue cara ou coroa para cada pessoa. Você deve decidir antecipadamente se a ocorrência de cara ou coroa alocará uma pessoa para o grupo de tratamento ou não.

2. Se deseja alocar um terço da amostra de avaliação ao grupo de tratamento, pode jogar dados para cada pessoa. Em primeiro lugar, deve decidir que regra será usada. Por exemplo, se lançar um dado e ele exibir o número 1 ou 2, isso poderia significar a alocação ao grupo de tratamento, enquanto os números 3, 4, 5 ou 6 significariam a alocação ao grupo de comparação. O dado seria jogado uma vez para cada pessoa da amostra de avaliação, que seria alocada com base no número que aparecer.

3. Escreva os nomes de todas as pessoas em pedaços de papel de tamanho e forma idênticos. Dobre os papéis de modo que os nomes não possam ser vistos, e misture-os bem dentro de um chapéu ou algum outro recipiente. Antes de começar o sorteio, defina a regra a ser usada, ou seja, quantos pedaços de papel você sorteará e se o sorteio de um nome significará a alocação dessa pessoa ao grupo de tratamento. Quando a regra estiver

clara, peça a alguém na multidão (alguém imparcial, como uma criança) para sortear uma quantidade de pedaços de papel equivalente ao total de participantes que for preciso para formar o grupo de tratamento.

Se precisar selecionar muitas unidades (digamos, mais de 100), abordagens simples como essas levarão muito tempo e será necessário empregar um processo automatizado. Para isso, primeiro é preciso definir a regra que será utilizada para selecionar participantes com base em números aleatórios. Por exemplo, se tiver uma amostra de avaliação composta por 100 unidades e precisar alocar 40 unidades ao grupo de tratamento, poderá decidir alocar as 40 unidades com os números aleatórios mais altos ao grupo de tratamento e o restante, ao grupo de comparação. Para implementar a seleção aleatória, terá que atribuir um número aleatório a cada unidade da amostra de avaliação usando o gerador de números aleatórios de uma planilha ou um *software* estatístico especializado (figura 4.4) e aplicar a regra definida anteriormente para formar os grupos de tratamento e de comparação. É importante definir a regra de seleção antes de gerar os números aleatórios. Caso contrário, poderá ficar tentado a definir uma regra com base nos números aleatórios que visualizar, e isso invalidaria a seleção aleatória.

A lógica por trás do processo automatizado não difere da seleção aleatória baseada em um sorteio de cara ou coroa ou de papeizinhos com nomes retirados de um chapéu; trata-se simplesmente de um mecanismo que determina aleatoriamente se cada unidade fará parte do grupo de tratamento ou do grupo de comparação.

Independentemente de se decidir usar um sorteio público, um lance de dados ou números aleatórios gerados por computador, é importante documentar o processo para garantir que ele seja transparente. Isso significa, em primeiro lugar, que a regra de seleção deve ser decidida antecipadamente e comunicada ao público. Em segundo lugar, essa regra deve ser seguida depois de sortear os números aleatórios. Em terceiro lugar, é preciso ser capaz de demonstrar que o processo foi realmente aleatório. Nos casos de loterias e jogos de dados, pode-se gravar o processo em vídeo. A seleção de números aleatórios baseada em computador exige que se forneça um registro dos cálculos para que o processo possa ser replicado por auditores.[5]

Em que nível se realiza a seleção aleatória?

A seleção aleatória pode ser feita em vários níveis, incluindo o individual, familiar, empresarial, comunitário ou regional. Em geral, o nível de seleção aleatória das unidades aos grupos de tratamento e comparação será muito afetado pelo local e pela forma como o programa estiver sendo implementado.

Figura 4.4   Seleção aleatória dos tratados usando uma planilha

Identificação da unidade	Nome	Número aleatório*	Número aleatório final**	Atribuição
1001	Ahmed	0.1307062	0.479467635	0
1002	Elisa	0.6107787	0.945729597	1
1003	Anna	0.6550669	0.933658744	1
1004	Jung	0.9726031	0.383305299	0
1005	Tuya	0.4949230	0.102877439	0
1006	Nilu	0.9791160	0.228446592	0
1007	Roberto	0.8915035	0.444725231	0
1008	Priya	0.6581755	0.817004226	1
1009	Grace	0.4776700	0.955775449	1
1010	Fathia	0.9100323	0.873459852	1
1011	John	0.3857972	0.211028126	0
1012	Alex	0.0631564	0.574082414	1
1013	Nafula	0.9979273	0.151608805	0

1 Número aleatório   Entre 0 e 1.
2 Meta   Designar 50% da amostra de avaliação para o grupo de tratamento.
3 Regra   Se o número aleatório for acima de 0.5: designar a pessoa para o grupo de tratamento; caso contrário: designar a pessoa para o grupo de comparação.

* Digite a fórmula =ALEATÓRIO(). Note que os números aleatórios na coluna C são voláteis: mudam toda vez que se faz um cálculo.
** Copie os números na coluna C e "Cole especial> valores" na coluna D. A coluna D, então, dá os números aleatórios finais.
***Digite a fórmula =SE(C{número da linha}>0.5,1,0)

Fonte: Autores.

Por exemplo, se um programa de saúde estiver sendo implementado no nível das clínicas de saúde, em primeiro lugar seria necessário selecionar uma amostra aleatória de clínicas e, em seguida, selecionar aleatoriamente algumas delas para o grupo de tratamento e as outras, para o grupo de comparação.

Quando o nível da seleção aleatória for mais elevado ou agregado, como as regiões ou províncias de um país, pode ser difícil realizar uma avaliação de impacto, pois o número de regiões ou províncias da maioria dos países não é suficientemente grande para que sejam formados grupos de tratamento e de comparação balanceados. Por exemplo, se um país tiver apenas seis estados, o grupo de tratamento e o grupo de comparação teriam apenas três estados cada, o que é insuficiente para assegurar que as características dos grupos de tratamento e comparação sejam balanceadas na linha de base. Além disso, para que a seleção aleatória produza estimativas imparciais sobre o impacto do programa, é importante assegurar que os fatores temporais externos (como o clima ou os ciclos eleitorais locais) sejam, em média, os mesmos nos grupos de tratamento e de comparação. À medida que o nível de seleção aumenta, torna-se cada vez mais improvável que esses fatores se mostrem balanceados entre os grupos de tratamento e de comparação. Por exemplo, a precipitação pluviométrica é um fator externo temporal, pois varia sistematicamente de um ano para outro. Em uma avaliação no setor agrícola, seria necessário garantir que as secas atingiriam igualmente os estados do grupo de tratamento e os do grupo de comparação. Com apenas três estados no grupo de tratamento e três no de comparação, seria fácil perder esse balanceamento. Por outro lado, se a unidade de seleção fosse reduzida para o nível dos municípios, seria mais provável que a precipitação pluviométrica ficasse balanceada entre os grupos de tratamento e de comparação ao longo do tempo.

Por outro lado, à medida que o nível de seleção aleatória é menor — por exemplo, quando envolve indivíduos ou famílias —, aumentam as chances de que o grupo de comparação seja inadvertidamente afetado pelo programa. Devem-se considerar dois tipos particulares de riscos ao se escolher o nível de seleção: os *transbordamentos* e o *cumprimento parcial*. Os transbordamentos ocorrem quando o grupo de tratamento afeta direta ou indiretamente os resultados do grupo de comparação (ou vice-versa). O cumprimento parcial ocorre quando alguns membros do grupo de comparação participam do programa ou quando alguns membros do grupo de tratamento não participam (leia uma discussão adicional sobre esses conceitos no capítulo 9).

Ao considerar cuidadosamente o nível de seleção aleatória, o risco de transbordamentos e de cumprimento parcial pode ser minimizado. Os indivíduos podem ser alocados em grupos ou conglomerados, tais como estudantes de uma escola ou domicílios de uma comunidade, para minimizar os fluxos de informação e os contatos entre os indivíduos dos grupos de tratamento e de comparação. Para reduzir o cumprimento parcial, o nível de seleção também deve ser escolhido de acordo com a capacidade do programa de manter uma distinção clara entre os grupos de tratamento e de comparação ao longo da intervenção. Se o programa incluir atividades comunitárias, pode ser difícil evitar expor todos os indivíduos da comunidade ao programa.

Um exemplo bem conhecido de transbordamento é o fornecimento de vermífugos a crianças. Se as famílias do grupo de tratamento residirem perto de uma família do grupo de comparação, as crianças das famílias de comparação podem ser afetadas positivamente por um transbordamento do tratamento, pois as chances de contraírem vermes dos vizinhos serão reduzidas (Kremer e Miguel, 2004). Para isolar o impacto do programa, as famílias de tratamento e comparação precisam estar localizadas suficientemente longe umas das outras para evitar tais transbordamentos. No entanto, à medida que a distância entre as famílias aumenta, torna-se mais oneroso tanto para implementar o programa quanto para realizar as pesquisas domiciliares. Como regra geral, se for possível reduzir os transbordamentos a um grau relativamente aceitável, é melhor executar a seleção aleatória do tratamento no nível mais baixo possível de execução do programa. Isso assegurará que o número de unidades nos grupos de tratamento e de comparação seja o maior possível.

Estimar o impacto com a seleção aleatória

Após obter uma amostra aleatória de avaliação e selecionar o tratamento de maneira aleatória, é bastante simples estimar o impacto do programa. Depois que ele tiver operado por algum tempo, os resultados das unidades de tratamento e de comparação terão que ser medidos. O impacto do programa é simplesmente a diferença entre o resultado médio (Y) para o grupo de tratamento e o resultado médio (Y) para o grupo de comparação. Por exemplo, no caso genérico que mostra a figura 4.5, o resultado médio para o grupo de tratamento é 100, e o resultado médio para o grupo de comparação é 80. Assim, o impacto do programa é 20. Por ora, estamos pressupondo que todas as unidades do grupo de tratamento foram efetivamente tratadas e nenhuma unidade do grupo de comparação foi tratada. Em nosso exemplo do programa de formação de professores, todos os professores selecionados para o grupo de tratamento receberam o treinamento e nenhum dos professores do grupo de comparação participou do programa. No capítulo 5, discutimos o cenário (mais realista) no qual o cumprimento é incompleto: ou seja, quando menos de 100% das unidades do grupo de tratamento realmente participam da intervenção ou algumas unidades de comparação obtêm acesso ao programa. Nesse caso, uma estimativa não enviesada sobre o impacto do programa ainda pode ser obtida por meio da seleção aleatória, embora a interpretação dos resultados possa variar.

Figura 4.5   Estimar o impacto com a seleção aleatória

Tratamento	Comparação	Impacto
Média (Y) para o grupo de tratamento = 100	Média (Y) para o grupo de comparação = 80	Impacto = $\Delta Y = 20$

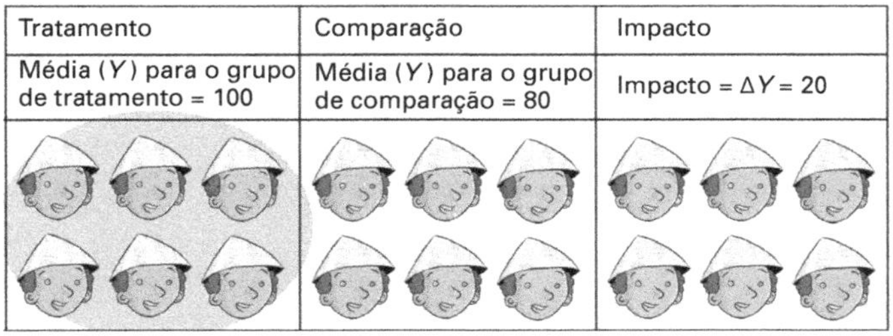

Lista de verificação: seleção aleatória

A seleção aleatória é o método mais robusto para estimar contrafactuais. Ela é considerada o padrão-ouro da avaliação de impacto. Alguns testes básicos ainda precisam ser realizados para analisar a validade dessa estratégia de avaliação em determinados contextos.

✓ As características estão balanceadas na linha de base? Compare as características do grupo de tratamento e do grupo de comparação na linha de base.[6]

✓ Ocorreu algum não cumprimento do especificado pela seleção aleatória? Verifique se todas as unidades elegíveis receberam o tratamento e se nenhuma unidade inelegível recebeu o tratamento. Caso tenha ocorrido um não cumprimento, será necessário utilizar o método da variável instrumental (ver o capítulo 5).

✓ Os números de unidades nos grupos de tratamento e de comparação são suficientemente grandes? Se não forem, é recomendável combinar a seleção aleatória com o método de diferença em diferenças (ver o capítulo 7).

✓ Existe alguma razão para acreditar que os resultados de algumas unidades podem, de alguma forma, depender da seleção de outras unidades? Pode haver algum impacto do tratamento para as unidades do grupo de comparação (ver o capítulo 9)?

⚕ Avaliar o impacto do HISP: seleção aleatória

Voltemos agora ao exemplo do Programa de Subsídio ao Seguro Saúde (HISP) e verifiquemos o que significa seleção aleatória nesse contexto. Lembre-se que você está tentando estimar o impacto do programa a partir de um projeto-piloto que envolve 100 povoados de tratamento.

Após realizar duas avaliações de impacto usando estimadores do contrafactual potencialmente enviesados no capítulo 3 (e obter recomendações de políticas conflitantes), você decide voltar à prancheta para repensar como obter uma estimativa mais rigorosa do contrafactual. Depois de novas deliberações com sua equipe de avaliação, você está convencido de que, para criar uma estimativa válida do contrafactual, será necessário identificar um grupo de povoados tão semelhante quanto possível aos 100 povoados de tratamento em todos os aspectos, com a diferença que um grupo participou do HISP e o outro, não. Como o HISP foi lançado como piloto, e os 100 povoados de tratamento foram selecionados aleatoriamente dentre todos os povoados rurais do país, você observa que os povoados de tratamento devem, em média, ter as mesmas características das localidades rurais não tratadas do país. O contrafactual pode, portanto, ser estimado de forma válida medindo-se os gastos com saúde das famílias elegíveis dos povoados rurais que não participaram do programa.

Felizmente, no momento das pesquisas de linha de base e de acompanhamento, a empresa de pesquisas coletou dados sobre outros 100 povoados rurais que não receberam o programa. Esses 100 povoados também foram selecionados aleatoriamente a partir da população de povoados rurais do país. Assim, a forma pela qual os dois grupos de povoados foram escolhidos garante que eles têm características estatisticamente idênticas, exceto pelo fato de que os 100 povoados de tratamento receberam o HISP e os 100 povoados de comparação, não. A seleção aleatória do tratamento foi cumprida.

Realizada a seleção aleatória do tratamento, você está bastante confiante de que nenhum outro fator externo além do HISP poderia explicar quaisquer diferenças nos resultados entre os povoados de tratamento e de comparação. Para validar esse pressuposto, você verifica se as famílias elegíveis dos povoados de tratamento e de comparação apresentam características semelhantes na linha de base, conforme mostra o quadro 4.1.

Observa-se que as características médias das famílias dos povoados de tratamento e de comparação são, de fato, muito semelhantes. As únicas diferenças estatisticamente significativas são o número de anos de escolaridade do chefe de família e a distância até o hospital, e essas diferenças são pequenas (apenas 0,16 ano, ou menos de 6% da média dos anos de escolaridade do grupo de comparação, e 2,91 km, ou menos de 3% da distância média até um hospital do grupo de comparação). Mesmo com um experimento aleatório realizado em uma amostra grande, pode-se esperar um pequeno número de diferenças devido ao acaso e às propriedades do teste estatístico. Na verdade, ao utilizar níveis padrão de significância de 5%, pode-se esperar que as diferenças em cerca de 5% das características sejam estatisticamente significativas, embora a magnitude dessas diferenças não seja grande.

Com a validade do grupo de comparação estabelecida, agora você pode estimar o contrafactual como os gastos médios com saúde das famílias elegíveis nos 100 povoados de comparação. O quadro 4.2 mostra os gastos médios com saúde das famílias elegíveis nos povoados de tratamento e de comparação. Você observa que no início do

Quadro 4.1 Avaliar o HISP: balanceamento entre os povoados de tratamento e de comparação na linha de base

Características das famílias	Povoados de tratamento (*n*=2964)	Povoados de comparação (*n*=2664)	Diferença	Estatística *t*
Despesas com saúde (em US$ per capita, por ano)	14,49	14,57	−0,08	−0,73
Idade do chefe de família (anos)	41,66	42,29	−0,64	−1,69
Idade do cônjuge (anos)	36,84	36,88	0,04	0,12
Nível educacional do chefe de família (anos)	2,97	2,81	0,16*	2,30
Nível educacional do cônjuge (anos)	2,70	2,67	0,03	0,43
Chefe de família é do sexo feminino =1	0,07	0,08	−0,01	−0,58
Indígena =1	0,43	0,42	0,01	0,69
Número de membros do domicílio	5,77	5,71	0,06	1,12
Tem chão de terra=1	0,72	0,73	−0,01	−1,09
Tem banheiro=1	0,57	0,56	0,01	1,04
Hectares de terra	1,68	1,72	−0,04	−0,57
Distância até o hospital (km)	109,20	106,29	2,91*	2,57

Observação: nível de significância: * = 5%.

estudo, ou seja, na linha de base, os gastos médios com a saúde das famílias nos grupos de tratamento e de comparação não são estatisticamente diferentes, como seria de se esperar com a seleção aleatória.

Considerando agora que você tem um grupo de comparação válido, é possível definir o impacto do HISP simplesmente calculando para o período de acompanhamento a diferença entre a média das despesas com saúde das famílias dos povoados de tratamento e das famílias

Quadro 4.2   Avaliar o HISP: seleção aleatória com comparação de médias

	Povoados de tratamento	Povoados de comparação	Diferença	Estatística *t*
Despesas com saúde das famílias na linha de base (em US$)	14,49	14,57	−0,08	−0,73
Despesas com saúde das famílias no acompanha-mento (em US$)	7,84	17,98	−10,14**	−49,15

Observação: nível de significância: ** = 1%.

Quadro 4.3   Avaliar o HISP: seleção aleatória com análise de regressão

	Regressão linear	Regressão linear multivariada
Impacto estimado nos gastos com saúde das famílias	−10,14** (0,39)	−10,01** (0,34)

Observação: os erros padrão estão entre parênteses. Nível de significância: ** = 1%.

dos povoados de comparação selecionados aleatoriamente. O impacto é uma redução de US$ 10,14 ao longo de dois anos. Replicar esse resultado por meio de uma análise de regressão linear produzirá o mesmo número, conforme mostra o quadro 4.3. Por fim, você executa uma análise de regressão multivariada que controla para algumas outras características observáveis das famílias da amostra e observa que o programa reduziu os gastos das famílias inscritas em US$ 10,01 no período de dois anos, total que é quase idêntico ao resultado da regressão linear.

Com a seleção aleatória, podemos ter certeza de que não existem fatores sistematicamente diferentes entre os grupos de tratamento e de comparação que também possam explicar a diferença nos gastos com saúde. Ambos os conjuntos de povoados começaram o programa com características médias muito parecidas e foram expostos ao mesmo conjunto de políticas e programas nacionais durante os dois anos de tratamento. Dessa maneira, a única razão plausível para que as famílias pobres das comunidades de tratamento apresentem gastos menores do que os das famílias dos povoados de comparação é o fato de que o primeiro grupo recebeu o programa de seguro de saúde e o outro, não.

 Pergunta 3 sobre o HISP

A. Por que a estimativa de impacto obtida por meio de uma regressão linear multivariada praticamente não mudou ao se fazer o controle para outros fatores em comparação à regressão linear simples e à comparação de médias?

B. Com base no impacto estimado por meio do método de seleção aleatória, deverá o HISP ser ampliado nacionalmente?

Recursos adicionais

- Para acessar os materiais complementares a este capítulo e hiperlinks com recursos adicionais, ver o site Avaliação de Impacto na Prática (www .worldbank.org/ieinpractice).
- Para acessar recursos adicionais sobre avaliações de impacto com seleção aleatória, ver o Portal do Banco Interamericano de Desenvolvimento (www .iadb.org/evaluationhub).
- Para ter uma visão geral sobre avaliações de impacto com seleção aleatória, ver o seguinte livro e seu respectivo site:
  - Glennerster, Rachel e Kudzai Takavarasha. 2013. *Running Randomized Evaluations: A Practical Guide*. Princeton, NJ: Princeton University Press (http://runningres.com/).
- Para uma discussão detalhada sobre como alcançar o balanceamento entre os grupos de tratamento e de comparação por meio da seleção aleatória, ver:
  - Bruhn, Miriam e David McKenzie. 2009. "In Pursuit of Balance: Randomization in Practice in Development Field Experiments." *American Economic Journal: Applied Economics* 1 (4): 200–32.
- Para visualizar um evento de seleção aleatória realizado para uma avaliação ocorrida em Camarões, ver as Ferramentas de Avaliação de Impacto do Banco Mundial, Módulo 3 (www.worldbank.org/health/impactevaluationtoolkit).

Notas

1. A seleção aleatória do tratamento também é comumente chamada de *testes controlados aleatórios*, *experimentos aleatórios*, *avaliações experimentais* e *experimentos sociais*, entre outras denominações. Estritamente falando, um experimento não precisa identificar os impactos de uma intervenção utilizando a seleção aleatória, mas os avaliadores geralmente usam o termo *experimento* apenas quando a avaliação emprega a seleção aleatória.

2. Observe que essa probabilidade não significa necessariamente uma chance de 50-50 de ser sorteado. Na prática, a maioria das avaliações que utilizam seleção aleatória dá a cada unidade elegível uma chance de ser selecionada de modo que o número de vencedores (que receberão o tratamento) seja igual ao número total de vagas disponíveis no programa. Por exemplo, se um programa tiver financiamento suficiente para atender apenas 1.000 comunidades entre uma população de 10.000 comunidades elegíveis, cada comunidade terá uma chance em 10 de ser selecionada para o tratamento. O poder estatístico (conceito discutido mais detalhadamente no capítulo 15) será maximizado quando a amostra de avaliação for dividida igualmente entre os grupos de tratamento e de comparação. No exemplo mostrado aqui, para uma amostra total de 2.000 comunidades, o poder estatístico será maximizado pela amostragem de todas as 1.000 comunidades de tratamento e de uma subamostra de 1.000 comunidades de comparação, em vez de uma amostra aleatória simples de 20% das 10.000 comunidades originais elegíveis (o que produziria uma amostra de avaliação de, aproximadamente, 200 comunidades de tratamento e 1.800 comunidades de comparação).

3. Por exemplo, programas de habitação que fornecem casas subsidiadas costumam utilizar sorteios para selecionar os participantes do programa. Muitas escolas *charter* dos Estados Unidos (que recebem financiamento do governo, mas são geridas pela iniciativa privada e operam independentemente) também usam sorteios para selecionar os candidatos que serão admitidos às escolas.

4. Além de criar grupos com características médias semelhantes, a seleção aleatória também cria grupos que têm distribuições semelhantes.

5. A maioria dos programas de *software* permite que você defina um *número semente* (número usado para inicializar um gerador de números pseudoaleatórios) para tornar os resultados da seleção aleatória totalmente transparentes e replicáveis.

6. Conforme mencionado, por razões estatísticas, nem todas as características observadas devem ser semelhantes nos grupos de tratamento e de comparação para que a aleatorização seja bem-sucedida. Mesmo quando as características dos dois grupos são de fato iguais, pode-se esperar que 5% das características apresentem uma diferença estatisticamente significativa quando um nível de confiança de 95% for usado para o teste. Deve-se atentar especialmente para as variáveis nas quais a diferença entre os grupos de tratamento e de comparação é grande.

Referências

Bertrand, M., B. Crépon, A. Marguerie e P. Premand. 2016. "Impacts à Court et Moyen Terme sur les Jeunes des Travaux à Haute Intensité de Main d'œuvre (THIMO): Résultats de l'évaluation d'impact de la composante THIMO du Projet Emploi Jeunes et Développement des Compétence (PEJEDEC) en Côte d'Ivoire." Washington, D.C.: Banco Mundial e Abidjan, BCP-Emploi.

Blattman, Christopher, Nathan Fiala e Sebastián Martínez. 2014. "Generating Skilled Self-Employment in Developing Countries: Experimental Evidence from Uganda." *Quarterly Journal of Economics 129 (2): 697–752.* doi: 10.1093/qje/qjt057.

Bruhn, Miriam e David McKenzie. 2009. "In Pursuit of Balance: Randomization in Practice in Development Field Experiments." *American Economic Journal: Applied Economics* 1(4): 200–232.

Dupas, Pascaline. 2011. "Do Teenagers Respond to HIV Risk Information? Evidence from a Field Experiment in Kenya." *American Economic Journal: Applied Economics* 3 (1): 1–34.

Glennerster, Rachel e Kudzai Takavarasha. 2013. *Running Randomized Evaluations: A Practical Guide.* Princeton, NJ: Princeton University Press.

Kremer, Michael, Jessica Leino, Edward Miguel e Alix Peterson Zwane. 2011. "Spring Cleaning: Rural Water Impacts, Valuation, and Property Rights Institutions." *Quarterly Journal of Economics* 126: 145–205.

Kremer, Michael e Edward Miguel. 2004. "Worms: Identifying Impacts on Education and Health in the Presence of Treatment Externalities." *Econometrica* 72 (1): 159–217.

Premand, P., O. Barry e M. Smitz. 2016. "Transferts monétaires, valeur ajoutée de mesures d'accompagnement comportemental, et développement de la petite enfance au Niger. Rapport descriptif de l'évaluation d'impact à court terme du Projet Filets Sociaux." Washington, D.C.: Banco Mundial.

Schultz, Paul. 2004. "School Subsidies for the Poor: Evaluating the Mexican Progresa Poverty Program." *Journal of Development Economics* 74 (1): 199–250.

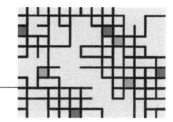

CAPÍTULO 5

Variáveis instrumentais

Avaliação de programas quando há cumprimento parcial da seleção

Na discussão sobre seleção aleatória apresentada no capítulo 4, partimos do pressuposto que o administrador do programa tem o poder de selecionar unidades para os grupos de tratamento e de comparação, sendo que aquelas alocadas para o tratamento participam do programa e aquelas alocadas para o grupo de comparação não participam do programa. Em outras palavras, as unidades selecionadas para os grupos de tratamento e de comparação cumprem com sua alocação. O cumprimento completo é obtido com mais frequência em laboratório ou ensaios clínicos, nos quais, primeiramente, o pesquisador pode se certificar de que todos os sujeitos do grupo de tratamento passarão por um determinado tratamento e, em segundo lugar, pode estar seguro de que nenhum dos sujeitos do grupo de comparação passará por esse mesmo tratamento.[1] De maneira mais geral, no capítulo 4, partimos do pressuposto que os programas são capazes de determinar quem são os participantes potenciais, excluindo alguns e garantindo que outros participem.

No entanto, em programas sociais da vida real, pode não ser realista acreditar que o administrador do programa seja capaz de garantir total conformidade com a alocação de cada grupo. Ainda assim, muitos programas permitem que os participantes potenciais optem por se inscrever e, portanto, não conseguem excluir participantes potenciais que desejem fazer parte dessas iniciativas. Além disso, alguns programas têm um orçamento suficientemente grande para oferecer seus benefícios a toda a população elegível imediatamente, de modo que a seleção aleatória dos grupos de tratamento e comparação e a exclusão de potenciais participantes em nome da avaliação seriam atitudes antiéticas. Portanto, necessitamos de uma forma alternativa para avaliar o impacto desse tipo de programas.

Conceito-chave

O método de variável instrumental baseia-se em alguma fonte externa de variação para determinar o status do tratamento. A variável instrumental influencia a probabilidade de participar de um programa, mas está fora do controle dos participantes e não está relacionada às suas características.

Um método batizado de *variáveis instrumentais* pode nos ajudar a avaliar os programas que apresentam cumprimento parcial, inscrições voluntárias ou cobertura universal. Em geral, para estimar impactos, o *método de variáveis instrumentais* (VI) depende de alguma fonte externa de variação para determinar o status do tratamento. O método tem amplas aplicações além da avaliação de impacto. Intuitivamente, podemos descrever uma variável instrumental como algo fora do controle do indivíduo e que influencia sua probabilidade de participar de um programa, mas que não está associado a suas características.

Neste capítulo, discutiremos como essa variação externa, ou VI, pode ser gerada pelas regras de operação do programa que são controladas pelos gestores ou por suas equipes de avaliação. Para produzir estimativas de impacto válidas, essa fonte externa de variação, ou *variável instrumental*, deve satisfazer uma série de condições que discutiremos em detalhe neste capítulo. A seleção aleatória para o tratamento, conforme discutido no capítulo 4, é um instrumento muito bom, pois satisfaz todas as condições necessárias. Usaremos o método de VI em duas aplicações comuns de avaliação de impacto. Em primeiro lugar, vamos utilizá-lo como uma extensão do método de seleção aleatória quando nem todas as unidades cumprem as alocações de seu grupo. Em segundo lugar, vamos empregá-lo no desenho da promoção aleatória do tratamento, um método de avaliação que pode funcionar para alguns programas que oferecem inscrições voluntárias ou cobertura universal. O boxe 5.1 ilustra um uso criativo do método de VI.

Boxe 5.1: O uso do método de variáveis instrumentais para avaliar o impacto do programa Vila Sésamo na preparação para a vida escolar

O programa de TV *Vila Sésamo*, voltado para a preparação de crianças em idade pré-escolar para os primeiros anos do ensino fundamental, rapidamente ganhou popularidade e elogios da crítica após sua primeira exibição, em 1969. Desde então, o programa já foi assistido por milhões de crianças. Em 2015, Kearney e Levine procuraram avaliar os

(continua)

Tipos de estimativas de impacto

Uma avaliação de impacto sempre calcula o impacto de um programa através da comparação dos resultados de um grupo de tratamento com a estimativa do contrafactual obtida a partir de um grupo de comparação. No capítulo 4, presumimos a hipótese do *cumprimento completo* com o tratamento, isto é, todas as unidades às quais um programa foi oferecido realmente se inscreveram nele e nenhuma das unidades de comparação recebeu o programa. Nesse cenário, estimamos o *efeito médio do tratamento* (ATE, do inglês *"average treatment effect"*) para a população.

Na avaliação de programas que ocorrem na vida real, nos quais os participantes potenciais podem decidir se desejam se inscrever ou não, o cumprimento completo é menos comum do que em cenários como os de experimentos feitos em laboratório. Na prática, os programas normalmente oferecem a oportunidade do tratamento a um grupo específico, e algumas unidades participam da iniciativa, enquanto outras, não. Nesse caso, sem o cumprimento completo, as avaliações de impacto podem estimar o efeito da *oferta* de um programa ou o efeito da *participação* nesse programa.

Na ausência do cumprimento completo no grupo de tratamento, o impacto estimado Δ é chamado de *intenção de tratar* (ITT, do inglês *"intention to treat"*), definido como a comparação entre os grupos aos quais o programa foi *oferecido* aleatoriamente (grupo de tratamento) ou não (grupo de comparação) — independentemente de os participantes do grupo de tratamento realmente terem ou não se inscrito na iniciativa. A ITT é uma média ponderada dos resultados dos participantes e não participantes no grupo de tratamento comparada ao resultado médio do grupo de comparação. Ela é importante para os casos em que tentamos determinar o impacto médio da oferta de um programa e em que a inscrição no grupo de tratamento é voluntária. Em contrapartida, também podemos estar interessados em saber o impacto de um programa para o grupo de indivíduos que receberam a oferta do programa e realmente participaram dele. Esse impacto estimado é chamado de *tratamento no tratado* (TOT, do inglês *"treatment on the treated"*). A ITT e o TOT serão os mesmos quando houver cumprimento completo. Voltaremos à diferença entre a ITT e o TOT em seções futuras, mas comecemos com um exemplo para ilustrar esses conceitos.

Consideremos o Programa de Subsídio ao Seguro Saúde, ou HISP, discutido em capítulos anteriores. Devido a considerações operacionais e para minimizar os transbordamentos, a menor unidade de tratamento escolhida pelo governo é o povoado. As famílias dos povoados participantes do tratamento (aqueles para os quais o programa de seguro saúde está sendo oferecido) podem se inscrever voluntariamente para receber um subsídio de seguro saúde, enquanto as famílias das comunidades de comparação não podem. Mesmo que todas as famílias dos povoados de tratamento sejam elegíveis para se inscrever no programa de seguro saúde, uma parcela dos domicílios — digamos, 10% — pode optar por não o fazer (talvez por já terem seguro saúde concedido pelas empresas onde trabalham, por serem saudáveis e não anteverem a necessidade de assistência médica ou devido a uma miríade de outras razões).

Nesse cenário, 90% das famílias dos povoados de tratamento decidem se inscrever no programa e, de fato, recebem os serviços oferecidos por ele. A estimativa ITT seria obtida pela comparação do resultado médio de todas as famílias para as quais o programa foi oferecido — ou seja, para 100% das famílias dos povoados de tratamento — com o resultado médio dos povoados de comparação (onde nenhuma família se inscreveu). Em contrapartida, o TOT pode ser descrito como o impacto estimado para os 90% das famílias dos povoados de tratamento que se inscreveram no programa. É importante observar que, como os indivíduos que participam de um programa ao receberem uma oferta podem diferir dos indivíduos que receberam essa mesma oferta, mas optaram por não participar, o impacto TOT não é, necessariamente, igual ao impacto que obteríamos para os 10% das famílias dos

Conceito-chave

A intenção de tratar (ITT) estima a diferença de resultados entre as unidades selecionadas para o grupo de tratamento e as unidades selecionadas para o grupo de comparação, independentemente de as unidades alocadas para o grupo de tratamento realmente receberem o tratamento.

povoados participantes do tratamento que não se inscreveram, caso elas viessem a se inscrever. Dessa maneira, os efeitos locais do tratamento não podem ser extrapolados diretamente de um grupo para o outro.

Conceito-chave

O tratamento no tratado (TOT) estima a diferença entre os resultados das unidades que realmente recebem o tratamento e o grupo de comparação.

Cumprimento parcial

Conforme já foi discutido, em programas sociais na vida real, é desejável o cumprimento completo dos critérios de seleção de um programa (e, portanto, a adesão ao tratamento ou ao status de comparação), e os gestores públicos e equipes de avaliação normalmente se esforçam para se aproximar desse ideal. Na prática, uma adesão estrita de 100% às alocações de tratamento e de comparação pode não ocorrer, apesar de todos os esforços das equipes responsáveis pela implementação do programa e pela avaliação. Trabalharemos com os diferentes casos que podem ocorrer e discutiremos as implicações para os métodos de avaliação que podem ser utilizados. Antes de mais nada, gostaríamos de enfatizar que a melhor solução para o cumprimento parcial é evitá-lo em primeiro lugar. Nesse sentido, os gestores de programas e os formuladores de políticas públicas devem se esforçar para manter o cumprimento tão alto quanto possível no grupo de tratamento e tão baixo quanto possível no grupo de comparação.

Digamos que você esteja tentando avaliar um programa de capacitação de professores, em que 2.000 professores são elegíveis para participar de um treinamento piloto. Os professores foram selecionados aleatoriamente para um dos dois grupos: 1.000 professores foram alocados para o grupo de tratamento e 1.000 professores foram alocados para o grupo de comparação. Se todos os professores do grupo de tratamento receberem a capacitação e nenhum professor do grupo de comparação a receber, poderemos estimar o efeito médio do tratamento (ATE) por meio da diferença entre os resultados médios (digamos, as notas dos estudantes nas provas) dos dois grupos. Este ATE é o impacto médio do tratamento para os 1.000 professores participantes, uma vez que todos os professores selecionados para o grupo de tratamento realmente participaram do curso, enquanto nenhum dos professores selecionados para o grupo de comparação participou.

O primeiro caso de cumprimento parcial ocorrerá quando algumas das unidades selecionadas para o grupo de tratamento optarem por não se inscrever ou forem deixadas sem tratamento. No exemplo do programa de capacitação de professores, alguns professores selecionados para o grupo de tratamento não apareceram no primeiro dia do curso. Nesse caso, não podemos calcular o tratamento médio para a população de professores porque alguns professores não se inscreveram. Por isso, não será possível calcular quais teriam sido seus resultados após o tratamento. Mas podemos estimar o impacto médio do programa para os professores que realmente fizeram ou aceitaram o tratamento. Queremos estimar o impacto do programa para os professores selecionados para o grupo de tratamento *e* que realmente se inscreveram nele. Essa é a *estimativa de tratamento no tratado* (TOT). No exemplo da capacitação de professores, a estimativa TOT fornece o impacto para os professores alocados no grupo de tratamento que realmente compareceram às aulas e receberam o treinamento.

O segundo caso de cumprimento parcial ocorre quando os indivíduos selecionados para o grupo de comparação conseguem participar do programa. Aqui os impactos não podem ser estimados diretamente para todo o grupo de tratamento, pois seus correspondentes no grupo de comparação não podem ser observados sem tratamento. As unidades tratadas no grupo de comparação deveriam gerar uma estimativa do contrafactual para algumas unidades no grupo de tratamento, mas essas unidades receberam o tratamento. Portanto, não há maneira de saber qual seria o impacto do programa para esse subconjunto de indivíduos. No exemplo do programa de capacitação de professores, digamos que os professores mais motivados do grupo de comparação consigam participar do curso de alguma maneira. Nesse caso, os professores mais motivados do grupo de tratamento não teriam pares no grupo de comparação e, portanto, não seria possível estimar o impacto do treinamento para aquele segmento de professores motivados.

Quando houver descumprimento de ambos os lados, é preciso considerar cuidadosamente o tipo de efeito do tratamento que será estimado e como interpretá-lo. A primeira opção é realizar uma comparação direta entre o grupo originalmente selecionado para o tratamento e o grupo originalmente selecionado para o grupo de comparação. Isso resultará na *estimativa da intenção de tratar* (ITT). A ITT compara os indivíduos que pretendíamos tratar (aqueles selecionados para o grupo de tratamento) com os que não pretendíamos tratar (aqueles selecionados para o grupo de comparação). Se o descumprimento ocorrer apenas do lado do tratamento, essa pode ser uma medida interessante e relevante de impacto, pois, de qualquer modo, a maioria dos formuladores de políticas públicas e gestores de programas só pode oferecer um programa — não podem obrigar sua população-alvo a aceitá-lo.

No exemplo do programa de capacitação de professores, o governo pode querer descobrir o impacto médio do programa para todos os professores selecionados para o tratamento, mesmo que alguns deles não participem do curso. Isso ocorre porque, mesmo que o governo expanda o programa, provavelmente sempre haverá professores que nunca participarão dele. No entanto, se houver descumprimento no lado da comparação, a estimativa da intenção de tratar não será tão elucidativa. No caso do programa de capacitação de professores, como o grupo de comparação inclui professores que foram treinados, o resultado médio do grupo de comparação foi afetado pelo tratamento. Suponhamos que o efeito do curso de professores sobre os resultados seja positivo. Se os professores tratados do grupo de comparação forem os professores mais motivados e se eles se beneficiarem mais do treinamento, o resultado médio para o grupo de comparação terá um viés positivo (porque os professores motivados do grupo de comparação que foram treinados aumentarão o resultado médio) e a estimativa ITT apresentará um viés negativo (uma vez que ela é a diferença entre os resultados médios dos grupos de tratamento e de comparação).

Sob essas circunstâncias de descumprimento, uma segunda opção é estimar o que é conhecido como o *efeito médio local do tratamento* (LATE, do inglês *"local average treatment effect"*). O LATE precisa ser interpretado cuidadosamente, pois representa os efeitos do programa apenas para um subgrupo específico da população. Em especial, quando há descumprimento tanto no grupo de tratamento quanto no grupo de comparação, o LATE é o impacto para o subgrupo que cumpriu com a alocação determinada pela seleção aleatória. No exemplo do programa de capacitação de professores, se houver descumprimento nos grupos de tratamento e de comparação, a estimativa do LATE será válida apenas para os professores do grupo de tratamento que se inscreveram no programa e que não teriam se inscrito caso tivessem sido alocados para o grupo de comparação.

No restante desta seção, explicaremos como estimar o LATE e, igualmente importante, como interpretar os resultados. Os princípios para estimar um LATE são aplicados quando há descumprimento no grupo de tratamento, no grupo de comparação ou em ambos simultaneamente. O TOT é simplesmente um LATE no caso mais específico em que há descumprimento apenas no grupo de tratamento. Portanto, o restante deste capítulo se concentrará em mostrar como estimar o LATE.

Seleção aleatória para um programa e participação final

Imaginemos que se está avaliando o impacto de um programa de treinamento profissional sobre os salários dos trabalhadores. O programa é aleatorizado no nível individual. O grupo de tratamento é selecionado para o programa, enquanto o grupo de comparação não é. Muito provavelmente, você encontrará três tipos de indivíduos nessa população:

- *Participa se for selecionado*. Estes são os indivíduos que cumprem sua alocação. Se forem selecionados para o grupo de tratamento (alocados ao programa), participarão ou se inscreverão nele. Se forem selecionados para o grupo de comparação (não alocados ao programa), não se inscreverão.

- *Nunca*. Estes são os indivíduos que nunca se inscrevem nem participam do programa, mesmo que sejam selecionados para o grupo de tratamento. Se forem selecionados para o grupo de tratamento, esses indivíduos serão não cumpridores.

- *Sempre*. Estes são os indivíduos que encontrarão uma maneira de se inscrever no programa ou de participar dele, mesmo que sejam selecionados para o grupo de comparação. Se forem selecionados para o grupo de comparação, serão não cumpridores.

No contexto do programa de treinamento profissional, o grupo *Nunca* pode ser formado por pessoas desmotivadas que, mesmo que tenham sido selecionadas e recebido uma vaga no curso, não compareçam às aulas. Os indivíduos do grupo *Sempre*, ao contrário, estão tão motivados que encontram uma maneira de entrar no programa mesmo que tenham sido inicialmente selecionados para o grupo de comparação. O grupo *Participa se for selecionado* é aquele formado pelas pessoas que se inscrevem no curso caso sejam selecionadas para ele, mas que não procuram se matricular se forem selecionadas para o grupo de comparação.

A figura 5.1 apresenta a seleção aleatória do programa e o número final de inscritos quando os tipos *Participa se for selecionado*, *Nunca* e *Sempre* estão presentes. Digamos que a população seja composta por 80% de *Participa se for selecionado*, 10% de *Nunca*, e 10% de *Sempre*. Se tomarmos uma amostra aleatória da população para a amostra de avaliação, esta terá também

Figura 5.1   Seleção aleatória com cumprimento parcial

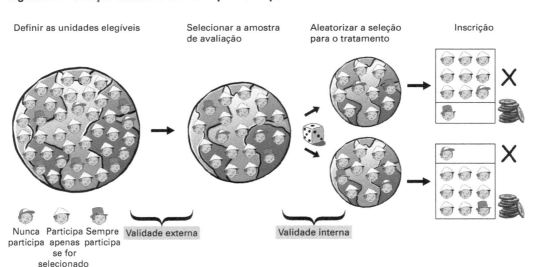

aproximadamente 80% de *Participa se for selecionado*, 10% de *Nunca* e 10% de *Sempre*. Em seguida, se selecionarmos aleatoriamente a amostra de avaliação para os grupos de tratamento e comparação, teríamos mais uma vez aproximadamente 80% de *Participa se for selecionado*, 10% de *Nunca* e 10% de *Sempre* em ambos os grupos. No grupo selecionado para o tratamento, os indivíduos do tipo *Participa se for selecionado* e *Sempre* se inscreverão, e somente os do grupo *Nunca* ficarão ausentes. No grupo de comparação, os indivíduos do tipo *Sempre* se inscreverão, enquanto os do grupo *Participa se for selecionado* e *Nunca* ficarão de fora. É importante lembrar que, embora saibamos que esses três tipos de indivíduos existem na população, não podemos, necessariamente, distinguir o tipo de um indivíduo até que observemos certos comportamentos. No grupo de tratamento, seremos capazes de identificar o tipo *Nunca* quando os indivíduos desse grupo não se inscreverem, mas não conseguiremos distinguir os tipos *Participa se for selecionado* e *Sempre*, pois ambos se inscreverão. No grupo de comparação, seremos capazes de identificar o tipo *Sempre* quando os indivíduos desse tipo se inscreverem, mas não conseguiremos distinguir o *Participa se for selecionado* do *Nunca*, uma vez que ambos os tipos permanecerão como não inscritos.

Estimar o impacto na presença de seleção aleatória com cumprimento parcial

Após estabelecermos a diferença entre a seleção aleatória de um programa e a inscrição ou aceite real, estimaremos o efeito médio local do tratamento (LATE) do programa. Essa estimativa é feita em duas etapas, ilustradas na figura 5.2.[2]

Para estimar o impacto do programa na presença de seleção aleatória com cumprimento parcial, primeiro estimamos o impacto mediante a estimativa da intenção de tratar (ITT). Lembre-se que essa é a diferença entre o indicador de resultado (Y) para o grupo que selecionamos para o tratamento e o mesmo indicador para o grupo que não selecionamos para o tratamento. Por exemplo, se o salário médio (Y) para o grupo de tratamento for de US$ 110 e o salário médio para o grupo de comparação for de US$ 70, a estimativa do impacto da intenção de tratar seria de US$ 40 (US$ 110 menos US$ 70).

Em segundo lugar, precisamos recuperar a estimativa do efeito médio local do tratamento (LATE) para o grupo *Participa se for selecionado* a partir da estimativa da intenção de tratar. Para fazer isso, precisamos identificar de onde veio a diferença de US$ 40. Procederemos por eliminação. Primeiro, sabemos que a variação não pode ser causada por qualquer diferença entre as pessoas que nunca se inscrevem (os do tipo *Nunca*) nos grupos de tratamento e de comparação. Isso porque os *Nunca* não se

Figura 5.2 Estimar o efeito médio local do tratamento na presença de seleção aleatória com cumprimento parcial

	Grupo selecionado para o tratamento	Grupo não selecionado para o tratamento	Impacto
	Percentual inscrito = 90% Média *Y* para aqueles selecionados para o tratamento = 110	Percentual inscrito = 10% Média *Y* para aqueles não selecionados para o tratamento = 70	Δ% de inscritos = 80% ΔY = ITT = 40 LATE = 40/80% = 50
Nunca participa			▬
Participa apenas se selecionado para o tratamento			
Sempre participa			▬

Observação: Δ = impacto causal; *Y* = resultado. A estimativa da intenção de tratar (ITT) é obtida ao compararmos os resultados daqueles selecionados para o grupo de tratamento com os daqueles selecionados para o grupo de comparação, independentemente da inscrição real. A estimativa do efeito médio local do tratamento (LATE) fornece o impacto do programa para aqueles que se inscrevem apenas se forem selecionados para o programa (*Participa se for selecionado*). A estimativa do LATE não informa o impacto do programa para aqueles que nunca se inscrevem (*Nunca*) nem para aqueles que sempre se inscrevem (*Sempre*).

inscreveram no programa e, portanto, para eles, não importa se estão no grupo de tratamento ou de comparação. Segundo, sabemos que a diferença de US$ 40 não pode ser causada por diferenças entre as pessoas do tipo *Sempre* dos grupos de tratamento e de comparação porque essas pessoas sempre se inscrevem no programa. Para elas, também não faz diferença se fazem parte do grupo de tratamento ou do grupo de comparação. Dessa maneira, a diferença nos resultados entre os dois grupos deve, necessariamente, se originar do efeito do programa sobre o único grupo afetado por sua seleção para o tratamento ou comparação, ou seja, o grupo *Participa se for selecionado*. Assim, se pudermos identificar as pessoas do tipo *Participa se for selecionado* em ambos os grupos, será fácil estimar o impacto do programa sobre eles.

Na realidade, embora saibamos que esses três tipos de indivíduos existem na população, não podemos separá-los, enquanto unidades independentes,

Avaliação de Impacto na Prática

em *Participa se for selecionado*, *Nunca* ou *Sempre*. No grupo selecionado para o tratamento, podemos identificar os *Nunca* (porque eles não se inscreveram), mas não podemos diferenciar os *Sempre* dos *Participa se for selecionado* (porque ambos se inscreveram). No grupo que não foi selecionado para o tratamento, podemos identificar o grupo *Sempre* (porque eles se inscreveram no programa), mas não podemos diferenciar o *Nunca* do *Participa se for selecionado*.

No entanto, quando observamos que 90% das unidades do grupo de tratamento se inscreveram, podemos deduzir que 10% das unidades de nossa população devem ser do tipo *Nunca* (ou seja, a fração de indivíduos do grupo que foi selecionado para o tratamento mas não se inscreveu). Além disso, se observarmos que 10% das unidades do grupo não selecionado para o tratamento se inscreveram, saberemos que 10% são do tipo *Sempre* (novamente, a fração de indivíduos do nosso grupo que não foi selecionada para tratamento, mas se inscreveu). Isso deixa 80% das unidades no grupo *Participa se for selecionado*. Sabemos que o impacto total de US$ 40 originou-se de uma diferença na inscrição de 80% das unidades de nossa amostra que são do grupo *Participa se for selecionado*. Dessa maneira, se 80% das unidades são responsáveis por um impacto médio de US$ 40 para todo o grupo alocado ao tratamento, então o impacto sobre esses 80% de indivíduos do tipo *Participa se for selecionado* deve ser de 40/0,8, ou US$ 50. Em outras palavras, o impacto do programa para o grupo *Participa se for selecionado* é de US$ 50, mas quando esse impacto é dividido por todo o grupo selecionado para o tratamento, o efeito médio é diluído pelos 20% que descumpriram a seleção aleatória original.

Lembre-se que uma das questões básicas da autosseleção para a participação em programas é o fato de que nem sempre é possível saber por que algumas pessoas optam por participar e outras, não. Quando realizamos uma avaliação na qual as unidades são selecionadas aleatoriamente para o programa, mas a participação real é voluntária ou existe uma maneira de as unidades do grupo de comparação entrarem no programa, temos um problema semelhante: nem sempre compreenderemos os processos comportamentais que determinam se um indivíduo se comporta como um indivíduo do tipo *Nunca*, do tipo *Sempre* ou do tipo *Participa se for selecionado*. No entanto, desde que o descumprimento não seja muito grande, a seleção aleatória ainda fornece uma poderosa ferramenta para estimar o impacto. A desvantagem da seleção aleatória com cumprimento parcial é que essa estimativa de impacto não é mais válida para toda a população. Em vez disso, a estimativa deve ser interpretada como uma estimativa *local* que se aplica apenas a um subgrupo específico da nossa população-alvo, o do tipo *Participa se for selecionado*.

A seleção aleatória para um programa tem duas características importantes que nos permitem estimar o impacto quando há cumprimento parcial (ver o boxe 5.2):

1. Pode servir de preditor para as inscrições reais no programa caso a maioria das pessoas se comporte como *Participa se for selecionado*, inscrevendo-se no programa quando selecionadas para o tratamento e não se inscrevendo quando não selecionadas para tratamento.

Boxe 5.2: Usando o método de variáveis instrumentais para lidar com o não cumprimento em um programa de *vouchers* escolares na Colômbia

O Programa de Ampliação da Cobertura do Ensino Médio (Programa de Ampliación de Cobertura de la Educación Secundaria, ou PACES), na Colômbia, forneceu *vouchers* a mais de 125.000 estudantes para cobrir pouco mais da metade dos custos de frequentar uma escola secundária particular. Devido ao orçamento limitado do PACES, os *vouchers* foram distribuídos por meio de um sorteio. Angrist e outros (2002) aproveitaram a seleção aleatória para o tratamento para determinar o efeito do programa de *vouchers* sobre os resultados educacionais e sociais.

Os autores descobriram que os vencedores do sorteio tinham uma probabilidade 10% maior de completar a 8ª série e um desempenho, em média, 0,2 desvio padrão maior em testes padronizados três anos após o sorteio inicial. Eles também descobriram que os efeitos educacionais foram maiores para as meninas do que para os meninos. Em seguida, os pesquisadores analisaram o impacto do programa sobre vários resultados não educacionais e descobriram que os vencedores do sorteio tinham uma propensão menor de serem casados e trabalhavam cerca de 1,2 hora a menos por semana.

Foi registrado certo nível de não cumprimento da seleção aleatória. Aproximadamente 90% dos vencedores do sorteio realmente usaram o *voucher* ou outra forma de bolsa de estudos, e 24% dos não contemplados pelo sorteio tinham, na verdade, recebido bolsas de estudos. Usando a terminologia mencionada anteriormente, a população devia ter 10% de indivíduos do tipo *Nunca*, 24% do tipo *Sempre* e 66% do tipo *Participa se for selecionado*. Portanto, Angrist e outros (2002) também utilizaram a seleção original, ou o status de contemplado ou não contemplado pelo sorteio, como uma variável instrumental para o tratamento no tratado ou para o recebimento de uma bolsa de estudos. Por fim, os pesquisadores conseguiram realizar uma análise de custo-benefício para entender melhor o impacto do programa de *vouchers* sobre as despesas do governo e das famílias. Concluíram que os custos sociais totais do programa são pequenos e são compensados pelos retornos esperados para os participantes e suas famílias. Isso sugere que os programas baseados no lado da demanda dos beneficiários, como o PACES, podem ser uma forma custo-efetiva de aumentar o nível de escolaridade da população.

Fonte: Angrist e outros 2002.

---

2. Como os dois grupos (dos selecionados e dos não selecionados para o tratamento) são gerados por meio de um processo aleatório, as características dos indivíduos dos dois grupos não são correlacionadas com nenhum outro fator — como capacidade ou motivação — que também possa afetar os resultados (Y).

Em termos estatísticos, a seleção aleatória serve como uma variável instrumental que prevê a inscrição efetiva das unidades em um programa, mas que não está correlacionada a outras características das unidades que podem estar relacionadas aos resultados. Mesmo que parte da decisão dos indivíduos de se inscrever em um programa não possa ser controlada pelos gestores do programa, outra parte dessa decisão está sob o controle dos gestores. Em especial, a parte da decisão que pode ser controlada é a seleção para os grupos de tratamento e de comparação. Desde que a seleção para os grupos de tratamento e de comparação preveja a inscrição final no programa, a seleção aleatória pode ser utilizada como um instrumento para prever a inscrição final. Ter essa variável instrumental (VI) nos permite recuperar as estimativas do efeito médio local do tratamento a partir das estimativas do efeito da intenção de tratar para o tipo de unidades de *Participa se for selecionado*.

Uma VI válida deve satisfazer duas condições básicas:

1. Não deve ser correlacionada com as características dos grupos de tratamento e de comparação. Isso é alcançado por meio da seleção aleatória para o tratamento entre as unidades da amostra de avaliação. Essa condição é conhecida como *exogeneidade*. É importante que a variável instrumental não afete diretamente o resultado de interesse. Os impactos devem ser causados apenas pelo programa que estamos interessados em avaliar.

2. Deve afetar a participação dos grupos de tratamento e de comparação de maneira diferente. Geralmente, pensamos em aumentar a participação no grupo de tratamento. Isso pode ser verificado se observarmos que a participação é maior no grupo de tratamento do que no grupo de comparação. Essa condição é conhecida como *relevância*.

Interpretar a estimativa do efeito médio local do tratamento

A diferença entre a estimativa do efeito médio de um tratamento e a estimativa do efeito médio local de um tratamento é especialmente importante quando se trata de interpretar os resultados de uma avaliação. Pensemos sistematicamente como interpretar uma estimativa do LATE. Primeiro, precisamos reconhecer que os indivíduos que cumprem a alocação definida pela seleção aleatória de um programa (os indivíduos do tipo *Participa se for selecionado*) são diferentes dos indivíduos que não a cumprem (os indivíduos dos tipos *Nunca* e *Sempre*). Em particular, no grupo de tratamento, os não cumpridores/não participantes (*Nunca*) podem ser aqueles que esperam obter poucos benefícios da intervenção. No grupo de comparação, os não cumpridores/participantes (*Sempre*) provavelmente pertencem ao grupo de indivíduos que espera se beneficiar mais de sua participação no programa. Em nosso exemplo do programa de capacitação de professores, os professores que são selecionados para o treinamento, mas decidem não participar (indivíduos do tipo *Nunca*), podem ser aqueles que acreditam não precisar de treinamento, professores cujo custo de oportunidade do tempo é maior (por exemplo, porque possuem um segundo emprego ou precisam cuidar dos filhos) ou professores que não são supervisionados adequadamente e podem escapar do treinamento sem maiores consequências. Por outro lado, os professores que são selecionados para o grupo de comparação, mas se inscrevem de qualquer maneira (os indivíduos do tipo *Sempre*), podem ser aqueles que sentem que precisam de treinamento, os que não têm filhos para cuidar ou aqueles cujo diretor mantém um controle rigoroso sobre as atividades do corpo docente e insiste que todos precisam ser treinados.

Segundo, sabemos que a estimativa do LATE fornece o impacto para um subgrupo específico da população: ela leva em consideração apenas os subgrupos que não são afetados por nenhum dos tipos de descumprimento. Em outras palavras, considera somente o tipo *Participa se for selecionado*. Como esse tipo é diferente dos tipos *Nunca* e *Sempre*, o impacto encontrado por meio da estimativa do LATE não se aplica aos tipos *Nunca* ou *Sempre*. Por exemplo, se o Ministério da Educação implementasse uma segunda rodada de treinamento e obrigasse, de alguma maneira, os professores do tipo *Nunca* que não foram treinados na primeira rodada a passar pela capacitação, não seria possível saber se esses professores apresentariam efeitos maiores, menores ou iguais em relação aos professores que participaram da primeira rodada. Da mesma forma, se os professores mais motivados sempre encontram uma maneira de participar do programa de capacitação, apesar de terem sido aleatoriamente selecionados para o grupo de comparação, o efeito médio local do tratamento para aqueles que cumprem a alocação nos grupos de tratamento e de comparação não nos dá informações sobre o impacto do programa para os professores altamente motivados (do tipo *Sempre*). A estimativa do efeito médio local do tratamento aplica-se apenas a um subconjunto específico da população: o tipo que não é afetado pelo descumprimento — ou seja, apenas o tipo que cumpre com a seleção aleatória — e não deve ser extrapolada para outros subconjuntos da população.

Promoção aleatória como variável instrumental

Na seção anterior, vimos como estimar o impacto com base na seleção aleatória para o grupo de tratamento, mesmo que o cumprimento da alocação original do programa seja imperfeito. A seguir, propomos uma abordagem muito semelhante que poderá ser aplicada para avaliar programas que apresentam elegibilidade universal, inscrições abertas, ou aqueles em que o administrador não tem controle sobre quem participa ou não da iniciativa.

Essa abordagem, batizada de *promoção aleatória* (também conhecida como *desenho de encorajamento*), fornece um encorajamento adicional para que um grupo aleatório de unidades se inscreva no programa. Essa promoção aleatória serve como uma variável instrumental. Atua como uma fonte externa de variação que afeta a probabilidade de receber o tratamento, mas não está relacionada com as características dos participantes.

Os programas de inscrição voluntária normalmente permitem que os indivíduos que estão interessados no programa decidam por conta própria se desejam ou não se inscrever e participar. Mais uma vez, consideremos o programa de capacitação profissional discutido anteriormente, só que, desta vez, não será possível utilizar a seleção aleatória, e qualquer indivíduo que deseje se inscrever no programa poderá fazê-lo. Em linha com o nosso exemplo anterior, esperamos encontrar diferentes tipos de pessoas: as cumpridoras, as do grupo *Nunca* e as do grupo *Sempre*.

- *Sempre*. Estes são os indivíduos que sempre se inscreverão no programa.

- *Nunca*. Estes são os indivíduos que nunca se inscreverão.

- *Cumpridores* ou *Participa se for encorajado*. Nesse contexto, qualquer indivíduo que queira se inscrever no programa poderá fazê-lo. No entanto, alguns indivíduos que estariam interessados em se inscrever, por uma variedade de razões, podem não ter informações suficientes ou o incentivo correto para fazê-lo. Aqui, os cumpridores são aqueles que *Participam se forem encorajados*: formam um grupo de indivíduos que se inscreverão no programa apenas se receberem um incentivo, um estímulo ou uma promoção adicional que os motive a fazê-lo. Sem esse estímulo adicional, os indivíduos do grupo *Participa se for encorajado* simplesmente ficariam de fora do programa.

Voltando ao exemplo da capacitação profissional, se a agência que organiza o treinamento for bem financiada e tiver capacidade suficiente para atender a demanda, poderá adotar uma política de "portas abertas" e tratar todos os desempregados que desejem participar do programa. É improvável, no entanto, que todos os desempregados tomem a iniciativa de participar do treinamento ou até mesmo que tenham conhecimento da existência do programa. Alguns desempregados podem se mostrar relutantes em se inscrever, pois sabem muito pouco sobre o conteúdo do treinamento e acham difícil obter informações adicionais. Suponhamos agora que a agência de capacitação profissional contrate um agente comunitário para percorrer a cidade e encorajar um grupo de pessoas desempregadas selecionado aleatoriamente para se inscrever no programa de capacitação profissional. Com a lista de desempregados selecionados aleatoriamente nas mãos, esse agente bate na porta dessas pessoas, descreve o programa de capacitação e oferece ajuda imediata para que se inscrevam no programa. A visita é uma forma de promoção, ou encorajamento para a participação no programa. É claro que o agente não pode obrigar ninguém a participar. Além disso, os desempregados que o agente comunitário não visitar também poderão se inscrever, embora eles tenham que comparecer à agência para fazê-lo. Dessa maneira, temos agora dois grupos de desempregados: aqueles que foram selecionados aleatoriamente para receber uma visita do agente comunitário e aqueles que não foram selecionados aleatoriamente para a visita. Se o esforço de divulgação for efetivo, a taxa de inscrição entre os desempregados que foram visitados deve ser superior à taxa entre os desempregados que não foram visitados.

Agora pensemos sobre como podemos avaliar esse programa de capacitação profissional. Não podemos simplesmente comparar os desempregados que se inscreveram àqueles que não se inscreveram, porque os desempregados que se inscreveram provavelmente são muito diferentes daqueles que não se inscreveram, tanto com respeito às variáveis observáveis quanto às não observáveis: podem ter um nível educacional maior ou menor (isso pode ser facilmente observado) e provavelmente estarão mais motivados e ansiosos para encontrar um emprego (isso é difícil de observar e de medir).

No entanto, existe alguma variação adicional que podemos explorar para encontrar um grupo de comparação válido. Considere, por um momento, se podemos comparar o grupo de pessoas que foram aleatoriamente selecionadas para receber uma visita do agente comunitário com o grupo que não foi visitado. Como os grupos de encorajados e não encorajados foram determinados aleatoriamente, ambos os grupos contêm composições idênticas de pessoas muito motivadas (*Sempre*), que se inscreverão caso o agente comunitário bata em sua porta ou não. Ambos os grupos também contêm pessoas desmotivadas (*Nunca*), que não se inscreverão no programa apesar dos esforços do agente comunitário. Por fim, se o agente for eficaz em sua tarefa de motivar as inscrições, algumas pessoas (*Participa se for encorajado*) se inscreverão no treinamento se o agente as visitar, mas não se inscreverão caso ele não o faça.

Como o agente comunitário visitou um grupo de indivíduos selecionados aleatoriamente, é possível derivar uma estimativa do LATE, conforme discutido anteriormente. A única diferença é que, em vez de *selecionar* aleatoriamente o programa, estaremos *promovendo* aleatoriamente esse mesmo programa. Desde que as pessoas do grupo *Participa se for encorajado* (que se inscrevem quando nos comunicamos com elas, mas não se inscrevem quando não as alcançamos) apareçam em número suficiente, teremos uma variação entre o grupo *com* a promoção e o grupo *sem* a promoção que nos permitirá identificar o impacto da capacitação sobre o grupo *Participa se for encorajado*. Em vez de cumprir a alocação do tratamento, esse grupo agora estará cumprindo seu papel de responder positivamente à promoção.

Para que essa estratégia funcione, desejamos que a divulgação ou a promoção sejam eficazes para aumentar substancialmente o número de inscrições entre o grupo de indivíduos do tipo *Participa se for encorajado*. Ao mesmo tempo, não queremos que as atividades de promoção sozinhas influenciem os resultados finais de interesse (como rendimentos), uma vez que, no fim das contas, estamos interessados em estimar o impacto do programa de capacitação, e não o impacto da estratégia de promoção sobre os resultados finais. Por exemplo, se os agentes comunitários oferecessem grandes quantias de dinheiro aos desempregados para que eles se inscrevessem no programa, seria difícil dizer se quaisquer mudanças posteriores observadas na renda desses desempregados foram causadas pelo treinamento ou pela própria atividade de divulgação.

A promoção aleatória é uma estratégia criativa que gera o equivalente a um grupo de comparação para fins de avaliação de impacto. Ela pode ser usada quando um programa trabalha com um sistema de inscrições livres e quando é possível organizar uma campanha de promoção dirigida a uma amostra aleatória da população de interesse. A promoção aleatória é outro exemplo de variável instrumental que nos permite estimar o impacto de forma não enviesada. Mas, novamente, da mesma maneira que a seleção aleatória com cumprimento parcial, as avaliações de impacto baseadas na promoção aleatória fornecem uma estimativa do LATE, ou seja, uma estimativa do efeito local sobre um subgrupo específico da população, o grupo do tipo *Participa se for encorajado*. Como já observamos anteriormente, essa estimativa do LATE não pode ser extrapolada diretamente para toda a população, uma vez que os grupos *Sempre* e *Nunca* são provavelmente muito diferentes do grupo *Participa se for encorajado*.

Você disse "promoção"?

A promoção aleatória visa aumentar a participação de uma subamostra da população selecionada aleatoriamente em um programa voluntário. A própria promoção pode assumir diversas formas. Por exemplo, podemos optar

Conceito-chave

A promoção aleatória é um método de variáveis instrumentais que nos permite estimar o impacto de forma não enviesada. O método fornece aleatoriamente uma promoção ou incentivo para que os indivíduos participem do programa. Essa é uma estratégia útil para avaliar programas abertos a todos que forem elegíveis.

por lançar uma campanha informativa para alcançar aqueles indivíduos que não se inscreveram por não saberem ou não compreenderem totalmente o conteúdo do programa. Como alternativa, podemos optar por fornecer incentivos à inscrição, como pequenos presentes ou prêmios ou disponibilizar meios de transporte até o local do programa.

Conforme o que se discutiu sobre o método de variáveis instrumentais de maneira mais geral, uma série de condições devem ser atendidas para que a abordagem da promoção aleatória produza uma estimativa válida do impacto do programa:

1. Os grupos de indivíduos encorajados e não encorajados devem ser semelhantes. Isto é, as médias das características dos dois grupos devem ser estatisticamente equivalentes. É possível conseguir isso por meio da alocação aleatória das atividades de divulgação ou promoção entre as unidades da amostra de avaliação.

2. A promoção em si não deve afetar diretamente os resultados de interesse. Esse é um requisito fundamental para que possamos afirmar que as mudanças nos resultados de interesse são causadas pelo próprio programa, e não pela promoção.

3. A campanha de promoção deve alterar significativamente as taxas de inscrição no grupo promovido em relação ao grupo não promovido. Geralmente, tentamos aumentar as inscrições usando o encorajamento. Isso pode ser observado ao verificarmos que as taxas de inscrição são mais elevadas no grupo que recebe a promoção do que no grupo que não a recebe.

O processo de promoção aleatória

O processo de promoção aleatória é apresentado na figura 5.3. Como nos métodos anteriores, iniciamos com a população de unidades elegíveis para o programa. Em contraste com a alocação aleatória, ao utilizarmos esse processo não somos mais capazes de escolher aleatoriamente quem receberá o programa e quem não receberá, pois sua natureza é totalmente voluntária. No entanto, dentro da população de unidades elegíveis haverá três tipos de unidades:

- *Sempre*. Aqueles que sempre desejam se inscrever no programa.

- *Participa se for encorajado*. Aqueles que se inscreverão no programa apenas quando receberem um encorajamento adicional.

- *Nunca*. Aqueles que nunca desejam se inscrever no programa, quer tenham recebido algum encorajamento ou não.

Figura 5.3   Promoção aleatória

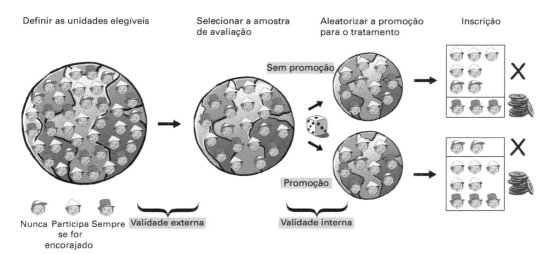

Mais uma vez, observe que fazer parte do grupo *Sempre*, do *Participa se for encorajado* ou do *Nunca* é uma característica intrínseca das unidades que não pode ser facilmente medida pela equipe de avaliação do programa, pois está relacionada a fatores como motivação, inteligência e nível de informação.

Após definir a população elegível, a próxima etapa é selecionar aleatoriamente uma amostra da população para fazer parte da avaliação. Essas são as unidades sobre as quais vamos coletar dados. Em alguns casos — por exemplo, quando tivermos dados para toda a população de unidades elegíveis —, poderemos optar por incluir toda essa população na amostra de avaliação.

Após definir a amostra de avaliação, a promoção aleatória aloca aleatoriamente a amostra de avaliação a um grupo encorajado e a um grupo não encorajado. Como estamos escolhendo aleatoriamente os membros do grupo encorajado e do grupo não encorajado, ambos compartilharão as características da amostra de avaliação como um todo, e esses traços serão equivalentes às características da população de unidades elegíveis. Portanto, o grupo encorajado e o grupo não encorajado terão características semelhantes.

Após o término da campanha de promoção, poderemos observar as taxas de inscrição em ambos os grupos. No grupo não encorajado, apenas os indivíduos do grupo *Sempre* se inscreverão. Embora saibamos quais as unidades que fazem parte do grupo *Sempre* no grupo não encorajado, não seremos capazes de distinguir os indivíduos do grupo *Nunca* e do grupo *Participa se for encorajado* nesse grupo. Por outro lado, no grupo encorajado, tanto os indivíduos do tipo *Participa se for encorajado* quanto os do tipo *Sempre* se inscreverão, enquanto os do tipo *Nunca* não se inscreverão. Dessa maneira, no grupo que recebe a promoção, seremos capazes de identificar o grupo *Nunca*, mas não seremos capazes de distinguir entre o *Participa se for encorajado* e o *Sempre*.

Estimar o impacto na presença de promoção aleatória

Imagine que, para um conjunto de 10 indivíduos por grupo, a campanha de promoção tenha elevado a taxa de inscrição de 30% no grupo não encorajado (3 *Sempre*) para 80% no grupo encorajado (3 *Sempre* e 5 *Participa se for encorajado*). Suponha que o resultado médio para todos os indivíduos do grupo não encorajado (10 indivíduos) seja 70, e que o resultado médio para todos os indivíduos do grupo encorajado (10 indivíduos) seja 110 (figura 5.4). Qual seria, então, o impacto do programa?

Primeiramente, calculemos a diferença direta entre os resultados dos grupos de encorajados e não encorajados, que é de 40 (110 menos 70). Sabemos que nenhuma parcela dessa diferença de 40 é proveniente dos indivíduos do tipo *Nunca*, pois eles não se inscreveram em nenhum dos grupos. Sabemos também que nenhuma parcela dessa diferença de 40 provém do grupo *Sempre*, pois eles se inscreveram em ambos os grupos. Dessa maneira, toda a diferença de 40 deve ter se originado do grupo *Participa se for encorajado*.

Figura 5.4   Estimar o efeito médio local do tratamento na presença de promoção aleatória

	Grupo encorajado	Grupo não encorajado	Impacto
	% de inscritos = 80% Média *Y* para o grupo encorajado = 110	% de inscritos = 30% Média *Y* para o grupo não encorajado = 70	Δ% de inscritos = 50% Δ*Y* = 40 Impacto da estimativa do LATE = 40/50% = 80
Nunca			—
Participa se for encorajado			
Sempre			—

Observação: Δ = impacto causal; *Y* = resultado. Os indivíduos que aparecem contra o fundo sombreado são aqueles que se inscreverão.

A segunda etapa é obter a estimativa do LATE do programa para o grupo *Participa se for encorajado*. Sabemos que a diferença total de 40 observada entre os grupos de encorajados e não encorajados pode ser atribuída ao grupo *Participa se for encorajado*, que constitui apenas 50% da população. Para avaliar o efeito médio do programa para um cumpridor, dividimos 40 pelo percentual do grupo *Participa se for encorajado* na população. Embora não possamos identificar diretamente os indivíduos do grupo *Participa se for encorajado*, podemos deduzir qual deve ser sua porcentagem na população: é a diferença entre as taxas de inscrição dos grupos encorajado e não encorajado (50%, ou 0,5). Portanto, a estimativa do efeito médio local do tratamento do programa para o grupo *Participa se for encorajado* é igual a 40/0,5 = 80.

Considerando que a promoção é alocada aleatoriamente, os grupos encorajado e não encorajado têm características iguais. Assim, as diferenças observadas entre os resultados médios dos dois grupos devem ser causadas pelo fato de que, no grupo que recebeu a promoção, os indivíduos do grupo *Participa se for encorajado* se inscrevem, enquanto que, no grupo que não recebeu a promoção, esses indivíduos não se inscrevem. Mais uma vez, não devemos extrapolar diretamente os impactos estimados para o grupo *Participa se for encorajado* a outros grupos, uma vez que esses impactos provavelmente são muito diferentes daqueles observados nos grupos *Nunca* e *Sempre*. O boxe 5.3 apresenta um exemplo de promoção aleatória para um projeto na Bolívia.

Boxe 5.3: Promoção aleatória de investimentos em infraestrutura educacional na Bolívia

Em 1991, a Bolívia institucionalizou e ampliou o bem-sucedido Fundo de Investimento Social (SIF), que proporcionava financiamento a comunidades rurais para que realizassem pequenos investimentos em infraestrutura nos setores de educação, saúde e fornecimento de água. O Banco Mundial, que estava ajudando a financiar o SIF, elaborou uma avaliação de impacto que foi incorporada ao projeto do programa.

Como parte da avaliação de impacto do componente educacional, as comunidades da região do Chaco foram selecionadas aleatoriamente para a promoção ativa da intervenção do SIF e receberam visitas e estímulo adicionais por parte do pessoal do programa para se candidatar. O programa estava aberto a todas as comunidades elegíveis da região e era orientado pela demanda, uma vez que as comunidades tinham que solicitar financiamento para projetos específicos. Nem todas as comunidades se inscreveram no programa, mas a aceitação foi maior entre as comunidades incentivadas.

(continua)

Boxe 5.3: Promoção aleatória de investimentos em infraestrutura educacional na Bolívia *(continuação)*

Newman e outros (2002) utilizaram a promoção aleatória como variável instrumental. Eles encontraram que os investimentos em educação foram capazes de melhorar as medidas de qualidade da infraestrutura escolar, como eletricidade, instalações de saneamento, livros didáticos por aluno e a proporção aluno-professor. No entanto, detectaram pouco impacto nos resultados educacionais, com exceção de uma diminuição de aproximadamente 2,5% na taxa de evasão escolar. Como resultado desses achados, atualmente o Ministério da Educação da Bolívia e o SIF concentram mais atenção e recursos no "software" da educação, financiando melhorias na infraestrutura física somente quando elas fazem parte de uma intervenção integrada.

Fonte: Newman e outros 2002.

 Avaliar o impacto do HISP: promoção aleatória

Tentaremos agora usar o método de promoção aleatória para avaliar o impacto do Programa de Subsídio ao Seguro Saúde (HISP). Suponha que o Ministério da Saúde tome a decisão de disponibilizar imediatamente o subsídio para o seguro saúde a qualquer família que queira se inscrever. Você observa que esse cenário é diferente daquele relacionado ao caso de seleção aleatória que analisamos até agora. No entanto, você sabe que, realisticamente, essa ampliação nacional será incremental ao longo do tempo. Por isso, você fecha um acordo para tentar acelerar a inscrição em um subconjunto aleatório de povoados por meio de uma campanha de divulgação. Em uma subamostra aleatória de povoados, você realiza um esforço de promoção intensivo do programa que inclui iniciativas de comunicação e marketing social com o objetivo de aumentar a conscientização sobre o HISP. As atividades de promoção são cuidadosamente elaboradas para evitar conteúdos que possam inadvertidamente estimular mudanças em outros comportamentos relacionados à saúde, pois isso invalidaria a promoção como uma variável instrumental. Em vez disso, a promoção concentra-se exclusivamente no aumento das inscrições no HISP. Depois de dois anos de promoção e implementação do programa, você descobre que 49,2% das famílias que foram alocadas aleatoriamente para a promoção se inscreveram no programa, enquanto apenas 8,4% das famílias dos povoados não encorajados se inscreveram na iniciativa (quadro 5.1).

Quadro 5.1 Avaliar o HISP: comparação de médias da promoção aleatória

	Povoados encorajados	Povoados não encorajados	Diferença	Estatística *t*
Despesas das famílias com saúde na linha de base (em US$)	17,19	17,24	−0,05	−0,47
Despesas das famílias com saúde no período de acompanha- mento (em US$)	14,97	18,85	−3,87	−16,43
Taxa de inscrição no HISP	49,20%	8,42%	40,78%	49,85

Observação: nível de significância: ** = 1%.

Como os povoados que recebem e não recebem a promoção foram selecionados ao acaso, você sabe que as características médias dos dois grupos devem ser as mesmas na ausência da promoção. Você pode verificar essa suposição comparando os gastos com saúde da linha de base (bem como quaisquer outras características) das duas populações. Após dois anos de implementação do programa, você observa que o gasto médio com saúde nos povoados incentivados é de US$ 14,97, comparado a US$ 18,85 das áreas não incentivadas (uma diferença de US$ 3,87). No entanto, como a única diferença entre os povoados encorajados e não encorajados é o fato de a inscrição no programa ser maior nos povoados encorajados (graças à promoção), essa diferença de US$ 3,87 nas despesas com saúde provavelmente se deve ao percentual adicional de 40,78% das famílias que se inscreveram nos povoados encorajados devido à promoção. Portanto, precisamos ajustar a diferença nos gastos com saúde para podermos encontrar o impacto do programa sobre o grupo *Participa se for encorajado*. Para fazer isso, dividimos a estimativa da intenção de tratar — isto é, a diferença direta entre os grupos encorajado e não encorajado — pela porcentagem do grupo *Participa se for encorajado*: −3,87/0,4078 = −US$ 9,49. Seu colega, um econometrista que sugere a utilização da promoção aleatória como uma variável instrumental, estima o impacto do programa por meio de um procedimento de mínimos quadrados em dois estágios (consulte o complemento técnico on-line em http://www.worldbank.org/einpractice para obter mais detalhes sobre a abordagem econométrica para estimar impactos com VI). Ele encontra os resultados mostrados no quadro 5.2. Esse impacto estimado é válido para as famílias que se inscreveram no

Quadro 5.2 Avaliar o HISP: promoção aleatória com análise de regressão

	Regressão linear	Regressão linear multivariada
Impacto estimado sobre os gastos com saúde das famílias (em US$)	−9,50** (0,52)	−9,74** (0,46)

Observação: os erros padrão estão entre parênteses. Nível de significância: ** = 1%.

programa devido à promoção e que, de outra forma, não teriam se inscrito: em outras palavras, para o grupo *Participa se for encorajado.*

 Perguntas 4 sobre o HISP

A. Quais são as condições-chave necessárias para aceitar os resultados da avaliação na presença de promoção aleatória do HISP?

B. Com base nesses resultados, o HISP deve ser ampliado para todo o país?

Limitações do método de promoção aleatória

A promoção aleatória é uma estratégia útil para avaliar o impacto de programas com adesão voluntária e programas com elegibilidade universal, especialmente porque não exige a exclusão de quaisquer unidades elegíveis. No entanto, a abordagem tem algumas limitações dignas de nota em comparação à seleção aleatória para o grupo de tratamento.

Em primeiro lugar, a estratégia de promoção deve ser efetiva. Se a campanha de promoção não aumentar a taxa de inscrição, não aparecerá nenhuma diferença entre os grupos encorajado e não encorajado e não haverá nada para comparar. Portanto, é crucial elaborar cuidadosamente e testar extensivamente a campanha de promoção para garantir que ela seja efetiva. O lado positivo é que o projeto da campanha de promoção pode ajudar os gestores de programas, pois os ensinaria como aumentar o número de inscrições após a conclusão do período de avaliação.

Em segundo lugar, o método de promoção aleatória estima o impacto do programa apenas para um subconjunto da população de unidades elegíveis (um LATE). Mais especificamente, o impacto médio local do programa é estimado a partir do grupo de indivíduos que se inscreveu na iniciativa apenas quando encorajados a fazê-lo. No entanto, os indivíduos desse grupo podem ter características muito diferentes daquelas dos indivíduos que sempre ou nunca se inscrevem. Portanto, o efeito médio do tratamento para toda a população pode ser diferente do efeito médio do tratamento estimado para os indivíduos que participam somente quando encorajados. Uma avaliação da promoção aleatória não estimará os impactos para o grupo de indivíduos que se inscreverem no programa sem nenhum incentivo. Em alguns contextos, esse grupo (o *Sempre*) pode ser precisamente o grupo que o programa visava beneficiar. Nesse contexto, o tipo de projeto que prevê a utilização da promoção aleatória lançará luz sobre os impactos esperados para novas populações que se inscreveriam caso fossem submetidas a um encorajamento adicional, mas não sobre os impactos para a população que já se inscreveu por conta própria.

Lista de verificação: promoção aleatória como uma variável instrumental

A promoção aleatória levará a estimativas válidas do contrafactual se a campanha de promoção aumentar substancialmente a aceitação do programa sem afetar diretamente os resultados de interesse.

✓ As características de linha de base estão equilibradas entre as unidades que receberam a campanha de promoção e aquelas que não a receberam? Compare as características de linha de base dos dois grupos.

✓ A campanha de promoção afeta substancialmente a aceitação do programa? Deveria afetar. Compare as taxas de aceitação do programa nas subamostras encorajadas e não encorajadas.

✓ A campanha de promoção afeta diretamente os resultados? Não deveria. Em geral, essa relação não pode ser testada diretamente e, por isso, você precisa confiar na teoria, no bom senso e no conhecimento aprofundado sobre a definição da avaliação de impacto para se orientar nesse caso.

Recursos adicionais

- Para acessar os materiais complementares a este capítulo e hiperlinks com recursos adicionais, ver o site Avaliação de Impacto na Prática (http://www.worldbank.org/ieinpractice).
- Para acessar recursos adicionais sobre o método de variáveis instrumentais, ver o Portal do Banco Interamericano de Desenvolvimento (http://www.iadb.org/evaluationhub).

Notas

1. Na área das ciências médicas, os pacientes do grupo de comparação normalmente recebem um placebo, isto é, uma pílula de açúcar que não deve ter nenhum efeito sobre o resultado pretendido. Isso é feito para ampliar ainda mais o controle sobre o *efeito placebo*, ou seja, sobre as potenciais mudanças de comportamento e resultados que poderiam ocorrer simplesmente a partir do ato de receber um tratamento, mesmo que o tratamento em si seja ineficaz.

2. Estas duas etapas correspondem à técnica econométrica de mínimos quadrados em dois estágios, que produz uma estimativa do efeito médio local do tratamento.

Referências

Angrist, Joshua, Eric Bettinger, Erik Bloom, Elizabeth King e Michael Kremer. 2002. "Vouchers for Private Schooling in Colombia: Evidence from a Randomized Natural Experiment." *American Economic Review* 92 (5): 1535–58.

Kearney, Melissa S. e Philip B. Levine. 2015. "Early Childhood Education by MOOC: Lessons from *Sesame Street.*" Working Paper 21229, National Bureau of Economic Research, Cambridge, MA.

Newman, John, Menno Pradhan, Laura B. Rawlings, Geert Ridder, Ramiro Coa e Jose Luis Evia. 2002. "An Impact Evaluation of Education, Health, and Water Supply Investments by the Bolivian Social Investment Fund." *World Bank Economic Review* 16 (2): 241–74.

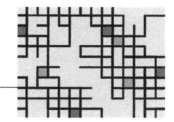

CAPÍTULO 6

Método de regressão descontínua

Avaliação de programas que usam índice de elegibilidade

Os programas sociais muitas vezes usam um índice para decidir quem é elegível para se inscrever no programa e quem não é. Por exemplo, os programas de combate à pobreza geralmente são direcionados a famílias pobres, que são identificadas por uma pontuação ou um índice de pobreza. O índice de pobreza pode se basear em uma fórmula que mede um conjunto de bens e atua como estimativa da renda (como salário, nível de consumo ou poder de compra).[1] As famílias com índice baixo são classificadas como pobres e as famílias com índice mais elevado são consideradas relativamente prósperas. Os programas de combate à pobreza geralmente determinam um limiar ou ponto de corte abaixo do qual as famílias são consideradas pobres e tornam-se elegíveis para essas iniciativas. O sistema colombiano de seleção de beneficiários para programas sociais é um exemplo (ver o boxe 6.1). As notas obtidas por estudantes em testes são outro exemplo (ver o boxe 6.3). A admissão em uma faculdade pode ser concedida aos estudantes que apresentarem o melhor desempenho em um teste padronizado, cujos resultados serão ordenados a partir do desempenho mais baixo até o mais elevado. Se o número de vagas for limitado, apenas os alunos que pontuarem acima de um

Boxe 6.1: Uso do método de regressão descontínua para avaliar o impacto da redução das mensalidades sobre as taxas de matrícula escolar na Colômbia

Barrera-Osorio, Linden e Urquiola (2007) usaram o método de regressão descontínua (RDD) para avaliar o impacto de um programa de redução de mensalidades na Colômbia (Gratuitad) sobre as taxas de matrícula na cidade de Bogotá. O programa é focalizado de acordo com um indicador denominado SISBEN, um índice contínuo de pobreza cujo valor é determinado pelas características da família, tais como o local de moradia, os materiais utilizados na construção do domicílio, os serviços disponíveis no local de residência, o perfil demográfico, as condições de saúde, o nível educacional, a renda e a ocupação de cada membro da família. O governo estabeleceu dois pontos de corte ao longo do índice SISBEN: as crianças de famílias com pontuações abaixo do ponto de corte nº 1 são elegíveis para receber educação gratuita da 1ª à 11ª séries; as crianças de famílias com escores situados entre o ponto de corte nº 1 e nº 2 são elegíveis para receber um subsídio de 50% nas mensalidades da 10ª e da 11ª séries; e as crianças de famílias com pontuações acima do ponto de corte nº 2 não são elegíveis para receber educação gratuita ou subsídios.

Os autores usaram um RDD por quatro motivos. Em primeiro lugar, as características das famílias, tais como a renda ou o nível educacional do chefe de família, são contínuas ao longo do índice SISBEN na linha de base (o início do programa). Em outras palavras, não há "saltos" nas características ao longo do indicador SISBEN. Em segundo lugar, as famílias de ambos os lados do ponto de corte têm características semelhantes, o que produz um grupo de comparação crível. Em terceiro lugar, uma grande amostra de famílias estava disponível. Por fim, o governo manteve sob sigilo a fórmula usada para calcular o índice SISBEN, de modo que as pontuações ficassem protegidas de qualquer manipulação.

Usando o RDD, os pesquisadores descobriram que o programa teve um impacto positivo significativo sobre as taxas de matrícula escolar. Especificamente, a taxa de matrícula foi 3 pontos percentuais maior para os alunos do ensino fundamental cujas famílias ficaram abaixo da nota de corte nº 1 e 6 pontos percentuais mais elevada para os alunos do ensino médio cujas famílias se situaram entre as notas de corte nº 1 e nº 2. Esse estudo fornece evidências sobre os benefícios da redução dos custos diretos da escola, especialmente para os estudantes em situação de risco. No entanto, seus autores também ressaltam a necessidade de mais pesquisas sobre a elasticidade-preço para orientar melhor a elaboração de programas de subsídios como esse.

Fonte: Barrera-Osorio, Linden e Urquiola 2007.

determinado limiar (como os 10% melhores) serão admitidos à faculdade. Em ambos os exemplos, há um índice contínuo de elegibilidade (índice de pobreza e nota no teste, respectivamente) que permite classificar a população de interesse, bem como um limiar ou ponto de corte que determina quem é elegível e quem não é.

O *método de regressão descontínua* (RDD, do inglês *regression disconti-nuity design*) é um método de avaliação de impacto que pode ser usado em programas que têm um índice contínuo de elegibilidade com um critério de elegibilidade claramente definido (ponto de corte) para determinar quem é elegível e quem não é. Para aplicar o método de regressão descontínua, as seguintes condições principais devem ser atendidas:

1. O índice deve ordenar as pessoas ou unidades de forma contínua ou "suave". Índices como indicadores de pobreza, notas de testes ou idade apresentam diversos valores que podem ser ordenados de maneira crescente, do menor para o maior e, portanto, podem ser considerados suaves. Em contraste, as variáveis que apresentam categorias discretas, que comportam apenas alguns valores possíveis ou que não podem ser ordenadas não são consideradas suaves. Exemplos dessa última categoria de variáveis incluem a situação trabalhista (empregado ou desempregado), o nível educacional (ensino fundamental, ensino médio, grau universitário ou pós-graduação), a posse de carro (sim ou não) ou o país de nascimento.

2. O índice deve ter um ponto de corte claramente definido, isto é, um ponto no índice acima ou abaixo do qual a população é classificada como elegível para o programa. Por exemplo, as famílias que apresentarem um índice de pobreza inferior a 50 em uma escala que vai até 100 poderão ser classificadas como pobres, os indivíduos com 67 anos de idade ou mais velhos poderão ser classificados como elegíveis para o recebimento de pensão e os alunos que obtiverem nota 90 ou mais (em uma escala que vai até 100) em um teste poderão ser elegíveis para receber uma bolsa de estudos. Os pontos de corte desses exemplos são 50, 67 e 90, respectivamente.

3. O ponto de corte deve ser exclusivo do programa de interesse. Ou seja, nenhum outro programa além daquele a ser avaliado deverá utilizar o mesmo ponto de corte. Por exemplo, se um índice de pobreza abaixo de 50 qualificar uma família para receber benefícios como transferência de renda, seguro de saúde e transporte público gratuito, não poderíamos usar o RDD para estimar o impacto do programa de transferência de renda em si.

4. A pontuação de um determinado indivíduo ou unidade não pode ser manipulada por recenseadores, beneficiários potenciais, gestores de programas ou políticos.

O RDD estima o impacto no entorno do critério de elegibilidade como a diferença entre o resultado médio das unidades participantes do tratamento, que estão no lado tratado do ponto de corte, e o resultado médio das unidades do lado não tratado (comparação) do ponto de corte.

Consideremos um programa agrícola que vise melhorar a produção total de arroz mediante subsídios à compra de fertilizantes pelos agricultores. O programa destina-se a pequenas e médias propriedades rurais, definidas como propriedades com menos de 50 hectares. Antes do início do programa, poderíamos esperar que as propriedades agrícolas menores registrassem uma produção mais baixa do que aquelas de maior dimensão, como é mostrado na figura 6.1, que calcula o tamanho das propriedades e a produção de arroz. Neste caso, o critério de elegibilidade é o número de hectares da propriedade, e o ponto de corte são 50 hectares. As regras do programa estabelecem que as propriedades situadas abaixo do ponto de corte de 50 hectares são elegíveis para receber os subsídios para a compra de fertilizantes e que as propriedades com 50 hectares ou mais não são. Neste caso, podemos esperar que várias propriedades com 48, 49 ou mesmo 49,9 hectares participarão do programa. Outro grupo de propriedades, com 50, 50,1 e 50,2 hectares, não participará do programa por ter ficado do lado inelegível do ponto de corte. O grupo de propriedades com 49,9 hectares provavelmente é muito semelhante ao grupo de propriedades com 50,1 hectares em todos os aspectos, exceto que um grupo receberá o subsídio para a compra de

Figura 6.1 Produção de arroz, propriedades menores versus propriedades maiores (linha de base)

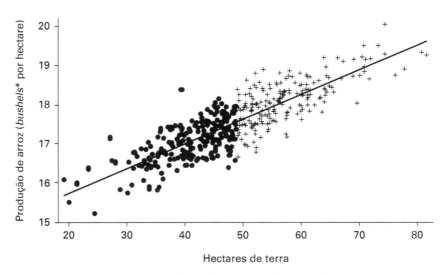

+ = produção das propriedades > 50 hectares

• = produção das propriedades < 50 hectares

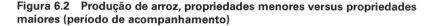

Figura 6.2 Produção de arroz, propriedades menores versus propriedades maiores (período de acompanhamento)

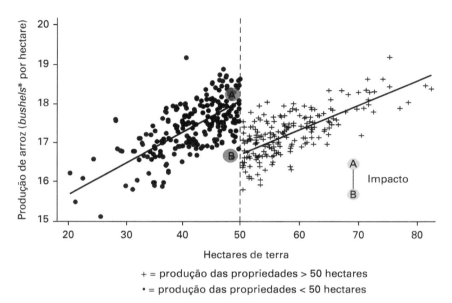

+ = produção das propriedades > 50 hectares
• = produção das propriedades < 50 hectares

* Bushel é uma medida usada para cerais que, nos Estados Unidos, corresponde a 35,238 litros.

fertilizantes e o outro, não. À medida que nos afastamos do ponto de corte de elegibilidade, as propriedades elegíveis e inelegíveis podem diferir mais. Mas o tamanho da propriedade é uma boa medida para mensurar suas diferenças, o que nos permite controlar muitas delas.

Após o programa ser implementado e começar a subsidiar o custo do fertilizante para pequenas e médias propriedades rurais, a avaliação de impacto poderia usar um RDD para avaliar o impacto da iniciativa (figura 6.2). O RDD calcula o impacto como a diferença entre os resultados, como a produção total de arroz, das unidades situadas em ambos os lados do ponto de corte de elegibilidade, que no nosso exemplo é um tamanho de propriedade de 50 hectares. As propriedades que eram muito grandes para se inscrever no programa constituem o grupo de comparação e geram uma estimativa do resultado contrafactual para aquelas propriedades do grupo de tratamento que eram pequenas o suficiente para se inscrever na iniciativa. Como esses dois grupos de propriedades rurais eram muito semelhantes no início do estudo (ou na linha de base) e estão expostos ao mesmo conjunto de fatores externos ao longo do tempo (tais como clima, oscilações de preços e políticas agrícolas locais e nacionais), a única razão plausível para a obtenção de resultados diferentes deve ser o próprio programa.

Como o grupo de comparação também é formado por propriedades situadas pouco acima do ponto de corte de elegibilidade, o impacto calculado por um RDD é válido apenas localmente — ou seja, em torno do ponto de corte de elegibilidade. Dessa maneira, obtemos uma estimativa de um efeito médio local de tratamento (LATE) (ver o capítulo 5). O impacto do programa de subsídios para a compra de fertilizantes é válido para as maiores propriedades de tamanho médio, ou seja, aquelas com pouco menos de 50 hectares de terra. A avaliação de impacto não será, necessariamente, capaz de identificar diretamente o impacto do programa para as propriedades menores — digamos, aquelas com 10 ou 20 hectares de terra —, nas quais os efeitos de um subsídio para a compra de fertilizantes podem diferir significativamente daqueles observados nas propriedades de porte médio, com 48 ou 49 hectares. Uma vantagem do RDD é que, após as regras de elegibilidade do programa serem aplicadas, nenhuma unidade elegível precisa ser deixada sem tratamento em nome da realização da avaliação de impacto. A desvantagem é que o impacto para as observações situadas longe da linha de corte não será conhecido. O boxe 6.2 apresenta um exemplo do uso do RDD para avaliar um programa de seguridade social na Jamaica.

Boxe 6.2: Redes de seguridade social baseadas em um índice de pobreza na Jamaica

O método de regressão descontínua (RDD) foi utilizado para avaliar o impacto de uma iniciativa de seguridade social na Jamaica. Em 2001, o governo do país lançou o Programa de Avanço por meio da Saúde e da Educação (PATH, sigla em inglês) para aumentar os investimentos em capital humano e melhorar a focalização de benefícios sociais para os pobres. O programa fornecia repasses de recursos nas áreas de saúde e educação para crianças de famílias pobres elegíveis, condicionados à frequência escolar e a visitas regulares aos postos de saúde. O benefício mensal médio para cada criança era de aproximadamente US$ 6,50, além de uma isenção governamental de certas taxas relacionadas a saúde e educação.

Como a elegibilidade ao programa foi determinada por uma fórmula baseada em pontos, Levy e Ohls (2010) conseguiram comparar as famílias situadas pouco abaixo do ponto de corte de elegibilidade com as famílias situadas pouco acima (entre 2 e 15 pontos do ponto de corte). Os pesquisadores justificaram a utilização do RDD com dados de linha de base, mostrando que as famílias dos grupos de tratamento e de comparação apresentavam níveis de pobreza semelhantes, conforme medido pela pontuação do índice de condições de vida, e níveis de motivação também similares, pois todas as famílias da amostra tinham se inscrito no programa. Os pesquisadores também usaram a pontuação do

(continua)

Método de regressão descontínua *fuzzy*

Após termos verificado que não há evidências de manipulação no índice de elegibilidade, ainda poderemos enfrentar um desafio se as unidades não respeitarem sua alocação ao grupo de tratamento ou ao de comparação. Em outras palavras, algumas unidades que estão qualificadas para receber o programa com base em seu índice de elegibilidade podem optar por não participar, enquanto outras unidades que não estão qualificadas para receber o programa, também com base em seu índice de elegibilidade, podem encontrar uma maneira de participar da iniciativa. Quando todas as unidades cumprem com a alocação que lhes foi atribuída com base em seu índice de elegibilidade, dizemos que a regressão descontínua é *sharp*, enquanto que, se houver descumprimento em qualquer um dos lados do ponto de corte, dizemos que ela é *fuzzy* (figura 6.3). Se a regressão descontínua for *fuzzy*, poderemos usar a abordagem da variável instrumental para corrigir o descumprimento (ver o capítulo 5). Lembre-se que, no caso da seleção aleatória com descumprimento, usamos a seleção aleatória como a variável instrumental para nos ajudar a corrigir o descumprimento. No caso do RDD, podemos usar a seleção original com base no índice de elegibilidade como a variável instrumental. No entanto, fazer isso tem um inconveniente: nossa estimativa do impacto do RDD instrumental será mais localizada — no sentido de que ela não será mais válida para todas as observações próximas do

Figura 6.3 Cumprimento com seleção

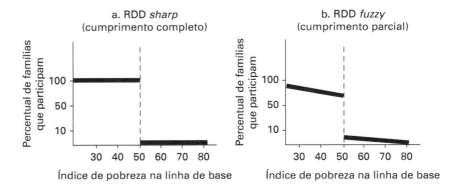

ponto de corte, mas, em vez disso, representará o impacto para o subgrupo da população que está situado próximo ao ponto de corte e que participa do programa apenas devido aos critérios de elegibilidade.

Como verificar a validade do método de regressão descontínua

Para que um RDD produza uma estimativa do LATE não enviesada no ponto de corte, é importante que o índice de elegibilidade não seja manipulado em torno do ponto de corte de modo que um indivíduo possa alterar seu status de membro do grupo de tratamento para membro do grupo de comparação ou vice-versa.[2] A manipulação dos critérios de elegibilidade pode assumir muitas formas. Por exemplo, os recenseadores que coletam os dados utilizados para calcular a pontuação de elegibilidade podem alterar uma ou duas respostas dos entrevistados. Ou os entrevistados podem mentir propositalmente para os recenseadores se acreditarem que essa atitude os qualificará para o programa. Além disso, a manipulação das pontuações pode piorar com o passar do tempo, pois os recenseadores, os entrevistados e os políticos já terão aprendido as "regras do jogo". No exemplo do subsídio para a compra de fertilizantes, a manipulação em torno do ponto de corte poderia ocorrer caso os proprietários de terras pudessem alterar as escrituras de suas propriedades ou reportar incorretamente o tamanho de seus lotes. Ou um agricultor com 50,3 hectares de terra poderia encontrar uma maneira de vender meio hectare para se qualificar para o programa caso considere que os benefícios esperados do subsídio para a compra de fertilizantes valem a pena.

Um indicador de manipulação é ilustrado pela figura 6.4. O painel a mostra a distribuição dos domicílios de acordo com seu índice de elegibilidade

Avaliação de Impacto na Prática

Figura 6.4 Manipulação do índice de elegibilidade

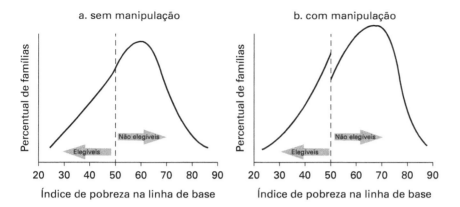

a. sem manipulação

b. com manipulação

Boxe 6.3: O efeito da divisão dos estudantes de acordo com as notas sobre o desempenho escolar no Quênia

Para avaliar se a alocação de alunos às salas de aula com base em seu desempenho melhora os resultados educacionais, Duflo, Dupas e Kremer (2011) realizaram um experimento com 121 escolas primárias do oeste do Quênia. Em metade das escolas, os alunos foram divididos aleatoriamente em dois tipos diferentes de salas de aula. Na outra metade das escolas, os alunos foram alocados ou para um tipo de alto desempenho ou para um tipo de baixo desempenho com base em seus resultados nos testes iniciais. Para fazer essa divisão, as notas dos estudantes foram utilizadas como critério de seleção.

O método de regressão descontínua (RDD) permitiu aos pesquisadores testar se a composição dos alunos dentro das salas de aula afetou diretamente os resultados nos testes. Compararam as notas finais dos alunos posicionados bem próximos ao ponto de corte para verificar se aqueles alocados às turmas de alto desempenho se saíam

melhor do que aqueles alocados às turmas de baixo desempenho.

Em média, as notas finais nos testes realizados pelas escolas que alocaram seus alunos a turmas de acordo com seu desempenho registraram um desvio-padrão 0,14 maior do que o das escolas que não usaram esse método e, em vez disso, utilizaram a alocação aleatória para criar grupos equivalentes de alunos. Esses resultados não foram influenciados apenas pelos alunos das turmas de alto desempenho, pois os alunos das turmas de baixo desempenho também apresentaram melhora nos resultados dos testes. Para os estudantes situados à direita da nota de corte, os pesquisadores descobriram que não houve diferença significativa nas notas dos testes finais. Esses resultados rejeitam a hipótese de que os estudantes se beneficiam diretamente da presença de colegas de classe com melhor desempenho.

Fonte: Duflo, Dupas e Kremer 2011.

(calculado com os dados da linha de base) quando não há manipulação. A densidade de domicílios situados em torno do ponto de corte (50) é contínua (ou suave). O painel b mostra uma situação diferente: um número maior de famílias parece estar "concentrado" logo abaixo do ponto de corte, enquanto uma quantidade relativamente pequena de famílias pode ser encontrada logo acima do ponto de corte. Como não há uma razão *a priori* para acreditarmos que deveria haver uma grande alteração no número de domicílios em torno do ponto de corte, a ocorrência dessa mudança na distribuição em torno desse ponto é evidência de que, de alguma maneira, as famílias podem estar manipulando suas pontuações para obter acesso ao programa. Um segundo teste para detectar a manipulação plota o índice de

⚕ Avaliar o impacto do HISP: método de regressão descontínua

Agora, consideremos como o método de regressão descontínua pode ser aplicado ao nosso Programa de Subsídio ao Seguro Saúde (HISP). Depois de realizar mais algumas investigações sobre o projeto do HISP, você descobre que, além de selecionar aleatoriamente os povoados que serão submetidos ao tratamento, as autoridades direcionaram o programa para famílias de baixa renda utilizando a linha de pobreza nacional. A linha de pobreza se baseia em um índice de pobreza que atribui a cada família do país uma pontuação entre 20 e 100 com base em seus ativos, condições habitacionais e estrutura sociodemográfica. A linha de pobreza foi oficialmente fixada em 58. Isso significa que todas as famílias com uma pontuação de 58 ou menor são classificadas como pobres, e todas as famílias com uma pontuação superior a 58 são consideradas não pobres. Mesmo nos povoados de tratamento, apenas as famílias pobres são elegíveis para se inscrever no HISP. Seu conjunto de dados inclui informações sobre as famílias pobres e não pobres dos povoados de tratamento.

Antes de calcular as estimativas segundo o método de regressão descontínua, você decide verificar se há alguma evidência de manipulação no índice de elegibilidade. Como primeira etapa, verifica se a densidade do índice de elegibilidade gera alguma preocupação relacionada à manipulação desse indicador. Plota a porcentagem de famílias para cada ponto do índice de pobreza da linha de base (figura 6.5).[3] O gráfico não indica qualquer "concentração" de famílias abaixo do ponto de corte de 58.

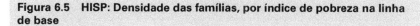
Figura 6.5 HISP: Densidade das famílias, por índice de pobreza na linha de base

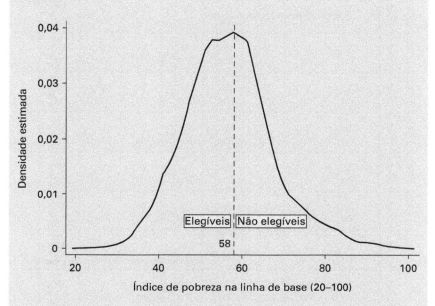

Índice de pobreza na linha de base (20–100)

Em seguida, você verifica se as famílias respeitaram sua alocação aos grupos de tratamento e de comparação com base na respectiva pontuação de elegibilidade. Você plota a participação no programa em relação ao índice de pobreza da linha de base (figura 6.6) e descobre que, dois anos após o início do programa-piloto, apenas as famílias que apresentavam uma pontuação de 58 ou menor (isto é, aquelas que ficavam à esquerda da linha de pobreza) puderam se inscrever no HISP. Além disso, todas as famílias elegíveis se inscreveram no HISP. Em outras palavras, você detecta um cumprimento pleno e uma regressão descontínua *sharp*.

Agora, você prossegue à aplicação do RDD para calcular o impacto do programa. Usando dados de acompanhamento, plota novamente a relação entre as pontuações no índice de pobreza e os gastos previstos com saúde e encontra a relação ilustrada na figura 6.7. Na relação entre o índice de pobreza e os gastos previstos com saúde, você detecta uma clara ruptura, ou descontinuidade, na linha de pobreza (58).

A descontinuidade reflete uma diminuição nos gastos com saúde das famílias elegíveis para receber o programa. Considerando que as famílias de ambos os lados do ponto de corte de 58 são muito semelhantes, a explicação plausível para a diferença no nível de despesas com saúde é

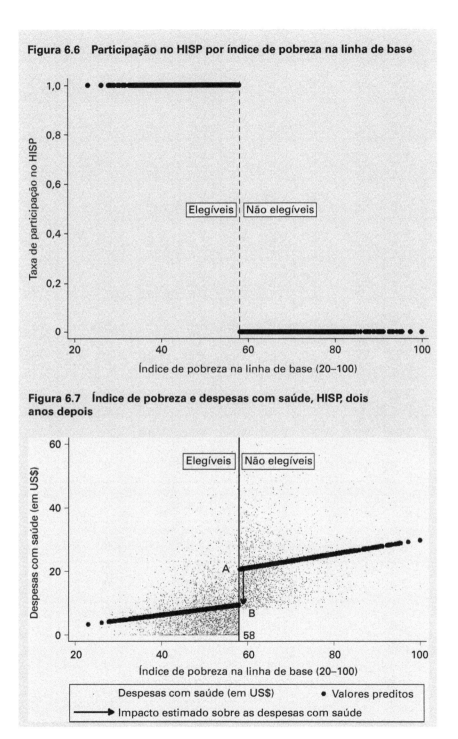

Figura 6.6 Participação no HISP por índice de pobreza na linha de base

Taxa de participação no HISP

Índice de pobreza na linha de base (20–100)

Elegíveis Não elegíveis

Figura 6.7 Índice de pobreza e despesas com saúde, HISP, dois anos depois

Despesas com saúde (em US$)

Elegíveis Não elegíveis

Índice de pobreza na linha de base (20–100)

Despesas com saúde (em US$)   • Valores preditos

Impacto estimado sobre as despesas com saúde

Avaliação de Impacto na Prática

elegibilidade e a variável do resultado na linha de base e verifica se não há descontinuidade ou "saltos" à direita do ponto de corte.

Limitações e interpretação do método de regressão descontínua

O método de regressão descontínua fornece estimativas do efeito médio local de tratamento (LATE) em torno do critério de elegibilidade no ponto em que as unidades de tratamento e de comparação são mais semelhantes. Quanto mais perto do ponto de corte chegarmos, mais semelhantes serão as unidades de ambos os lados. Na verdade, quando nos aproximamos muito do ponto de corte, as unidades de ambos os lados do corte são tão semelhantes que a comparação será tão boa quanto se tivéssemos escolhido os grupos de tratamento e de comparação usando seleção aleatória para o tratamento.

Como o RDD estima o impacto do programa em torno do ponto de corte, ou seja, *localmente*, a estimativa não pode ser, necessariamente, generalizada para unidades cujas pontuações estão mais afastadas do ponto de corte, isto é, nas regiões em que os indivíduos elegíveis e não elegíveis podem não ser tão semelhantes. O fato de o RDD não ser capaz de fornecer uma estimativa do efeito médio do tratamento para todos os participantes do programa pode ser visto como uma vantagem e uma limitação do método, dependendo da pergunta de avaliação de interesse. Se a avaliação pretender, principalmente, responder à pergunta: o programa deve existir ou não?, o efeito médio do tratamento para toda a população elegível pode ser o parâmetro mais relevante, e, claramente, o RDD ficará aquém de ser perfeito. No entanto, se a pergunta de interesse for: o programa deve ser reduzido ou expandido na margem? — ou seja, para os (potenciais) beneficiários em torno do ponto de corte —, o RDD produzirá precisamente a estimativa local de interesse para orientar essa importante decisão de política pública.

Conforme mencionado, pode ocorrer uma complicação adicional quando o cumprimento em ambos os lados do ponto de corte for imperfeito. Essa regressão descontínua *fuzzy* ocorre quando as unidades que não são elegíveis com base em sua pontuação no índice conseguem, no entanto, obter acesso ao programa, ou quando as unidades que são elegíveis com base em sua pontuação no índice optam por não participar do programa. Nesse caso, podemos usar uma metodologia de variável instrumental semelhante à descrita no capítulo 5: a localização de unidades acima ou abaixo do ponto de corte será usada como variável instrumental para a participação observada no programa. Como foi o caso nos exemplos discutidos no capítulo 5, essa decisão tem um inconveniente: conseguiremos estimar o impacto apenas para aquelas unidades que são sensíveis aos critérios de elegibilidade — ou seja, o tipo *Participa se elegível pela pontuação*, mas não os tipos *Sempre* ou *Nunca*.

O fato de o RDD estimar o impacto apenas em torno do ponto de corte também gera desafios em termos do poder estatístico da análise. Às vezes, apenas um conjunto restrito de observações que estão localizadas perto do ponto de corte são usadas na análise, diminuindo, assim, o número de observações da análise do RDD em relação aos métodos que analisam todas as unidades nos grupos de tratamento e de comparação. Para obter poder estatístico suficiente ao aplicar o RDD, será preciso escolher um intervalo em torno do ponto de corte que inclua um número suficiente de observações. Na prática, deve-se tentar utilizar um intervalo tão amplo quanto possível e, ao mesmo tempo, manter o balanceamento das características observáveis da população situada acima e abaixo do ponto de corte. Em seguida, pode-se executar a estimativa várias vezes usando diferentes faixas para verificar se as estimativas são sensíveis à faixa escolhida.

Uma ressalva adicional ao usar o método de regressão descontínua é que a especificação pode ser sensível à forma funcional usada na modelagem da relação entre o índice de elegibilidade e o resultado de interesse.

Nos exemplos apresentados neste capítulo, pressupusemos que a relação entre o índice de elegibilidade e o resultado era linear. Na realidade, a relação poderia ser mais complexa e incluir relações não lineares e interações entre variáveis. Se não se levar em conta essas relações complexas na estimação, elas podem ser confundidas com uma descontinuidade, levando a uma interpretação incorreta do impacto estimado do RDD. Na prática, pode-se estimar o impacto do programa usando várias formas funcionais (linear, quadrática, cúbica, quártica, etc.) para avaliar se, de fato, as estimativas de impacto são sensíveis à forma funcional.

Por fim, conforme discutido acima, existem algumas condições importantes para a regra de elegibilidade e o ponto de corte. Primeiramente, eles devem ser exclusivos do programa de interesse. Um índice de pobreza que apresente um *ranking* de famílias ou indivíduos, por exemplo, pode ser usado para direcionar diversos programas sociais voltados à população pobre. Nesse caso, não será possível isolar o impacto de um programa específico de combate à pobreza de todos os outros programas que usam os mesmos critérios de focalização. Em segundo lugar, a regra de elegibilidade e o ponto de corte devem ser resistentes a manipulação por parte de recenseadores, beneficiários potenciais, administradores de programas ou políticos. A manipulação do índice de elegibilidade cria uma descontinuidade no índice que mina a condição básica para que o método funcione: ou seja, que o índice de elegibilidade seja contínuo em torno do ponto de corte.

Mesmo com essas limitações, o RDD é um poderoso método de avaliação de impacto para gerar estimativas não enviesadas do impacto de um programa em torno do ponto de corte de elegibilidade. O RDD tira proveito das regras de alocação de programas ao usar índices contínuos de elegibilidade, que já são comuns em muitos programas sociais. Quando se aplicam as regras de focalização baseadas em índices, não é necessário excluir do tratamento um grupo de famílias ou indivíduos elegíveis por causa da avaliação; em vez disso, é possível aplicar o método de regressão descontínua.

Lista de verificação: método de regressão descontínua

O método de regressão descontínua exige que o índice de elegibilidade seja contínuo em torno do ponto de corte e que as unidades situadas pouco acima ou pouco abaixo desse ponto de corte sejam semelhantes.

✓ O índice é contínuo em torno do ponto de corte no momento da linha de base (início do programa)?

✓ Existe alguma evidência de descumprimento da regra que determina a elegibilidade para o tratamento? Verifique se todas as unidades elegíveis receberam o tratamento e se as unidades não elegíveis não receberam. Se for detectado descumprimento, será preciso combinar o RDD com uma abordagem de variável instrumental para corrigir essa "descontinuidade *fuzzy*".[4]

✓ Existe alguma evidência de que as pontuações do índice podem ter sido manipuladas para influenciar quem se qualificaria para receber o programa? Verifique se a distribuição da pontuação do índice é suave no ponto de corte. Se encontrar evidências de "concentração" de pontuações do índice acima ou abaixo do ponto de corte, isso pode indicar manipulação.

✓ O ponto de corte é exclusivo do programa que está sendo avaliado ou também é usado por outros programas?

Recursos adicionais

- Para acessar os materiais complementares a este capítulo e hiperlinks com recursos adicionais, ver o site Avaliação de Impacto na Prática (http://www.worldbank.org/ieinpractice).

- Para acessar informações sobre como avaliar um programa de transferência de renda utilizando o RDD, ver o seguinte post do Blog de Impacto no Desenvolvimento do Banco Mundial (World Bank Development Impact Blog) (http://blogs.worldbank.org/impactevaluations/).

- Para uma revisão das questões práticas no momento da implementação do RDD, ver Imbens, Guido e Thomas Lemieux. 2008. "Regression Discontinuity Designs: A Guide to Practice." *Journal of Econometrics* 142 (2): 615–35.

Notas

1. Isso às vezes é chamado teste de elegibilidade multidimensional.
2. O índice de elegibilidade contínuo é, às vezes, chamado "variável definidora da descontinuidade"("*forcing variable*").
3. Nota técnica: a densidade foi estimada com a utilização do método univariado de kernel Epanechnikov.
4. Nesse caso, você usaria a posição à esquerda ou à direita do ponto de corte como uma variável instrumental para a participação real no programa no primeiro estágio de uma estimativa de mínimos quadrados em dois estágios.

Referências

Barrera-Osorio, Felipe, Leigh Linden e Miguel Urquiola. 2007. "The Effects of User Fee Reductions on Enrollment: Evidence from a Quasi-Experiment." Columbia University e Banco Mundial, Washington, DC.

Duflo, Esther, Pascaline Dupas e Michael Kremer. 2011. "Peer Effects, Teacher Incentives, and the Impact of Tracking: Evidence from a Randomized Evaluation in Kenya." *American Economic Review* 101: 1739–74.

Imbens, Guido e Thomas Lemieux. 2008. "Regression Discontinuity Designs: A Guide to Practice." *Journal of Econometrics* 142 (2): 615–35.

Levy, Dan e Jim Ohls. 2010. "Evaluation of Jamaica's PATH Conditional Cash Transfer Programme." *Journal of Development Effectiveness* 2 (4): 421–41.

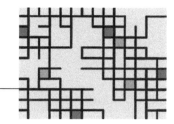

CAPÍTULO 7

Diferença em diferenças

Avaliação de um programa quando a regra de seleção é menos clara

Os três métodos de avaliação de impacto discutidos até este ponto — seleção aleatória, variáveis instrumentais (VI) e método de regressão descontínua (RDD) — produzem estimativas do contrafactual por meio de regras explícitas de alocação dos beneficiários dos programas. Já discutimos por que esses métodos oferecem estimativas confiáveis do contrafactual com relativamente poucas suposições e restrições. Os próximos dois tipos de métodos — diferença em diferenças (DD) e pareamento — oferecem um conjunto adicional de ferramentas que podem ser aplicadas quando as regras de seleção dos beneficiários são menos claras ou quando nenhum dos três métodos descritos anteriormente é factível. Tanto o método diferença em diferenças quanto o de pareamento são comumente utilizados neste caso. No entanto, ambos também exigem, normalmente, pressupostos mais fortes do que os métodos de seleção aleatória, VI ou RDD. Intuitivamente, se não conhecemos a regra de seleção do programa, teremos uma dimensão adicional desconhecida em nossa avaliação sobre a qual precisamos fazer suposições. Como as suposições que fazemos não são necessariamente verdadeiras, o uso do método diferença em diferenças ou o pareamento nem sempre pode fornecer estimativas confiáveis dos impactos do programa.

O método diferença em diferenças

Conceito-chave

A diferença em diferenças compara as *mudanças* nos resultados ao longo do tempo entre os inscritos em um programa (o grupo de tratamento) e os não inscritos (o grupo de comparação). Isso nos permite corrigir quaisquer diferenças entre os grupos de tratamento e de comparação que sejam constantes ao longo do tempo.

O *método diferença em diferenças* compara as *mudanças* nos resultados ao longo do tempo entre uma população que está inscrita em um programa (o grupo de tratamento) e uma população que não está (o grupo de comparação). Tomemos, por exemplo, um programa de recuperação de estradas que é executado em um município, mas não pode ser selecionado aleatoriamente entre municípios, e que também não é selecionado com base em um índice com um ponto de corte ou limite claramente definido que permita a aplicação do método de regressão descontínua. Os governos municipais podem optar por se inscrever ou não no programa. Um dos objetivos do programa é melhorar o acesso da população aos mercados de trabalho, e um dos indicadores de resultados é o nível de emprego. Conforme discutido no capítulo 3, simplesmente observar a mudança entre o antes e o depois em relação às taxas de emprego dos municípios que se inscreveram no programa não captará o seu impacto causal, pois muitos outros fatores também poderão influenciar o nível de emprego ao longo do tempo. Ao mesmo tempo, comparar os municípios que se inscreveram e não se inscreveram no programa de recuperação de estradas será problemático se houver fatores não observados que expliquem por que alguns municípios se inscreveram na iniciativa e outros, não (o problema do viés de seleção discutido no cenário do inscrito versus o não inscrito).

E se, porém, combinássemos os dois métodos e comparássemos as mudanças antes e depois nos resultados para um grupo que se inscreveu no programa às mudanças antes e depois para um grupo que não se inscreveu no programa? A diferença nos resultados de antes e depois do grupo inscrito — a *primeira diferença* — controlará para os fatores que são constantes ao longo do tempo nesse grupo, uma vez que estaremos comparando o grupo com ele mesmo. Mas ainda temos que lidar com os fatores que variam ao longo do tempo (*os fatores variantes no tempo*) para esse grupo. Uma maneira de captar esses fatores que variam ao longo do tempo é medir a mudança antes e depois dos resultados para um grupo que não se inscreveu no programa, mas foi exposto ao mesmo conjunto de condições ambientais — a *segunda diferença*. Se "limparmos" a primeira diferença dos outros fatores variantes no tempo que afetam o resultado de interesse ao subtrairmos a segunda diferença, eliminaremos uma fonte de viés que era fonte de preocupação nas comparações simples de antes e depois. A abordagem da diferença em diferenças faz o que seu nome sugere. Ela combina as duas estimativas falsas do contrafactual (comparações antes e depois e comparações entre aqueles que optam por se inscrever e aqueles que optam por não se inscrever) para produzir uma melhor estimativa do contrafactual. No exemplo do programa de recuperação de estradas, o método DD pode ser capaz de comparar mudanças no nível de emprego antes e depois de o programa ser implementado para indivíduos residentes nos municípios que se inscreveram no programa às mudanças no nível de emprego dos municípios que não se inscreveram no programa.

É importante observar que o que estamos estimando aqui é o contrafactual da *mudança* nos resultados para o grupo de tratamento: a nossa estimativa desse contrafactual é a mudança nos resultados para o grupo de comparação. Os grupos de tratamento e de comparação não necessariamente necessitam ter as mesmas condições antes da intervenção. Mas, para que o método DD seja válido, o grupo de comparação deve representar precisamente a mudança nos resultados que teria sido experimentada pelo grupo de tratamento na ausência de tratamento. Para aplicar diferença em diferenças, é necessário medir os resultados do grupo que recebe o programa (o grupo de tratamento) e do grupo que não recebe (o grupo de comparação) antes e depois do programa. No boxe 7.1, apresentamos um exemplo no qual o método DD foi usado para compreender o impacto de incentivos

---

Boxe 7.1: Uso do método diferença em diferenças para compreender o impacto dos incentivos eleitorais sobre as taxas de evasão escolar no Brasil

Em um estudo empírico sobre os incentivos das eleições locais, De Janvry, Finan e Sadoulet (2011) analisaram o impacto de um programa de transferência condicional de renda (TCR) no Brasil. O programa Bolsa Escola deu às mães de famílias pobres um subsídio mensal vinculado à frequência escolar de seus filhos. Essa TCR era um programa federal semelhante ao Oportunidades, do México (ver os boxes 1.1 e 4.2), mas foi descentralizado para o nível municipal. Assim, os governos municipais ficaram responsáveis pela identificação dos beneficiários e pela implementação do programa.

Usando o método diferença em diferenças, De Janvry, Finan e Sadoulet estimaram o impacto do programa sobre as taxas de evasão escolar. Detectaram uma variação considerável no desempenho do programa nos diversos municípios em que ele tinha sido implementado. Para explorar essa variação, os pesquisadores compararam a melhora nas taxas de evasão escolar nos municípios cujos prefeitos estavam no primeiro mandato e aqueles que estavam no segundo mandato. A hipótese dos pesquisadores era que, como o Brasil tem um limite de dois mandatos para os políticos locais, os prefeitos no primeiro mandato estavam preocupados com a reeleição e, portanto, agiam de maneira diferente dos prefeitos no segundo mandato, que não tinham mais preocupações eleitorais.

No geral, o programa reduziu com sucesso as taxas de evasão escolar, registrando uma diminuição média de 8% na evasão para os beneficiários. Os pesquisadores descobriram que o impacto do programa tinha sido 36% maior em municípios com prefeitos em primeiro mandato. A conclusão é que a preocupação com a reeleição incentivou os políticos locais a aumentar seus esforços na implementação do programa Bolsa Escola.

Fonte: De Janvry, Finan e Sadoulet 2011.

Figura 7.1 Método diferença em diferenças

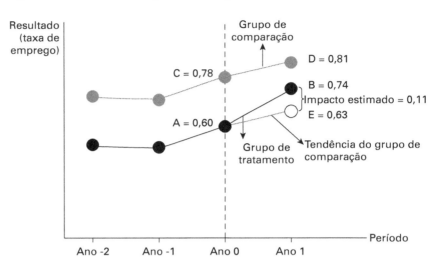

Observação: todas as diferenças entre pontos devem ser lidas como diferenças verticais nos resultados medidos no eixo vertical.

eleitorais sobre a implementação de um programa de transferência de renda no Brasil e sobre as taxas de evasão escolar.

A figura 7.1 ilustra o método diferença em diferenças para o exemplo da recuperação de estradas. Ano 0 é o ano da linha de base. No ano 1, um grupo de municípios participantes do tratamento se inscreve no programa, enquanto um grupo de municípios de comparação não se inscreve. O nível do resultado (taxa de emprego) para o grupo de tratamento vai de *A*, antes do início do programa, para *B* após o início do programa, enquanto o resultado para o grupo de comparação vai de *C*, antes do início do programa, para *D*, após o início do programa.

Lembrem-se de nossas duas estimativas falsas do contrafactual: a diferença nos resultados antes e depois da intervenção para o grupo de tratamento (*B – A*) e a diferença nos resultados após a intervenção entre os grupos de tratamento e comparação (*B – D*). No método diferença em diferenças, a estimativa do contrafactual é obtida ao se computar a mudança nos resultados para o grupo de comparação (*D – C*), e, em seguida, subtrair esse valor da mudança nos resultados para o grupo de tratamento (*B – A*). Usar a variação nos resultados para o grupo de comparação como a estimativa do contrafactual da mudança nos resultados para o grupo de tratamento é semelhante a supor que, caso o grupo inscrito não tivesse participado do programa, seu resultado teria evoluído, ao longo do tempo, de acordo com a

Avaliação de Impacto na Prática

mesma tendência do grupo não inscrito: ou seja, a mudança no resultado do grupo inscrito teria sido de A para E, conforme mostra a figura 7.1.

Em resumo, o impacto do programa é simplesmente computado como a diferença entre duas diferenças:

Impacto DD = $(B - A) - (D - C) = (0,74 - 0,60) - (0,81 - 0,78) = 0,11.$

As relações apresentadas na figura 7.1 também podem ser apresentadas em um quadro simples. O quadro 7.1 desmembra os componentes das estimativas da diferença em diferenças. A primeira linha contém os resultados para o grupo de tratamento antes da intervenção (A) e depois da intervenção (B). A comparação antes e depois para o grupo de tratamento é a primeira diferença ($B - A$). A segunda linha contém os resultados para o grupo de comparação antes da intervenção (C) e após a intervenção (D). Dessa maneira, a segunda diferença (que corresponde ao contrafactual) é ($D - C$).

O método diferença em diferenças calcula a estimativa de impacto da seguinte maneira:

1. Calculamos a diferença no resultado (Y) entre as situações de antes e depois para o grupo de tratamento ($B - A$).

2. Calculamos a diferença no resultado (Y) entre as situações de antes e depois para o grupo de comparação ($D - C$).

3. Em seguida, calculamos a diferença entre a diferença nos resultados para o grupo de tratamento ($B - A$) e a diferença para o grupo de comparação ($D - C$), ou a diferença em diferenças (DD) = $(B - A) - (D - C)$. Essa diferença em diferenças é a nossa estimativa de impacto.

Quadro 7.1   Cálculo do método diferença em diferenças

	Depois	Antes	Diferença
Tratamento/inscritos	B	A	$B - A$
Comparação/não inscritos	D	C	$D - C$
Diferença	$B - D$	$A - C$	$DD = (B - A) - (D - C)$

	Depois	Antes	Diferença
Tratamento/inscritos	0,74	0,60	0,14
Comparação/não inscritos	0,81	0,78	0,03
Diferença	−0,07	−0,18	$DD = 0,14 - 0,03 = 0,11$

Também poderíamos calcular a diferença em diferenças de outra maneira: primeiro, calculando a diferença no resultado entre o grupo de tratamento e o grupo de comparação na situação "depois" e, em seguida, calculando a diferença no resultado entre o grupo de tratamento e o grupo de comparação na situação "antes", e, por fim, subtraindo o último do primeiro resultado.

Impacto DD = $(B - D) - (A - C) = (0,74 - 0,81) - (0,60 - 0,78) = 0,11.$

Como o método diferença em diferenças é útil?

Para entender como o método diferença em diferenças é útil, vamos começar com nossa segunda estimativa falsa do contrafactual discutida no capítulo 3, que comparou as unidades que estavam inscritas em um programa com aquelas que não estavam inscritas nesse mesmo programa. Lembre-se de que a principal preocupação com essa comparação é o fato de que os dois conjuntos de unidades podem ter características diferentes e que podem ser essas características — e não o programa — que expliquem a diferença nos resultados entre os dois grupos. As diferenças das características *não observáveis* se mostraram especialmente preocupantes: por definição, é impossível incluir as características não observáveis nessa análise.

O método diferença em diferenças ajuda a solucionar esse problema na medida em que muitas das características de unidades ou indivíduos podem ser plausivelmente consideradas como constantes ao longo do tempo (ou, seja, elas são *temporalmente invariantes*). Pense, por exemplo, nas características *observáveis*, como o ano de nascimento de uma pessoa, a localização de uma região próxima do oceano, o clima de uma cidade ou o nível de educação de um pai. A maioria desse tipo de variáveis, embora esteja possivelmente relacionada aos resultados, provavelmente não mudará ao longo da avaliação. Usando o mesmo raciocínio, podemos concluir que muitas características *não observáveis* dos indivíduos também são mais ou menos constantes ao longo do tempo. Considere, por exemplo, traços de personalidade ou o histórico de saúde familiar. Pode ser plausível pensar que essas características intrínsecas de uma pessoa não mudam ao longo do tempo.

Em vez de comparar os resultados entre os grupos de tratamento e de comparação após a intervenção, o método diferença em diferenças compara as *tendências* entre os grupos de tratamento e de comparação. A tendência

Conceito-chave

Em vez de comparar resultados entre os grupos de tratamento e de comparação após a intervenção, o método de diferença em diferenças compara as *tendências* entre os grupos de tratamento e de comparação.

para um indivíduo é a diferença no resultado para esse indivíduo antes e depois do programa. Ao subtrair o resultado de *antes* do programa do resultado obtido *depois* desse mesmo programa, anulamos o efeito de todas as características que são únicas para aquele indivíduo e que não mudam ao longo do tempo. Curiosamente, dessa maneira anulamos (ou controlamos) não apenas o efeito das características *observáveis* invariantes no tempo, mas também o efeito de características *não observáveis* e temporalmente invariantes, como aquelas mencionadas acima. O boxe 7.2 descreve um estudo que utilizou o método diferença em diferenças para estimar o impacto do aumento da presença policial sobre a incidência de roubos de carros em Buenos Aires.

Boxe 7.2: Utilizar a DD para estudar os efeitos do aumento do efetivo policial sobre a criminalidade na Argentina

DiTella e Schargrodsky (2005) analisaram se o aumento do efetivo policial reduziu a criminalidade na Argentina. Em 1994, um ataque terrorista a um grande centro judaico em Buenos Aires levou o governo argentino a aumentar a proteção policial para edifícios vinculados a judeus no país.

Ao tentarem compreender o impacto da presença da polícia sobre a incidência de crimes, DiTella e Schargrodsky coletaram dados sobre o número de roubos de carro por quarteirão em três bairros de Buenos Aires antes e depois do ataque terrorista. Em seguida, eles combinaram essas informações com dados geográficos relacionados à localização de instituições judaicas nesses bairros. Esse estudo apresentou uma abordagem diferente em relação à de regressão tipicamente utilizada em estudos sobre a incidência de crimes. Estudos sobre o impacto do policiamento muitas vezes enfrentam um problema de endogeneidade, pois os governos tendem a aumentar a presença policial em áreas com taxas de criminalidade mais elevadas. Em contrapartida, o aumento do policiamento na Argentina não estava relacionado, de maneira nenhuma, à incidência de furtos de carros e, por isso, o estudo não sofreu esse problema de simultaneidade. DiTella e Schargrodsky conseguiram usar o método diferença em diferenças para estimar o impacto do aumento da presença policial sobre a incidência de roubos de carro.

Os resultados revelaram que a presença da polícia teve um efeito dissuasor positivo sobre a criminalidade. Contudo, esse efeito foi localizado. Nos quarteirões com edifícios vinculados à comunidade judaica que receberam proteção policial, os roubos de carros diminuíram significativamente em comparação aos outros quarteirões (75%). Os pesquisadores não detectaram nenhum impacto sobre os roubos de carros registrados a um ou dois quarteirões dos edifícios protegidos.

Fonte: DiTella e Schargrodsky 2005.

A hipótese da "igualdade de tendências" na diferença em diferenças

Embora o método diferença em diferenças nos permita tratar das diferenças entre o grupo de tratamento e o grupo de comparação que são constantes ao longo do tempo, não nos ajudará a eliminar as diferenças entre o grupo de tratamento e de comparação que mudam ao longo do tempo. No exemplo do programa de recuperação de estradas, se as áreas de tratamento também se beneficiarem da construção concomitante de um novo porto marítimo, não seremos capazes de separar o efeito da recuperação de estradas do efeito da construção do porto marítimo utilizando a abordagem diferença em diferenças. Para que o método forneça uma estimativa válida do contrafactual, precisamos partir do princípio que não existem diferenças que variem no tempo entre os grupos de tratamento e de comparação.

Outra maneira de analisar essa questão é pensar que, na ausência do programa, as diferenças nos resultados entre os grupos de tratamento e de comparação teriam que evoluir em conjunto. Ou seja, sem tratamento, os resultados teriam que aumentar ou diminuir à mesma taxa em ambos os grupos; é preciso que os resultados exibam *tendências iguais na ausência do tratamento*.

É claro que não há como provar que as diferenças entre os grupos de tratamento e de comparação evoluiriam em conjunto na ausência do programa. A razão é que não podemos observar o que teria acontecido ao grupo de tratamento na ausência do tratamento — em outras palavras, não podemos observar o contrafactual.

Dessa maneira, quando usamos o método diferença em diferenças, devemos *supor* que, na ausência do programa, o resultado do grupo de tratamento teria evoluído em paralelo com o resultado do grupo de comparação. A figura 7.2 ilustra uma violação dessa premissa fundamental. Se as tendências dos resultados forem diferentes para os grupos de tratamento e de comparação, o efeito estimado do tratamento obtido pelo método diferença em diferenças seria inválido ou enviesado. Isso ocorre porque a tendência para o grupo de comparação não é uma estimativa válida para a tendência contrafactual que teria prevalecido para o grupo de tratamento na ausência do programa. Conforme mostra a figura 7.2, se, na realidade, os resultados para o grupo de comparação crescerem mais lentamente do que os resultados para o grupo de tratamento na ausência do programa, utilizar a tendência para o grupo de comparação como estimativa do contrafactual da tendência para o grupo de tratamento gera uma estimativa enviesada do impacto do programa. Mais especificamente, superestimaríamos o impacto do programa.

Figura 7.2   Diferença em diferenças quando as tendências de resultado diferem

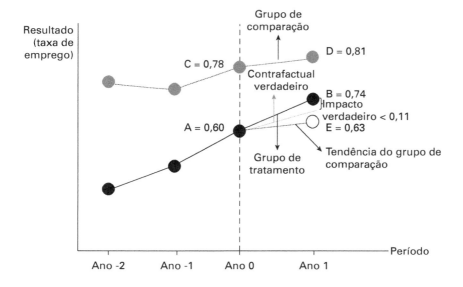

Testando a validade da hipótese da "igualdade de tendências" na diferença em diferenças

Apesar de não podermos provar, a validade da hipótese subjacente da igualdade de tendências pode ser testada. Uma primeira verificação de validade consiste em comparar as alterações nos resultados dos grupos de tratamento e de comparação antes da implementação do programa. No programa de recuperação de estradas, isso significa que compararíamos a variação do nível de emprego entre os grupos de tratamento e de comparação antes do início do programa, ou seja, entre o ano -2 e o ano -1 e entre o ano -1 e o ano 0. Caso os resultados tenham evoluído em conjunto antes do início do programa, ganharemos confiança para afirmar que os resultados teriam continuado a avançar em conjunto após a intervenção. Para verificar a igualdade das tendências pré-intervenção, precisamos de, pelo menos, duas observações consecutivas sobre o grupo de tratamento e o grupo de comparação antes do início do programa. Isso significa que a avaliação exigiria três observações consecutivas: duas observações pré-intervenção para avaliar as tendências do pré-programa e, pelo menos, uma observação pós-intervenção para avaliar o impacto utilizando o método diferença em diferenças.

Uma segunda maneira de testar a hipótese da igualdade de tendências seria executar o que é conhecido como um *teste placebo*. Para esse teste, realizaríamos uma estimativa adicional da diferença em diferenças utilizando um grupo de tratamento "falso", isto é, um grupo que se sabe que não foi afetado pelo programa. Digamos, por exemplo, que se decida estimar como aulas de reforço escolar oferecidas para alunos da sétima série afetam a probabilidade desses alunos de frequentar a escola, e se escolhem os alunos da oitava série como grupo de comparação. Para testar se os alunos da sétima e da oitava séries apresentam as mesmas tendências em termos de frequência escolar, pode-se testar se os alunos da oitava e da sexta série têm as mesmas tendências. Sabe-se que os alunos da sexta série não são afetados pelo programa e, portanto, se fizermos uma estimativa da diferença em diferenças usando os alunos da oitava série como grupo de comparação e os alunos da sexta série como grupo de tratamento falso, *teremos* que encontrar um impacto zero. Se isso não ocorrer, o impacto encontrado deverá estar relacionado a alguma diferença subjacente nas tendências entre os alunos da sexta e da oitava séries. Isso, por sua vez, gerará dúvidas sobre se os alunos da sétima e da oitava séries podem, supostamente, ter tendências iguais na ausência do programa.

Uma terceira maneira de testar a hipótese da igualdade de tendências seria realizar o teste placebo não apenas com um grupo de tratamento falso, mas também com uma variável de resultado falsa. No exemplo das aulas de reforço escolar, pode-se desejar testar a validade de utilizar os alunos da oitava série como grupo de comparação ao estimar o impacto do reforço sobre um resultado que você sabe que não será afetado pela iniciativa, como o número de irmãos que cada aluno tem. Se a estimativa da diferença em diferenças detectar um impacto das aulas de reforço sobre o número de irmãos que os alunos têm, saberemos que o grupo de comparação deve ser falho.

Uma quarta maneira de testar a hipótese da igualdade de tendências seria realizar a estimativa da diferença em diferenças usando diferentes grupos de comparação. No exemplo das aulas de reforço escolar, primeiro faríamos a estimativa utilizando alunos da oitava série como grupo de comparação e, em seguida, uma segunda estimativa usando os alunos da sexta série como grupo de comparação. Se ambos forem grupos de comparação válidos, verificaremos que o impacto estimado será aproximadamente o mesmo em ambos os cálculos. Nos boxes 7.3 e 7.4, apresentamos dois exemplos de avaliações baseadas na diferença em diferenças que utilizaram uma combinação desses métodos para testar a hipótese da igualdade de tendências.

Boxe 7.3: Teste da hipótese da igualdade de tendências: privatização de concessionárias de água e mortalidade infantil na Argentina

Galiani, Gertler e Schargrodsky (2005) usaram o método diferença em diferenças para abordar uma importante questão de política pública: a privatização do serviço de fornecimento de água melhora os resultados de saúde e ajuda a mitigar a pobreza? Durante a década de 1990, a Argentina iniciou uma das maiores campanhas de privatização de todos os tempos ao transferir o controle de concessionárias locais de fornecimento de água para empresas privadas reguladas. O processo de privatização ocorreu ao longo de uma década, e o maior número de privatizações aconteceu depois de 1995, tendo alcançado cerca de 30% dos municípios do país e 60% da população.

A avaliação tirou proveito dessa mudança no controle das empresas ao longo do tempo para determinar o impacto da privatização sobre a mortalidade de crianças menores de 5 anos. Antes de 1995, as taxas de mortalidade infantil estavam declinando a um ritmo praticamente igual em toda a Argentina. A partir de 1995, as taxas de mortalidade diminuíram mais rapidamente nos municípios que privatizaram seus serviços de água.

Os pesquisadores argumentaram que, nesse contexto, a hipótese da igualdade de tendências por trás do método diferença em diferenças provavelmente seria verdadeira. Em especial, demonstraram que nenhuma diferença nas tendências de mortalidade infantil era observada entre os municípios que faziam parte do grupo de tratamento e aqueles que faziam parte do grupo de comparação antes do início do processo de privatização. Mostraram também que a decisão de privatizar não estava correlacionada a choques econômicos ou aos níveis históricos de mortalidade infantil dos municípios. Os pesquisadores verificaram a validade de seus resultados realizando um teste placebo usando um resultado falso: eles separaram as causas de mortalidade infantil que estão relacionadas à condição da água, como doenças infecciosas e parasitárias, daquelas que não estão relacionadas a ela, tais como acidentes e doenças congênitas. Em seguida, testaram o impacto da privatização dos serviços de fornecimento de água separadamente para os dois subconjuntos de causas de mortalidade. Os pesquisadores mostraram que a privatização dos serviços de água estava relacionada a reduções nas mortes por doenças infecciosas e parasitárias, mas não estava vinculada a reduções nas mortes causadas por acidentes e doenças congênitas.

Por fim, a avaliação verificou que a mortalidade infantil diminuiu cerca de 8% nas áreas onde as empresas de água foram privatizadas, e que o efeito foi maior — com queda de aproximadamente 26% — nas áreas mais pobres, onde a expansão da rede de água também foi maior. Esse estudo lançou luz sobre uma série de importantes debates relacionados à privatização de serviços públicos. Os pesquisadores concluíram que, na Argentina, o setor privado regulado foi mais bem-sucedido do que o setor público na melhoria dos indicadores de acesso, serviço e, especialmente, mortalidade infantil.

Fonte: Galiani, Gertler e Schargrodsky 2005.

Boxe 7.4: Teste da hipótese da igualdade de tendências: a construção de escolas na Indonésia

Duflo (2001) analisou os impactos a médio e longo prazos de um programa para construir escolas na Indonésia sobre os resultados educacionais e do mercado de trabalho. Em 1973, a Indonésia embarcou em um programa de construção de escolas em larga escala e ergueu mais de 61.000 escolas primárias. Para atrair os estudantes que ainda não tinham se matriculado na rede escolar, o governo definiu que o número de escolas a ser construído em cada distrito seria proporcional ao número de alunos não matriculados que vivia nesses distritos. Duflo procurou avaliar o impacto do programa sobre o nível de escolaridade e salários. A exposição ao tratamento foi medida pelo número de escolas da região, e as coortes dos grupos de tratamento e de comparação foram identificadas pela idade dos indivíduos no momento em que o programa foi lançado. O grupo de tratamento era composto por homens nascidos depois de 1962, já que eles eram jovens o suficiente para se beneficiar das novas escolas primárias que foram construídas em 1974. O grupo de comparação era formado por homens nascidos antes de 1962, que seriam velhos demais para se beneficiar do programa.

Duflo usou o método diferença em diferenças para estimar o impacto do programa sobre o nível médio de escolaridade e de salários dessa população, comparando as diferenças entre os resultados dos distritos com alta e baixa exposição ao programa. Para demonstrar que esse era um método de estimativa válido, ela precisava primeiro testar a hipótese da igualdade de tendências entre os distritos. Para isso, Duflo usou um teste placebo com um grupo de tratamento falso. Comparou um grupo que, em 1974, tinha entre 18 e 24 anos a um grupo que tinha entre 12 e 17 anos. Como os indivíduos de ambos os grupos eram velhos demais para se beneficiar do novo programa, as mudanças em seu nível de escolaridade não deveriam ser sistematicamente diferentes entre os distritos do país. A estimativa dessa regressão da diferença em diferenças foi próxima de zero. Esse resultado sugeriu que, antes do início do programa, a escolaridade não tinha aumentado mais rapidamente nas áreas que acabariam por se tornar distritos de alta exposição do que nos distritos de baixa exposição. O teste placebo também mostrou que a estratégia de identificação, que utilizava a idade no momento da construção das escolas, funcionava.

A avaliação detectou resultados positivos em relação ao nível de escolaridade e salários dos estudantes que tiveram alta exposição ao programa, ou seja, aqueles que tinham menos de 8 anos quando as escolas foram construídas. Para esses alunos, cada nova escola construída por grupo de 1.000 crianças foi associada a um ganho de 0,12 a 0,19 ano de escolaridade e a um aumento de 3% a 5,4% nos salários. O programa também aumentou em 12% a probabilidade de as crianças participantes completarem o ensino fundamental.

Fonte: Duflo 2001.

⚕ Avaliar o impacto do HISP: uso do método diferença em diferenças

O método diferença em diferenças pode ser usado para avaliar o nosso Programa de Subsídio ao Seguro Saúde (HISP). Neste cenário, você tem dados de dois períodos distintos para dois grupos de famílias: um grupo que se inscreveu no programa e outro grupo que não. Lembrando o caso dos grupos inscritos e não inscritos, você percebe que não pode simplesmente comparar os gastos médios com saúde dos dois grupos devido ao viés de seleção. Como você tem dados referentes a dois períodos para cada família da amostra, poderá usar esses dados para solucionar alguns desses desafios ao comparar a mudança nos gastos com saúde dos dois grupos, supondo que a mudança nos gastos com saúde do grupo não inscrito reflita o que teria acontecido com as despesas do grupo inscrito na ausência do programa (ver o quadro 7.2). Observe que não importa de que maneira você calculará a dupla diferença.

Em seguida, você estima o efeito usando a análise de regressão (quadro 7.3). Utilizando uma regressão linear simples para calcular a estimativa simples

Quadro 7.2   Avaliar o HISP: comparação de médias da diferença em diferenças

	Depois (acompanhamento)	Antes (linha de base)	Diferença
Inscritos	7,84	14,49	−6,65
Não inscritos	22,30	20,79	1,51
Diferença			DD = −6,65 − 1,51 = −8,16

Observação: o quadro apresenta os gastos médios com saúde das famílias para os domicílios inscritos e não inscritos antes e depois do início do HISP.

Quadro 7.3   Avaliar o HISP: diferença em diferenças com análise de regressão

	Regressão linear	Regressão linear multivariada
Impacto estimado sobre os gastos com saúde das famílias	−8,16** (0,32)	−8,16** (0,32)

Observação: os erros padrão estão entre parênteses. Nível de significância: ** = 1%.

da diferença em diferenças, você verifica que o programa reduziu os gastos com saúde das famílias em US$ 8,16. A seguir, refina sua análise ao adicionar variáveis de controle adicionais. Em outras palavras, usa uma regressão linear multivariada que leva em conta uma série de outros fatores e detecta a mesma redução nos gastos com saúde das famílias.

 Perguntas 6 sobre o HISP

A. Quais são as hipóteses básicas necessárias para aceitar esse resultado obtido por meio do método diferença em diferenças?

B. Com base no resultado da diferença em diferenças, o HISP deve ser ampliado para todo o país?

Limitações do método diferença em diferenças

Mesmo quando as tendências são iguais antes do início da intervenção, o viés da estimativa do método diferença em diferenças pode ainda aparecer e passar despercebido. Isso porque a DD atribui à intervenção quaisquer diferenças entre as tendências dos grupos de tratamento e de comparação que ocorram a partir do momento em que a intervenção começa. Se houver outros fatores que afetem a diferença das tendências entre os dois grupos que não foram considerados na regressão multivariada, a estimativa será inválida ou enviesada.

Digamos que se está tentando estimar o impacto de fertilizantes subsidiados sobre a produção de arroz e que se está fazendo isso medindo a produção de arroz de agricultores subsidiados (grupo de tratamento) e não subsidiados (grupo de comparação) antes e depois da distribuição dos subsídios. Se no ano 1 houver uma seca que afete somente os agricultores subsidiados, a estimativa da diferença em diferenças produzirá uma estimativa inválida do impacto causado pelos subsídios destinados à compra de fertilizantes. Em geral, qualquer fator que afete desproporcionalmente um dos dois grupos e o faça concomitantemente ao recebimento do programa pelo grupo de tratamento — e não seja considerado na regressão — tem o potencial de invalidar ou enviesar a estimativa de impacto do programa. O método diferença em diferenças pressupõe que nenhum fator desse tipo estará presente.

Lista de verificação: diferença em diferenças

No método diferença em diferenças pressupõe-se que as tendências dos resultados são semelhantes nos grupos de comparação e de tratamento antes da intervenção, e que os únicos fatores que explicam as diferenças entre os resultados dos dois grupos são constantes ao longo do tempo — além, é claro, do próprio programa.

✓ Os resultados teriam evoluído em conjunto nos grupos de tratamento e de comparação na ausência do programa? Isso pode ser avaliado por meio de vários testes de falsificação, como os seguintes: (1) Os resultados dos grupos de tratamento e de comparação estavam evoluindo em conjunto antes da intervenção? Se dois períodos de dados estiverem disponíveis antes do início do programa, analise-os para verificar se alguma diferença nas tendências aparece entre os dois grupos. (2) E quanto aos resultados falsos que não deveriam ser afetados pelo programa? Eles estavam evoluindo de forma similar antes e depois do início da intervenção nos grupos de tratamento e de comparação?

✓ Realize a análise do método diferença em diferenças usando vários grupos de comparação plausíveis. Devem-se obter estimativas semelhantes para o impacto do programa.

✓ Realize a análise do método diferença em diferenças usando os grupos de tratamento e de comparação inicialmente selecionados e um resultado falso que não deveria ser afetado pelo programa. O programa deveria apresentar impacto zero sobre esse resultado.

✓ Realize a análise do método diferença em diferenças usando a variável de resultado escolhida e com dois grupos que sabidamente não foram afetados pelo programa. O programa deveria apresentar impacto zero.

Recursos adicionais

• Para acessar os materiais complementares a este capítulo e hiperlinks com recursos adicionais, ver o site Avaliação de Impacto na Prática (http://www.worldbank.org/ieinpractice).
• Para mais informações sobre suposições não discutidas do método diferenças em diferenças, ver o Blog de Impacto no Desenvolvimento do Banco Mundial (World Bank Development Impact Blog – http://blogs.worldbank.org/impactevaluations).

Referências

De Janvry, Alain, Frederico Finan e Elisabeth Sadoulet. 2011. "Local Electoral Incentives and Decentralized Program Performance." *Review of Economics and Statistics* 94 (3): 672–85.

DiTella, Rafael, e Ernesto Schargrodsky. 2005. "Do Police Reduce Crime? Estimates Using the Allocation of Police Forces after a Terrorist Attack." *American Economic Review* 94 (1): 115–33.

Duflo, Esther. 2001. "Schooling and Labor Market Consequences of School Construction in Indonesia: Evidence from an Unusual Policy Experiment." *American Economic Review* 91 (4): 795–813.

Galiani, Sebastian, Paul Gertler e Ernesto Schargrodsky. 2005. "Water for Life: The Impact of the Privatization of Water Services on Child Mortality." *Journal of Political Economy* 113 (1): 83–120.

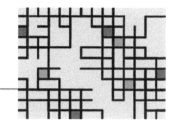

CAPÍTULO 8

Pareamento

Criar um grupo de comparação artificial

O método descrito neste capítulo consiste em um conjunto de técnicas estatísticas às quais chamaremos coletivamente de *pareamento*. Os métodos de pareamento podem ser aplicados no contexto de quase todas as regras de seleção dos beneficiários do programa, desde que exista um grupo que não tenha participado do programa. O pareamento utiliza, essencialmente, técnicas estatísticas para criar um grupo de comparação artificial. Para cada possível unidade do grupo de tratamento, procura encontrar uma unidade de não tratamento (ou conjunto de unidades de não tratamento) que possua as características mais semelhantes possíveis. Considere um caso em que se esteja tentando avaliar o impacto de um programa de capacitação profissional sobre a renda e se tenha em mãos uma base de dados — como registros de rendimentos e pagamento de impostos — que contém tanto os indivíduos que se inscreveram no programa quanto os indivíduos que não se inscreveram. O programa que se está tentando avaliar não tem regras de seleção claras (como a seleção aleatória ou um índice de elegibilidade) para explicar por que alguns indivíduos se inscreveram no programa e outros, não. Nesse contexto, os métodos de pareamento permitirão identificar o conjunto de indivíduos não inscritos que mais se parecem com os indivíduos tratados com base nas características que estão disponíveis no banco de dados. Esses indivíduos pareados não inscritos passam, então, a ser o grupo de comparação que será usado para estimar o contrafactual.

Conceito-chave

O pareamento utiliza grandes bases de dados e técnicas estatísticas para criar o melhor grupo de comparação possível com base nas características observáveis.

Encontrar um bom pareamento para cada participante do programa requer aproximar o máximo possível as características que explicam a decisão dos indivíduos de se inscrever no programa, o que, infelizmente, é mais fácil falar do que fazer. Se a lista de características relevantes observáveis for muito grande ou se cada característica assumir muitos valores, pode ser difícil identificar um pareamento para cada uma das unidades do grupo de tratamento. À medida que aumenta o número de características ou dimensões em relação às quais se quer realizar o pareamento das unidades que se inscreveram no programa, é possível se deparar com o que chamamos de *problema da dimensionalidade*. Por exemplo, se forem usadas apenas três características importantes para identificar o grupo de comparação pareado, como idade, sexo e se o indivíduo tem diploma do ensino médio, provavelmente se encontrarão pares para todos os participantes inscritos no programa no conjunto daqueles que não estão inscritos (os não inscritos), mas corre-se o risco de deixar de fora outras características potencialmente importantes. No entanto, se aumentarmos a lista de características — digamos, para incluir o número de filhos, o número de anos de estudo, o número de meses desempregado, o número de anos de experiência profissional e assim por diante —, a base de dados pode não conter um bom par para a maioria dos participantes do programa que estão inscritos, a menos que tenha um número muito grande de observações. A figura 8.1 ilustra o pareamento com base em quatro características: idade, sexo, meses desempregado e diploma de ensino médio.

Figura 8.1   Pareamento exato por quatro características

Unidades tratadas					Unidades não tratadas			
Idade	Sexo	Meses de desemprego	Diploma do ensino médio		Idade	Sexo	Meses de desemprego	Diploma do ensino médio
19	1	3	0		24	1	8	1
35	1	12	1		38	0	1	0
41	0	17	1		58	1	7	1
23	1	6	0		21	0	2	1
55	0	21	1		34	1	20	0
27	0	4	1		41	0	17	1
24	1	8	1		46	0	9	0
46	0	3	0		41	0	11	1
33	0	12	1		19	1	3	0
40	1	2	0		27	0	4	0

Pareamento por escore de propensão

Felizmente, o problema da dimensionalidade pode ser facilmente eliminado por meio de um método chamado *pareamento por escore de propensão* (Rosenbaum e Rubin 1983). Nessa abordagem, não é mais necessário tentar encontrar um par para cada unidade inscrita e as unidades não inscritas que tenha exatamente o mesmo valor para todas as características de controle observáveis. Em vez disso, para cada unidade do grupo de tratamento e do grupo de não inscritos, calculamos a *probabilidade* de que essa unidade se inscreva no programa (o chamado escore de propensão) com base nos valores observáveis de suas características (as variáveis explicativas). Essa pontuação é um número real entre 0 e 1 que resume a influência de todas as características observáveis sobre a probabilidade de se inscrever no programa. Devemos usar apenas as características observáveis na *linha de base* para calcular o escore de propensão. Isso ocorre porque as características pós-tratamento podem ter sido afetadas pelo próprio programa, e o uso dessas características para identificar o grupo de comparação pareado causaria um viés nos resultados. Quando o tratamento afeta as características individuais e usamos essas características para realizar o pareamento, escolhemos um grupo de comparação que se pareça com o grupo tratado por causa do próprio tratamento. Sem o tratamento, essas características pareceriam mais diferentes. Isso viola a exigência básica para uma boa estimativa do contrafactual: o grupo de comparação deve ser semelhante em todos os aspectos, exceto pelo fato de que o grupo de tratamento recebe o tratamento e o grupo de comparação, não.

Após o escore de propensão ter sido computado para todas as unidades, as unidades do grupo de tratamento podem ser pareadas com as unidades do conjunto de não inscritos que têm o escore de propensão mais próximo.[1] Essas unidades mais próximas se tornam o grupo de comparação e são usadas para produzir uma estimativa do contrafactual. O método de pareamento por escore de propensão tenta imitar a seleção aleatória aos grupos de tratamento e de comparação ao selecionar para o grupo de comparação aquelas unidades que têm propensões semelhantes às das unidades do grupo de tratamento. Como o pareamento por escore de propensão não é um método de seleção aleatória, mas tenta imitá-lo, pertence à categoria dos métodos quase-experimentais.

A diferença média nos resultados entre as unidades de tratamento ou inscritas e suas unidades de comparação pareadas produz o impacto estimado do programa. Em resumo, o impacto do programa é estimado comparando-se os resultados médios de um grupo de tratamento ou grupo inscrito e os resultados médios de um subgrupo de unidades estatisticamente pareadas, sendo que o pareamento se baseia nas características observáveis disponíveis nos dados que se têm em mãos.

Para que o pareamento por escore de propensão produza estimativas do impacto de um programa para todas as observações tratadas, cada unidade de tratamento ou inscrita precisa ser pareada com sucesso a uma unidade não inscrita.[2] Na prática, no entanto, pode ser que, para algumas unidades inscritas, nenhuma unidade do conjunto de não inscritos tenha escores de propensão semelhantes. Em termos técnicos, pode haver uma *falta de suporte comum*, ou ausência de sobreposição, entre os escores de propensão do grupo de tratamento ou inscrito e os do grupo de não inscritos.

A figura 8.2 fornece um exemplo da falta de suporte comum. Primeiramente, estimamos a probabilidade de que cada unidade da amostra se inscreva no programa com base nas características observáveis dessa unidade, ou seja, o escore de propensão. A figura mostra a distribuição dos escores de propensão separadamente para os inscritos e os não inscritos. A questão é que essas distribuições não se sobrepõem perfeitamente. No meio da distribuição, os pareamentos são relativamente fáceis de encontrar, pois há tanto inscritos quanto não inscritos com esses níveis de escores de propensão. No entanto, os inscritos com escores de propensão próximos de 1 não podem ser pareados com nenhum não inscrito, pois não há nenhum não inscrito com escores de propensão tão elevados. Intuitivamente, as unidades que têm alta probabilidade de se inscrever no programa são tão diferentes das unidades não inscritas que não podemos encontrar um bom par para elas. Da mesma forma, as unidades não inscritas com escores de propensão próximos de 0 não podem ser pareadas com nenhuma unidade inscrita, pois não há inscritos com escores de

Figura 8.2   Pareamento por escore de propensão e suporte comum

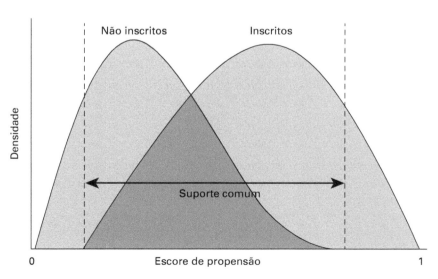

propensão tão baixos. Dessa maneira, a falta de suporte comum aparecerá nas extremidades, ou caudas, da distribuição dos escores de propensão. Neste caso, o procedimento de pareamento estima o efeito médio local do tratamento (LATE) para observações sobre o suporte comum.

As etapas a ser seguidas para aplicar o pareamento por escore de propensão são resumidas em Jalan e Ravallion (2003).[3] Primeiramente, é preciso ter pesquisas representativas e altamente comparáveis nas quais seja possível identificar as unidades que se inscreveram no programa e as que não o fizeram. Em segundo lugar, há que agrupar as duas amostras e estimar a probabilidade de que cada indivíduo se matricule no programa, com base nas características individuais observadas na pesquisa. Essa etapa produz o escore de propensão. Em terceiro lugar, é necessário restringir a amostra a unidades para as quais exista suporte comum na distribuição do escore de propensão. Em quarto lugar, para cada unidade inscrita, é preciso localizar um subgrupo de unidades não inscritas que tenha escores de propensão semelhantes. Quinto, deve-se comparar os resultados das unidades submetidas ao tratamento ou inscritas com seu grupo de comparação pareado ou unidades não inscritas. A diferença nos resultados médios entre esses dois subgrupos é a medida do impacto que pode ser atribuído ao programa para essa observação tratada em particular. Em sexto lugar, a média desses impactos individuais produzirá uma estimativa do efeito médio local do tratamento. Na prática, os programas estatísticos mais comumente usados incluem comandos pré-programados que executam as etapas 2 a 6 automaticamente.

Em geral, é importante lembrar três questões cruciais sobre o pareamento. Em primeiro lugar, os métodos de pareamento só podem utilizar as características *observáveis* para criar um grupo de comparação, uma vez que as características não observáveis não podem ser levadas em consideração. Se houver qualquer característica não observável que afete a probabilidade de uma unidade se inscrever no programa e também afete o resultado de interesse, as estimativas de impacto obtidas com o grupo de comparação pareado serão enviesadas. Para que um resultado de pareamento seja desprovido de viés, ele necessita ser respaldado pela hipótese forte de que não há diferenças não observáveis nos grupos de tratamento e de comparação que também estejam associadas aos resultados de interesse.

Em segundo lugar, o pareamento deve ser feito utilizando apenas características que não são afetadas pelo programa. A maioria das características que são medidas após o início do programa não se encaixaria nessa categoria. Se os dados da linha de base (pré-intervenção) não estiverem disponíveis e os únicos dados disponíveis forem de um momento posterior ao do início da intervenção, as únicas características que poderemos utilizar para criar uma amostra com pareamento serão aquelas (geralmente poucas) que não são afetadas por um programa, como idade e sexo. Mesmo que pretendamos realizar o pareamento em um conjunto muito mais rico de características, incluindo os resultados de interesse, não poderemos fazê-lo, pois essas características são potencialmente afetadas pela intervenção. Não é recomendado realizar o pareamento com base unicamente nas características pós-intervenção. Se os dados da linha de base estiverem disponíveis, podemos realizar o pareamento com base em um conjunto mais rico de características, incluindo os resultados de interesse. Considerando que os dados são coletados antes da intervenção, essas variáveis pré-intervenção não podem ter sido afetadas pelo programa. No entanto, se os dados da linha de base sobre os resultados de interesse estiverem disponíveis, não se deve usar o método de pareamento por si só. Deve-se combiná-lo com o método diferença em diferenças para reduzir o risco de viés. Esse procedimento é discutido na próxima seção.

Em terceiro lugar, os resultados da estimativa do método de pareamento são tão bons quanto as características que forem usadas para realizar os pareamentos. Embora seja importante ser capaz de realizar esses pareamentos usando um grande número de características, ainda mais importante é ser capaz de parear as unidades com base em características que determinam a inscrição no programa. Quanto melhor entendermos os critérios utilizados para a seleção dos participantes, melhores serão nossas chances de criar o grupo de comparação pareado.

Combinar o pareamento com outros métodos

Embora a técnica do pareamento exija uma quantidade significativa de dados e possua um risco significativo de viés, ela tem sido usada para avaliar programas de desenvolvimento socioeconômico em uma ampla gama de configurações. Os usos mais convincentes do método são aqueles que combinam o pareamento com outros métodos e aqueles que utilizam o método de controle sintético. Nesta seção, discutiremos a diferença em diferenças com pareamento e o método de controle sintético.

Diferença em diferenças com pareamento

Quando os dados da linha de base sobre os resultados de interesse estão disponíveis, o pareamento pode ser combinado ao método diferença em diferenças para reduzir o risco de viés da estimativa. Conforme discutido, o pareamento simples por escore de propensão não é capaz de incorporar características não observáveis que podem explicar por que um grupo opta por se inscrever em um programa e que também podem afetar os resultados.

O pareamento combinado à diferença em diferenças pelo menos dá conta de quaisquer características não observáveis que sejam constantes ao longo do tempo entre os dois grupos. Ele é implementado da seguinte forma:

1. Faça o pareamento com base nas características da linha de base observáveis (conforme discutido).

2. Para cada unidade inscrita, calcule a mudança nos resultados entre os períodos de antes e depois (a primeira diferença).

3. Para cada unidade inscrita, calcule a mudança nos resultados entre os períodos de antes e depois para a comparação pareada dessa unidade (a segunda diferença).

4. Subtraia a segunda diferença da primeira diferença, isto é, aplique o método diferença em diferenças.

5. Por fim, calcule a média dessas diferenças duplas.

Os boxes 8.1 e 8.2 fornecem exemplos de avaliações que utilizaram o método diferença em diferenças com pareamento na prática.

Boxe 8.1: Diferença em diferenças com pareamento: estradas rurais e desenvolvimento dos mercados locais no Vietnã

Mu e Van de Walle (2011) usaram o pareamento por escore de propensão combinado ao método diferença em diferenças para estimar o impacto de um programa de recuperação de estradas rurais sobre o desenvolvimento dos mercados locais no nível municipal. De 1997 a 2001, o governo vietnamita recuperou 5000 km de estradas rurais. As estradas foram selecionadas de acordo com os critérios de custo e densidade populacional.

Como os municípios que se beneficiaram das estradas recuperadas não foram selecionados aleatoriamente, os pesquisadores utilizaram o pareamento por escore de propensão para criar um grupo de comparação. Usando dados de uma pesquisa de linha de base, os pesquisadores detectaram uma variedade de fatores no nível municipal que influenciavam se uma estrada de determinado município seria selecionada para o programa, como o tamanho da população local, a proporção de minorias étnicas, o padrão de vida, a densidade das estradas existentes e a presença de meios de transporte de passageiros. Estimaram os escores de propensão com base nessas características e limitaram o tamanho da amostra à área de suporte comum. Isso resultou em 94 municípios de tratamento e 95 municípios de comparação. Para reduzir ainda mais o viés de seleção potencial, os pesquisadores usaram o

(continua)

Boxe 8.1: Diferença em diferenças com pareamento: estradas rurais e desenvolvimento dos mercados locais no Vietnã *(continuação)*

método diferença em diferenças para estimar as mudanças nas condições dos mercados locais.

Dois anos após o programa, os resultados indicaram que a recuperação das estradas resultou em impactos positivos e significativos quanto à presença e à frequência de mercados locais e à disponibilidade de serviços. Novos mercados se desenvolveram em 10% mais municípios de tratamento do que nos municípios de comparação. Nos municípios de tratamento, era mais comum que as famílias

migrassem das atividades agrícolas para atividades mais relacionadas ao setor de serviços, como alfaiatarias e salões de cabeleireiro. No entanto, os resultados variaram substancialmente entre os municípios. Nos municípios mais pobres, os impactos tenderam a ser maiores devido ao menor nível de desenvolvimento inicial de seus mercados. Os pesquisadores concluíram que projetos de pequenas melhorias viárias podem ter impactos maiores se forem direcionados a áreas cujo desenvolvimento inicial era baixo.

Fonte: Mu e Van de Walle 2011.

Boxe 8.2: Diferença em diferenças com pareamento: pisos de cimento, saúde infantil e felicidade materna no México

O programa Piso Firme, do México, oferece até 50 metros quadrados de piso de concreto a domicílios com pisos de terra batida (ver boxe 2.1). O Piso Firme começou como um programa local no estado de Coahuila, mas acabou sendo adotado nacionalmente. Cattaneo e outros (2009) aproveitaram a variação geográfica para avaliar o impacto desse grande esforço de melhoria habitacional sobre os resultados relacionados à saúde e ao bem-estar das famílias beneficiadas.

Os pesquisadores usaram o método diferença em diferenças combinado ao método do pareamento para comparar as famílias de Coahuila com famílias semelhantes do estado vizinho de Durango, que ainda não havia implementado o programa no momento da pesquisa. Para melhorar a

comparabilidade entre os grupos de tratamento e de comparação, os pesquisadores limitaram sua amostra aos domicílios de cidades vizinhas que ficavam bem próximas à fronteira entre os dois estados. Dentro dessa amostra, usaram técnicas de pareamento para selecionar blocos de tratamento e de comparação que fossem os mais semelhantes. As características pré-tratamento utilizadas foram a proporção de domicílios com piso de terra batida, o número de crianças pequenas e o número de domicílios dentro de cada bloco.

Além do pareamento, os pesquisadores usaram variáveis instrumentais para recuperar o efeito médio local do tratamento a partir do efeito da intenção de tratar. Com a oferta de pisos de cimento como variável

(continua)

instrumental para a disponibilidade real de pisos de cimento, descobriram que o programa levou a uma redução de 18,2% na presença de parasitas, 12,4% na prevalência de diarreia e 19,4% na prevalência de anemia. Além disso, conseguiram usar a variabilidade na quantidade de espaço total efetivamente coberto por cimento para prever que a substituição completa dos pisos de terra por pisos de cimento em uma casa geraria uma redução de 78% nas infestações parasitárias, 49% na ocorrência de diarreia e 81% na ocorrência de anemia, além de uma melhora de 36% a 96% no desenvolvimento cognitivo infantil. Os autores também coletaram dados sobre o bem-estar dos adultos e descobriram que os pisos de cimento deixaram as mães mais felizes, com um aumento de 59% nos relatos de satisfação com suas residências e de 69% de satisfação com a qualidade de vida,

e uma redução de 52% em uma escala de avaliação da depressão e de 45% em uma escala de avaliação do estresse percebido.

Cattaneo e outros (2009) concluíram que o programa Piso Firme teve um impacto absoluto maior sobre o desenvolvimento cognitivo infantil a um custo menor do que o Oportunidades/Progresa, programa de transferência condicional de renda de larga escala do México, e também do que programas comparáveis de suplementação nutricional e de estímulo cognitivo na primeira infância. Os pisos de cimento também foram mais eficientes em prevenir o surgimento de infecções parasitárias do que os tratamentos comuns de vermifugação. Os autores afirmam que programas para substituir pisos de terra batida por pisos de cimento têm grandes chances de melhorar a saúde infantil com custo-efetividade em contextos semelhantes.

Fonte: Cattaneo e outros 2009.

O método de controle sintético

O método de controle sintético permite calcular a estimativa de impacto em situações em que uma única unidade (como um país, uma empresa ou um hospital) recebe uma intervenção ou é exposta a um evento. Em vez de comparar essa unidade tratada a um grupo de unidades não tratadas, esse método utiliza informações sobre as características da unidade tratada e das unidades não tratadas para construir uma única unidade de comparação "sintética", ou artificial, através da ponderação de cada unidade não tratada de maneira que a unidade de comparação sintética se assemelhe mais à unidade tratada. Isso requer uma longa série de observações ao longo do tempo sobre as características tanto da unidade tratada quanto das unidades não tratadas. Essa combinação de unidades de comparação numa unidade sintética proporciona uma comparação melhor para a unidade tratada do que qualquer unidade não tratada individualmente. O boxe 8.3 fornece um exemplo de avaliação que utilizou o método de controle sintético.

Boxe 8.3: O método de controle sintético: os efeitos econômicos de um conflito terrorista na Espanha

Abadie e Gardeazabal (2003) utilizaram o método de controle sintético para investigar os efeitos econômicos do conflito terrorista no País Basco. No início dos anos 1970, o País Basco era uma das regiões mais ricas da Espanha. No entanto, no final da década de 1990, após 30 anos de conflito, a região havia caído para a sexta posição em termos de produto interno bruto (PIB) per capita. No começo da onda de atentados terroristas, no início dos anos 1970, o País Basco diferia das outras regiões espanholas em características que se acredita estavam relacionadas ao potencial de crescimento econômico.

Por conseguinte, uma comparação entre o crescimento do PIB da economia basca e o do restante da Espanha refletiria tanto o efeito do terrorismo quanto o efeito dessas diferenças nos determinantes do crescimento econômico antes do início dos atentados terroristas. Em outras palavras, a abordagem do método diferença em diferenças resultaria em resultados enviesados do impacto do terrorismo sobre o crescimento econômico do País Basco. Para lidar com essa situação, os autores utilizaram uma combinação de outras regiões espanholas para criar uma região de comparação "sintética".

Fonte: Abadie e Gardeazabal 2003.

Limitações do método de pareamento

Embora os procedimentos de pareamento possam ser aplicados em muitas configurações, independentemente das regras de alocação de um programa, eles apresentam várias falhas graves. Em primeiro lugar, exigem extensas bases de dados em grandes amostras de unidades e, mesmo quando disponíveis, pode haver falta de suporte comum entre o grupo de tratamento, ou inscrito, e o grupo de não participantes. Em segundo lugar, o pareamento só pode ser realizado com base nas características observáveis. Por definição, não podemos incorporar características não observáveis ao cálculo do escore de propensão. Portanto, para que o procedimento de pareamento identifique um grupo de comparação válido, devemos ter certeza de que não existem diferenças sistemáticas entre as características não observáveis das unidades de tratamento e as unidades de comparação pareadas[4] que poderiam influenciar o resultado (Y). Como não podemos *provar* que não existem tais características não observáveis que afetam tanto a participação quanto os resultados, devemos *supor* que elas não existem. Esse é, geralmente, um pressuposto bastante forte.

Embora o pareamento ajude a controlar para as características pré-trata-mento *observáveis*, não podemos excluir o viés decorrente de caracterís-ticas não observáveis. Em resumo, a suposição de que nenhum viés de seleção ocorreu a partir das características não observáveis é muito forte e, pior ainda, não pode ser testada.

O pareamento sozinho é, geralmente, menos robusto do que os outros métodos de avaliação que discutimos, uma vez que ele requer a forte supo-sição de que não há características não observáveis que afetem simultane-amente a participação no programa e os resultados de interesse. Os métodos de seleção aleatória, de variável instrumental e de regressão descontínua, por outro lado, não requerem a hipótese não comprovável de que não exis-tem variáveis não observáveis. Eles também não requerem amostras tão grandes ou uma gama de características pré-tratamento tão ampla como o pareamento por escore de propensão.

Na prática, os métodos de pareamento geralmente são usados quando as opções de seleção aleatória, variáveis instrumentais e de regressão des-contínua não são possíveis. O *pareamento ex-post* é muito arriscado quando não há dados de linha de base disponíveis sobre o resultado de interesse ou sobre as características socioeconômicas. Se uma avaliação utilizar dados de pesquisa coletados após o início do programa (isto é, *ex-post*) para infe-rir quais são as características socioeconômicas das pessoas na linha de base e, em seguida, parear o grupo tratado com um grupo de comparação usando essas características inferidas, poderá inadvertidamente realizar o pareamento com base em características que também foram afetadas pelo programa. Nesse caso, o resultado da estimativa seria inválido ou enviesado.

Por outro lado, quando os dados de linha de base estão disponíveis, o pareamento baseado nas características socioeconômicas da linha de base pode ser muito útil se for combinado a outras técnicas, como dife-rença em diferenças, o que nos permitirá corrigir para as diferenças entre os grupos que são fixas ao longo do tempo. O pareamento também é mais confiável quando a regra de seleção do programa e as variáveis subjacentes são conhecidas e, nesse caso, o pareamento pode ser reali-zado nessas variáveis.

Pelo que foi visto até agora, provavelmente já deve ter ficado claro para os leitores que as avaliações de impacto são mais bem desenhadas antes que o programa comece a ser implementado. Após o início do programa, se não houver nenhuma maneira de influenciar sua seleção e caso nenhum dado de linha de base tenha sido coletado, as opções disponíveis para a realização de uma avaliação de impacto rigorosa serão poucas ou inexistentes.

◌ Avaliar o impacto do HISP: uso das técnicas de pareamento

Após aprender sobre as técnicas de pareamento, você pode se perguntar se poderia usá-las para estimar o impacto do Programa de Subsídio ao Seguro Saúde (HISP). Assim, decide usar algumas técnicas de pareamento para selecionar um grupo de famílias não inscritas que se assemelha às famílias inscritas com base nas características observáveis da linha de base. Para fazer isso, você usa o pacote de pareamento de seu software estatístico. Em primeiro lugar, ele estima a probabilidade de uma família se inscrever no programa com base nos valores observáveis das características (as variáveis explicativas), tais como a idade do chefe de família e do cônjuge, seu nível educacional, o fato de o chefe de família ser mulher, se a família é nativa, e assim por diante.

Vamos realizar o pareamento utilizando dois cenários. No primeiro cenário, há um grande conjunto de variáveis para prever a inscrição, incluindo as características socioeconômicas da família. No segundo cenário, há pouca informação para prever a inscrição (apenas o nível educacional e a idade do chefe de família). Conforme mostra o quadro 8.1, a probabilidade de uma família se inscrever no programa é menor se a idade de seus membros for maior, se eles forem mais instruídos, se a família for chefiada por uma mulher, se residir em casa com banheiro ou possuir maiores lotes de terra. Em contrapartida, se a família for nativa, tiver mais membros e se a casa tiver piso de terra e estiver localizada longe de um hospital, a probabilidade de que essa família se inscreva no programa é maior. Dessa maneira, em geral, aparentemente as famílias mais pobres e menos instruídas são mais propensas a se inscrever, o que é uma boa notícia para um programa direcionado para pessoas pobres.

Agora que o software estimou a probabilidade de cada família se inscrever no programa (o escore de propensão), verifique a distribuição do escore de propensão para as famílias inscritas e de comparação pareadas. A figura 8.3 mostra que o suporte comum (quando utilizamos o conjunto completo de variáveis explicativas) se estende por toda a distribuição do escore de propensão. Na realidade, nenhuma das famílias inscritas se situa fora da área de suporte comum. Em outras palavras, somos capazes de encontrar uma família de comparação pareada para cada uma das famílias inscritas.

Você decide usar o *pareamento com o vizinho mais próximo*, ou seja, orienta o software a localizar, para cada família inscrita, a família não inscrita que tenha o escore de propensão mais próximo daquele da família inscrita.

Quadro 8.1   Estimar o escore de propensão com base nas características observáveis da linha de base

Variável dependente: inscritos = 1	Conjunto completo de variáveis explicativas	Conjunto limitado de variáveis explicativas
Variáveis explicativas: características observáveis da linha de base	Coeficiente	Coeficiente
Idade do chefe de família (anos)	-0,013**	-0,021**
Idade do cônjuge (anos)	-0,008**	-0,041**
Nível educacional do chefe de família (anos)	-0,022**	
Nível educacional do cônjuge (anos)	-0,016*	
Chefe de família é mulher =1	-0,020	
Nativos = 1	0,161**	
Número de membros da família	0,119**	
Piso de terra batida = 1	0,376**	
Banheiro = 1	-0,124**	
Hectares de terra	-0,028**	
Distância até o hospital (km)	0,002**	
Constante	-0,497**	0,554**

Observação: regressão *probit.* A variável dependente é 1 se a família se inscreveu no HISP e 0 caso ela não tenha se inscrito. Os coeficientes representam a contribuição de cada variável explicativa para a probabilidade de uma família se inscrever no HISP.
Nível de significância: * = 5%, ** = 1%

Dessa maneira, o software restringirá a amostra a essas famílias dos grupos inscritos e não inscritos para as quais for capaz de encontrar um par no outro grupo.

Para obter o impacto estimado usando o método de pareamento, primeiro você calcula o impacto para cada família inscrita individualmente (usando a família de comparação pareada para cada família) e, em seguida, calcula a média desses impactos individuais. O quadro 8.2 mostra que o impacto estimado a partir da aplicação desse procedimento é uma redução de US$ 9,95 nos gastos com saúde das famílias.

Por fim, o software também permite calcular o erro padrão para o impacto estimado utilizando a regressão linear[5] (quadro 8.3).

Figura 8.3 Pareamento para o HISP: suporte comum

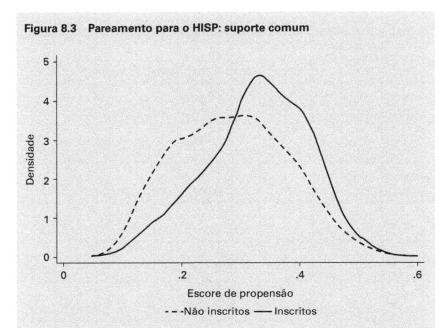

Escore de propensão

- - -Não inscritos —— Inscritos

Quadro 8.2 Avaliar o HISP: pareamento com as características da linha de base e comparação de médias

	Inscritos	Comparação pareada	Diferença
Gastos com saúde das famílias (em US$)	7,84	17,79 (usando um conjunto completo de variáveis explicativas)	- 9,95
		19,9 (usando um conjunto limitado de variáveis explicativas)	-11,35

Observação: este quadro compara as despesas médias com saúde das famílias inscritas e as famílias de comparação pareadas.

Você percebe que também tem informações da linha de base sobre os resultados de interesse em seus dados de pesquisa, de modo que decide aplicar o método diferença em diferenças com pareamento, além de utilizar o conjunto completo de variáveis explicativas. Ou sèja, você calcula a diferença entre os gastos com saúde durante o acompanhamento das famílias inscritas e de comparação pareadas, calcula a diferença entre os gastos com saúde no início do estudo das famílias inscritas e de

Quadro 8.3   Avaliar o HISP: pareamento com as características da linha de base e análise de regressão

	Regressão linear (pareamento com um conjunto completo de variáveis explicativas)	Regressão linear (pareamento com um conjunto limitado de variáveis explicativas)
Impacto estimado sobre os gastos com saúde das famílias (em US$)	-9,95** (0,24)	-11,35** (0,22)

Observação: o erro padrão está entre parênteses. Nível de significância: ** = 1%

Quadro 8.4   Avaliar o HISP: diferença em diferenças combinada com pareamento usando as características da linha de base

		Inscritos	Comparação pareada usando um conjunto completo de variáveis explicativas	Diferença
Gastos com saúde das famílias (US$)	Acompanhamento	7,84	17,79	-9,95
	Linha de base	14,49	15,03	0,54
				Diferença em diferenças pareada = -9,41** (0,19)

Observação: o erro padrão está entre parênteses e foi calculado utilizando a regressão linear. Nível de significância: ** = 1%

comparação pareadas e, em seguida, calcula a diferença entre essas duas diferenças. O quadro 8.4 mostra o resultado dessa abordagem de diferença em diferenças com pareamento.

 Perguntas 7 sobre o HISP

A. Quais são as hipóteses básicas necessárias para aceitar esses resultados baseados no método de pareamento?

B. Por que os resultados do método de pareamento são diferentes se você usar o conjunto completo versus o conjunto limitado de variáveis explicativas?

C. O que acontece quando você compara o resultado do método de pareamento com o resultado da seleção aleatória? Por que você acha que os resultados são tão diferentes quando o pareamento usa um conjunto limitado de variáveis explicativas? Por que o resultado é mais semelhante quando o pareamento usa um conjunto completo de variáveis explicativas?

D. Com base no resultado do método de pareamento, o HISP deverá ser ampliado para todo o país?

Lista de verificação: pareamento

O pareamento se baseia na hipótese de que as unidades inscritas e não inscritas são semelhantes em termos de quaisquer variáveis não observáveis que possam afetar tanto a probabilidade de participar do programa quanto o resultado de interesse.

✓ A participação no programa é determinada por variáveis que não podem ser observadas? Não se pode testar essa hipótese diretamente, portanto será preciso confiar na teoria, no senso comum e no bom conhecimento sobre o contexto da avaliação de impacto para se orientar.

✓ As características observáveis estão bem balanceadas entre os subgrupos pareados? Compare as características observáveis na linha de base de cada unidade de tratamento e o seu grupo de unidades de comparação pareadas.

✓ É possível encontrar uma comparação pareada para cada unidade de tratamento? Verifique se existe suporte comum suficiente na distribuição dos escores de propensão. Pequenas áreas de suporte comum indicam que as pessoas inscritas e não inscritas são muito diferentes, e isso gera dúvidas sobre se o pareamento é um método crível.

Recursos adicionais

- Para acessar os materiais complementares a este livro e hiperlinks com recursos adicionais, ver o site Avaliação de Impacto na Prática (http://www.worldbank.org/ieinpractice).

- Para obter mais informações sobre pareamento, ver Rosenbaum, Paul. 2002. *Observational Studies*. Segunda edição. Springer Series in Statistics. Nova York: Springer-Verlag.

- Para obter mais informações sobre a implementação do escore de propensão, ver Heinrich, Carolyn, Alessandro Maffioli e Gonzalo Vásquez. 2010. "A Primer for Applying Propensity-Score Matching. Impact-Evaluation Guidelines". Technical Note IDB-TN-161. Banco Interamericano de Desenvolvimento, Washington, DC.

Notas

1. Nota técnica: na prática, muitas definições do que constitui a unidade mais próxima são usadas para fazer o pareamento. As unidades de comparação mais próximas podem ser definidas com base em uma estratificação do escore de propensão — a identificação dos vizinhos mais próximos da unidade de tratamento, com base na distância, dentro de um determinado raio — ou usando técnicas de kernel. Considera-se uma boa prática verificar a robustez dos resultados de pareamento utilizando vários algoritmos de pareamento. Ver Rosenbaum (2002) para mais detalhes.

2. A discussão sobre o método de pareamento apresentada neste livro concentra-se no pareamento de um para um. Vários outros tipos de pareamento, tais como o pareamento de um para vários ou o pareamento com/sem reposição não serão discutidos. Em todos esses casos, no entanto, o arcabouço conceitual descrito aqui também se aplicaria.

3. Uma análise detalhada do método de pareamento pode ser encontrada em Rosenbaum (2002).

4. Nota técnica: quando os escores de propensão das unidades inscritas não forem totalmente cobertos pela área de suporte comum, os erros padrão deverão ser estimados utilizando "*bootstrapping*", em vez de regressão linear.

5. Para os leitores com formação em econometria, isso significa que a participação é independente dos resultados, dadas as características socioeconômicas utilizadas para realizar o pareamento.

Referências

Abadie, Alberto e Javier Gardeazabal. 2003. "The Economic Costs of Conflict: A Case Study of the Basque Country." *American Economic Review* 93 (1): 113–32.

Cattaneo, Matias D., Sebastian Galiani, Paul J. Gertler, Sebastián Martínez e Rocio Titiunik. 2009. "Housing, Health, and Happiness." *American Economic Journal: Economic Policy* 1 (1): 75–105.

Heinrich, Carolyn, Alessandro Maffioli e Gonzalo Vásquez. 2010. "A Primer for Applying Propensity-Score Matching. Impact-Evaluation Guidelines." Technical Note IDB-TN-161. Banco Interamericano de Desenvolvimento, Washington, DC.

Jalan, Jyotsna e Martin Ravallion. 2003. "Estimating the Benefit Incidence of an Antipoverty Program by Propensity-Score Matching." *Journal of Business & Economic Statistics* 21 (1): 19–30.

Mu, Ren e Dominique Van de Walle. 2011. "Rural Roads and Local Market Development in Vietnam." *Journal of Development Studies* 47 (5): 709–34.

Rosenbaum, Paul. 2002. *Observational Studies*. 2ª edição. Springer Series in Statistics. Nova York: Springer-Verlag.

Rosenbaum, Paul e Donald Rubin. 1983. "The Central Role of the Propensity Score in Observational Studies of Causal Effects." *Biometrika* 70 (1): 41–55.

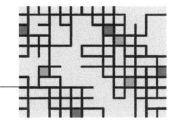

CAPÍTULO 9

Enfrentar os desafios metodológicos

Efeitos heterogêneos do tratamento

Já vimos que a maioria dos métodos de avaliação de impacto produz estimativas válidas do contrafactual apenas sob certas hipóteses. O principal risco da aplicação de qualquer método é que suas suposições subjacentes não sejam verdadeiras, resultando em estimativas enviesadas do impacto do programa. Mas há também uma série de outros riscos que são comuns à maioria das metodologias que analisamos. Discutiremos os principais neste capítulo.

Um tipo de risco surge quando se está estimando o impacto de um programa para um grupo inteiro e seus resultados mascaram algumas diferenças nos impactos entre diferentes beneficiários, isto é, mascaram o que chamamos de efeitos heterogêneos de tratamento. A maioria dos métodos de avaliação de impacto pressupõe que um programa afeta os resultados de todas as unidades da população de forma linear e homogênea.

Se acreditamos que subpopulações diversas possam ter experimentado o impacto de um programa de maneira muito diferente, talvez seja recomendável dispor de amostras estratificadas para cada subpopulação. Digamos, por exemplo, que estamos interessados em descobrir o impacto de um programa de merenda escolar sobre meninas, mas que apenas 10%

dos alunos sejam do sexo feminino. Nesse caso, até mesmo uma grande amostra aleatória de alunos pode não conter um número suficiente de meninas para permitir que se estime o impacto do programa sobre esse grupo. Para o desenho amostral da avaliação, seria preciso estratificar a amostra com base no sexo dos alunos e incluir um número suficientemente grande de meninas para poder detectar uma determinada magnitude do efeito do programa para esse subgrupo.

Efeitos comportamentais não desejados

Ao realizar uma avaliação de impacto, podemos também induzir respostas comportamentais não desejadas na população que se está estudando, conforme exposto a seguir:

- O *efeito Hawthorne* ocorre quando o simples fato de se observar as unidades avaliadas faz com que elas se comportem de maneira diferente (ver o boxe 9.1).

- O *efeito John Henry* ocorre quando as unidades de comparação trabalham mais arduamente para compensar o fato de o programa não ter sido oferecido a elas (ver o boxe 9.1).

- A *antecipação* pode levar a outro tipo de efeito comportamental não desejável. Em um programa com seleção aleatória, as unidades do grupo de comparação podem esperar receber o programa no futuro e começar a mudar o seu comportamento antes de receber os serviços do programa.

- O *viés de substituição* é outro efeito comportamental que afeta o grupo de comparação: as unidades que não foram selecionadas para receber o programa podem ser capazes de encontrar programas substitutos por iniciativa própria.

As respostas comportamentais que afetam desproporcionalmente o grupo de comparação são um problema, pois podem minar a validade interna dos resultados da avaliação, mesmo que se utilize a seleção aleatória como método de avaliação. Um grupo de comparação que trabalhe mais arduamente para compensar o não recebimento de um tratamento, ou que mude seu comportamento ao prever o recebimento do programa, não representa bem o contrafactual desejado.

Se houver motivos para acreditar que essas respostas comportamentais não desejadas podem estar presentes, a criação de outros grupos de comparação não afetados de maneira nenhuma pela intervenção pode ser uma

Boxe 9.1: Relatos folclóricos relacionados à avaliação de impacto: o efeito Hawthorne e o efeito John Henry

O termo *efeito Hawthorne* refere-se a experimentos que foram realizados entre 1924 e 1932 na Hawthorne Works, uma fábrica de equipamentos elétricos localizada no estado norte-americano de Illinois. Esses experimentos testaram o impacto de mudanças nas condições de trabalho (como aumentar ou diminuir a intensidade da luz) sobre a produtividade dos trabalhadores, e descobriram que qualquer mudança nas condições de trabalho (mais ou menos luz, intervalos de descanso maiores ou menores e outras alterações semelhantes) gerava um aumento na produtividade. Isso foi interpretado como um efeito da avaliação em si: os trabalhadores que fizeram parte desses experimentos viam-se como especiais, e sua produtividade tinha aumentado por causa disso, e não devido a mudanças nas condições de trabalho. Apesar de, posteriormente, os experimentos originais terem sido alvo de controvérsias e

terem ficado um tanto desacreditados, o termo efeito Hawthorne tem sido usado para descrever esse tipo de situação.

O termo *efeito John Henry* foi cunhado por Gary Saretsky em 1972 e refere-se ao lendário herói norte-americano John Henry, um operador de broca de aço encarregado de perfurar rochas e fazer buracos para a inserção de explosivos durante a construção de um túnel ferroviário. Segundo a lenda, quando soube que seu desempenho estava sendo comparado ao desempenho de uma broca a vapor, Henry passou a trabalhar muito mais arduamente para superar a máquina. Infelizmente, o resultado desse esforço extra foi a sua morte. Mas o termo continua sendo aplicado para descrever situações nas quais as unidades do grupo de comparação trabalham mais arduamente para compensar o não recebimento de um programa.

Fontes: Landsberger 1958; Levitt and List 2009; Saretsky 1972.

opção, pois permite testar explicitamente a presença de respostas não desejadas. Também pode ser útil coletar dados qualitativos para entender melhor as respostas comportamentais.

Cumprimento parcial

O *cumprimento parcial* é uma discrepância entre o status selecionado e o status real de tratamento. O cumprimento parcial ocorre quando algumas unidades selecionadas para o grupo de tratamento não recebem o tratamento e algumas unidades selecionadas para o grupo de comparação recebem o tratamento. No capítulo 5, discutimos o cumprimento parcial em relação à seleção aleatória, mas o cumprimento parcial também pode ocorrer no método de regressão descontínua (como foi discutido no capítulo 6) e no da diferença em diferenças (capítulo 7). Antes que possamos interpretar as estimativas de impacto obtidas por qualquer um desses métodos, é necessário saber se houve cumprimento parcial do programa.

O cumprimento parcial pode ocorrer de várias maneiras:

- Nem todos os participantes selecionados para o programa realmente participam da iniciativa. Às vezes, unidades que são selecionadas para um programa optam por não participar.

- Alguns selecionados para participar são excluídos do programa devido a erros administrativos ou de implementação.

- Algumas unidades do grupo de comparação recebem ofertas para participar do programa por engano, e acabam por se inscrever nele.

- Algumas unidades do grupo de comparação conseguem participar do programa, mesmo que não recebam uma oferta para participar da iniciativa.

- O programa é alocado com base em um índice de elegibilidade contínuo, mas o ponto de corte de elegibilidade não é aplicado com rigor.

- Ocorre uma *migração seletiva* com base no status do tratamento. Por exemplo, a avaliação pode comparar os resultados de municípios tratados e não tratados, mas os indivíduos podem optar por se mudar para outro município caso não gostem do status de tratamento de seu município.

Em geral, na presença do cumprimento parcial, os métodos padrão de avaliação de impacto produzem estimativas da intenção de tratar. No entanto, o efeito médio local do tratamento pode ser recuperado a partir das estimativas da intenção de tratar utilizando a abordagem de variáveis instrumentais.

No capítulo 5, apresentamos a melhor maneira de lidar com o cumprimento parcial no contexto de seleção aleatória. Ao usarmos um ajuste para a porcentagem de cumpridores (aqueles que cumprem as regras de seleção para o programa) da amostra de avaliação, conseguimos recuperar o efeito médio local do tratamento para os cumpridores da estimativa da intenção de tratar. Esse ajuste pode ser estendido a outros métodos por meio da aplicação da abordagem mais geral de variáveis instrumentais. A variável instrumental contém uma fonte externa de variação que ajuda a corrigir o viés que pode resultar do cumprimento parcial. No caso da seleção aleatória com cumprimento parcial, utilizamos uma variável binária 0/1 (chamada de variável *dummy* em inglês) que assume o valor 1 caso a unidade tenha sido originalmente selecionada para o grupo de tratamento e 0 se originalmente selecionada para o grupo de comparação. Durante a etapa de análise, a variável instrumental é usada no contexto de uma *regressão em dois estágios*, que permite identificar o impacto do tratamento sobre aqueles que cumprem as regras de participação no programa.

A lógica da abordagem das variáveis instrumentais pode ser estendida ao contexto de outros métodos de avaliação:

- No contexto do método de regressão descontínua, a variável instrumental utilizada seria uma variável 0/1 que indica se uma unidade está localizada do lado inelegível ou do lado elegível do ponto de corte.

- No contexto da migração seletiva, uma possível variável instrumental para a localização do indivíduo após o início do programa seria a localização desse indivíduo antes do anúncio do programa.

Apesar da possibilidade de solucionar o problema de cumprimento parcial usando variáveis instrumentais, é importante lembrar três pontos:

1. Do ponto de vista técnico, não é desejável que uma grande parte do grupo de comparação se inscreva no programa. À medida que a parcela do grupo de comparação que se inscreve no programa aumenta, a fração de cumpridores na população diminuirá, e o efeito médio local do tratamento estimado com o método de variáveis instrumentais será válido somente para uma parcela reduzida da população de interesse. Se essa parte do grupo de comparação que se inscreve for grande demais, os resultados podem perder toda a relevância para a política pública, já que eles não seriam mais aplicáveis a uma parcela expressiva da população de interesse.

2. Por outro lado, não é desejável que uma grande parcela do grupo de tratamento permaneça não inscrita. Mais uma vez, à medida que a parcela do grupo de tratamento que se inscreve no programa diminui, a fração de cumpridores na população diminui. O efeito médio local do tratamento estimado com o método de variáveis instrumentais será válido apenas para uma parcela reduzida da população de interesse.

3. Conforme foi discutido no capítulo 5, o método de variáveis instrumentais só é válido em determinadas circunstâncias; definitivamente, não é uma solução universal.

Transbordamentos

Os transbordamentos (ou efeitos de transbordamento) são outro problema comum que pode afetar as avaliações, quer elas utilizem o método de seleção aleatória, de regressão descontínua ou de diferença em diferenças.

Um *transbordamento* acontece quando uma intervenção afeta um não participante do programa, seja de forma positiva ou negativa. Existem quatro tipos de efeitos de transbordamento, de acordo com Angelucci e Di Maro (2015):

- *Externalidades*. Esses são efeitos do programa sobre os indivíduos tratados que acabam afetando os indivíduos não tratados. Por exemplo, vacinar as crianças de um povoado contra a gripe diminui a probabilidade de que os não vacinados da mesma localidade peguem essa doença. Esse é um exemplo de externalidade positiva. As externalidades também podem ser negativas. Por exemplo, a produção agrícola de um agricultor pode ser parcialmente destruída caso seja contaminada pelo herbicida aplicado por seu vizinho.

- *Interações sociais*. Os transbordamentos podem resultar de interações sociais e econômicas entre as populações tratadas e não tratadas, levando a impactos indiretos sobre os não tratados. Por exemplo, um estudante que recebeu um *tablet* como parte de um programa de aprimoramento do aprendizado compartilha o aparelho com outro aluno que não está participando do programa.

- *Efeitos de equilíbrio de contexto*. Esses efeitos ocorrem quando uma intervenção afeta as normas comportamentais ou sociais dentro de um dado contexto, como uma localidade tratada. Por exemplo, aumentar a quantidade de recursos que os centros de saúde tratados recebem para que possam ampliar sua gama de serviços pode afetar as expectativas da população sobre qual deve ser a gama de serviços oferecida por todos os centros de saúde.

- *Efeitos de equilíbrio geral*. Esses efeitos ocorrem quando as intervenções afetam a oferta e a demanda de bens ou serviços e, portanto, alteram o preço de mercado desses bens e serviços. Por exemplo, um programa que dá a mulheres pobres *vouchers* para usar os serviços de parto em clínicas ou hospitais particulares pode aumentar repentinamente a demanda de serviços nessas instalações, elevando, assim, o preço do serviço para todos os outros usuários. O boxe 9.2 apresenta um exemplo de transbordamentos negativos devido a efeitos de equilíbrio geral no contexto de um programa de capacitação profissional.

Se o não participante que experimentar o transbordamento for um membro do grupo de comparação, o transbordamento violará a exigência básica de que o resultado de uma unidade não deve ser afetado pelo status de tratamento de outras unidades. Esse *pressuposto de estabilidade de valor da unidade de tratamento* (SUTVA, do inglês *stable unit treatment value assumption*)

Boxe 9.2: Transbordamentos negativos devido a efeitos de equilíbrio geral: intermediação de mão de obra e resultados no mercado de trabalho na França

Os programas de intermediação de mão de obra são populares em muitos países industrializados, onde os governos contratam organizações terceirizadas para ajudar os trabalhadores desempregados em sua busca de emprego. Muitos estudos detectaram que esses programas de intermediação de mão de obra têm um impacto significativo e positivo sobre os que buscam emprego.

Crépon e outros (2013) investigaram se o fornecimento de assistência à busca de emprego para candidatos jovens e com boa formação na França poderia ter efeitos negativos sobre outros candidatos que não contassem com o apoio do programa. Eles levantaram a hipótese de que poderia estar operando um mecanismo de transbordamento: quando o mercado de trabalho não está se expandindo muito, ajudar um candidato a encontrar um emprego pode ocorrer em detrimento de outro candidato que poderia ter sido contratado para o cargo que

o candidato auxiliado pelo programa conseguiu. Para investigar essa hipótese, realizaram um experimento aleatório que incluiu 235 mercados de trabalho (como cidades) da França. Esses mercados de trabalho foram selecionados aleatoriamente para entrar em um entre cinco grupos distintos, que variavam em termos da proporção de candidatos desempregados a ser selecionados ao tratamento de aconselhamento (0%, 25%, 50%, 75% e 100%). Em cada mercado de trabalho, os candidatos elegíveis foram selecionados aleatoriamente para o tratamento seguindo a proporção descrita. Após oito meses, os resultados mostraram que os jovens desempregados que foram alocados para o programa registraram uma probabilidade bem maior de encontrar um emprego estável do que aqueles que não foram. Mas esses ganhos parecem ter ocorrido, em parte, em detrimento dos trabalhadores elegíveis que não participaram do programa.

Fonte: Crépon e outros 2013.

é necessário para garantir que a seleção aleatória produza estimativas de impacto não enviesadas. Intuitivamente, se o grupo de *comparação* for indiretamente afetado pelo benefício recebido pelo grupo de tratamento (por exemplo, se os estudantes do grupo de comparação tomarem emprestados os *tablets* dos alunos tratados), a comparação não representará corretamente o que teria acontecido ao grupo de tratamento na ausência do tratamento (o contrafactual).

Se o não participante que experimentar o transbordamento não for um membro do grupo de comparação, a hipótese SUTVA se sustentaria, e o grupo de comparação ainda forneceria uma boa estimativa do contrafactual. No entanto, ainda gostaríamos de medir o transbordamento, pois ele representa um tipo de impacto do programa. Em outras palavras, a comparação dos resultados dos grupos de tratamento e de comparação geraria estimativas não enviesadas do impacto do tratamento sobre o grupo tratado, mas não levaria em conta o impacto do programa sobre *outros* grupos.

Um exemplo clássico de transbordamento devido a externalidades é apresentado por Kremer e Miguel (2004), que examinaram o impacto da administração de remédios contra vermes a crianças de escolas quenianas (boxe 9.3). Os vermes intestinais são parasitas que podem ser transmitidos de uma pessoa para outra por meio do contato com fezes contaminadas. Quando uma criança recebe vermífugos, sua carga de vermes diminui, assim

Boxe 9.3: Como trabalhar com transbordamentos: vermifugação, externalidades e educação no Quênia

O projeto de vermifugação nas escolas primárias de Busia, no Quênia, foi elaborado para testar diversos aspectos do tratamento e da prevenção de vermes. O projeto foi realizado pela ONG holandesa International Child Support Africa, em cooperação com o Ministério da Saúde queniano. A iniciativa envolveu 75 escolas que contavam com mais de 30.000 alunos matriculados, com idades entre 6 e 18 anos. Os estudantes foram tratados com medicação contra vermes de acordo com as recomendações da Organização Mundial da Saúde (OMS), tendo recebido também informações sobre a prevenção da contaminação por vermes com palestras sobre saúde, cartazes e treinamento de professores.

Devido a restrições administrativas e financeiras, a implantação do programa foi escalonada por ordem alfabética, de acordo com a inicial do nome das escolas, sendo que o primeiro grupo de 25 escolas iniciou o tratamento em 1998, o segundo grupo, em 1999, e o terceiro grupo, em 2001. A seleção aleatória das escolas permitiu que Kremer e Miguel (2004) estimassem o impacto da vermifugação em uma escola e identificassem

os transbordamentos para as demais escolas usando a variação exógena na proximidade entre as escolas de comparação e de tratamento. Embora o cumprimento da seleção aleatória tenha sido relativamente alto (75% dos alunos selecionados para o tratamento receberam a medicação contra vermes e apenas um pequeno percentual das unidades do grupo de comparação receberam o tratamento), os pesquisadores também puderam aproveitar o cumprimento parcial para estimar as externalidades de saúde dentro de cada escola.

O efeito direto das intervenções foi a redução, em 26 pontos percentuais, das verminoses de moderadas a intensas nos alunos que tomaram a medicação. Ao mesmo tempo, as infecções de moderadas a intensas entre os alunos que frequentavam as escolas participantes do tratamento mas que não tomaram a medicação caíram 12 pontos percentuais devido ao efeito indireto de transbordamento. Também ocorreram externalidades entre as escolas.

Como o custo da vermifugação é muito baixo e os efeitos sobre a saúde e a educação

(continua)

como também diminui a carga de vermes das pessoas que vivem no mesmo ambiente, já que essas pessoas não entrarão mais em contato com os vermes da criança tratada. Dessa maneira, no exemplo do Quênia, quando o medicamento foi administrado às crianças de uma determinada escola, ele beneficiou não apenas essas crianças (benefício direto), mas também as crianças das escolas vizinhas (benefício indireto).

Conforme ilustrado pela figura 9.1, a vermifugação das crianças das escolas do grupo A também diminui o número de vermes que afeta crianças que não frequentam as escolas do grupo A. Em especial, a vermifugação pode diminuir o número de vermes que afeta as crianças que frequentam as escolas de comparação do grupo B, que estão localizadas perto das escolas do grupo A. No entanto, as escolas de comparação mais afastadas das escolas do grupo A — as escolas do grupo C — não experimentam os efeitos de transbordamento porque o medicamento administrado ao grupo A não mata nenhum dos vermes que afetam as crianças que frequentam as escolas do grupo C. A avaliação e os seus resultados são discutidos mais detalhadamente no boxe 9.3.

Desenho de uma avaliação de impacto que incorpore os transbordamentos

Digamos que se esteja elaborando uma avaliação de impacto para um programa que poderá apresentar transbordamentos. Como se deve abordar essa questão? A primeira coisa a fazer é perceber que o objetivo da avaliação precisa ser ampliado. Embora uma avaliação padrão vise estimar o impacto (ou efeito causal) de um programa sobre um resultado de interesse para

Figura 9.1   Um exemplo clássico de transbordamento: externalidades positivas da vermifugação de crianças em idade escolar

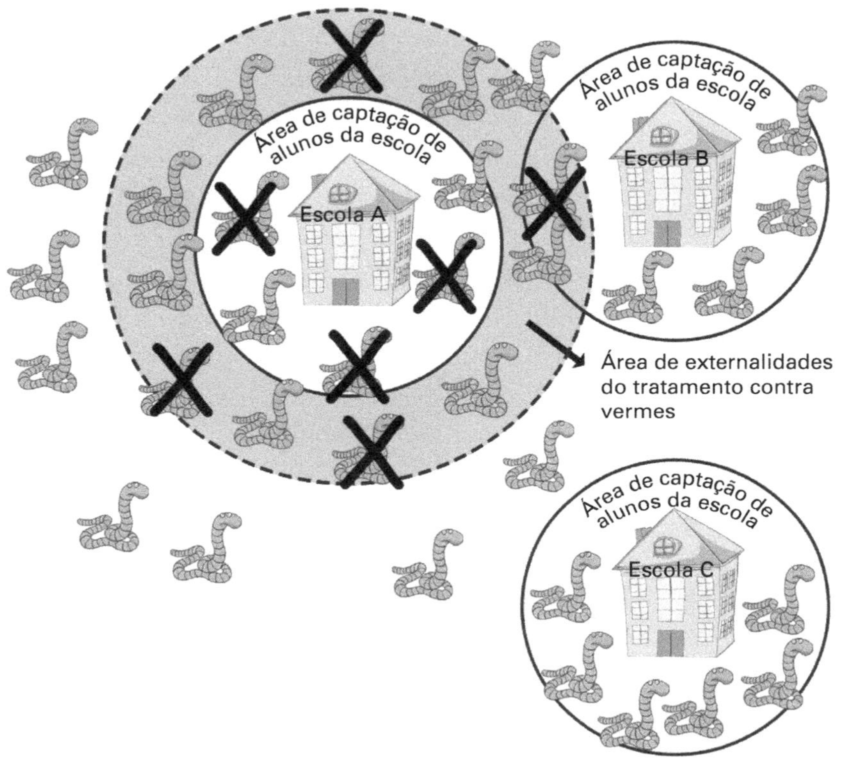

Área de externalidades do tratamento contra vermes

unidades que recebem o tratamento, uma avaliação com transbordamentos terá que responder a duas perguntas:

1. *A pergunta padrão de avaliação sobre o impacto direto.* Qual é o impacto (ou efeito causal) de um programa sobre um resultado de interesse para as unidades que recebem o tratamento? Esse é o impacto direto que o programa tem sobre os grupos tratados.

2. *Uma pergunta de avaliação adicional sobre o impacto indireto.* Qual é o impacto (ou efeito causal) de um programa sobre um resultado de interesse para as unidades que *não* recebem o tratamento? Esse é o impacto indireto que o programa tem sobre os grupos não tratados.

Para estimar o impacto direto sobre os grupos tratados, será preciso escolher o grupo de comparação de maneira que ele não seja afetado por transbordamentos. Por exemplo, pode-se exigir que os povoados, clínicas ou domicílios de tratamento e de comparação estejam localizados suficientemente longe uns dos outros para tornar os transbordamentos mais improváveis.

Para estimar o impacto indireto sobre os grupos não tratados, deve-se identificar um grupo de comparação adicional para cada grupo não tratado potencialmente afetado por transbordamentos. Por exemplo, os agentes comunitários da área de saúde podem realizar visitas domiciliares para fornecer aos pais informações sobre os benefícios da adoção de uma dieta mais variada para seus filhos. Suponhamos que os agentes comunitários visitem apenas alguns domicílios de determinado povoado. Pode ser que haja interesse nos efeitos de transbordamento sobre as crianças dos domicílios não visitados e, nesse caso, seria preciso encontrar um grupo de comparação para essas crianças. Ao mesmo tempo, pode ser possível que a intervenção também afete a diversidade da dieta alimentar dos adultos. Se esse efeito indireto for de interesse para a avaliação, também seria necessário encontrar um grupo de comparação para os adultos. À medida que o número de canais potenciais de transbordamento aumenta, o desenho da avaliação pode tornar-se bastante complicado.

Avaliações com transbordamento apresentam alguns desafios específicos. Em primeiro lugar, quando for provável que ocorram efeitos de transbordamento, é importante entender sobre qual mecanismo de transbordamento estamos falando: biológico, social, ambiental ou outros. Se não soubermos qual é o mecanismo de transbordamento que está em ação, não seremos capazes de escolher adequadamente os grupos de comparação que serão ou não afetados pelos transbordamentos. Em segundo lugar, uma avaliação com transbordamentos requer uma coleta de dados mais extensa do que uma avaliação na qual essa não seja uma preocupação: existe um grupo de comparação adicional (no exemplo anterior, esse grupo é composto por povoados vizinhos). Pode também ser preciso coletar dados sobre unidades adicionais (no exemplo anterior, os adultos dos domicílios que recebem as visitas sobre nutrição para as crianças). O boxe 9.4 analisa como os pesquisadores lidaram com os transbordamentos na avaliação de um programa de transferência condicional de renda no México.

Atrição

O *viés de atrição* é outro problema comum que pode afetar as avaliações, quer elas utilizem os métodos de seleção aleatória, de regressão descontínua ou de diferença em diferenças. O problema da *atrição* ocorre quando partes da amostra desaparecem ao longo do tempo e os pesquisadores não conseguem encontrar todos os membros iniciais dos grupos de tratamento e de comparação nas pesquisas de acompanhamento. Por exemplo, de 2.500

Boxe 9.4: Avaliação dos efeitos do transbordamento: transferências condicionais de renda e transbordamentos no México

Angelucci e De Giorgi (2009) examinaram os transbordamentos do programa Progresa, do México, que forneceu transferências condicionais de renda a famílias pobres (ver os boxes 1.1 e 4.2). Os pesquisadores procuraram analisar se existia o compartilhamento de riscos dentro dos povoados. Se as famílias compartilhassem riscos, então os domicílios elegíveis poderiam estar transferindo parte da renda recebida a famílias inelegíveis por meio de empréstimos ou doações.

O programa Progresa foi implementado de forma sequencial durante os dois primeiros anos: em 1998, 320 povoados foram selecionados aleatoriamente para receber as transferências de renda e, em 1999, outros 186 foram incluídos no programa. Dessa maneira, entre 1998 e 1999, havia 320 povoados de tratamento e 186 povoados de comparação. Dentro de cada povoado de tratamento, a elegibilidade de um domicílio para receber as transferências do Progresa era determinada pela condição ou não de pobreza, e dados censitários foram coletados para ambos os grupos. Isso criou quatro subgrupos dentro da amostra: populações elegíveis e inelegíveis dentro dos povoados de tratamento e de comparação. Supondo que o programa não tenha afetado indiretamente os povoados de comparação, as famílias inelegíveis dos povoados de comparação

forneceram um contrafactual válido para as famílias inelegíveis dos povoados de tratamento, e permitiram que os pesquisadores estimassem os transbordamentos dentro dos povoados para as famílias inelegíveis.

Os pesquisadores encontraram evidências de transbordamentos positivos relacionados ao consumo das famílias. O consumo de alimentos para adultos aumentou cerca de 10% por mês nas famílias inelegíveis dos povoados de tratamento. Esse aumento representou cerca de metade do aumento médio no consumo de alimentos entre as famílias elegíveis. Os resultados também deram respaldo à hipótese de compartilhamento de riscos nos povoados. As famílias inelegíveis dos povoados de tratamento receberam mais empréstimos e transferências de dinheiro de familiares e amigos do que as famílias inelegíveis dos povoados de comparação. Isso significa que o efeito de transbordamento se deu por meio dos mercados locais de seguros e de crédito.

Com base nesses resultados, Angelucci e De Giorgi concluíram que as avaliações anteriores do Progresa subestimaram o impacto do programa em 12%, pois não contabilizaram os efeitos indiretos sobre as famílias inelegíveis dentro dos povoados de tratamento.

Fonte: Angelucci e De Giorgi 2009.

famílias pesquisadas na linha de base, os pesquisadores são capazes de encontrar apenas 2.300 em uma pesquisa de acompanhamento dois anos mais tarde. Se os pesquisadores retornarem e tentarem pesquisar o mesmo grupo, digamos, dez anos depois, talvez encontrem uma parcela ainda menor das famílias originais.

A atrição pode acontecer por várias razões. Por exemplo, os membros das famílias ou mesmo famílias inteiras podem se mudar para outro povoado, cidade, região ou até mesmo outro país. Em um exemplo recente de acompanhamento de longo prazo de uma intervenção de desenvolvimento para crianças na primeira infância na Jamaica, durante a pesquisa de acompanhamento, realizada 22 anos depois da intervenção, 18% das unidades da amostra tinham migrado para o exterior (ver o boxe 9.5). Em outros casos, os entrevistados podem não estar mais dispostos a responder uma pesquisa adicional. Ou conflitos e a falta de segurança podem impedir a equipe de pesquisa de realizar o levantamento em alguns locais que foram incluídos na linha de base.

Boxe 9.5: Atrição em estudos com acompanhamento de longo prazo: desenvolvimento na primeira infância e migração na Jamaica

A atrição amostral pode ser especialmente problemática quando muitos anos se passam entre as pesquisas de linha de base e de acompanhamento. Em 1986, uma equipe da University of the West Indies (Universidade das Índias Ocidentais) iniciou um estudo na Jamaica para medir os resultados no longo prazo de uma intervenção para o desenvolvimento das crianças na primeira infância. Em 2008, quando os participantes iniciais tinham 22 anos, foi realizado um acompanhamento. A tarefa de rastrear todos os participantes do estudo original foi desafiadora.

A intervenção compreendia um programa de dois anos em Kingston, Jamaica, para proporcionar estímulos psicossociais e suplementação alimentar a crianças entre dois e cinco anos que apresentavam problemas de baixa estatura. Um total de 129 crianças foram selecionadas aleatoriamente para um de três grupos de tratamento ou para o grupo de comparação. Os pesquisadores também entrevistaram 84 crianças com estatura normal para criar um segundo grupo de comparação. No período de acompanhamento, os pesquisadores conseguiram entrevistar novamente cerca de 80% dos participantes iniciais. Não foram detectadas evidências de atrição seletiva na amostra, o que significa que não havia diferenças significativas nas características iniciais (de linha de base) entre aqueles que puderam ser entrevistados aos 22 anos e aqueles que não puderam participar desse segundo levantamento. No entanto, ao considerar o subgrupo de crianças que tinham se tornado trabalhadores migrantes, houve sinais de atrição seletiva. De um grupo de 23 trabalhadores migrantes, nove deixaram a amostra, e uma parcela significativamente maior deles pertencia ao grupo de tratamento. Isso significa que a migração e o tratamento estavam de alguma forma relacionados. Como os trabalhadores migrantes normalmente tinham rendimento mais alto do trabalho do que aqueles que permaneceram na Jamaica, isso dificultou a estimativa dos impactos.

(continua)

A atrição amostral pode ser problemática por duas razões. Em primeiro lugar, a amostra de acompanhamento pode deixar de representar corretamente a população de interesse. Lembre-se que, quando escolhemos a amostra no momento da seleção aleatória, escolhemos aquela que representa adequadamente a população de interesse. Em outras palavras, escolhemos uma amostra que tenha validade externa para a nossa população de interesse. Se a pesquisa de acompanhamento ou a coleta de dados forem afetados por uma quantidade substancial de atrição, ficaremos preocupados com a possibilidade de a amostra de acompanhamento representar apenas um subconjunto específico da população de interesse. Por exemplo, se as pessoas mais escolarizadas da amostra original também forem aquelas que migram, nossa pesquisa de acompanhamento deixará de fora essas pessoas e não mais representará acuradamente a população de interesse, que incluía aquelas pessoas mais instruídas.

Em segundo lugar, a amostra de acompanhamento pode não mais ser equilibrada entre o grupo de tratamento e o grupo de comparação. Digamos que se esteja tentando avaliar um programa que visa aumentar o nível educacional das meninas e suponhamos que as meninas mais escolarizadas tenham uma probabilidade maior de se mudar para as cidades para procurar trabalho. A pesquisa de acompanhamento poderá, então, exibir um nível de atrição desproporcionalmente elevado no grupo de tratamento, relativamente ao grupo de comparação. Isso pode afetar a validade interna da avaliação do programa: contrastando as unidades de tratamento e de comparação que encontrarmos na pesquisa de acompanhamento, não será possível estimar com rigor o impacto do programa.

Caso se detecte atrição amostral durante uma pesquisa de acompanhamento, os dois testes a seguir podem ajudar a avaliar a extensão do problema. Em primeiro lugar, deve-se verificar se as características da linha de base das unidades que saíram da amostra são estatisticamente iguais às características da linha de base das unidades que responderam com êxito a pesquisa de acompanhamento. Desde que as características de linha de base de ambos os grupos não sejam estatisticamente diferentes, sua nova amostra provavelmente continuará representando adequadamente a população de interesse.

Em segundo lugar, deve-se verificar se a taxa de atrição no grupo de tratamento é semelhante à do grupo de comparação. Se as taxas forem significativamente diferentes, talvez a amostra não seja mais válida e será necessário utilizar várias técnicas estatísticas para tentar corrigir esse problema. Um método comum é a *ponderação pela probabilidade inversa*, um método que repondera estatisticamente os dados (neste caso, os dados de acompanhamento) de modo a corrigir o fato de uma parcela dos participantes da pesquisa inicial estar ausente. O método repondera a amostra de acompanhamento de forma que ela fique semelhante à amostra da linha de base.[1]

Tempo e persistência dos efeitos

Os prováveis canais de transmissão entre insumos, atividades, produtos e resultados de uma intervenção podem surgir imediatamente ou após um intervalo de tempo curto ou longo, e geralmente estão intimamente relacionados a mudanças no comportamento humano. O capítulo 2 enfatizou a importância de analisar esses canais antes que a intervenção se inicie e desenvolver uma cadeia causal clara para os programas que estão sendo avaliados. Para simplificar a discussão, temos evitado falar sobre questões relacionadas ao tempo. É importante, porém, considerarmos esse aspecto na elaboração de uma avaliação.

Em primeiro lugar, os programas não necessariamente produzem impactos imediatamente após seu início (King e Behrman 2009). Os gestores dos programas podem precisar de tempo para operacionalizá-los, os beneficiários podem não se beneficiar imediatamente pois mudanças comportamentais levam tempo para ocorrer, e as instituições também podem não se ajustar imediatamente. Por outro lado, se as instituições e os beneficiários mudarem determinados comportamentos, é possível que essas novas posturas sejam mantidas mesmo que o programa seja descontinuado. Por exemplo, um programa que incentive as famílias a reciclar lixo e economizar energia pode se manter efetivo após a retirada dos incentivos se a iniciativa for capaz de alterar o comportamento das famílias em relação à reciclagem de lixo e economia de energia. Ao elaborar uma avaliação, é preciso ser muito cuidadoso (e realista) ao analisar quanto tempo pode levar para que um programa atinja sua efetividade plena. Poderá ser necessário realizar várias pesquisas de acompanhamento para medir o impacto do programa ao longo do tempo, ou mesmo após o programa ser descontinuado. O boxe 9.6 ilustra uma avaliação em que alguns efeitos do programa só se tornaram evidentes após a interrupção da intervenção inicial.

Boxe 9.6: Avaliar os efeitos de longo prazo: subsídios e a adoção de mosquiteiros tratados com inseticida no Quênia

Dupas (2014) desenhou uma avaliação de impacto para medir os efeitos de curto e de longo prazo sobre a demanda de mosquiteiros tratados com inseticida em Busia, no Quênia. Usando um experimento de preços em duas fases, Dupas selecionou aleatoriamente famílias para vários níveis de subsídio para a compra de um novo tipo de mosquiteiro. Um ano depois, todas as famílias de um subconjunto de povoados tiveram a oportunidade de comprar o mesmo mosquiteiro. Isso permitiu que os pesquisadores medissem a propensão das famílias a pagar pelos mosquiteiros e avaliassem como essa propensão se alterava dependendo do subsídio concedido durante a primeira fase do programa.

Em geral, os resultados indicaram que um único subsídio teve impacto significativamente positivo sobre o uso de mosquiteiros e a propensão a pagar por eles no longo prazo. Na primeira fase do experimento, os resultados de Dupas mostram que as famílias que receberam um subsídio que reduziu o preço do mosquiteiro de US$ 3,80 para US$ 0,75 apresentavam uma probabilidade 60% maior de comprá-lo. Quando o mosquiteiro foi oferecido gratuitamente, a taxa de utilização do mosquiteiro aumentou para 98%. No longo prazo, as taxas de utilização mais elevadas traduziram-se em uma maior propensão a pagar pelo produto, uma vez que as famílias perceberam os benefícios de ter um mosquiteiro. Aqueles que receberam alguns dos maiores níveis de subsídios na primeira fase do programa apresentaram uma propensão três vezes maior de comprar outro mosquiteiro na segunda fase do programa a um preço superior ao dobro do original.

Os resultados desse estudo mostraram que ocorre um efeito de aprendizado em intervenções para estimular o uso de mosquiteiros. Isto sugere que é importante considerar os impactos das intervenções no longo prazo, bem como detectar a persistência de seus efeitos.

Fonte: Dupas 2014.

Recursos adicionais

- Para acessar os materiais complementares a este livro e hiperlinks com recursos adicionais, ver o site Avaliação de Impacto na Prática (http://www .worldbank.org/ieinpractice).

Nota

1. Um método estatístico mais avançado seria estimar os "limites *sharp*" dos efeitos do tratamento (ver Lee, 2009).

Referências

Angelucci, Manuela e Giacomo De Giorgi. 2009. "Indirect Effects of an Aid Program: How Do Cash Transfers Affect Ineligibles' Consumption." *American Economic Review* 99 (1): 486–508.

Angelucci, Manuela e Vicenzo Di Maro. 2015. "Programme Evaluation and Spillover Effects." *Journal of Development Effectiveness*. doi: 10.1080/19439342.2015.1033441.

Crépon, Bruno, Esther Duflo, Marc Gurgand, Roland Rathelot e Philippe Zamora. 2013. "Do Labor Market Policies Have Displacement Effects? Evidence from a Clustered Randomized Experiment." *Quarterly Journal of Economics* 128 (2): 531–80.

Dupas, Pascaline. 2014. "Short-Run Subsidies and Long-Run Adoption of New Health Products: Evidence from a Field Experiment." *Econometrica* 82 (1): 197–228.

Gertler, Paul, James Heckman, Rodrigo Pinto, Arianna Zanolini, Christel Vermeersch, Susan Walker, Susan M. Chang e Sally Grantham-McGregor. 2014. "Labor Market Returns to an Early Childhood Stimulation Intervention in Jamaica." *Science* 344 (6187): 998–1001.

Grantham-McGregor, Sally, Christine Powell, Susan Walker e John Himes. 1991. "Nutritional Supplementation, Psychosocial Stimulation and Development of Stunted Children: The Jamaican Study." *Lancet* 338: 1–5.

King, Elizabeth M. e Jere R. Behrman. 2009. "Timing and Duration of Exposure in Evaluations of Social Programs." *World Bank Research Observer* 24 (1): 55–82.

Kremer, Michael e Edward Miguel. 2004. "Worms: Identifying Impacts on Education and Health in the Presence of Treatment Externalities." *Econometrica* 72 (1): 159–217.

Landsberger, Henry A. 1958. *Hawthorne Revisited*. Ithaca, NY: Cornell University Press.

Lee, David. 2009. "Training, Wages, and Sample Selection: Estimating Sharp Bounds on Treatment Effects." *Review of Economic Studies* 76 (3):1071–1102.

Levitt, Steven D. e John A. List. 2009. "Was There Really a Hawthorne Effect at the Hawthorne Plant? An Analysis of the Original Illumination Experiments." Working Paper 15016, National Bureau of Economic Research, Cambridge, MA.

Saretsky, Gary. 1972. "The OEO P.C. Experiment and the John Henry Effect." *Phi Delta Kappan* 53: 579–81.

CAPÍTULO 10

Avaliação de programas multifacetados

Avaliar programas que combinam várias opções de tratamento

Até agora, temos discutido programas que incluem somente um tipo de tratamento. Na realidade, muitas perguntas relevantes sobre políticas surgem no contexto de programas multifacetados, isto é, programas que combinam várias opções de tratamento.[1] Os formuladores de políticas públicas podem estar interessados em descobrir não só se um programa funciona ou não, mas também se o programa funciona melhor do que outro ou se pode ter um custo mais baixo. Por exemplo, se quisermos aumentar a frequência escolar, será mais efetivo implementar intervenções pelo lado da demanda (tais como transferências de renda para as famílias) ou intervenções pelo lado da oferta (tais como maiores incentivos para os professores)? Se introduzirmos essas duas intervenções em conjunto, elas funcionarão melhor juntas do que cada uma delas separada? Em outras palavras, elas são complementares? Por outro lado, se o custo-efetividade do programa for uma prioridade, talvez se queira determinar o nível ótimo de serviços que o programa deveria prover. Por exemplo, qual a duração ótima de um programa de formação profissional? Um programa de seis meses tem um efeito maior sobre a chance dos treinandos de ser contratados do que um programa de três meses? Em caso afirmativo, a diferença é suficientemente grande para justificar os recursos adicionais necessários para implementar um programa de seis meses? Por fim, os formuladores de políticas públicas podem estar interessados em encontrar maneiras de alterar um programa existente para torná-lo mais efetivo e podem querer testar uma variedade de mecanismos a fim de encontrar o que funciona melhor.

Além de simplesmente estimar o impacto de uma intervenção sobre um resultado de interesse, as avaliações de impacto podem ajudar a responder questões mais amplas, como as seguintes:

- Qual é o impacto de um tratamento comparado ao impacto de outro tratamento? Por exemplo, qual é o impacto sobre o desenvolvimento cognitivo das crianças de um programa que ofereça aos pais treinamento sobre criação dos filhos em comparação a uma intervenção nutricional?

- O impacto conjunto de um primeiro tratamento e de um segundo tratamento é maior do que a soma dos dois impactos individuais? Por exemplo, o impacto total da intervenção que oferece treinamento aos pais e intervenção nutricional é maior, menor ou igual à soma dos efeitos das duas intervenções individuais?

- Qual é o impacto adicional de um tratamento de intensidade mais elevada em comparação a um tratamento de menor intensidade? Por exemplo, qual é o efeito sobre a evolução cognitiva de crianças com baixa estatura da visita de um assistente social a cada duas semanas, em comparação a apenas uma visita por mês?

Este capítulo fornece exemplos de como desenhar avaliações de impacto para dois tipos de programas multifacetados: aqueles com múltiplos níveis do mesmo tratamento e aqueles com múltiplos tratamentos. Em primeiro lugar, discutimos como desenhar uma avaliação de impacto para um programa com múltiplos níveis de tratamento. Em seguida, analisamos como distinguir entre os vários tipos de impacto de um programa com tratamentos múltiplos. A discussão pressupõe que estamos utilizando o método de seleção aleatória, mas também pode ser generalizada para outros métodos.

Avaliar programas com diferentes níveis de tratamento

É relativamente fácil elaborar uma avaliação de impacto para um programa com diferentes níveis ou intensidades de tratamento. Imagine que estamos tentando avaliar o impacto de um programa que tem dois níveis de tratamento: alto (por exemplo, visitas quinzenais) e baixo

Figura 10.1   Etapas da seleção aleatória para dois níveis de tratamento

1. Definir as unidades elegíveis

2. Selecionar a amostra de avaliação

3. Aleatorizar a seleção para os níveis alto e baixo do tratamento

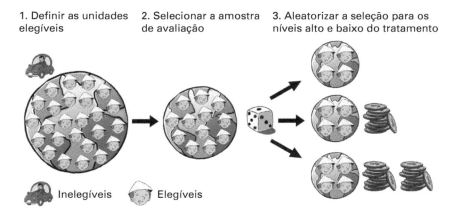

Inelegíveis   Elegíveis

(digamos, visitas mensais). Desejamos avaliar o impacto de ambas as opções e também saber o quanto as visitas adicionais afetam os resultados. Para fazer isso, é possível realizar um sorteio para definir quem receberá o tratamento mais intenso, quem receberá o tratamento menos intenso e quem será selecionado para o grupo de comparação. A figura 10.1 ilustra esse processo.

Da mesma forma que no método da seleção aleatória padrão, na etapa 1 é preciso definir a população de unidades elegíveis para o programa. Na etapa 2, deve-se selecionar uma amostra aleatória de unidades a serem incluídas na avaliação, a *amostra de avaliação*. Tendo a amostra de avaliação, na etapa 3 selecionam-se aleatoriamente unidades para o grupo que receberá o tratamento de alta intensidade, para o grupo que receberá tratamento de baixa intensidade ou para o grupo de comparação. Como resultado da seleção aleatória para vários níveis de tratamento, terão sido criados três grupos distintos:

- O grupo A constitui o grupo de comparação.

- O grupo B recebe o tratamento de baixa intensidade.

- O grupo C recebe o tratamento de alta intensidade.

Quando implementada corretamente, a seleção aleatória garante que os três grupos são semelhantes. Portanto, pode-se estimar o impacto do tratamento de alta intensidade comparando o resultado médio do grupo C ao resultado médio do grupo A. Pode-se também estimar o impacto do tratamento de baixa intensidade comparando o resultado médio do grupo B com o resultado médio do grupo A. Por fim, pode-se avaliar se o tratamento de alta intensidade tem um impacto maior do que o tratamento de baixa intensidade comparando os resultados médios para os grupos B e C.

Para estimar o impacto de um programa com mais de dois níveis de tratamento, segue-se a mesma lógica. Se houver três níveis de tratamento, o processo de seleção aleatória criará três grupos de tratamento diferentes, além de um grupo de comparação. Em geral, com *n* níveis de tratamento diferentes, haverá *n* grupos de tratamento e um grupo de comparação. Os boxes 10.1 e 10.2 fornecem exemplos de avaliações de impacto que testam tratamentos de diferentes intensidades ou múltiplas opções de tratamento.

Boxe 10.1: Testar a intensidade de programas para melhorar a adesão a tratamentos antirretrovirais

Pop-Eleches e outros (2011) usaram um projeto transversal em vários níveis para avaliar o impacto do uso de lembretes enviados por mensagens de texto (SMS) sobre a adesão dos pacientes com HIV/aids à terapia antirretroviral em uma clínica rural no Quênia. O estudo variou a intensidade do tratamento de duas maneiras: a frequência com que as mensagens eram enviadas aos pacientes (diariamente ou semanalmente) e o tamanho dessas mensagens (curtas ou longas). As mensagens curtas incluíam apenas um lembrete ("Este é o seu lembrete"),

enquanto as mensagens longas incluíam um lembrete e uma palavra de estímulo ("Este é o seu lembrete: seja forte e tenha coragem, nós nos importamos com você"). Um total de 531 pacientes foram selecionados para um dos quatro grupos de tratamento ou para o grupo de comparação. Os grupos de tratamento foram divididos em: mensagens semanais curtas, mensagens semanais longas, mensagens diárias curtas ou mensagens diárias longas.

Um terço da amostra foi alocado ao grupo de comparação, e os dois terços

Quadro B10.1.1 Resumo do desenho do programa

Grupo	Tipo de mensagem	Frequência da mensagem	Número de pacientes
1	Apenas um lembrete	Semanal	73
2	Lembrete + estímulo	Semanal	74
3	Apenas um lembrete	Diária	70
4	Lembrete + estímulo	Diária	72
5	Nenhuma (grupo de comparação)	Nenhuma	139

(continua)

Boxe 10.1: Testar a intensidade de programas para melhorar a adesão a tratamentos antirretrovirais *(continuação)*

restantes foram distribuídos uniformemente para cada um dos quatro grupos de intervenção. Uma sequência de números aleatórios entre 0 e 1 foi gerada. Quatro intervalos iguais entre 0 e 2/3 correspondiam aos quatro grupos de intervenção, enquanto o intervalo de 2/3 a 1 correspondia ao grupo de controle.

Os investigadores encontraram que as mensagens semanais aumentaram o percentual de pacientes que atingiam 90% de adesão à terapia antirretroviral em aproximadamente 13% a 16% em comparação aos pacientes que não receberam nenhuma mensagem. Essas mensagens semanais também se mostraram eficientes na redução da frequência das interrupções do tratamento, que já tinham se mostrado uma

causa importante de falha de resistência ao tratamento em contexto de recursos limitados. Contrariamente às expectativas, adicionar palavras de estímulo às mensagens mais longas não foi mais eficaz do que uma mensagem curta ou nenhuma mensagem.

Os pesquisadores também encontraram que, enquanto as mensagens semanais melhoraram a adesão ao tratamento, as mensagens diárias não o fizeram, mas eles não conseguiram detectar por que as mensagens semanais se mostraram mais eficazes. É possível que a habituação, ou seja, a diminuição da resposta a um estímulo repetido com frequência, possa explicar esse resultado ou que os pacientes simplesmente tenham achado as mensagens diárias intrusivas demais.

Fonte: Pop-Eleches e outros 2011.

Boxe 10.2: Testar alternativas de programas para monitorar a corrupção na Indonésia

Na Indonésia, Olken (2007) usou um desenho cruzado para testar diferentes métodos de controle da corrupção, desde uma abordagem de fiscalização de cima para baixo até um monitoramento comunitário popular. Usou uma metodologia de seleção aleatória em mais de 600 povoados que estavam construindo estradas como parte de um projeto nacional de melhoria de infraestrutura.

Um dos tratamentos múltiplos incluiu a seleção aleatória de alguns povoados que foram informados que seu projeto de construção seria auditado por um agente do governo. Em seguida, para testar a participação da comunidade no monitoramento, os pesquisadores implementaram duas intervenções. Distribuíram convites para reuniões comunitárias de prestação de contas e forneceram formulários para a inserção de comentários que

(continua)

Avaliação de programas multifacetados **199**

poderiam ser preenchidos anonimamente. Para medir os níveis de corrupção, uma equipe independente de engenheiros e agrimensores retirou amostras das novas estradas, estimou o custo dos materiais utilizados e, em seguida, comparou seus cálculos com os orçamentos apresentados.

Olken encontrou que aumentar de 4% para 100% a chance de uma auditoria governamental reduziu o total de gastos desviados em cerca de 8 pontos percentuais (a partir de 24%). O aumento da participação da comunidade no monitoramento teve um impacto sobre o desvio de mão de obra, mas não sobre o desvio de gastos. E os formulários de comentários só se mostraram efetivos quando distribuídos nas escolas, para que as crianças os entregassem às suas famílias, mas não quando eram entregues pelos líderes comunitários locais.

Fonte: Olken 2007.

Avaliar intervenções múltiplas

Além de comparar vários níveis de tratamento, pode-se querer comparar opções de tratamento inteiramente diferentes. Na realidade, os formuladores de políticas públicas geralmente preferem comparar os méritos relativos de diferentes tipos de intervenções, em vez de simplesmente conhecer o impacto de uma única intervenção.

Imaginemos que se queira avaliar o impacto sobre a frequência escolar de um programa com duas intervenções diferentes: transferência de renda para as famílias dos alunos condicionada à matrícula escolar, e transporte gratuito de ônibus para a escola. Em primeiro lugar, pode-se querer conhecer o impacto de cada intervenção separadamente. Esse caso é praticamente idêntico àquele em que se testam os diferentes níveis de tratamento de uma intervenção: em vez de selecionar aleatoriamente unidades para níveis mais ou menos intensos de tratamento e para o grupo de comparação, pode-se selecioná-las aleatoriamente para um grupo de transferência de renda, para um grupo de transporte gratuito de ônibus e para o grupo de comparação. Em geral, com n intervenções diferentes, haverá n grupos de tratamento, além do grupo de comparação.

Além de querer descobrir o impacto de cada intervenção separadamente, pode-se também querer saber se a combinação das duas é melhor do que apenas a soma de seus efeitos individuais. Do ponto de vista dos participantes, o programa estará disponível em três formatos diferentes: apenas transferência condicional de renda, apenas transporte gratuito de ônibus ou uma combinação de transferência condicional de renda e transporte gratuito de ônibus.

Figura 10.2 Etapas na seleção aleatória de duas intervenções

1. Definir as unidades elegíveis 2. Selecionar a amostra de avaliação 3. Aleatorizar a seleção para o 1º tratamento 4 e 5. Aleatorizar a seleção para o 2º tratamento

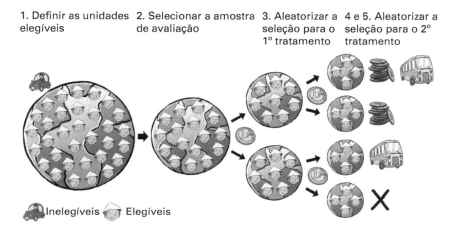

Inelegíveis Elegíveis

A seleção aleatória para um programa com duas intervenções é muito parecida com o processo de um programa com uma única intervenção. A principal diferença é a necessidade de conduzir vários sorteios independentes em vez de um só. Isso produz um *desenho cruzado*, que às vezes é chamado de desenho transversal. A figura 10.2 ilustra esse processo. Da mesma maneira que antes, a etapa 1 é usada para definir a população de unidades elegíveis para o programa. A etapa 2 visa selecionar uma amostra aleatória de unidades elegíveis da população para formar a amostra de avaliação. Após obter a amostra de avaliação, na etapa 3 selecionamos aleatoriamente unidades da amostra de avaliação para um grupo de tratamento e para um grupo de comparação. Na etapa 4, usamos um segundo sorteio para selecionar aleatoriamente um subconjunto do grupo de tratamento para receber a segunda intervenção. Por fim, na etapa 5, realizamos mais um sorteio para selecionar um subconjunto do grupo de comparação inicial para receber a segunda intervenção, enquanto o outro subconjunto permanecerá como grupo de comparação puro.[2] Como resultado da seleção aleatória aos dois tratamentos, terão sido criados quatro grupos, conforme ilustra a figura 10.3.

- O grupo A recebe as duas intervenções (transferência de renda e transporte de ônibus).

- O grupo B recebe a intervenção 1, mas não a intervenção 2 (apenas transferência de renda).

Figura 10.3   Desenho cruzado para um programa com duas intervenções

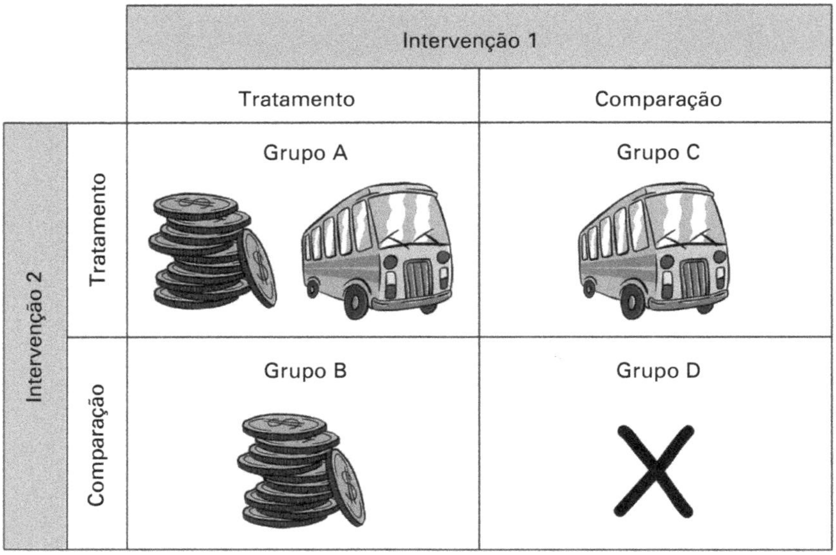

- O grupo C não recebe a intervenção 1, mas recebe a intervenção 2 (apenas transporte de ônibus).

- O grupo D não recebe nem a intervenção 1 nem a intervenção 2 e constitui o grupo de comparação puro.

Quando corretamente implementada, a seleção aleatória garante que os quatro grupos são semelhantes. Portanto, pode-se estimar o impacto da primeira intervenção comparando o resultado (como a taxa de frequência escolar) do grupo B com o resultado do grupo de comparação puro, o grupo D. Pode-se também estimar o impacto da segunda intervenção comparando o resultado do grupo C ao resultado do grupo de comparação puro, o grupo D. Além disso, esse tipo de desenho também permite comparar o impacto incremental do recebimento da segunda intervenção quando uma unidade já está recebendo a primeira. A comparação dos resultados do grupo A e do grupo B resultará no impacto da segunda intervenção para as unidades que já receberam a primeira intervenção. A comparação dos resultados do grupo A e do grupo C resultará no impacto da primeira intervenção nas unidades que já receberam a segunda intervenção.

A descrição anterior utilizou o exemplo da seleção aleatória para explicar como uma avaliação de impacto pode ser concebida para um programa com duas intervenções diferentes. Quando um programa compreende mais de duas intervenções, o número de sorteios pode ser aumentado e a avaliação pode ser ainda mais subdividida para criar grupos que recebam as várias combinações de intervenções. Projetos com múltiplos tratamentos e múltiplos níveis de tratamento também podem ser implementados. Mesmo que o número de grupos aumente, a teoria básica por trás do *desenho da avaliação* permanece a mesma descrita anteriormente.

No entanto, a avaliação de mais de uma ou duas intervenções criará desafios práticos tanto para a avaliação quanto para a operação do programa, uma vez que a complexidade do projeto aumentará exponencialmente com o número de tratamentos. Para avaliar uma intervenção, apenas dois grupos são necessários: um grupo de tratamento e um grupo de comparação. Para avaliar duas intervenções, são necessários quatro grupos: três grupos de tratamento e um grupo de comparação. Para avaliar três intervenções, incluindo todas as combinações possíveis entre as três, serão necessários $2 \times 2 \times 2 = 8$ grupos na avaliação. Em geral, para uma avaliação que inclua todas as combinações possíveis entre n intervenções, serão necessários 2^n grupos. Além disso, para se poder distinguir as diferenças nos resultados entre os diferentes grupos, cada grupo deve conter um número suficiente de unidades de observação para garantir poder estatístico suficiente. Na prática, a detecção das diferenças entre os tipos de intervenção pode exigir amostras maiores do que quando se compara um grupo de tratamento a um grupo de comparação puro. Se os dois tipos de tratamento forem bem-sucedidos em provocar mudanças nos resultados desejados, serão necessárias amostras maiores para detectar as potenciais pequenas diferenças entre os dois grupos.[3]

Por fim, o desenho cruzado também pode ser usado em desenhos de avaliação que combinem vários métodos de avaliação. As regras operacionais que orientam a seleção de cada tratamento determinarão qual a combinação de métodos que deve ser usada. Por exemplo, pode ser que o primeiro tratamento seja alocado com base num índice de elegibilidade, mas que o segundo seja alocado de forma aleatória. Nesse caso, o desenho poderá usar um método de regressão descontínua para a primeira intervenção e um método de seleção aleatória para a segunda intervenção.

Conceito-chave

Para uma avaliação que analise o impacto de todas as combinações possíveis entre n intervenções diferentes, será necessário um total de 2^n grupos de tratamento e de comparação.

Recursos adicionais

- Para acessar os materiais complementares a este livro e hiperlinks com recursos adicionais, ver o site Avaliação de Impacto na Prática (http://www .worldbank.org/ieinpractice).

- Para obter mais informações sobre projetos de avaliação de impacto com múltiplas opções de tratamento, ver Banerjee, Abhijit e Esther Duflo. 2009. "The Experimental Approach to Development Economics." *Annual Review of Economics* 1: 151–78.

Notas

1. Ver Banerjee e Duflo (2009) para uma discussão mais extensa.
2. Observe que, na prática, é possível combinar os três sorteios em apenas um e ainda obter o mesmo resultado.
3. Testar o impacto de intervenções múltiplas também tem uma implicação mais sutil: à medida que aumentamos o número de intervenções ou níveis de tratamento que testamos uns contra os outros, aumentamos a probabilidade de encontrar um impacto em pelo menos um dos testes, mesmo que não haja nenhum impacto. Em outras palavras, é mais provável que encontremos um resultado falso positivo. Para evitar isso, os testes estatísticos devem ser ajustados para considerar o teste de hipóteses múltiplas. Os falsos positivos também são chamados de erros do tipo II. Ver o capítulo 15 para mais informações sobre os erros do tipo II e referências sobre testes de hipóteses múltiplas.

Referências

Banerjee, Abhijit e Esther Duflo. 2009. "The Experimental Approach to Development Economics." *Annual Review of Economics* 1: 151–78.

Olken, Benjamin. 2007. "Monitoring Corruption: Evidence from a Field Experiment in Indonesia." *Journal of Political Economy* 115 (2): 200–249.

Pop-Eleches, Cristian, Harsha Thirumurthy, James Habyarimana, Joshua Zivin, Markus Goldstein, Damien de Walque, Leslie MacKeen, Jessica Haberer, Sylvester Kimaiyo, John Sidle, Duncan Ngare e David Bangsberg. 2011. "Mobile Phone Technologies Improve Adherence to Antiretroviral Treatment in a Resource-Limited Setting: A Randomized Controlled Trial of Text Message Reminders." *AIDS* 25 (6): 825–34.

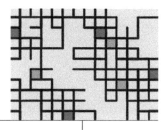

COMO IMPLEMENTAR UMA AVALIAÇÃO DE IMPACTO

A parte 3 deste livro concentra-se em como implementar uma avaliação de impacto: como selecionar um método de avaliação de impacto compatível com as regras operacionais de um programa; como gerenciar uma avaliação de impacto assegurando uma forte parceria entre as equipes de pesquisa e de formulação e gestão de políticas públicas e administrando o tempo e o orçamento de uma avaliação; como garantir que uma avaliação seja ética e crível seguindo os princípios definidos para trabalhar com seres humanos e usando os princípios da ciência aberta; e como usar a avaliação de impacto para orientar a formulação de políticas públicas.

O capítulo 11 descreve como usar as regras operacionais do programa — ou seja, os recursos disponíveis, os critérios para a seleção de beneficiários e o momento de sua implementação — como base para a escolha de um método de avaliação de impacto. Um quadro simples foi criado para definir qual das metodologias de avaliação de impacto apresentadas na parte 2 é a mais adequada para determinado programa, dependendo de suas regras operacionais. O capítulo discute ainda por que o método de avaliação preferido deverá ser aquele que exigir os pressupostos mais fracos e requerer o mínimo de dados no contexto de suas regras operacionais.

O capítulo 12 discute a relação entre as equipes de pesquisa e de formulação e gestão das políticas públicas e seus respectivos papéis. Examina a distinção entre independência e imparcialidade e destaca as áreas que podem se revelar sensíveis na realização de uma avaliação de impacto. O capítulo também fornece orientação sobre como gerenciar as expectativas das partes interessadas e destaca alguns dos riscos comuns envolvidos na realização de avaliações de impacto, bem como sugestões sobre como administrar esses riscos. O capítulo se encerra com uma visão geral de como gerenciar as atividades de avaliação de impacto, incluindo a criação da equipe de avaliação, a elaboração de um cronograma, do orçamento e a captação de recursos.

O capítulo 13 fornece uma visão geral sobre a ética e a ciência da avaliação de impacto e aborda, entre outros temas, a importância de não negar benefícios aos beneficiários elegíveis em nome da avaliação; a melhor maneira de aplicar os princípios fundamentais da pesquisa ética envolvendo seres humanos; o papel dos comitês de ética em pesquisa que aprovam e monitoram pesquisas envolvendo seres humanos; e a importância de praticar a ciência aberta, que inclui o registro das avaliações e a disponibilização de dados ao público para pesquisas futuras e para a replicação de resultados.

O capítulo 14 fornece informações sobre como usar as avaliações de impacto para orientar as políticas públicas, incluindo indicações sobre como tornar os resultados relevantes; uma discussão sobre os tipos de produtos que as avaliações de impacto podem e devem fornecer; e orientações sobre como produzir e disseminar resultados para maximizar o impacto para as políticas públicas.

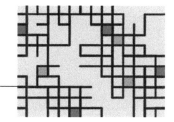

CAPÍTULO 11

A escolha de um método de avaliação de impacto

Determinar o método a ser usado para um dado programa

A chave para identificar o impacto causal de um programa é encontrar um grupo de comparação válido para estimar o contrafactual e responder à questão de interesse para a política pública. Na parte 2, discutimos uma série de métodos, incluindo seleção aleatória, variáveis instrumentais, regressão descontínua, diferença em diferenças e pareamento. Neste capítulo, analisaremos que método escolher para avaliar um determinado tipo de programa.

Em primeiro lugar, mostraremos que as regras operacionais do programa fornecem orientações claras sobre como encontrar grupos de comparação e, portanto, sobre qual o método mais apropriado para o contexto de política pública em foco. Um princípio abrangente está relacionado às regras operacionais do programa: se elas forem bem definidas, poderão ajudar a determinar qual o método mais adequado para avaliar esse programa específico.

Em segundo lugar, os métodos introduzidos na parte 2 têm diferentes requisitos de dados e baseiam-se em diferentes pressupostos subjacentes. Alguns métodos exigem pressupostos mais fortes do que outros para estimar com precisão as mudanças nos resultados causadas pela intervenção.

Em geral, preferimos o método que exige pressupostos mais fracos e requer o mínimo de dados no contexto das regras operacionais.

Por fim, discutiremos como escolher a unidade da intervenção. Por exemplo, o programa será alocado no nível individual ou em um nível superior, como comunidades ou distritos? Em geral, preferimos escolher a menor unidade viável de intervenção de acordo com as restrições operacionais.

Como as regras operacionais de um programa podem ajudar a escolher um método de avaliação de impacto

Uma das principais mensagens deste livro é que podemos utilizar as regras operacionais de um programa para encontrar grupos de comparação válidos desde que sejam bem definidas. Na realidade, as regras operacionais do programa fornecem um guia sobre qual é o método mais adequado para avaliar esse programa específico. Elas podem e devem determinar o método de avaliação — e não vice-versa. A avaliação não deve alterar drasticamente os elementos-chave de regras de alocação bem definidas em nome de um desenho de avaliação mais "limpo".

As regras operacionais mais relevantes para o projeto de avaliação são aquelas que identificam quem é elegível para o programa e como essas unidades serão selecionadas para participar da iniciativa. Os grupos de comparação são formados pelas unidades que são elegíveis, mas que não podem ser incorporadas em determinado momento (por exemplo, quando há restrições de recursos ou excesso de demanda), ou por aquelas unidades próximas do ponto de corte de elegibilidade para a participação no programa.

Princípios para regras bem definidas de seleção de beneficiários

Ao projetar avaliações de impacto prospectivas, quase sempre podemos encontrar grupos de comparação válidos se as regras operacionais para a seleção de beneficiários forem equitativas, transparentes e responsáveis:

- As regras *equitativas* de seleção de beneficiários ordenam ou priorizam a elegibilidade com base em um indicador de necessidade definido em comum acordo, ou estipulam que os benefícios do programa serão ofertados para todos, ou que, pelo menos, todos terão a mesma chance de receber a oferta dos benefícios.

- As regras *transparentes* de seleção de beneficiários são tornadas públicas, de modo que terceiros que não fazem parte das equipes da iniciativa possam implicitamente concordar com elas e monitorar se elas realmente estão sendo seguidas. As regras transparentes devem ser quantificáveis e facilmente observáveis.

- As regras de responsabilização ou de *prestação de contas* são de responsabilidade dos funcionários que atuam no programa, e a sua implementação é a base para medir o desempenho ou a recompensa desses funcionários.

As regras operacionais de elegibilidade são transparentes e permitem a responsabilização quando os programas utilizam critérios quantificáveis que podem ser verificados por terceiros externos e quando esses critérios são públicos. Equidade, transparência e responsabilização asseguram que os critérios de elegibilidade são quantitativamente verificáveis e, de fato, implementados conforme o planejado. Assim, esses princípios de boa governança ampliam a probabilidade de que o programa realmente beneficie a população-alvo e são também a chave para uma avaliação bem-sucedida. Se as regras não forem quantificáveis e verificáveis, a equipe de avaliação terá dificuldade para assegurar que a seleção aos grupos de tratamento e de comparação ocorra conforme o planejado ou, no mínimo, para documentar como isso de fato aconteceu. Se os membros da equipe de avaliação não puderem realmente verificar a seleção, não serão capazes de analisar corretamente os dados para calcular os impactos. A compreensão das regras de seleção do programa é fundamental para a escolha de um método de avaliação de impacto adequado.

Quando as regras operacionais violam qualquer um desses três princípios de boa governança, enfrentamos desafios tanto na criação de um programa bem elaborado quanto na condução de sua avaliação. É difícil encontrar grupos de comparação válidos se as regras que determinam a elegibilidade e a seleção dos beneficiários não forem equitativas, transparentes e permitirem a responsabilização. Nesse caso, o projeto de uma avaliação de impacto pode exigir esclarecimentos e ajustes em relação à maneira como o programa opera. No entanto, se as regras forem bem definidas, o método de avaliação de impacto pode ser escolhido com base nas regras existentes de seleção de beneficiários do programa, conforme discutiremos mais adiante.

Principais regras operacionais

As regras operacionais normalmente regem quais são os benefícios do programa, como esses benefícios são financiados e distribuídos e como o programa seleciona os beneficiários. As regras que regem os programas e a seleção dos beneficiários são fundamentais para a obtenção de grupos de comparação válidos. As regras que regem a seleção dos beneficiários abrangem a elegibilidade, as regras de alocação no caso de recursos limitados e a inclusão progressiva dos beneficiários ao longo do tempo. Mais especificamente, as regras-chave que geram um roteiro para encontrar grupos de comparação respondem a três questões operacionais fundamentais relacionadas aos recursos disponíveis de um programa, aos critérios de elegibilidade e ao tempo ou cronologia de implementação:

1. *Recursos disponíveis*: o programa tem recursos suficientes para atingir a escala e a cobertura total de todos os beneficiários elegíveis? Os governos e as organizações não-governamentais nem sempre dispõem de recursos suficientes para fornecer os serviços dos programas a todos aqueles que são elegíveis e que solicitaram esses benefícios. Nesse caso, o governo deve decidir quais entre os candidatos elegíveis receberão os benefícios do programa e quais não serão incluídos na iniciativa. Muitas vezes, os programas se limitam a regiões geográficas específicas ou a um número limitado de comunidades, mesmo que possa haver beneficiários elegíveis em outras regiões ou comunidades.

2. *Critérios de elegibilidade*: quem é elegível para receber os benefícios do programa? A seleção do programa se baseia em um ponto de corte de elegibilidade ou a iniciativa está disponível para todos? As escolas públicas e a assistência médica básica são, geralmente, oferecidas para toda a população de um país. Muitos programas usam regras de elegibilidade operacionais que dependem de uma ordenação contínua com um ponto de corte. Por exemplo, os programas de aposentadoria estabelecem um limite de idade acima do qual os idosos se tornam elegíveis. Os programas de transferência de renda geralmente classificam as famílias com base em seu nível de pobreza estimado, e aquelas que ficam abaixo de um ponto de corte predeterminado são consideradas elegíveis.

3. *Tempo de implementação*: os beneficiários potenciais se inscrevem no programa de uma só vez ou poderão se inscrever em fases ao longo do tempo? Muitas vezes, as limitações administrativas e de recursos impedem os governos e as organizações não-governamentais de fornecer benefícios imediatos a toda a população elegível. Por isso, implementam seus programas ao longo do tempo e, portanto, devem decidir quem receberá os benefícios primeiro e quem será incorporado posteriormente. Uma abordagem comum é implementar um programa em fases diferentes de acordo com a localização geográfica e incorporar todos os beneficiários elegíveis de um povoado ou região antes de passar para o próximo.

Obter grupos de comparação a partir das regras operacionais

Ao elaborar avaliações de impacto prospectivas, a resposta às três questões operacionais mencionadas acima determina, em grande parte, o método de avaliação de impacto mais adequado para um determinado programa. O quadro 11.1 mapeia os possíveis grupos de comparação para as regras operacionais específicas do programa e as três questões operacionais fundamentais relacionadas aos recursos disponíveis, às regras de elegibilidade e

Quadro 11.1   Relação entre as regras operacionais de um programa e os métodos de avaliação de impacto

		Excesso de demanda do programa (recursos limitados)		Sem excesso de demanda do programa (recursos suficientes)	
	Critérios de elegibilidade	(1) Ordenação de acordo com índice de elegibilidade contínuo e ponto de corte	(2) Sem ordenação de acordo com índice de elegibilidade contínuo e ponto de corte	(3) Ordenação de acordo com índice de elegibilidade contínuo e ponto de corte	(4) Sem ordenação de acordo com índice de elegibilidade contínuo e ponto de corte
Tempo de implementação	(A) Implementação em fases ao longo do tempo	**Célula A1** Seleção aleatória (capítulo 4) RDD (capítulo 6)	**Célula A2** Seleção aleatória (capítulo 4) Variáveis instrumentais (promoção aleatória) (capítulo 5) DD (capítulo 7) DD com pareamento (capítulo 8)	**Célula A3** Seleção aleatória em fases (capítulo 4) RDD (capítulo 6)	**Célula A4** Seleção aleatória em fases (capítulo 4) Variáveis instrumentais (promoção aleatória para a participação inicial) (capítulo 5) DD (capítulo 7) DD com pareamento (capítulo 8)
	(B) Implementação imediata	**Célula B1** Seleção aleatória (capítulo 4) RDD (capítulo 6)	**Célula B2** Seleção aleatória (capítulo 4) Variáveis instrumentais (promoção aleatória) (capítulo 5) DD (capítulo 7) DD com pareamento (capítulo 8)	**Célula B3** RDD (capítulo 6)	**Célula B4** Se a participação não for completa Variáveis instrumentais (promoção aleatória) (capítulo 5) DD (capítulo 7) DD com pareamento (capítulo 8)

Observação: DD = diferença em diferenças; RDD = método de regressão descontínua.

ao tempo de implementação. As colunas estão divididas quanto à disponibilidade de recursos para cobrir todos os beneficiários potencialmente elegíveis até o fim do programa (*recursos disponíveis*), e subdivididas entre programas que têm um índice contínuo de elegibilidade e um ponto de corte e aqueles que não têm (*critérios de elegibilidade*). As linhas são divididas em programas com implementação em fases ou imediata (*tempo de implementação*). Cada célula lista as fontes potenciais de grupos de comparação válidos, juntamente com o capítulo relacionado no qual elas foram discutidas na parte 2. Cada célula é rotulada com um índice: a letra inicial indica a linha no quadro (A, B) e o número que segue indica a coluna (1-4). Por exemplo, a célula A1 refere-se à célula da primeira linha e da primeira coluna do quadro. Assim, a célula A1 identifica os métodos de avaliação mais adequados para programas que têm recursos limitados, que têm critérios de elegibilidade e são implementados em fases ao longo do tempo.

A maior parte dos programas precisa ser introduzida progressivamente ao longo do tempo devido a restrições de financiamento ou a limitações logísticas e administrativas. Este grupo ou categoria abrange a primeira linha do quadro (células A1, A2, A3 e A4). Nesse caso, a regra operacional equitativa, transparente e responsável é dar a todas as unidades elegíveis a mesma chance de obter o programa em primeiro, segundo ou terceiro lugar, e assim por diante, o que implica em uma implementação aleatória do programa ao longo do tempo.

Nos casos em que os recursos são limitados — ou seja, em que nunca haverá recursos suficientes para permitir que o programa seja ampliado a toda a população (células A1 e A2 e B1 e B2) —, o excesso de demanda pode ocorrer muito rapidamente. Por isso, um sorteio para decidir quem entrará no programa pode ser uma abordagem viável para alocar benefícios entre as unidades igualmente elegíveis. Nesse caso, cada unidade elegível terá a mesma chance de se beneficiar do programa. Um sorteio é um exemplo de regra operacional equitativa, transparente e responsável para alocar os benefícios do programa entre as unidades elegíveis.

Outra classe de programas compreende aqueles que são implementados progressivamente ao longo do tempo e para os quais os gestores podem classificar os beneficiários potenciais por necessidade (células A1 e A3). Se os critérios utilizados para priorizar os beneficiários forem quantificáveis, estiverem disponíveis e tiverem um limite ou ponto de corte de elegibilidade, o programa poderá usar um método de regressão descontínua.

A outra categoria ampla consiste em programas que têm a capacidade administrativa para ser implementados de forma imediata, ou seja, as células da linha inferior do quadro. Quando o programa tem recursos limitados e não é capaz de ordenar os beneficiários (célula B2), a alocação aleatória baseada no excesso de demanda poderá ser usada. Se o programa tiver recursos suficientes para ser implementado em larga escala e não possuir critérios de elegibilidade (célula B4), a única solução será utilizar variáveis instrumentais (promoção aleatória), supondo-se que a participação da população elegível ao programa não será completa. Se o programa puder ordenar os beneficiários de acordo com critérios de elegibilidade, poderá usar o método de regressão descontínua.

Prioridade aos beneficiários

As três principais questões operacionais estão relacionadas ao problema fundamental de como os beneficiários são selecionados, o que é crucial para encontrar grupos de comparação válidos. Às vezes, os grupos de comparação são encontrados entre as populações inelegíveis ou, mais frequentemente, entre as populações elegíveis, mas que são incorporadas ao programa posteriormente. A forma como os beneficiários são priorizados depende, em parte, dos objetivos do programa. Trata-se de um programa de aposentadoria para idosos, um programa de redução da pobreza direcionado aos pobres ou um programa de imunização disponível para todos?

Para priorizar os beneficiários com base na necessidade, o programa deve encontrar um indicador que seja quantificável e verificável. Na prática, a viabilidade da priorização depende, em grande medida, da capacidade do governo para medir e ordenar as necessidades. Se o governo for capaz de classificar com precisão os beneficiários de acordo com suas necessidades relativas, poderá se sentir eticamente obrigado a implementar o programa utilizando o critério da necessidade. No entanto, a classificação baseada na necessidade requer não apenas uma medida quantificável, mas também a capacidade e os recursos para medir esse indicador para cada unidade que pode vir a participar do programa.

Alguns programas usam critérios de seleção que podem, em princípio, ser empregados para classificar a necessidade relativa e determinar a elegibilidade. Por exemplo, muitos programas procuram alcançar indivíduos pobres. No entanto, indicadores precisos de pobreza que classifiquem as famílias de modo confiável são, frequentemente, difíceis de mensurar e dispendiosos para ser coletados. A coleta de dados sobre renda ou consumo de todos os beneficiários potenciais, que permitiria classificá-los de acordo com o nível de pobreza, é um processo complexo e dispendioso que também seria difícil de verificar. Em vez disso, muitos programas usam algum tipo de teste de elegibilidade multidimensional baseado em um índice de condições de vida para estimar os níveis de pobreza. Esses índices são compostos por medidas observáveis simples, tais como ativos e características sociodemográficas (Grosh e outros 2008). Os testes de elegibilidade multidimensional podem ajudar a determinar com precisão razoável se uma família está acima ou abaixo de algum ponto de corte bruto, mas eles podem ser menos precisos para fornecer uma classificação detalhada sobre o status ou a necessidade socioeconômica.

Em vez de enfrentar o custo e a complexidade de classificar os potenciais beneficiários individuais, muitos programas optam por classificá-los em um nível mais elevado de agregação, como as comunidades. Determinar a alocação de programas em um nível agregado ou coletivo tem óbvios benefícios operacionais, mas, muitas vezes, é difícil encontrar indicadores para realizar uma classificação das necessidades nesse nível.

Nos casos em que um programa não pode alocar benefícios de forma confiável com base na necessidade, ou porque um indicador de classificação quantificável e verificável não está disponível ou é muito caro e propenso a erro, outros critérios precisam ser usados para decidir como sequenciar a implantação do programa. Um critério coerente com as práticas da boa governança é a equidade. Uma regra equitativa equivaleria a dar a todos os que são elegíveis uma chance igual de serem selecionados primeiro e, dessa maneira, alocar aleatoriamente uma vaga no programa aos beneficiários potenciais. Na prática, considerando-se os desafios para classificar a necessidade dos beneficiários, a seleção aleatória dos benefícios de um programa é uma regra de seleção comumente usada, pois é justa e equitativa. Ela também produz um desenho de avaliação pelo método de seleção aleatória, o que pode proporcionar um bom nível de validade interna se bem implementado, e pode depender de pressupostos mais fracos em comparação a outros métodos, conforme se discute na próxima seção.

Uma comparação dos métodos de avaliação de impacto

Depois de avaliar qual o método de avaliação de impacto adequado para as regras operacionais específicas de determinado programa, a equipe de avaliação poderá escolher o método que tem o pressuposto mais fraco e os menores requisitos de dados. O quadro 11.2 fornece uma comparação entre os métodos de avaliação de impacto em termos dos requisitos de dados para implementá-los e os pressupostos subjacentes necessários para interpretar seus resultados como os impactos causais da intervenção. Cada linha representa um método. As duas primeiras colunas descrevem os métodos e as unidades que estão no grupo de comparação. As duas últimas colunas apresentam os pressupostos necessários para interpretar os resultados como causais e os dados necessários para implementar os métodos.

Quadro 11.2 Comparação de métodos de avaliação de impacto

Metodologia	Descrição	Quem está no grupo de comparação?	Hipótese-chave	Dados necessários
Seleção aleatória	As unidades elegíveis são selecionadas aleatoriamente para um grupo de tratamento ou de comparação. Cada unidade elegível tem uma chance igual de ser selecionada. Tende a gerar estimativas de impacto internamente válidas com as hipóteses mais fracas.	Unidades elegíveis que são selecionadas aleatoriamente para o grupo de comparação.	A aleatorização produz efetivamente dois grupos que são estatisticamente idênticos em relação às características observáveis e não observáveis (na linha de base e até a linha final).	Dados do resultado de interesse pós-intervenção para os grupos de tratamento e de comparação; resultados da linha de base e outras características para os grupos de tratamento e de comparação para verificar o balanceamento das características observáveis.
Variáveis instrumentais (especialmente, a promoção aleatória)	Um instrumento aleatorizado (como uma campanha de promoção) induz mudanças quanto à participação no programa que está sendo avaliado. O método utiliza a mudança nos resultados induzida pela mudança nas taxas de participação para estimar os impactos do programa.	Unidades "cumpridoras" cuja participação no programa é afetada pelo instrumento (participariam se fossem expostas ao instrumento, mas não participariam se não fossem expostas ao instrumento).	O instrumento afeta a participação no programa, mas não afeta diretamente os resultados (ou seja, o instrumento afeta os resultados apenas ao alterar a probabilidade de participação no programa).	Dados do resultado de interesse pós-intervenção para todas as unidades, dados sobre a participação efetiva no programa, dados sobre os resultados da linha de base e outras características.

(continua)

Quadro 11.2 *(continuação)*

Metodologia	Descrição	Quem está no grupo de comparação?	Hipótese-chave	Dados necessários
Método de regressão descontínua	As unidades são ordenadas de acordo com critério específico, quantitativo e contínuo, como um índice de pobreza. Há um ponto de corte que determina se uma unidade é ou não elegível para participar do programa. Os resultados para os participantes de um lado do ponto de corte são comparados aos resultados para os não participantes do outro lado do ponto de corte.	Unidades próximas ao ponto de corte, mas que são inelegíveis para receber o programa.	Para identificar impactos não enviesados do programa para a população próxima ao ponto de corte, as unidades que estão imediatamente abaixo e imediatamente acima do ponto de corte são estatisticamente idênticas. Para identificar impactos não enviesados do programa para toda a população, a população próxima ao ponto de corte precisa ser representativa de toda a população.	Dados do resultado de interesse pós-intervenção, índice de elegibilidade e ponto de corte, dados sobre os resultados da linha de base e outras características.

(continua)

Quadro 11.2 *(continuação)*

Metodologia	Descrição	Quem está no grupo de comparação?	Hipótese-chave	Dados necessários
Diferença em diferenças	A mudança no resultado ao longo do tempo em um grupo de não participantes é usada para estimar qual teria sido a mudança nos resultados para um grupo de participantes na ausência de um programa.	Unidades que não participaram do programa (por qualquer motivo) e para as quais foram coletados dados antes e depois do programa.	Se o programa não existisse, os resultados para os grupos de participantes e não participantes teriam avançado paralelamente ao longo do tempo.	Dados de linha de base (pré-intervenção) e pós-intervenção sobre resultados e outras características tanto para participantes quanto para não participantes.
Pareamento (especialmente o pareamento por escore de propensão)	Para cada participante do programa, o método busca a unidade "mais semelhante" no grupo de não participantes (o par mais próximo com base nas características observáveis).	Para cada participante, a unidade não participante que se prevê ter a mesma probabilidade de ter participado do programa com base nas características observáveis.	Não há nenhuma característica que afete a participação no programa além das características observáveis usadas para o pareamento.	Dados do resultado de interesse pós-intervenção para participantes e não participantes, dados sobre a participação efetiva no programa, características da linha de base para realizar o pareamento.

Fonte: Adaptado do site Abdul Latif Jameel Poverty Action Lab (J-PAL).

Todos os métodos exigem hipóteses, ou seja, para sermos capazes de interpretar os resultados como causais, precisamos acreditar que os fatos são verdadeiros, apesar de não sermos sempre capazes de verificá-los empiricamente. Em especial, para cada método, um pressuposto-chave é o de que a média do grupo de comparação no qual se baseia o método é uma estimativa válida do contrafactual. Em cada um dos capítulos sobre métodos da parte 2, discutimos algumas considerações sobre como testar se um método é válido em um contexto específico. Alguns métodos dependem de pressupostos mais fortes do que outros.

Se todos os requisitos forem iguais, o método que melhor se ajustar ao contexto operacional e exigir os pressupostos mais fracos e a menor quantidade de dados será o método preferido. Esses critérios explicam por que os pesquisadores consideram a seleção aleatória como o padrão-ouro e por que ela é frequentemente o método que preferem. A seleção aleatória se enquadra em muitos contextos operacionais e tende a gerar estimativas de impacto internamente válidas com hipóteses mais fracas. Quando corretamente implementada, a seleção aleatória gera comparabilidade entre os grupos de tratamento e de comparação para características observáveis e não observáveis. Além disso, a seleção aleatória tende a exigir amostras menores do que as amostras necessárias para implementar métodos quase-experimentais (ver a discussão sobre esse tema no capítulo 15). Como a seleção aleatória é bastante intuitiva, o método também facilita a comunicação dos resultados aos formuladores de políticas públicas.

Os métodos quase-experimentais podem ser mais adequados em alguns contextos operacionais, mas requerem mais hipóteses para que o grupo de comparação forneça uma estimativa válida do contrafactual. Por exemplo, o método diferença em diferenças baseia-se na hipótese de que as mudanças nos resultados do grupo de comparação fornecem uma estimativa válida para as mudanças nos resultados do contrafactual do grupo de tratamento. Nem sempre é possível testar a suposição de que os resultados dos grupos de tratamento e de comparação avançam paralelamente ao longo do tempo sem que existam dados para vários pontos no tempo antes da intervenção. A regressão descontínua baseia-se na comparabilidade das unidades logo abaixo e imediatamente acima do ponto de corte de elegibilidade. Entre todos os métodos, o pareamento é aquele que apresenta os pressupostos mais fortes, pois, essencialmente, ele parte do princípio que não existe diferença em quaisquer características não observáveis entre os participantes e os não participantes do programa. Em geral, quanto mais fortes forem as hipóteses, maior o risco de que elas não se confirmem na prática.

Um plano B para a avaliação

Às vezes as coisas não saem exatamente conforme o planejado, mesmo com o melhor desenho de avaliação de impacto e as melhores intenções. Em um programa de capacitação profissional, por exemplo, a agência de implementação pretendia selecionar aleatoriamente os participantes a partir do grupo de candidatos inscritos. Esse método seria usado devido à expectativa de excesso de demanda. Como o desemprego entre a população-alvo era elevado, previa-se que o conjunto de candidatos interessados no programa de capacitação profissional seria muito maior do que o número de vagas disponíveis. Infelizmente, a propaganda do programa não foi tão eficaz quanto o esperado e, no final das contas, o número de candidatos ficou abaixo do número de vagas de treinamento disponíveis. Sem a alta demanda de inscrições, que permitiria a formação de um grupo de comparação, e sem ter um plano B, a tentativa inicial de avaliar o programa teve de ser abandonada completamente. Esse tipo de situação é comum, assim como mudanças imprevistas no contexto operacional ou político de um programa. Portanto, é útil ter um plano B para o caso de a primeira opção de metodologia não funcionar.

Planejar a utilização de vários métodos de avaliação de impacto também é uma boa prática do ponto de vista metodológico. Se houver dúvidas sobre se um dos métodos escolhidos pode ter algum tipo de viés, deve-se verificar os resultados em relação a outro método. Quando um programa é implementado por meio de um processo aleatorizado, o grupo de comparação será incorporado ao programa em algum momento. Isso limita o tempo durante o qual o grupo de comparação ficará disponível para a avaliação. Se, no entanto, além do desenho de seleção aleatória, um desenho de promoção aleatória também for implementado, um grupo de comparação ficará disponível durante toda a duração do programa. Antes que o grupo da última fase de implementação seja incorporado, existirão dois grupos de comparação alternativos (o grupo da seleção aleatória e o grupo da promoção aleatória), embora, no longo prazo, apenas o grupo de comparação da promoção aleatória venha a permanecer.

Encontrar a menor unidade viável de intervenção

Em geral, as regras operacionais também determinam o nível de alocação de uma intervenção, que tem a ver com a maneira como o programa é implementado. Por exemplo, se um programa relacionado à área de saúde fosse implementado no nível distrital, todos os povoados do distrito receberiam o programa (como um único grupo) ou não o receberiam. Alguns programas podem ser implementados de forma eficiente no nível individual ou domiciliar, enquanto outros precisam ser implementados em uma comunidade ou em uma divisão administrativa maior. Mesmo que um programa possa ser alocado e implementado no nível individual, a equipe de pesquisa de avaliação pode preferir um nível mais elevado de agregação a fim de mitigar os eventuais transbordamentos, ou seja, os efeitos indiretos das unidades participantes naquelas não participantes (ver discussão no capítulo 9).

Implementar uma intervenção em um nível mais elevado pode ser problemático para a avaliação por duas razões principais. Em primeiro lugar, a avaliação de intervenções alocadas e implementadas em níveis mais elevados, como uma comunidade ou um distrito administrativo, exige amostras maiores e será mais dispendiosa, em comparação à avaliação de intervenções de nível inferior, como no nível individual ou domiciliar. O nível de intervenção é importante porque define a unidade de alocação aos grupos de tratamento e de comparação, o que tem implicações para o tamanho da amostra de avaliação e seu custo. Para as intervenções implementadas em níveis mais elevados, uma amostra maior é necessária para possibilitar a detecção do verdadeiro impacto do programa. A lógica por trás disso será discutida no capítulo 15, que analisa como determinar o tamanho da amostra necessário para uma avaliação e discute como a implementação em níveis mais elevados cria conglomerados (grupos de unidades) que aumentam o tamanho da amostra exigida.

Em segundo lugar, em níveis mais elevados de intervenção, é mais difícil encontrar um número suficiente de unidades para incluir na avaliação. No entanto, a seleção aleatória só gera grupos de comparação e de tratamento comparáveis se for realizada em um número suficiente de unidades. Por exemplo, se o nível de agregação corresponder a uma província e o país tiver apenas seis províncias, será pouco provável que a aleatorização alcance o balanceamento entre os grupos de tratamento e de comparação. Nesse caso, digamos que o desenho de avaliação pretenda alocar três estados para o grupo de tratamento e três para o grupo de comparação. É muito improvável que os estados do grupo de tratamento sejam semelhantes aos do grupo de comparação, mesmo que o número de famílias de cada estado seja grande. Isso ocorre porque a chave para atingir o balanceamento entre os grupos de tratamento e de comparação é o número de unidades alocadas aos grupos de tratamento e de comparação, e não o número de indivíduos ou famílias da amostra. Portanto, realizar a seleção aleatória em níveis elevados de implementação cria riscos para a validade interna caso o número de unidades não seja suficiente.

Para evitar os riscos associados à implementação de uma intervenção em um nível geográfico ou administrativo de larga escala, a equipe de avaliação e os gestores do programa precisam trabalhar juntos para encontrar a menor unidade de intervenção operacionalmente viável. Vários fatores determinam a menor unidade viável de intervenção:

- Economias de escala e complexidade administrativa no momento da implementação do programa

- Capacidade administrativa de alocar benefícios no nível individual ou domiciliar

- Preocupações potenciais sobre possíveis tensões

- Preocupações potenciais sobre transbordamentos e contaminação do grupo de comparação.

A menor unidade viável de intervenção geralmente depende de economias de escala e da complexidade administrativa da implementação do programa. Por exemplo, um programa de seguro saúde pode exigir a abertura de um escritório local para que os beneficiários apresentem seus pedidos e paguem os fornecedores do serviço. Os custos fixos do escritório devem ser divididos entre um grande número de beneficiários. Por isso, pode ser ineficaz implementar o programa no nível individual e mais eficiente fazê-lo no nível da comunidade. No entanto, em situações com tipos de intervenção novos e não testados, pode valer a pena absorver as ineficiências de curto prazo e implementar o programa nos distritos administrativos de modo a garantir a credibilidade da avaliação e reduzir os custos da coleta de dados.

Alguns gestores de programas argumentam que programas administrados localmente, como iniciativas de seguro de saúde, não têm os recursos administrativos para implementar programas no nível individual. Segundo eles, seria um fardo configurar sistemas para oferecer diferentes benefícios aos diferentes beneficiários dentro das unidades administrativas locais, e pode ser desafiador garantir que a seleção para os grupos de tratamento e de comparação seja implementada conforme o planejado. Esta última questão é uma séria ameaça às avaliações de impacto, uma vez que os gestores de programas podem não ser capazes de implementar uma iniciativa de maneira coerente com seu desenho de avaliação. Nesse caso, pode ser necessária uma implementação em um nível mais elevado ou uma simplificação do desenho da avaliação de impacto.

Às vezes, os governos preferem implementar programas em níveis mais agregados, como uma comunidade, pois se preocupam com potenciais tensões quando os membros do grupo de comparação observam os vizinhos do grupo de tratamento obtendo benefícios. Muitos programas têm sido implementados com êxito no nível individual ou domiciliar em comunidades sem gerar tensões, em especial quando os benefícios foram alocados de forma equitativa, transparente e passível de responsabilização. Ainda assim, o risco de surgirem tensões deve ser considerado no contexto de uma avaliação de impacto específica.

Por fim, quando um programa é alocado e implementado em um nível muito baixo, como um domicílio ou um indivíduo, a contaminação do grupo de comparação pode comprometer a validade interna da avaliação. Por exemplo, digamos que se esteja avaliando o efeito de fornecer água encanada sobre a saúde das famílias. Se forem instaladas torneiras em uma casa, mas não na casa vizinha, a casa que recebe o tratamento poderá compartilhar a água da torneira com um vizinho do grupo de comparação. Dessa maneira, a família vizinha não seria uma comparação verdadeira, uma vez que estaria se beneficiando de um efeito de transbordamento.

O boxe 11.1 ilustra as implicações da escolha do nível de intervenção no contexto dos programas de transferência de renda. Portanto, na prática, os gestores de programas precisam escolher a menor unidade de intervenção possível que (1) permita um número suficientemente grande de unidades para a avaliação, (2) mitigue os riscos à validade interna e (3) se ajuste ao contexto operacional.

Boxe 11.1: Programas de transferência de renda e o nível mínimo de intervenção

A maioria das transferências condicionais de renda utiliza as comunidades como unidade ou nível de intervenção por motivos administrativos e relacionados ao desenho do programa, bem como devido à preocupação com os transbordamentos e as potenciais tensões na comunidade caso o tratamento seja implementado em um nível inferior.

Por exemplo, a avaliação do programa de transferência condicional de renda Progresa/Oportunidades, do México, contou com a implantação da iniciativa em comunidades de áreas rurais, que foram alocadas aleatoriamente aos grupos de tratamento e de comparação. Todas as famílias elegíveis das comunidades de tratamento receberam a oportunidade de se inscrever no programa durante a primavera de 1998, e todos os domicílios elegíveis das comunidades de comparação receberam a mesma oportunidade 18 meses depois, durante o inverno de 1999. Entretanto, a equipe de avaliação encontrou uma correlação substancial entre os resultados das famílias dentro das comunidades. Portanto, para gerar um poder estatístico suficiente para a avaliação, eles precisavam ter mais famílias na amostra do que seria necessário se tivessem sido capazes de alocar famílias individualmente aos grupos de tratamento e de comparação. A impossibilidade de implementar o programa no nível familiar gerou, portanto, maiores exigências em relação ao tamanho da amostra e aumentou o custo da avaliação. Restrições semelhantes se aplicam a muitos programas da área de desenvolvimento humano.

Fontes: Behrman e Hoddinott 2001; Skoufias e McClafferty 2001.

Recursos adicionais

- Para acessar os materiais complementares a este livro e hiperlinks com recursos adicionais, ver o site Avaliação de Impacto na Prática (http://www.worldbank.org/ieinpractice).

Referências

Behrman, Jere R. e John Hoddinott. 2001. "An Evaluation of the Impact of PROGRESA on Preschool Child Height." Discussion Paper No. 104, Food Consumption and Nutrition Division, International Food Policy Research Institute, Washington, DC.

Grosh, M. E., C. Del Ninno, E. Tesliuc e A. Ouerghi. 2008. *For Protection and Promotion: The Design and Implementation of Effective Safety Nets*. Washington, DC: Banco Mundial.

Skoufias, Emmanuel e Bonnie McClafferty. 2001. "Is *Progresa* Working? Summary of the Results of an Evaluation by IFPRI." International Food Policy Research Institute, Washington, DC.

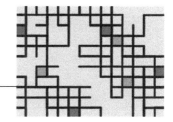

CAPÍTULO 12

Gerenciamento da avaliação de impacto

Gerenciar a equipe, o tempo e o orçamento de uma avaliação

A avaliação é uma parceria entre a equipe de formulação e gestão de políticas públicas e a equipe de pesquisadores. Um grupo depende do outro para o sucesso da avaliação. Juntos, eles compõem a equipe de avaliação. Essa parceria baseia-se no entendimento dos respectivos papéis e responsabilidades das duas equipes, no compromisso conjunto com a avaliação e no reconhecimento do que motiva o trabalho das pessoas envolvidas na avaliação. A parceria efetiva é fundamental para assegurar a credibilidade técnica e o impacto da avaliação sobre as políticas públicas.

Este capítulo descreve os elementos de uma parceria efetiva, incluindo as funções e responsabilidades de cada equipe, além de explorar como essa parceria funciona em diferentes etapas do processo de avaliação. Analisa modelos alternativos de colaboração e também aborda questões práticas relacionadas ao cronograma e ao orçamento.

Funções e responsabilidades das equipes de pesquisa e de formulação e gestão

A equipe de pesquisa: função da pesquisa e função dos dados

A equipe de pesquisa é responsável pela qualidade técnica e integridade científica do trabalho de avaliação. Suas responsabilidades abrangem o projeto de pesquisa, a qualidade dos dados e a análise. As equipes de pesquisa, geralmente, incluem as seguintes pessoas:

- O *pesquisador principal* trabalha com os formuladores de políticas públicas e gestores de programas para: estabelecer os objetivos principais, as questões de política, os indicadores e as informações necessárias para a realização da avaliação (muitas vezes, usando a teoria da mudança com base em uma cadeia de resultados); determinar a metodologia de avaliação de impacto; desenvolver o plano de avaliação; identificar a equipe de pesquisa; obter as aprovações institucionais e registrar a avaliação de impacto; preparar um plano de avaliação, incluindo um plano de pré-análise mais detalhado; liderar a análise dos resultados; e engajar-se com a equipe de formuladores e gestores para disseminar os resultados. O pesquisador principal precisa poder trabalhar de forma produtiva com toda a equipe de avaliação, incluindo a instituição encarregada da coleta de dados, outros membros da equipe de pesquisa e os formuladores e gestores dos programas que utilizam os dados e os resultados da avaliação. Vários *pesquisadores* podem trabalhar com o pesquisador principal, como pesquisadores associados, para liderar ou dar suporte ao trabalho analítico relacionado a elementos da avaliação, como amostragem, avaliações qualitativas ou análise de custo-efetividade.

- O *gerente de avaliação ou coordenador de campo* trabalha diretamente com o pesquisador principal na operacionalização diária da avaliação, o que inclui trabalhar com a equipe de gestores e formuladores de políticas e programas e supervisionar o trabalho de campo quando os dados primários estão sendo coletados. Essa pessoa é especialmente importante nos casos em que o pesquisador principal não está baseado no local do programa ou quando está sendo conduzida uma avaliação prospectiva que necessita ser coordenada proximamente à implementação do programa, ou quando dados primários estão sendo coletados.

- O *amostrista* orienta o trabalho de elaboração dos cálculos de poder estatístico e de amostragem. Para o tipo de avaliação de impacto quantitativa coberto neste livro, o amostrista deve ser capaz de realizar cálculos de poder para determinar o tamanho mais adequado das amostras para os indicadores estabelecidos, selecionar a amostra, analisar os resultados da amostra real versus os da amostra planejada, e fornecer aconselhamento sobre as implicações para a análise de acordo com o plano de pré-análise. O pesquisador principal geralmente desempenha essas funções diretamente ou em conjunto com o amostrista.

- A *equipe de coleta de dados* é responsável pelo desenvolvimento de instrumentos de coleta de dados e pelos manuais e dicionários das variáveis que os acompanham, pela coleta, digitalização e limpeza dos dados, e pela entrega de uma base de dados limpa e documentada, quando a coleta de dados primários for necessária. O capítulo 16 discute fontes de dados e vários aspectos da coleta de dados.

A equipe de formulação e gestão: função de políticas públicas e função de gerenciamento de programa

A equipe de gestão é composta por formuladores de políticas públicas e gestores de programas:

- Os *formuladores de políticas públicas* definem a agenda de pesquisa, identificam a questão central do estudo a ser abordada, asseguram que os recursos adequados para o trabalho estejam disponíveis e aplicam os resultados à política. No início da avaliação, precisam articular claramente os objetivos do programa e da avaliação, bem como a teoria da mudança e os principais indicadores de interesse, incluindo o tamanho mínimo esperado do efeito da política sobre os indicadores de resultado de interesse, conforme demonstrado no capítulo 2. A equipe de formulação e gestão tem o conhecimento dos diálogos com as principais partes interessadas na política para assegurar que a avaliação seja planejada para ser o mais relevante possível para a política pública em questão e para garantir que as partes interessadas e os tomadores de decisão se comprometam com os principais pontos do processo de avaliação.

- Os *gestores de programas* trabalham lado a lado com a equipe de pesquisa para alinhar o desenho da avaliação com a implementação do programa. Essa tarefa inclui verificar se o projeto de avaliação é baseado em informações corretas sobre o funcionamento do programa e comprometer-se a implementar o programa conforme o planejado, quando se trata de avaliações prospectivas. Em geral, os gestores de programas também gerenciam o orçamento da avaliação e, frequentemente, estão envolvidos em ajudar a equipe de pesquisa a supervisionar o trabalho de campo para a coleta de dados.

Conceito-chave

Uma parceria efetiva entre a equipe de formuladores e gestores e a equipe de pesquisa é fundamental para garantir a credibilidade técnica e o impacto da avaliação sobre as políticas públicas.

Quem se importa com a avaliação e por quê?

Do ponto de vista da equipe de formulação e gestão das políticas públicas, o principal interesse geralmente envolve a efetividade do programa ou da reforma e a que custo os resultados foram alcançados. As evidências trazidas pela avaliação permitem que essa equipe tome decisões sobre os rumos dos programas e políticas que foram avaliados. Os gestores locais dos programas estão interessados em garantir que seus esforços sejam valorizados e que obtenham crédito e visibilidade pelo seu trabalho, que normalmente ultrapassa as responsabilidades cotidianas de gestão dos programas. Uma boa maneira de valorizar esse esforço é assegurar que as equipes locais estejam ativamente envolvidas no amplo leque de atividades de avaliação. Isso pode ser feito por meio de publicações e oficinas conjuntas e da garantia à formação e à capacitação dos gestores locais. Nesse contexto, os pesquisadores locais estão bem posicionados para contribuir substancialmente e podem servir como um importante elo entre as equipes de pesquisa e de formulação e gestão das políticas públicas.

As avaliações têm valor de um bem público quando trazem conhecimento sobre uma questão de interesse que vai além dos interesses imediatos da equipe de formulação e gestão. Com frequência, esse aspecto tem alta relevância para os pesquisadores que investigam questões relativas à teoria da mudança. Por exemplo, os resultados relativos à forma como as pessoas se comportam em determinadas circunstâncias ou como os canais de transmissão funcionam para possibilitar que os impactos sejam alcançados podem permitir extrair lições mais gerais e aplicá-las em diferentes contextos. As avaliações de impacto vêm contribuindo rapidamente para a ampliação da base de evidências global sobre o desempenho de uma série de reformas de programas e políticas, e constituem repositórios de conhecimento altamente relevantes para o planejamento de programas e políticas públicas. Os doadores e os institutos voltados para a política pública estão, muitas vezes, interessados nesse valor de bem público mais amplo e vêm fornecendo, cada vez mais, apoio financeiro para realizar avaliações que contribuam para essa base de evidências.

Os pesquisadores estarão também muito comprometidos com o uso de uma metodologia de avaliação justificável e robusta, e procurarão garantir seu engajamento com o desenho da avaliação de impacto, com a análise dos dados e com a geração de pesquisas originais que atendam os padrões científicos para publicação em periódicos acadêmicos. As equipes de pesquisa interdisciplinares enfrentam o desafio adicional de assegurar que haja um entendimento comum entre os membros da equipe. Disciplinas diferentes, como medicina e economia, por exemplo, podem adotar métodos diversos para realizar os experimentos, envolver as unidades de observação na pesquisa e reportar ou disseminar seus resultados. Essa diferença de expectativa deve ser esclarecida e compreendida desde o início de uma avaliação. Independentemente das diferenças que possam existir nos protocolos, as equipes de pesquisa devem seguir as normas científicas e os princípios éticos geralmente aceitos, que serão discutidos no capítulo 13.

Os interesses diversos da equipe de formulação e gestão e da equipe de pesquisa podem criar tensões que precisam ser compreendidas e gerenciadas. Os pesquisadores tendem a valorizar mais o rigor técnico do projeto de avaliação do que a viabilidade operacional de funcionamento do programa. As duas equipes também podem estar interessadas em questões de avaliação ligeiramente diferentes. Por fim, provavelmente nenhuma das equipes se mostrará interessada em publicar resultados inconclusivos ou negativos, pois isso pode refletir de maneira negativa sobre o desempenho do programa para a equipe de formulação e gestão e pode ser de menor interesse acadêmico por parte da equipe de pesquisa. A equipe de formulação e gestão também poderá se mostrar interessada em ser seletiva em relação aos resultados que serão divulgados, enquanto a equipe de pesquisa valorizará altamente a capacidade de publicar todos os resultados obtidos.

Para a equipe de avaliação como um todo, fomentar uma cultura de transparência e valorização de evidências é fundamental. Os formuladores de políticas públicas e os gestores de programas devem ser recompensados por seu comprometimento com a formulação de políticas baseadas em evidências. Mesmo quando os resultados não são favoráveis, esses atores devem receber o crédito por ter defendido a transparência. Da mesma maneira, a equipe de pesquisa deve ser estimulada a reportar e publicar os resultados, independentemente dos resultados da avaliação.

A parceria entre a equipe de pesquisa e de formulação e gestão durante a avaliação

A qualidade técnica e o impacto da avaliação sobre a política ou programa dependem de uma parceria ativa entre a equipe de pesquisa e a equipe de formulação e gestão em cada etapa da avaliação: desenho, implementação, análise e disseminação. O boxe 12.1 resume alguns dos princípios orientadores dessa parceria.

Etapa de desenho. Em primeiro lugar, os formuladores de políticas públicas precisam estruturar e transmitir claramente as principais perguntas da pesquisa, a teoria da mudança que as acompanham e os principais indicadores de interesse, além de garantir que a equipe de pesquisa compreenda e respeite esses elementos. Para assegurar a relevância da política, a equipe de formuladores e gestores também precisa assumir a liderança da estruturação de uma estratégia de engajamento que garanta que as partes

Boxe 12.1: Princípios orientadores para o engajamento entre as equipes de formulação e gestão e de pesquisa

- Engajar-se desde o início para maximizar as opções de desenho da avaliação e garantir uma parceria efetiva entre as equipes de formulação e gestão e de pesquisa.
- Apresentar um plano de avaliação de impacto claro desde o início.
- Compreender as funções, responsabilidades e motivações das várias partes interessadas e permitir que elas participem da avaliação.
- Permanecer engajado durante toda a avaliação para assegurar o alinhamento adequado entre a avaliação e a intervenção a ser avaliada.
- Reconhecer e gerenciar os riscos e benefícios, e ser claro sobre o alcance que as avaliações de impacto podem ter ou não.
- Valorizar a transparência, assegurar a objetividade e estar preparado para dar suporte à disseminação dos resultados, sejam eles bons ou ruins.

interessadas sejam consultadas e informadas sobre o desenho, a implementação e os resultados da avaliação. Por sua vez, os pesquisadores precisam esclarecer a equipe de formulação e gestão quais as condições necessárias para a realização de boas avaliações de impacto. No caso de avaliações prospectivas, esses esclarecimentos envolvem, em primeiro lugar, verificar com os formuladores e gestores que as operações do programa estejam bem estabelecidas de forma a garantir que a iniciativa avaliada não mude muito durante a avaliação — e, portanto, não forneça resultados irrelevantes para os propósitos da política. O momento certo para a realização de uma avaliação de impacto é, muitas vezes, aquele em que o programa já foi suficientemente testado em campo e está funcionando da maneira pretendida — o que pode ser confirmado por meio de uma boa avaliação de processo —, mas em que ainda não foi expandido, deixando, assim, mais opções para construir contrafactuais apropriados.

Em segundo lugar, a equipe de pesquisa precisa entender claramente as regras operacionais do programa, ou seja, os recursos disponíveis, os critérios de elegibilidade para a seleção dos beneficiários e a implementação do programa ao longo do tempo. A equipe de formulação e gestão deve transmitir claramente essas três regras operacionais para a equipe de pesquisa, pois elas são fundamentais para orientar as opções metodológicas disponíveis para a avaliação, conforme é detalhado no capítulo 11.

Em terceiro lugar, a equipe de pesquisa deve preparar um plano de avaliação de impacto que contenha aspectos operacionais e de pesquisa e compartilhá-lo com os formuladores de políticas públicas para garantir que a avaliação se concentre nas questões de interesse, que os elementos para a colaboração com a equipe de gestão estejam bem definidos e que as questões de pesquisa assim como a natureza e o cronograma dos resultados sejam claros e diretos (ver o boxe 12.2). Também é útil considerar os riscos e planos de contingência para mitigar eventuais problemas. Por fim, a equipe de pesquisa deve obter a aprovação de um conselho de revisão de práticas éticas de pesquisa e, se houver um órgão responsável, registrar a avaliação nessa instituição (ver o capítulo 13).

Esse diálogo durante a fase de desenho deve resultar em um compromisso claro e compartilhado com o plano de avaliação, com expectativas realistas e responsabilidades mutuamente acordadas entre os membros das equipes de formulação e gestão e de pesquisa. Esse diálogo

---

Boxe 12.2: Roteiro geral de um plano de avaliação de impacto

1. Introdução
2. Descrição da intervenção
3. Objetivos da avaliação
   3.1 Hipóteses, teoria da mudança, cadeia de resultados
   3.2 Questões de políticas públicas
   3.3 Principais indicadores de resultados
   3.4 Riscos
4. Desenho da avaliação
5. Amostragem e dados
   5.1 Estratégia de amostragem
   5.2 Cálculos de poder estatístico
6. Visão geral do plano de pré-análise
7. Plano de coleta de dados
   7.1 Pesquisa de linha de base
   7.2 Pesquisa(s) de acompanhamento
8. Produtos a ser entregues
   8.1 Relatório da linha de base
   8.2 Relatório de avaliação de impacto
   8.3 Sumário executivo
   8.4 Base de dados, desenho e protocolos de análise totalmente documentados
9. Plano de disseminação dos resultados
10. Protocolos éticos sobre a proteção dos seres humanos
    10.1 Garantir o consentimento informado sobre a pesquisa
    10.2 Obter aprovação de um conselho de revisão de ética da pesquisa
11. Cronograma
12. Orçamento e financiamento
13. Composição e funções da equipe de avaliação

---

proporciona uma oportunidade para que a equipe de pesquisa esclareça tanto o valor de uma avaliação de impacto — ou seja, o estabelecimento da causalidade e a generalização dos resultados — quanto suas limitações, tais como a ausência de explicações sobre por que determinados resultados são alcançados, a relação entre o tamanho da amostra e os cálculos de poder estatístico ou o tempo investido na geração de certos resultados. Esse diálogo também oferece a oportunidade para que a equipe de formulação e gestão especifique as questões prioritárias e assegure que a avaliação esteja bem alinhada com as questões de interesse para a política pública.

Etapa de implementação. As equipes de formulação e gestão e de pesquisa precisam trabalhar em conjunto para garantir que a implementação avance sem sobressaltos e para resolver os problemas que possam surgir. Por exemplo, em um experimento aleatório, as equipes precisam concordar sobre a melhor maneira de aplicar a aleatorização na prática. Além disso, durante essa etapa, a coordenação das atividades é especialmente importante para garantir a fidelidade entre o desenho da avaliação e a implementação do programa.

Etapa de análise. A análise realizada deve corresponder ao que foi definido no plano de avaliação e no plano de pré-análise mais detalhado. A equipe de pesquisa deve fornecer e discutir os resultados com a equipe de formulação e gestão em momentos-chave da avaliação. Desde a linha de base, deve-se incluir uma análise da qualidade dos dados coletados e de aderência ao plano de avaliação. Isso ajudará a garantir que o plano de avaliação previsto na fase de desenho siga sendo viável, além de permitir que sejam feitos os ajustes necessários. Essa é também uma excelente oportunidade para analisar quais os produtos que serão entregues em que fase da análise e para verificar se a geração dos resultados está no caminho certo com relação às necessidades de tomada de decisão da equipe de formulação e gestão. Após a equipe de avaliação concluir a análise de impacto, os resultados iniciais devem ser apresentados e compartilhados com os formuladores e gestores para garantir que todas as perguntas tenham sido respondidas e para preparar a fase de disseminação dos resultados.

Etapa de disseminação. Nessa etapa, a equipe de formulação e gestão precisa assegurar que os resultados da avaliação alcancem as pessoas certas no momento certo em um formato apropriado. Essa é também a etapa correta para garantir que todos os dados da avaliação estejam devidamente documentados. Muitas vezes, as equipes utilizarão várias estratégias e veículos para disseminar os resultados, tendo em mente os diferentes públicos-alvo, conforme discutido no capítulo 14.

Estabelecer a colaboração

Como construir uma parceria

A avaliação representa o equilíbrio entre a competência técnica e independência da equipe de pesquisa e a relevância da política, orientação estratégica e coordenação operacional da equipe de formuladores e gestores da política pública. Vários modelos podem ser utilizados para estabelecer essa parceria entre as equipes de pesquisa e de formulação e gestão.

A escolha da modalidade dependerá do contexto e dos objetivos da avaliação de impacto, bem como da consideração de uma série de riscos. Por um lado, uma equipe de pesquisa totalmente independente e que colabore pouco com a equipe gestora do programa pode fornecer uma avaliação de impacto desconectada das questões de interesse para o programa em avaliação ou que apresente uma metodologia limitada devido a interações insuficientes com os formuladores e gestores do programa. Por outro lado, uma equipe de pesquisa totalmente integrada com a equipe de formulação e gestão pode criar riscos de conflito de interesse ou levar à censura de alguns resultados caso não sejam aplicados os princípios científicos (ver o capítulo 13). Além disso, as avaliações podem, muitas vezes, ter múltiplos objetivos, incluindo a criação de capacidade de avaliação dentro das agências governamentais e a sensibilização dos operadores de programas para a realidade de como seus programas são implementados em campo. Esses objetivos mais amplos também podem determinar, em parte, o modelo a ser escolhido.

Em geral, o que mais importa para a qualidade da avaliação de impacto é se o modelo de parceria ajudará a gerar estimativas não enviesadas dos impactos do programa. Desde que os princípios científicos e da ética de pesquisa sejam respeitados, a ausência de viés e a objetividade tendem a ser mais importantes para a qualidade da avaliação de impacto do que a independência entre as equipes de pesquisa e de formulação e gestão. Na prática, a estreita colaboração entre essas duas equipes é normalmente necessária para garantir que se implemente uma estratégia de avaliação de impacto de alta qualidade.

O modelo de terceirização

Para os gestores de programas tipicamente muito ocupados com o gerenciamento da complexa operação de um programa, contratar uma equipe externa para desenhar e gerenciar a avaliação de impacto pode ser uma solução atraente. Os modelos de terceirização podem assumir diferentes formas. Às vezes, os gestores de programas terceirizam o desenho da avaliação de impacto e a implementação das várias pesquisas de campo (em geral, as pesquisas de linha de base e de acompanhamento) a uma única instituição por meio de um contrato abrangente. Em outros casos, os gestores primeiro terceirizam o desenho da avaliação e, posteriormente, contratam outras instituições para as fases de coleta e análise de dados.

A terceirização cria um grau de separação entre o desenho e a implementação da avaliação de impacto que pode tornar a avaliação de impacto mais independente. No entanto, terceirizá-la totalmente pode gerar riscos substanciais. O estabelecimento desse tipo de relação contratual pode limitar a colaboração entre as equipes de implementação do programa e aquelas contratadas para realizar a avaliação de impacto.

Em alguns casos, a equipe contratada recebe um conjunto de parâmetros previamente definidos, e tem pouca margem para discutir o desenho, a implementação ou o escopo da avaliação. Em outros casos, as regras do programa e os modelos de implementação para elaborar uma boa avaliação de impacto podem não estar definidos. Nesses casos, a equipe contratada para realizar a avaliação de impacto terá capacidade limitada para garantir que esses elementos sejam definidos.

Em outros casos ainda, o programa já pode ter sido concebido ou sua implementação já pode ter começado, o que poderá restringir consideravelmente as opções metodológicas para a avaliação. Frequentemente, solicita-se à equipe contratada que se adapte às mudanças na implementação do programa *ex-post*, sem que tenha sido informada ou incluída no processo de implementação. Essas situações podem gerar desenhos de avaliação de qualidade inferior, já que a equipe contratada pode ter motivações diferentes daquelas dos pesquisadores e dos formuladores que lideraram o projeto de avaliação.

Por fim, a seleção e o monitoramento da equipe contratada podem ser um desafio para os gestores do programa. As regras de licitação do contrato de prestação de serviços devem ser cuidadosamente consideradas para garantir que a terceirização seja eficiente e não apresente conflitos de interesse. Certas regras podem limitar a possibilidade de que a equipe contratada para desenhar a avaliação de impacto possa, posteriormente, apresentar propostas para a implementação da avaliação.

Para mitigar esses riscos, geralmente é preferível que a equipe de gestão já tenha um desenho de avaliação de impacto implementado, incluindo uma estratégia de identificação, os principais indicadores de resultado, cálculos iniciais de poder estatístico e tamanhos aproximados da amostra. Isso ajudará a orientar os processos de licitação e contratação, uma vez que esses elementos afetam fortemente os orçamentos de avaliação. A equipe de formulação e gestão também deve estabelecer mecanismos para assegurar uma supervisão técnica rígida do desenho e implementação da avaliação de impacto. Isso pode ser feito por meio de um comitê de supervisão ou por meio de análises técnicas e científicas periódicas dos relatórios gerados na avaliação de impacto. Se considerados em conjunto, esses esforços de mitigação sugerem que o modelo mais eficaz a ser adotado provavelmente não deverá ser o totalmente terceirizado.

O modelo de parceria

A colaboração entre as equipes de pesquisa e de formulação e gestão não é, necessariamente, construída unicamente por meio de relações contratuais. Parcerias mutuamente benéficas podem ser implementadas quando os pesquisadores estiverem interessados em pesquisar determinada questão de política pública e quando os formuladores e gestores de programas quiserem que uma avaliação de impacto de boa qualidade seja realizada para seu programa. Os pesquisadores têm incentivos para abordar novas questões de pesquisa e para inovar na realização da avaliação de impacto e contribuir para a sua maior visibilidade. A equipe de pesquisa pode ser capaz de alavancar parte do financiamento para a avaliação de impacto se os objetivos dos financiadores estiverem alinhados de perto com o foco da pesquisa da avaliação.

Um outro tipo de modelo integrado que está adquirindo maior relevância, especialmente nas instituições maiores, como o Banco Mundial e o Banco Interamericano de Desenvolvimento, usa a capacidade interna de pesquisa de avaliação de impacto dessas instituições para apoiar as equipes de programa e de formulação e gestão.

A abordagem da parceria apresenta alguns riscos. Às vezes, os pesquisadores podem procurar incorporar novos elementos de pesquisa à avaliação de impacto e esses elementos podem não estar alinhados aos objetivos da política pública, embora possam agregar valor em termos globais. Por sua vez, os formuladores e gestores dos programas nem sempre valorizam o rigor científico necessário para realizar avaliações de impacto rigorosas, e podem ter uma tolerância maior do que a equipe de pesquisa com relação aos riscos potenciais para a qualidade da avaliação de impacto.

Para mitigar esses riscos, os objetivos da equipe de pesquisa e da equipe de formulação e gestão precisam estar alinhados. Essas equipes podem, por exemplo, trabalhar juntas em um plano de avaliação que descreva uma estratégia detalhada e as respectivas funções e responsabilidades de cada equipe (ver o boxe 12.2). O plano de avaliação também é o local certo para destacar as principais regras e os potenciais riscos operacionais da implementação da avaliação de impacto.

O compromisso mútuo com um plano claro de avaliação de impacto é essencial para que a parceria funcione sem problemas, mesmo que não exista uma relação contratual. É boa prática que esse compromisso mútuo assuma a forma de um contrato por escrito — por exemplo, por meio de um termo de referência ou acordo de cooperação — para estabelecer as funções, responsabilidades e produtos da avaliação de impacto. Tais aspectos também podem ser incluídos no plano de avaliação de impacto.

O modelo totalmente integrado

Algumas avaliações de impacto são implementadas por meio de um modelo totalmente integrado, no qual as equipes de implementação do programa e de pesquisa são unificadas. Essa abordagem é, às vezes, adotada em testes de eficácia, nos quais novas intervenções estão sendo avaliadas por meio de *validações de conceito*. Nesse caso, os pesquisadores geralmente preferem manter o controle sobre a implementação para garantir que o programa seja implementado da forma mais fidedigna possível ao seu desenho original. Embora os resultados dessas avaliações de impacto sejam mais úteis para testar certas teorias e estabelecer se uma determinada intervenção pode funcionar em circunstâncias ideais, o risco dessa abordagem é que os resultados podem apresentar validade externa limitada.

O boxe 12.3 apresenta alguns exemplos de diferentes modelos que as equipes de pesquisa e de formulação e gestão podem usar para colaborar entre si.

Boxe 12.3: Exemplos de modelos para equipes de pesquisa e de formulação e gestão

Terceirização de avaliações na Millennium Challenge Corporation

A Millennium Challenge Corporation (MCC), agência de ajuda humanitária dos Estados Unidos, foi criada em 2004 com uma forte ênfase na prestação de contas e geração de resultados. A MCC exige que cada um de seus programas tenha um plano abrangente de monitoramento e avaliação, com foco em avaliações independentes e não enviesadas. Esse foco levou a MCC a desenvolver um modelo no qual tanto o desenho quanto a implementação das avaliações são totalmente terceirizados para pesquisadores externos. Nos primeiros anos de operação da MCC, a separação entre o pessoal responsável pelo programa e as equipes de pesquisadores externos contratados para a avaliação às vezes criava problemas. Por exemplo, em Honduras, os pesquisadores realizaram um experimento aleatório para um programa de treinamento de agricultores. No entanto, como o contrato de implementação era baseado em critérios de desempenho, os implementadores da avaliação tinham um forte incentivo para encontrar agricultores de alto desempenho para participar do programa. Os agricultores elegíveis não foram selecionados aleatoriamente para o programa, o que invalidou o desenho de avaliação. Após as cinco primeiras avaliações do programa de treinamento

(continua)

de agricultores, a MCC refletiu sobre essas experiências e concluiu que a colaboração entre implementadores e avaliadores é fundamental durante todo o desenho e implementação da intervenção. A organização adaptou seu modelo de aplicação de avaliações de impacto a fim de encontrar um equilíbrio entre a independência e a colaboração das partes envolvidas.

Integração total na Innovations for Poverty Action

Na Innovations for Poverty Action (IPA), uma organização sem fins lucrativos sediada nos Estados Unidos, as equipes de pesquisadores e de políticas trabalham lado a lado desde o início do desenho da avaliação e, muitas vezes, desde o começo do programa. O modelo da IPA baseia-se numa extensa rede de unidades locais, muitas das quais têm relações com agências governamentais e outros parceiros de implementação. A partir do momento em que uma avaliação é concebida, pesquisadores afiliados à IPA em uma rede global de universidades passam a trabalhar com diretores nacionais nas unidades locais relevantes para criar um desenho de avaliação e um plano de implementação. Os diretores nacionais são responsáveis por coordenar o relacionamento com os principais parceiros da intervenção e por parear os pesquisadores principais da equipe de pesquisa com a equipe de formulação e gestão para desenvolver uma proposta de avaliação. Após uma proposta ser aprovada, eles contratam uma equipe de gerenciamento de projetos para coordenar a coleta de dados no campo, usando as unidades locais da IPA. Geralmente, a coordenação entre os pesquisadores e os implementadores do programa é bem

estreita e, em alguns casos, o pessoal da IPA é também responsável pela implementação da intervenção que está sendo avaliada.

Modelos de parceria do Banco Mundial

Na última década, o Banco Mundial ampliou rapidamente o uso de avaliações de impacto prospectivas para avaliar os impactos de alguns dos projetos de desenvolvimento que financia. Vários grupos — incluindo o DIME (Avaliação de Impacto sobre o Desenvolvimento), o SIEF (Fundo Estratégico de Avaliação de Impacto) e o GIL (Gender Innovation Lab) — fornecem financiamento e apoio técnico para avaliações de impacto. Quando um programa particularmente inovador ou de alto interesse tem início, são criadas atividades de avaliação de impacto que são incorporadas ao programa e gerenciadas pelos governos responsáveis pela intervenção ou realizadas como atividades independentes gerenciadas pelo Banco Mundial. Qualquer que seja a opção escolhida, cria-se um time de avaliação formado por uma equipe de pesquisa, que inclui uma combinação de técnicos e acadêmicos, e uma equipe do programa, geralmente composta pelos formuladores, gestores e operadores locais do programa.

Por exemplo, na Costa do Marfim, uma iniciativa conjunta entre o Banco Mundial, o Abdul Latif Jameel Poverty Action Lab (J-PAL) e o governo local avaliou um Projeto de Promoção de Emprego e Capacitação para Jovens. Foi criado um time de avaliação que incluía uma equipe de pesquisa, composta por um líder de equipe do Banco Mundial, acadêmicos internacionais e especialistas locais, e uma equipe de formulação

(continua)

A escolha de um parceiro para a equipe de pesquisa

Os formuladores e gestores de programas também precisam decidir com quem se associar para realizar a avaliação. É preciso responder a duas questões principais: se a equipe de pesquisa — ou parte dela — pode ser constituída por uma equipe local e que tipo de assistência externa será necessária. A capacidade de realização de pesquisas varia muito de país para país. Frequentemente, quando existe a necessidade de competências específicas, contratam-se empresas internacionais que podem também estabelecer parcerias com firmas locais. A função de coleta de dados é, geralmente, implementada por empresas locais devido ao seu maior conhecimento do contexto e do ambiente da área. Há também uma tendência global para assegurar a participação ampla de pesquisadores locais nas avaliações de impacto.

À medida que a capacidade de avaliação aumenta, torna-se cada vez mais comum que governos, empresas privadas e instituições multilaterais implementem avaliações de impacto em parceria com equipes de pesquisa locais. Sua participação pode trazer valor significativo à avaliação de impacto, considerando-se o seu conhecimento sobre o contexto local. Em alguns países, a autorização para realizar a pesquisa é concedida apenas a equipes que incluam pesquisadores locais. Em geral, cabe aos gestores da avaliação analisar a capacidade local e determinar quem será responsável pelos diferentes aspectos do esforço de avaliação. Redes internacionais de avaliação de impacto formadas por acadêmicos (como o J-PAL ou a IPA), empresas privadas de pesquisa ou grupos de avaliação de impacto de instituições internacionais (como a DIME e o SIEF, do Banco Mundial, ou o SPD e RES, do

Banco Interamericano de Desenvolvimento) podem ajudar as equipes de formuladores e gestores a se conectar com pesquisadores internacionais que tenham os conhecimentos técnicos necessários para colaborar na avaliação de impacto.[1]

Outra questão é definir se é melhor trabalhar com uma empresa privada ou com uma agência pública. As empresas ou instituições de pesquisa privadas podem ser mais confiáveis em relação à entrega dos resultados no prazo certo, mas, muitas vezes, estão compreensivelmente menos propensas a incorporar elementos novos que elevem os custos da avaliação após a assinatura do contrato. A equipe de pesquisa também pode contar com o auxílio de instituições de pesquisa e universidades. A reputação e experiência técnica dessas organizações podem garantir que os resultados da avaliação sejam amplamente aceitos pelas partes interessadas no programa. No entanto, essas instituições nem sempre têm a experiência operacional ou a capacidade de realizar alguns aspectos da avaliação, como a coleta de dados. Essas tarefas talvez necessitem ser terceirizadas a outro parceiro. A capacitação dos atores relevantes do setor público também pode ser uma meta a ser incluída como parte dos termos de referência da avaliação de impacto. Seja qual for a combinação de parceiros, uma boa análise das atividades de avaliação passadas realizadas por colaboradores potenciais é essencial para fazer uma escolha bem informada.

Especialmente quando se trabalha com uma agência pública com múltiplas responsabilidades, a capacidade e a disponibilidade de uma equipe interna de pesquisa para realizar as atividades de avaliação de impacto precisam ser avaliadas à luz de outras atividades pelas quais ela é responsável. Ter noção da carga de trabalho é importante para avaliar não apenas como ela afetará a qualidade da avaliação que está sendo realizada, mas também o custo de oportunidade da avaliação com relação a outros esforços pelos quais a agência pública é responsável.

Como programar uma avaliação ao longo do tempo

A parte 1 discutiu as vantagens das avaliações prospectivas, elaboradas durante a preparação do programa. O planejamento antecipado permite uma escolha mais ampla de grupos de comparação, facilita a coleta de dados da linha de base e ajuda as partes interessadas a chegar a um consenso sobre os objetivos do programa e as questões de interesse.

Apesar de ser importante planejar as avaliações desde a fase de desenho do programa, é desejável que elas ocorram no momento em que o programa estiver maduro o suficiente para ter se tornado estável, mas antes de ser expandido. Projetos-piloto ou reformas do programa em estágio inicial muitas vezes estão sujeitos a revisões, tanto de seu conteúdo quanto de como, quando, onde e por quem serão implementados. Os responsáveis pelos programas podem precisar de tempo para aprender e implementar consistentemente as novas regras operacionais. Como as avaliações exigem regras operacionais claras para gerar contrafactuais adequados, é importante realizar as avaliações dos programas depois de eles estarem bem estabelecidos.

Outra questão-chave diz respeito a quanto tempo é necessário antes que os resultados possam ser medidos. O equilíbrio certo depende muito do contexto específico: "Se se avalia cedo demais, existe o risco de encontrar apenas um impacto parcial ou nenhum impacto; se se avalia demasiado tarde, há o risco de que o programa venha a perder o apoio dos financiadores e do público ou de que um programa mal concebido seja expandido" (King e Behrman 2009, 56).[2] Os seguintes fatores precisam ser ponderados para determinar quando se deve fazer a coleta de dados pós-intervenção.

O ciclo do programa, incluindo sua duração, o cronograma de implementação e os atrasos potenciais. A avaliação de impacto deve ser adaptada ao ciclo de implementação do programa; ela não pode conduzir o programa que está sendo avaliado. Por sua própria natureza, as avaliações estão sujeitas ao cronograma do programa e devem estar alinhadas à duração esperada dessas iniciativas. Devem também se adaptar a possíveis atrasos de implementação quando os programas demoram a oferecer seus serviços ou se atrasam devido a fatores externos.[3] Em geral, embora o cronograma de avaliação deva ser incorporado ao projeto desde o início, os avaliadores devem estar preparados para ser flexíveis e fazer modificações à medida que o projeto for sendo implementado. Além disso, é necessário estar preparado para mudanças acompanhando as intervenções por meio de um bom sistema de monitoramento, de modo a que o esforço de avaliação seja orientado pelo ritmo real da intervenção.

O tempo previsto necessário para que o programa gere resultados, bem como a natureza dos resultados de interesse. A programação da coleta de dados de acompanhamento deve levar em consideração quanto tempo é necessário, após a implementação do programa, para que os resultados se tornem aparentes. A cadeia de resultados do programa ajuda a identificar os indicadores de resultados e o momento apropriado para medi-los. Alguns programas (tais como os programas de transferência de renda) visam a gerar benefícios de curto prazo, enquanto outros (como programas de educação básica) visam a ganhos de longo prazo. Além disso, certos resultados, por sua natureza, levam mais tempo a aparecer (como mudanças na expectativa de vida ou no nível de fertilidade decorrentes de uma reforma do sistema de saúde) do que outros (como os rendimentos do trabalho após um programa de treinamento).

Por exemplo, na avaliação do Fundo de Investimento Social da Bolívia, cuja linha de base ocorreu em 1993, os dados de acompanhamento não foram coletados até 1998 devido ao tempo necessário para a realização das intervenções (projetos de água e saneamento, clínicas médicas e escolas) e ao aparecimento dos efeitos sobre a saúde e a educação da população beneficiada (Newman e outros 2002). Um período de tempo semelhante foi necessário para a avaliação de um projeto de educação fundamental no Paquistão, que usou um desenho experimental, com pesquisas de linha de base e de acompanhamento, para avaliar o impacto de escolas comunitárias sobre variáveis de resultado dos alunos, incluindo seu desempenho acadêmico (King, Orazem e Paterno 2008). No entanto, frequentemente os dados de acompanhamento são colhidos antes do que seria recomendado devido a pressões por resultados de modo oportuno ou por limitações do orçamento e do ciclo do programa (McEwan 2014).

Por esse motivo, o momento da coleta dos dados de acompanhamento dependerá do programa em estudo, bem como dos indicadores dos resultados de interesse.

Os dados de acompanhamento podem ser coletados mais de uma vez para que os resultados de curto e médio prazos possam ser considerados e comparados enquanto o grupo de tratamento ainda estiver participando do programa. Os dados de acompanhamento coletados durante a implementação do programa podem não captar o impacto total do programa se os indicadores de resultado forem medidos demasiadamente cedo. Ainda assim, é muito útil documentar os impactos de curto prazo, que podem fornecer informações sobre os resultados esperados no longo prazo, úteis para produzir resultados iniciais que podem dinamizar o diálogo entre as equipes de pesquisa e de formulação e gestão e manter contato com a amostra de avaliação de modo a reduzir a atrição da amostra ao longo do tempo.

As pesquisas de acompanhamento que medem os resultados de longo prazo após a implementação do programa geralmente produzem as evidências mais convincentes sobre a efetividade do programa. Por exemplo, os resultados positivos das avaliações de impacto de longo prazo dos programas de educação infantil nos Estados Unidos (Currie 2001; Currie e Thomas 1995, 2000) e na Jamaica (Grantham-McGregor e outros 1994; Gertler e outros 2014) têm influenciado a defesa dos investimentos em intervenções destinadas à primeira infância.

Os impactos de longo prazo, por vezes, são objetivos explícitos do programa, mas mesmo um bom projeto de avaliação de impacto pode não resistir ao teste do tempo. Por exemplo, as unidades do grupo de comparação podem começar a se beneficiar dos efeitos de transbordamento dos beneficiários do programa.

As equipes podem coletar dados de acompanhamento mais de uma vez, para que os resultados de curto, médio e longo prazos possam ser considerados e comparados.

Ciclos de elaboração das políticas públicas. A programação de uma avaliação também deve levar em consideração quando certas informações são necessárias para fundamentar as decisões sobre a condução da política pública, e deve sincronizar as atividades de avaliação e de coleta de dados com os principais momentos de decisão. A geração de resultados deve ser programada para orientar a elaboração de orçamentos, a expansão do programa ou outras decisões sobre a política pública.

Como orçar uma avaliação

A formulação de um orçamento constitui uma das últimas etapas para operacionalizar o desenho da avaliação. Nesta seção, analisamos alguns dados referentes ao custo das avaliações de impacto, discutimos como fazer um orçamento de avaliação e sugerimos algumas opções de financiamento.

Análise dos dados de custos

Os quadros 12.1 e 12.2 proporcionam referências úteis sobre os custos associados à realização de avaliações de impacto rigorosas. Contêm dados de custo de avaliações de impacto de vários programas apoiados pelo Fundo Estratégico de Avaliação de Impacto (SIEF) administrado pelo Banco Mundial. A amostra do quadro 12.1 resultou de uma análise exaustiva sobre os programas apoiados pelos grupos de pesquisa do Early Childhood Development and Education (Desenvolvimento e Educação na Primeira Infância) do SIEF. A amostra do quadro 12.2 foi selecionada com base na disponibilidade de estatísticas orçamentárias correntes do conjunto de avaliações de impacto financiado pelo SIEF.[4]

Os custos diretos das atividades de avaliação analisadas nas amostras incluídas nos quadros 12.1 e 12.2 variam entre US$ 130.000 e US$ 2,78 milhões, com um custo médio de cerca de US$ 1 milhão. Embora esses custos variem muito e possam parecer elevados em termos absolutos, as avaliações de impacto geralmente constituem apenas uma pequena porcentagem do orçamento total dos programas. Além disso, o custo da realização de uma avaliação de impacto deve ser comparado ao custo de oportunidade de não realizar uma avaliação rigorosa e, consequentemente, correr o risco de implementar um programa não efetivo. As avaliações permitem que pesquisadores e formuladores de políticas públicas identifiquem quais os programas ou características dos programas que funcionam e quais não, e quais as

Quadro 12.1 Custo das avaliações de impacto de uma seleção de programas apoiados pelo Banco Mundial

Avaliação de impacto (AI)	País	Custo total da avaliação de impacto (em US$)	Custo total do programa[a] (em US$)	Custos da AI como % do custo total do programa
Programa de segurança social	Burkina Fasso	750.000	38.800.000	1,9
Emprego e desenvolvimento de competências para migrantes	China	220.000	50.000.000	0,4
Programa de seguridade social	Colômbia	130.000	86.400.000	0,2
Programa integrado de nutrição e seguridade social no emprego (projeto-piloto)	Djibuti	480.000	5.000.000	8,8
Programa de investimento nos setores sociais	República Dominicana	600.000	19.400.000	3,1
Incentivos baseados no desempenho dos professores	Guiné	2.055.000	39.670.000	4,9
Proteção social	Jamaica	800.000	40.000.000	2,0
Combate à desnutrição crônica	Madagascar	651.000	10.000.000	6,1
Centros comunitários de atenção à infância (projeto-piloto)	Malaui	955.000	1.500.000	38,9
Informação e transferência não condicional de renda	Nepal	984.000	40.000.000	2,4
Assistência técnica para a rede de segurança social	Paquistão	2.000.000	60.000.000	3,3
Programa de proteção social	Panamá	1.000.000	24.000.000	4,2
1° programa para o padrão de vida comunitária	Ruanda	1.000.000	11.000.000	9,1
Intervenções de informação para a prestação de contas e incentivos aos professores	Tanzânia	712.000	416.000.000	0,2
Intervenções relacionadas ao tamanho das salas de aula e à qualidade dos professores	Uganda	639.000	100.000.000	0,6
Fundo social para o desenvolvimento 3	Iêmen	2.000.000	15.000.000	13,3
Média		**936.000**	**59.798.000**	**6,2**

Fonte: Uma amostra das avaliações de impacto apoiadas pelos grupos de pesquisa da área de Desenvolvimento e Educação na Primeira Infância do Fundo Estratégico de Avaliação de Impacto do Banco Mundial.
Observação: AI = avaliação de impacto.
[a] O custo total do programa não inclui os custos associados à avaliação de impacto.

Quadro 12.2 Custos desagregados de uma seleção de avaliações de impacto apoiadas pelo Banco Mundial

Avaliação de impacto	País	Custo total[a] (em US$)	Tamanho da amostra	Coleta de dados (%)[b]	Equipe e consultores (%)[b]	Viagens (%)[b]	Disseminação e oficinas (%)[b]	Outros (%)[b]
Incentivo às habilidades parentais para melhorar a nutrição e a saúde infantis	Bangladesh	655.000	2.574 famílias	27	48	5	0	20
Eliminar os hiatos iniciais de aprendizado para crianças ciganas	Bulgária	702.000	6.000 famílias	74	21	4	1	0
O desenvolvimento na primeira infância e o componente nutricional do projeto de segurança social de Burkina Fasso	Burkina Fasso	750.000	4.725 famílias	55	20	3	1	21
Pagamento de professores comunitários	Chade	1.680.000	2.978 escolas	52	14	12	18	4
Uma intervenção domiciliar para o desenvolvimento na primeira infância	Colômbia	573.000	1.429 indivíduos	54	36	2	2	7
Teste de um programa integrado de nutrição e seguridade social para o emprego	Djibuti	480.000	1.150 indivíduos	75	0	0	6	18

(continua)

Quadro 12.2 *(continuação)*

Avaliação de impacto	País	Custo total[a] (em US$)	Tamanho da amostra	Coleta de dados (%)[b]	Equipe e consultores (%)[b]	Viagens (%)[b]	Disseminação e oficinas (%)[b]	Outros (%)[b]
Supervisão e incentivos para o aumento do aprendizado: o programa TCAI de alto desempenho	Gana	498.000	480 escolas	51	46	3	0	0
Incentivos baseados no desempenho para professores	Guiné	2.055.000	420 escolas	82	9	3	1	4
Suporte à prestação de serviços educacionais	Haiti	436.000	200 escolas	40	31	17	3	9
Motivação intrínseca e extrínseca não financeira para professores	Índia	448.000	360 escolas	83	5	11	1	0
Estímulos para a primeira infância e responsabilidade social da estratégia integrada de desenvolvimento infantil da Índia	Índia	696.000	2.250 indivíduos	49	43	5	3	0
Grupos de ajuda mútua de mulheres para fomentar a saúde, a nutrição, o saneamento e a segurança alimentar	Índia	844.000	3.000 famílias	52	39	5	1	2
Desenvolvimento da primeira infância para os pobres	Índia	1.718.000	2.588 famílias	46	53	1	1	0
Nutrição na primeira infância, disponibilidade de prestadores de serviços de saúde e situação de vida de jovens adultos	Indonésia	2.490.000	6.743 indivíduos	94	0	2	4	0
Combate à desnutrição crônica	Madagascar	651.000	5.000 indivíduos	0	0	66	2	32

(continua)

245

Quadro 12.2 *(continuação)*

Avaliação de impacto	País	Custo total[a] (em US$)	Tamanho da amostra	Coleta de dados (%)[b]	Equipe e consultores (%)[b]	Viagens (%)[b]	Disseminação e oficinas (%)[b]	Outros (%)[b]
Integração parental, nutrição e prevenção da malária	Mali	949.000	3.600 indivíduos	58	22	4	5	11
Aumento da prestação de contas na área de educação por meio de assistentes pedagógicos comunitários	México	268.000	230 escolas	70	26	3	2	0
Acesso a um modelo completo de escolas privadas	México	420.000	172 indivíduos	45	48	5	1	1
Avaliação de impacto aleatória de várias intervenções de alfabetização e leitura nas classes iniciais	Moçambique	1.762.000	110 escolas	78	5	4	8	6
Desenvolvimento e nutrição integrados na primeira infância	Moçambique	1.908.000	6.700 famílias	74	8	5	7	7
Um programa-piloto de seguro saúde	Nepal	485.000	6.300 famílias	61	33	3	4	0
Informações e transferências não condicionais de renda relacionadas aos resultados nutricionais	Nepal	984.000	3.000 indivíduos	57	23	9	1	10
Transferências de renda, treinamento de pais e desenvolvimento holístico da primeira infância	Niger	984.000	4.332 famílias	67	18	7	1	7
Compreensão da dinâmica das informações para a prestação de contas	Nigéria	1.052.000	120 escolas	59	25	8	3	6

(continua)

Quadro 12.2 *(continuação)*

Avaliação de impacto	País	Custo total[a] (em US$)	Tamanho da amostra	Coleta de dados (%)[b]	Equipe e consultores (%)[b]	Viagens (%)[b]	Disseminação e oficinas (%)[b]	Outros (%)[b]
Programa de reinvestimento de subsídios e empoderamento e iniciativa de saúde materno-infantil	Nigéria	2.775.000	5.000 famílias	76	13	6	4	2
Engajamento comunitário para o comitê escolar	Paquistão	845.000	287 escolas	59	15	6	3	18
Fortalecer as escolas privadas para cidadãos pobres de áreas rurais	Paquistão	2.124.000	2.000 escolas	26	25	5	2	42
Seleção e impactos motivacionais de contratos de desempenho para professores do ensino fundamental	Ruanda	797.000	300 escolas	79	7	3	1	11
Campanha de informação em escolas do ensino fundamental	África do Sul	647.000	200 escolas	67	24	2	3	4
Teste de informações para intervenções de prestação de contas e de incentivo para professores	Tanzânia	712.000	420 escolas	86	6	7	2	0

(continua)

Quadro 12.2 *(continuação)*

Avaliação de impacto	País	Custo total[a] (em US$)	Tamanho da amostra	Coleta de dados (%)[b]	Equipe e consultores (%)[b]	Viagens (%)[b]	Disseminação e oficinas (%)[b]	Outros (%)[b]
Elaboração de programas efetivos de incentivo para professores	Tanzânia	889.000	420 escolas	85	11	2	2	0
Programa para mulheres com alto risco de infecção pelo HIV	Tanzânia	1.242.000	3.600 indivíduos	90	7	2	1	0
Intervenções relacionadas à qualidade dos professores e ao tamanho das salas de aula	Uganda	639.000	200 escolas	82	9	7	2	0
Comparação da eficiência da prestação de serviços educacionais nos setores público e privado	Uganda	737.000	280 escolas	77	18	3	3	0
Média		**1.026.000**		**63**	**21**	**7**	**3**	**7**

Fonte: Uma amostra das avaliações de impacto financiadas pelo Fundo Estratégico de Avaliação de Impacto do Banco Mundial.

[a] Os custos estimados nem sempre representam os custos totais da avaliação, incluindo o tempo da equipe de formuladores e gestores.

[b] Percentual do custo total da avaliação por categoria. Esse custo não inclui as despesas com as equipes locais do programa, que, em geral, se mostraram fortemente engajadas no desenho e na supervisão da avaliação, pois os dados exatos sobre esses gastos não são registrados com regularidade.

estratégias que podem ser mais efetivas e eficientes para alcançar os objetivos da iniciativa. Nesse sentido, os recursos necessários para implementar uma avaliação de impacto constituem um investimento relativamente pequeno, mas significativo.

O quadro 12.2 desagrega os custos das amostras de avaliações de impacto apoiadas pelo SIEF. Os custos totais de uma avaliação incluem tempo da equipe do Banco Mundial, consultores nacionais e internacionais, viagens, coleta de dados e atividades de disseminação.[5] Como é o caso de quase todas as avaliações para as quais não é possível utilizar dados já existentes, o custo mais elevado da avaliação recai sobre a coleta de novos dados, respondendo por 63% do custo total da avaliação, em média, conforme mostra o quadro.

Esses números refletem diferentes tamanhos e tipos de avaliações. O custo relativo para avaliar um programa-piloto é, geralmente, maior do que o custo relativo para avaliar um programa de aplicação nacional ou universal. Além disso, algumas avaliações exigem apenas uma pesquisa de acompanhamento ou podem utilizar fontes de dados existentes, enquanto outras necessitam várias rodadas de coleta de dados. O custo da coleta de dados depende, em grande parte, dos salários da equipe local, do custo de acesso às populações da amostra de avaliação e do período de tempo gasto em campo. Para saber mais sobre como estimar o custo de uma pesquisa em um contexto específico, recomendamos, primeiramente, que a equipe de avaliação entre em contato com o órgão responsável pelas estatísticas nacionais e busque informações com equipes que já realizaram pesquisas de campo no país.

Preparar um orçamento para a avaliação de impacto

Muitos recursos são necessários para implementar uma avaliação de impacto rigorosa, especialmente quando dados primários estão sendo coletados. Os itens orçamentários incluem a remuneração de pelo menos um investigador ou pesquisador principal, um coordenador de campo, um especialista em amostragem e uma equipe de coleta de dados. Também é preciso incluir o tempo de trabalho dos gestores do programa para fornecer orientação e apoio durante toda a avaliação. Esses recursos humanos podem ser constituídos por pesquisadores e especialistas técnicos de organizações internacionais, consultores internacionais ou nacionais e equipes locais que atuam nos programas. Os custos com viagens e alimentação também devem ser orçados. Os recursos para a disseminação que, muitas vezes, são aplicados na realização de oficinas, relatórios e trabalhos acadêmicos, devem ser considerados no planejamento da avaliação.

Conforme já foi observado, os maiores custos da avaliação são, geralmente, aqueles referentes à coleta de dados (incluindo a criação e a realização de um teste-piloto para a pesquisa), aos materiais e equipamentos relacionados à coleta de dados, ao treinamento e remuneração (a diária) dos entrevistadores, aos veículos e combustível usados na pesquisa de campo e às operações de digitação de dados. Para calcular os custos de todos esses insumos, é necessário fazer algumas suposições sobre, por exemplo, quanto tempo será necessário para o preenchimento dos questionários e o tempo de deslocamento entre os locais da pesquisa.

Os custos da avaliação de impacto podem ser espalhados ao longo de vários anos. Um exemplo de orçamento mostrado no quadro 12.3 apresenta como as despesas em cada estágio de uma avaliação podem ser desagregadas por ano para fins contábeis e de reportagem. Mais uma vez, as demandas orçamentárias provavelmente serão maiores durante os anos em que os dados estiverem sendo coletados.

Opções para o financiamento de avaliações

O financiamento de uma avaliação pode vir de muitas fontes, incluindo recursos destinados a projetos, orçamentos próprios dos programas, bolsas de pesquisa ou recursos de financiadores. Muitas vezes, as equipes de avaliação buscam uma combinação de fontes para gerar os fundos necessários. Embora, no passado, o financiamento para as avaliações fosse proveniente, principalmente, de orçamentos de pesquisa, a ênfase crescente na formulação de políticas baseadas em evidências aumentou o financiamento originário de outras fontes. Nos casos em que uma avaliação possa vir a preencher uma substancial lacuna de conhecimento, que seja de interesse para a área de desenvolvimento socioeconômico de maneira mais ampla, e em que possa ser aplicada uma avaliação rigorosa e robusta, os formuladores de políticas públicas devem ser estimulados a procurar financiamento externo, considerando-se todos os benefícios que os resultados da avaliação trarão para o público em geral. Entre as fontes de financiamento estão governos, bancos de desenvolvimento, organizações multilaterais, agências da Organização das Nações Unidas (ONU), fundações, filantropos e organizações de pesquisa e avaliação, como a Iniciativa Internacional para a Avaliação de Impacto.

Quadro 12.3 Exemplo de orçamento para uma avaliação de impacto

	Etapa do desenho				Etapa de dados da linha de base			
	Unidade	Custo por unidade (em US$)	Nº de unidades	Custo total (em US$)	Unidade	Custo por unidade (em US$)	Nº de unidades	Custo total (em US$)
A. Salários da equipe	Semanas	7.500	**2**	15.000	Semanas	7.500	2	15.000
B. Remuneração dos consultores				14.250				41.900
Consultor internacional (1)	Dias	450	15	6.750	Dias	450	0	0
Consultor internacional (2)	Dias	350	10	3.500	Dias	350	10	3.500
Assistente de pesquisa/coordenador de campo	Dias	280	0	0	Dias	280	130	36.400
Especialista em estatística	Dias	400	10	4.000	Dias	400	5	2.000
C. Viagens e subsistência								
Equipe: passagens aéreas internacionais	Viagens	3.350	1	3.350	Viagens	3.350	1	3.350
Equipe: hotel e diárias	Dias	150	5	750	Dias	150	5	750
Equipe: transporte local terrestre	Dias	10	5	50	Dias	10	5	50
Consultores internacionais: passagens aéreas internacionais	Viagens	3.500	2	7.000	Viagens	3.500	2	7.000
Consultores internacionais: hotel e diárias	Dias	150	20	3.000	Dias	150	20	3.000
Consultores internacionais: transporte local terrestre	Dias	10	5	50	Dias	10	5	50
Coordenador de campo: passagens aéreas internacionais	Viagens		0	0	Viagens	1.350	1	1.350
Coordenador de campo: hotel e diárias	Dias		0	0	Dias	150	3	150

(continua)

Quadro 12.3 *(continuação)*

	Etapa do desenho				Etapa de dados da linha de base			
	Unidade	Custo por unidade (em US$)	Nº de unidades	Custo total (em US$)	Unidade	Custo por unidade (em US$)	Nº de unidades	Custo total (em US$)
Coordenador de campo: transporte local terrestre	Dias		0	0	Dias	10	3	30
D. Coleta de dados								126.000
Tipo de dado 1: consentimento					Escola	120	100	12.000
Tipo de dado 2: resultados educacionais					Criança	14	3.000	42.000
Tipo de dado 3: resultados relacionados à saúde					Criança	24	3.000	72.000
E. Análise de dados e disseminação								
Oficina(s)								
Disseminação/divulgação de resultados								
Custo total por etapa	Etapa de desenho			43.450	Etapa de linha de base			198.630

Quadro 12.3 *(continuação)*

	Dados de acompanhamento, etapa I				Dados de acompanhamento, etapa II			
	Unidade	Custo por unidade (em US$)	Nº de unidades	Custo total (em US$)	Unidade	Custo por unidade (em US$)	Nº de unidades	Custo total (em US$)
A. Salários da equipe	Semanas	7.500	2	15.000	Semanas	7.500	2	15.000
B. Remuneração dos consultores				43.750				38.000
Consultor internacional (1)	Dias	450	15	6.750	Dias	450	10	4.500
Consultor internacional (2)	Dias	350	20	7.000	Dias	350	10	3.500
Assistente de pesquisa/coordenador de campo	Dias	280	100	28.000	Dias	280	100	28.000
Especialista em estatística	Dias	400	5	2.000	Dias	400	5	2.000
C. Viagens e subsistência								
Equipe: passagens aéreas internacionais	Viagens	3.350	1	3.350	Viagens	3.350	2	6.700
Equipe: hotel e diárias	Dias	150	10	1.500	Dias	150	10	1.500
Equipe: transporte local terrestre	Dias	10	5	50	Dias	10	5	50
Consultores internacionais: passagens aéreas internacionais	Viagens	3.500	2	7000	Viagens	3.500	2	7000
Consultores internacionais: hotel e diárias	Dias	150	20	3.000	Dias	150	20	3.000
Consultores internacionais: transporte local terrestre	Dias	10	5	50	Dias	10	5	50
Coordenador de campo: passagens aéreas internacionais	Viagens	1.350	1	1.350	Viagens	1.350	1	1.350

(continua)

Quadro 12.3 *(continuação)*

	Dados de acompanhamento, etapa I				Dados de acompanhamento, etapa II			
	Unidade	Custo por unidade (em US$)	Nº de unidades	Custo total (em US$)	Unidade	Custo por unidade (em US$)	Nº de unidades	Custo total (em US$)
Coordenador de campo: hotel e diárias	Dias	150	3	450	Dias	150	3	450
Coordenador de campo: transporte local terrestre	Dias	10	3	30	Dias	10	3	30
D. Coleta de dados				126.000				126.000
Tipo de dado 1: consentimento	Escola	120	100	12.000	Escola	120	100	12.000
Tipo de dado 2: resultados educacionais	Criança	14	3.000	42.000	Criança	14	3.000	42.000
Tipo de dado 3: resultados relacionados à saúde	Criança	24	3.000	72.000	Criança	24	3.000	72.000
E. Análise de dados e disseminação								55.000
Oficina(s)						20.000	2	40.000
Disseminação/divulgação de resultados						5.000	3	15.000
Custo total por etapa	Acompanhamento, etapa I			201.530	Acompanhamento, etapa II			254.130
					Custo total da avaliação			697.740

Recursos adicionais

- Para acessar os materiais complementares a este capítulo e hiperlinks com recursos adicionais, ver o site Avaliação de Impacto na Prática (http://www.worldbank.org/ieinpractice).
- Para acessar várias ferramentas destinadas a ajudar a planejar e implementar uma avaliação, ver o portal de Avaliação do Banco Interamericano de Desenvolvimento (http://www.iadb.org/evaluationhub), que inclui:
  - Uma seção de desenho: gráficos de Gantt para auxiliar na programação das atividades de avaliação de impacto, uma ferramenta com modelos de orçamento para estimar os custos da avaliação e uma lista de verificação com as principais atividades a realizar.
  - Uma seção de implementação: amostra de termos de referência (TORs) para os pesquisadores principais, as empresas de coleta de dados e as equipes de suporte técnico e supervisão.
- Para obter diretrizes e ferramentas a fim de ajudar a planejar e implementar uma avaliação, ver as Ferramentas de Avaliação de Impacto do Banco Mundial (Vermeersch, Rothenbühler e Sturdy 2012), que incluem:
  - Módulo 2 – Montar a equipe: amostras de termos de referência (TORs) para os pesquisadores principais, coordenadores de avaliação, analistas de dados, pesquisadores locais, especialistas em cálculos de poder estatístico, especialistas em qualidade de dados, trabalhadores de campo e outros.
  - Manuais de campo e programas de treinamento para entrevistas em domicílios e em unidades de saúde.
  - Módulo 3 – Desenho: diretrizes sobre como alinhar o cronograma, a composição da equipe, o orçamento da avaliação de impacto e um modelo de orçamento.
  - Módulo 4 – Preparação da coleta de dados: informações sobre o planejamento das atividades de coleta de dados e sobre os acordos com as partes interessadas referentes à propriedade dos dados, além de gráfico de Gantt e orçamento para a coleta de dados.

Notas

1. O J-PAL é o Laboratório Abdul Latif Jameel Poverty Action (ou Laboratório de Ação contra a Pobreza Abdul Latif Jameel). O SPD é o Escritório de Planejamento Estratégico e Eficácia no Desenvolvimento do Banco Interamericano de Desenvolvimento (BID). O RES é o Departamento de Pesquisas do BID.
2. Para uma discussão detalhada sobre questões relacionadas à programação ao longo do tempo no que tange à avaliação de programas sociais, ver King e Behrman (2009).
3. "Há várias razões pelas quais a implementação não é nem imediata nem perfeita, a duração da exposição a um tratamento difere não só entre as áreas do

programa, mas também entre os beneficiários finais, e a duração variável da exposição pode levar a estimativas diferentes do impacto do programa" (King e Behrman 2009, 56).

4. Embora os quadros 12.1 e 12.2 forneçam referências úteis, elas não são representativas de todas as avaliações realizadas pelo programa SIEF ou pelo Banco Mundial.

5. Nesse caso, o custo é calculado como uma porcentagem da parcela do custo do programa financiado pelo Banco Mundial.

Referências

Bertrand, Marianne, Bruno Crépon, Alicia Marguerie e Patrick Premand. 2015. "Cote d'Ivoire Youth Employment and Productivity Impact Evaluation." AEA RCT Registry. October 9. http://www.socialscienceregistry.org/trials/763 /history/5538.

Currie, Janet. 2001. "Early Childhood Education Programs." *Journal of Economic Perspectives* 15 (2): 213–38.

Currie, Janet e Duncan Thomas. 1995. "Does Head Start Make a Difference?" *American Economic Review* 85 (3): 341–64.

———. 2000. "School Quality and the Longer-Term Effects of Head Start." *Journal of Economic Resources* 35 (4): 755–74.

Gertler, Paul, James Heckman, Rodrigo Pinto, Arianna Zanolini, Christel Vermeersch, Susan Walker, Susan M. Chang e Sally Grantham-McGregor. 2014. "Labor Market Returns to an Early Childhood Stimulation Intervention in Jamaica." *Science* 344 (6187): 998–1001.

Grantham-McGregor, Sally, Christine Powell, Susan Walker e John Himes. 1994. "The Long-Term Follow-up of Severely Malnourished Children Who Participated in an Intervention Program." *Child Development* 65: 428–93.

IPA (Innovations for Poverty Action). 2014. "Researcher Guidelines: Working with IPA." 1º de setembro. http://www.poverty-action.org/sites/default/files/ researcher_guidelines_version_2.0.pdf.

King, Elizabeth M. e Jere R. Behrman. 2009. "Timing and Duration of Exposure in Evaluations of Social Programs." *World Bank Research Observer* 24 (1): 55–82.

King, Elizabeth M., Peter F. Orazem e Elizabeth M. Paterno. 2008. "Promotion with and without Learning: Effects on Student Enrollment and Dropout Behavior." Policy Research Working Paper 4722, Banco Mundial, Washington, DC.

McEwan, Patrick J. 2014. "Improving Learning in Primary Schools of Developing Countries: A Meta-Analysis of Randomized Experiments." *Review of Educational Research*. doi:10.3102/0034654314553127.

Newman, John, Menno Pradhan, Laura B. Rawlings, Geert Ridder, Ramiro Coa e José Luis Evia. 2002. "An Impact Evaluation of Education, Health, and Water Supply Investments by the Bolivian Social Investment Fund." *World Bank Economic Review* 16 (2): 241–74.

Sturdy, Jennifer, Sixto Aquino e Jack Molyneaux. 2014. "Learning from Evaluation at the Millennium Challenge Corporation." *Journal of Development Effectiveness* 6 (4): 436–50.

Vermeersch, Christel, Elisa Rothenbühler e Jennifer Sturdy. 2012. *Impact Evaluation Toolkit: Measuring the Impact of Results-based Financing on Maternal and Child Health*. Banco Mundial, Washington, DC. http://www.worldbank.org /health/impactevaluationtoolkit.

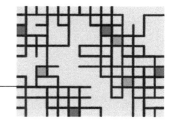

CAPÍTULO 13

A ética e a ciência da avaliação de impacto

A gestão de avaliações éticas e críveis

A ética da avaliação concentra-se na proteção dos indivíduos que participam da pesquisa de avaliação, enquanto a transparência dos métodos ajuda a garantir que os resultados da avaliação sejam livres de viés, confiáveis e críveis e contribuam para um conjunto mais amplo de conhecimentos.

Os formuladores de políticas públicas e os pesquisadores têm interesse e responsabilidade comuns em garantir que a avaliação seja ética e que seus resultados sejam livres de viés, confiáveis e críveis. A não garantia desses pressupostos pode invalidar a avaliação e provocar problemas que vão além do escopo da avaliação. Imagine uma avaliação de impacto que ponha em risco um grupo de pessoas devido à divulgação de dados pessoais, ou uma avaliação que use um mecanismo injusto de seleção ao programa ao excluir as famílias mais necessitadas. Imagine uma avaliação que mostre que um programa é altamente bem-sucedido, mas não disponibilize nenhum dado para respaldar essa afirmação. Qualquer um desses casos pode provocar protestos por parte do público ou reclamações aos meios de comunicação, aos tribunais ou a qualquer outro canal, e constranger tanto os formuladores de políticas quanto os pesquisadores.

As críticas direcionadas à avaliação podem se disseminar e contaminar o próprio programa, minando sua implementação. A confiabilidade e a integridade dos resultados da avaliação também são muito importantes: quando as avaliações produzem estimativas enviesadas ou parciais sobre o impacto dos programas, os formuladores de políticas têm capacidade limitada para tomar decisões bem informadas.

Embora as avaliações de impacto estejam ligadas a programas e projetos públicos, elas também são uma atividade de pesquisa e, portanto, estão relacionadas ao campo das ciências sociais. Consequentemente, a equipe de avaliadores deve respeitar uma série de princípios e regras das ciências sociais para garantir que a avaliação seja ética e transparente em seus métodos e resultados.

A ética das avaliações de impacto

Quando uma avaliação de impacto seleciona indivíduos para os grupos de tratamento e de comparação e coleta e analisa dados sobre eles, a equipe de avaliação tem a responsabilidade de minimizar o quanto possível quaisquer riscos aos quais esses indivíduos possam ser submetidos, além de assegurar que essas pessoas só participem da avaliação após estarem plenamente informadas e consentirem em participar.

A ética da seleção para os grupos de tratamento e de comparação

Assim como o juramento de Hipócrates na profissão médica, o primeiro princípio da ética da avaliação deve ser não causar nenhum tipo de dano. A principal preocupação quanto às avaliações é a possibilidade de que a intervenção do programa a ser avaliada possa prejudicar os indivíduos, direta ou indiretamente. Por exemplo, um projeto de reforma de estradas pode provocar a desapropriação de casas ao longo de alguns trechos das rodovias. Ou um projeto de alfabetização que não leve em conta que o ensino do idioma oficial pode prejudicar as comunidades indígenas. Muitos governos e doadores internacionais que financiam programas da agenda de desenvolvimento socioeconômico usam um conjunto de salvaguardas para prevenir e mitigar esse tipo de riscos. Embora os gestores do programa sejam os principais responsáveis quanto à aplicação das medidas de salvaguarda do programa, a equipe de avaliação deve estar atenta para verificar se a intervenção está cumprindo o conjunto de salvaguardas exigido.

Há uma outra preocupação sobre o dano que a avaliação pode causar devido à recusa de estender o programa a beneficiários potenciais.

Nesse caso, um princípio fundamental é que determinados grupos não devem ser excluídos de uma intervenção tida como benéfica apenas em nome da realização de uma avaliação. As avaliações só devem ser feitas nos casos em que a equipe de avaliação não tem certeza se uma intervenção é benéfica no contexto particular em que está sendo avaliada. Além disso, se uma avaliação demonstrar que um programa tem custo-benefício favorável, os financiadores do programa — quer sejam eles governos, doadores ou organizações não-governamentais — devem fazer esforços para expandir o programa e incluir os grupos de comparação na iniciativa após a conclusão da avaliação de impacto.

Um princípio relacionado que defendemos neste livro é o de que as avaliações não devem ditar como é feita a seleção para os programas. Em vez disso, as avaliações devem ser ajustadas às regras de seleção dos programas desde que estas sejam claras e justas. A avaliação também pode ajudar a (re)definir regras quando elas não existem ou quando não são justas. Seguir esse procedimento ajudará a garantir que as preocupações éticas não se originem da avaliação de impacto em si mas, sim, da ética das regras usadas para escolher os beneficiários do programa. No entanto, a seleção de pessoas elegíveis entre os grupos de tratamento e de comparação pode gerar preocupações em relação à ética de se negar os serviços do programa a pessoas elegíveis. Esse é especificamente o caso da seleção aleatória dos serviços de um programa. Na parte 2 e no capítulo 11, enfatizamos que a seleção aleatória é um método que pode ser aplicado em contextos específicos. Em particular, o fato de a maioria dos programas operar com recursos financeiros e administrativos limitados torna muito difícil oferecê-los a todas as pessoas elegíveis de uma só vez. Essa situação já envolve questões éticas, uma vez que os próprios programas devem desenvolver regras de seleção e impor alguma forma de racionamento de vagas, mesmo sem a existência de uma avaliação de impacto. Do ponto de vista ético, podemos fazer uma boa defesa da necessidade de que todos aqueles que são igualmente elegíveis para participar de um programa tenham a mesma chance de se beneficiar dele. A seleção aleatória cumpre esse requisito. Em outros contextos em que um programa venha a ser implementado gradualmente ao longo do tempo, essa implementação pode se basear na seleção aleatória da ordem em que os beneficiários ou grupos de beneficiários igualmente merecedores receberão o programa. Mais uma vez, isso dará a cada beneficiário elegível a mesma chance de ser o primeiro a receber o programa. Nesses casos, as pessoas que entram mais tarde no programa podem ser utilizadas como grupo de comparação para as que entraram anteriormente, gerando um desenho consistente de avaliação, bem como um método transparente e justo de alocação dos recursos escassos do programa.

Por fim, pode haver também uma preocupação ética em *não* realizar uma avaliação quando os programas investem recursos substanciais em intervenções cuja efetividade é desconhecida. Nesse contexto, a própria falta de avaliação pode ser vista como não ética, pois pode perpetuar programas dispendiosos que não beneficiam a população, enquanto os recursos aplicados neles poderiam ser mais bem investidos em intervenções mais efetivas. As informações sobre a efetividade do programa trazidas pelas avaliações de impacto podem levar a um investimento mais efetivo e ético dos recursos públicos.

Como proteger as pessoas durante a coleta, o processamento e o armazenamento de dados

Um segundo momento durante o qual os indivíduos podem sofrer danos é o da coleta, do processamento e do armazenamento de dados. Os professores, os médicos, as famílias, os administradores e outros indivíduos que respondam a questionários ou que forneçam dados por outros meios podem ser prejudicados se as informações que fornecerem se tornarem públicas sem as devidas salvaguardas para proteger seu anonimato. Esse tipo de dano pode afetar os próprios indivíduos ou a organização à qual eles pertençam. Aqui estão alguns exemplos:

- Enquanto uma pesquisa está sendo realizada, uma mulher compartilha informações sobre suas práticas de planejamento familiar e seu marido (que não concorda com o planejamento familiar) ouve a conversa dela com o entrevistador.

- A privacidade das famílias é violada (e sua segurança comprometida) quando um indivíduo consegue utilizar dados de pesquisa postados na internet para identificar a renda e os ativos de famílias específicas.

- Um estudo usa entrevistadores inadequadamente qualificados para administrar testes biométricos, como exames de sangue.

- Um entrevistado pede para sair de um estudo na metade da entrevista, mas é instruído pelo entrevistador a terminar de responder às perguntas da pesquisa.

- Os dados da pesquisa são utilizados para identificar as organizações comunitárias que se opõem a certas políticas governamentais e retaliá-las.

Considerando-se riscos como esses, é responsabilidade dos pesquisadores principais e de outros membros da equipe de pesquisa garantir os direitos e o bem-estar dos indivíduos envolvidos na avaliação de impacto, de acordo com o código de ética ou a legislação nacional apropriados e com as recomendações internacionais sobre o tema.[1] A Organização Mundial da Saúde (OMS) recomenda os seguintes critérios básicos para avaliar projetos de pesquisa envolvendo seres humanos:

- Os direitos e o bem-estar dos indivíduos envolvidos na avaliação de impacto devem ser adequadamente protegidos.

- Os pesquisadores devem obter o consentimento devidamente informado e de livre e espontânea vontade dos participantes.

- O equilíbrio entre os riscos e os benefícios potenciais envolvidos deve ser avaliado e considerado aceitável por um painel de especialistas independente.

- Quaisquer requisitos nacionais especiais devem ser cumpridos.

O *Belmont Report on Ethical Principles and Guidelines for the Protection of Human Subjects* (Relatório Belmont sobre Princípios Éticos e Diretrizes para a Proteção dos Seres Humanos) identifica três princípios que constituem a base para a conduta ética de pesquisa envolvendo seres humanos:

- *Respeito às pessoas.* Como os pesquisadores obterão o consentimento informado dos indivíduos participantes da pesquisa?

- *Beneficência.* Como os pesquisadores assegurarão que a pesquisa (1) não prejudique e (2) maximize os benefícios potenciais e minimize os danos potenciais?

- *Justiça.* Como os pesquisadores assegurarão que os benefícios e ônus da pesquisa se distribuam de forma justa e equitativa?

Sendo a proteção dos seres humanos envolvidos nas avaliações um elemento fundamental, o investigador principal deve submeter a pesquisa e os protocolos de coleta de dados à revisão e aprovação de um conselho de revisão de práticas éticas de pesquisa (IRB, em inglês), também conhecido como comitê de ética em pesquisa (CEP) ou conselho de revisão ética. O IRB é um comitê designado para analisar, aprovar e monitorar pesquisas biomédicas e comportamentais envolvendo seres humanos. Antes do início do estudo e durante sua implementação, o IRB revisa os protocolos de pesquisa e os materiais relacionados para avaliar a ética da pesquisa e de seus métodos. No contexto das avaliações de impacto, a revisão do IRB é particularmente importante quando o estudo exige a coleta de dados domiciliares e individuais. Em especial, a análise do IRB verifica se as pessoas são capazes de optar por participar das atividades de coleta de dados e se a escolha delas é voluntária e adequadamente informada. Por fim, o IRB avalia se há alguma razão para acreditar que a segurança dos participantes possa estar em risco.

O pesquisador principal é responsável por identificar todas as instituições que devem analisar e recomendar correções ao estudo. Muitos países têm um conselho nacional de revisão ética, e a maioria das universidades possui um conselho de revisão de práticas éticas de pesquisa. Em geral, a equipe precisa obter uma autorização do respectivo órgão nacional de revisão ética e do conselho de revisão de práticas éticas de pesquisa de qualquer universidade à qual os pesquisadores estejam afiliados. Podem ocorrer casos especiais em que as avaliações de impacto sejam realizadas em países que não possuem um comitê nacional de revisão ética ou por pesquisadores cujas instituições não têm um comitê de ética em pesquisa. Nesses casos, o investigador principal deve contratar um conselho de revisão de práticas éticas de pesquisa terceirizado (possivelmente, de natureza comercial). O processo de revisão e aprovação pode levar de dois a três meses, embora o tempo varie dependendo da frequência com que o comitê do IRB se reúne. As equipes de pesquisa e de gestão dos programas devem coordenar as atividades de coleta de dados e de submissão à aprovação do IRB com o intuito de conseguir todas as liberações necessárias antes de iniciar a coleta de dados envolvendo seres humanos.

A avaliação realizada por um IRB é uma condição necessária, mas não suficiente, para assegurar a proteção dos seres humanos envolvidos. A experiência e capacidade dos IRB com experimentos na área de ciências sociais podem variar amplamente, assim como o foco de suas análises. Os IRB, especialmente se estiverem geograficamente distantes do local onde a avaliação está ocorrendo, podem não ter conhecimento suficiente sobre as circunstâncias locais para identificar riscos aos seres humanos. Podem também colocar ênfase excessiva na redação de questionários e formulários de consentimento ou autorização. Ou podem ter experiência em uma área técnica mais específica, como a de experimentos médicos, cujas normas são bastante diferentes daquelas da área de ciências sociais em termos de riscos para as pessoas. A preocupação com a proteção das pessoas não termina quando a aprovação do IRB é obtida. Em vez disso, essa aprovação deve ser vista como um ponto de partida para garantir que a avaliação seja ética.

Os comitês de ética em pesquisa normalmente exigem que as seguintes informações sejam submetidas a análise:

Evidência de treinamento. Muitos IRB (assim como muitas diretrizes nacionais relacionadas à ética em pesquisa) exigem que a equipe de pesquisa seja treinada para garantir a proteção aos seres humanos, embora as modalidades de treinamento variem de país para país. Listamos várias opções de treinamento na seção de recursos adicionais, no final deste capítulo.

O protocolo de pesquisa. O protocolo de pesquisa inclui elementos centrais normalmente definidos durante o plano de avaliação — especialmente, o objetivo do estudo e os objetivos da avaliação, as principais perguntas relacionadas à avaliação da política pública e a metodologia de avaliação proposta —, bem como a descrição de como a equipe de pesquisa garantirá a proteção dos seres humanos. Por isso, é um registro importante na documentação de uma avaliação. O protocolo de pesquisa normalmente inclui os seguintes elementos relacionados ao tratamento de seres humanos: os critérios de seleção dos participantes do estudo, a metodologia e os protocolos aplicados para a proteção de indivíduos vulneráveis, os procedimentos utilizados para garantir que os participantes estejam cientes dos riscos e benefícios de sua participação no estudo, e os procedimentos utilizados para assegurar o anonimato. O protocolo de pesquisa deve ser utilizado pela empresa responsável pelas entrevistas para orientar os procedimentos do trabalho de campo. Mais informações sobre o conteúdo do protocolo de pesquisa podem ser encontradas no site da Organização Mundial da Saúde (OMS) e no Kit de Ferramentas de Avaliação de Impacto.[2]

Procedimentos para solicitar e documentar o consentimento informado. O consentimento informado de participação é um dos fundamentos da proteção dos direitos dos seres humanos em qualquer estudo. Requer que os respondentes tenham um entendimento claro sobre a finalidade, os procedimentos, os riscos e os benefícios da coleta de dados da qual eles estão sendo solicitados a participar. De modo geral, o consentimento informado de um adulto que participe de uma avaliação requer um documento por escrito que inclua uma seção sobre os métodos usados para proteger a confidencialidade do respondente, uma seção sobre o direito do entrevistado em recusar ou interromper sua participação a qualquer momento, uma explicação sobre os riscos e os benefícios potenciais, informações de contato caso o entrevistado deseje entrar em contato com a equipe de coleta de dados e espaço para os entrevistados registrarem, por meio de uma assinatura, seu consentimento formal por escrito para participar da coleta de dados. Às vezes, os entrevistados não são capazes de fazer a escolha de participar ou não do estudo. Por exemplo, as crianças geralmente são consideradas incapazes de fazer essa escolha. Portanto, ao contrário dos adultos, os menores de idade não podem consentir em participar de uma pesquisa, mas podem concordar em participar após a autorização por escrito de seus pais ou responsáveis. Embora as etapas descritas aqui sejam os procedimentos-padrão para o consentimento informado, muitas avaliações de impacto solicitam a seu IRB dispensas quanto à exigência de obter o consentimento formal por escrito dos respondentes. Por exemplo, ao lidar com uma população analfabeta, o consentimento formal por escrito dos potenciais entrevistados adultos elegíveis não é, muitas vezes, exigido, podendo ser substituído por um consentimento verbal documentado.[3]

Conceito-chave

O *consentimento informado* é um fundamento da proteção de seres humanos na área de pesquisa. Requer que os respondentes tenham um entendimento claro sobre a finalidade, os procedimentos, os riscos e os benefícios da coleta de dados da qual eles são solicitados a participar.

Procedimentos para proteger a confidencialidade dos respondentes. A proteção da confidencialidade dos respondentes ou entrevistados é fundamental durante o armazenamento de dados e a disponibilização dos dados ao público. Todas as informações fornecidas durante o curso da coleta de dados devem ser tornadas anônimas para proteger a identidade dos entrevistados. Embora os resultados do estudo possam ser publicados, o relatório deve ser escrito de tal forma que não seja possível identificar um indivíduo ou uma família. No que diz respeito à garantia da confidencialidade dos dados, cada indivíduo participante da pesquisa deveria receber um número de identificação codificado e único e todos os nomes e identificadores deveriam ser eliminados do banco de dados disponibilizado publicamente. Os identificadores incluem qualquer variável que permita a identificação de pessoas ou famílias (como endereço) ou qualquer combinação de variáveis que permita fazer o mesmo (como uma combinação da data de nascimento, do local de nascimento, do sexo e do nível de escolaridade). Caso a equipe de pesquisa informe que precisará dos identificadores para acompanhar os entrevistados em uma pesquisa subsequente, poderá manter um arquivo de dados separado e seguro que conecte os números de identificação codificados às informações de identificação dos entrevistados.[4] Além de codificar os números de identificação individuais, também pode ser necessário fazer o mesmo com locais e instituições. Por exemplo, se as famílias e os indivíduos receberem números de identificação codificados, mas os povoados forem identificados, poderá ser possível identificar as famílias por meio das características incluídas na pesquisa. Por exemplo, um povoado específico pode incluir uma única família que possui uma motocicleta, sete vacas e uma barbearia. Qualquer pessoa com acesso aos dados poderá localizar essa família, o que viola a sua confidencialidade.

Garantir avaliações confiáveis e críveis por meio da ciência aberta

Um dos objetivos fundamentais da avaliação de impacto é estimar o impacto de um programa em relação a uma série de indicadores de resultado de interesse. A parte 2 deste livro discutiu vários métodos para garantir que os impactos estimados sejam robustos cientificamente. Uma avaliação de impacto bem elaborada e bem implementada deve assegurar que os resultados não tenham viés, sejam confiáveis e críveis e contribuam para ampliar os conhecimentos existentes. Quando as avaliações não têm viés, são confiáveis e críveis e fazem parte de uma área de conhecimento relevante, podem contribuir para boas decisões de políticas públicas e para melhorar a vida das pessoas. Na realidade, no entanto, várias questões podem impedir a realização desse ideal. Nesta seção, discutiremos como certas questões científicas relacionadas à avaliação de impacto podem se traduzir em temas difíceis para os formuladores de políticas; discutiremos também possíveis medidas para prevenir ou mitigar essas questões. Essas medidas são comumente agrupadas sob o termo *ciência aberta*, pois visam tornar os métodos de pesquisa mais transparentes.[5] A maioria dessas questões precisa ser tratada pela equipe de pesquisa, mas a equipe de formuladores e gestores que estiver supervisionando a avaliação de impacto também precisa estar ciente delas durante o gerenciamento da avaliação. Algumas dessas questões, suas implicações de política e possíveis soluções estão resumidas no quadro 13.1.

Quadro 13.1 Garantir informações confiáveis e críveis para as políticas públicas por meio da ciência aberta

Questão em relação à pesquisa	Implicações de política	Soluções de prevenção e mitigação por meio da ciência aberta
Viés de publicação. Apenas são publicados resultados positivos. As avaliações que mostram impactos limitados ou inexistentes não são amplamente divulgadas.	As decisões de política pública baseiam-se em um conjunto de resultados distorcidos. Os formuladores das políticas públicas têm pouca informação sobre o que *não* funciona e continuam testando e/ou adotando políticas que não têm impacto.	Registro das avaliações.
Mineração de dados (data mining). Os dados são separados e desmembrados até que um resultado de regressão positivo apareça ou que a hipótese seja adaptada aos resultados.	As decisões para adotar intervenções podem ser baseadas em estimativas positivas e impróprias dos impactos.	Planos de pré-análise.
Testes de múltiplas hipóteses, análise de subgrupos. Os pesquisadores separam e desmembram os dados até encontrar um resultado positivo para algum grupo. Em especial: (1) os testes múltiplos levam à conclusão de que alguns impactos existem quando esse não é o caso, ou (2) somente os impactos estatisticamente significativos são reportados.	As decisões para adotar intervenções podem ser baseadas em estimativas positivas e impróprias dos impactos.	Planos de pré-análise e técnicas especializadas de ajuste estatístico, como testes de índice (*index tests*), taxas de erro global (probabilidade de obter uma ou mais falsas descobertas) e controle da taxa de falsas descobertas.[a]

(continua)

Quadro 13.1 *(continuação)*

Questão em relação à pesquisa	Implicações de política	Soluções de prevenção e mitigação por meio da ciência aberta
Falta de replicação. Os resultados não podem ser replicados porque o protocolo de pesquisa, os dados e os métodos de análise não estão suficientemente documentados. Erros e manipulações podem não ser detectados. Os pesquisadores não estão interessados em replicar os estudos, e as revistas científicas não estão interessadas em resultados já encontrados na literatura. As intervenções não podem ser replicadas porque o protocolo de pesquisa não está suficientemente documentado.	A política pode ser baseada em resultados manipulados (positivos ou negativos), e os resultados podem ter se originado de erros de estimação. Os resultados de diferentes estudos não podem ser comparados. A validade dos resultados em outro contexto não pode ser testada. Os formuladores de políticas públicas podem ser incapazes de replicar a intervenção em um contexto diferente.	Documentação e registro dos dados, incluindo os protocolos de pesquisa, os programas de organização dos dados, a publicação dos programas utilizados e a disponibilização de dados. Mudanças nas políticas de financiamento e de publicação de revistas científicas para exigir a documentação dos dados e incentivar a replicação.

[a] Para uma introdução básica ao problema das comparações múltiplas e suas possíveis correções estatísticas, ver https://en.wikipedia.org/wiki/Multiple_comparisons_problem.

Viés de publicação e registro das avaliações

Pesquisadores que trabalham em avaliações de impacto normalmente têm interesse em que os resultados de suas avaliações sejam publicados em revistas científicas revisadas por seus pares da área, pois isso ajuda em suas próprias carreiras. No entanto, a maioria dos resultados publicados em revistas científicas apresenta impactos positivos. Esse fato levanta o questionamento sobre o que acontece às avaliações que apresentam resultados negativos ou que não mostram resultados significativos. Os pesquisadores não têm quase nenhum incentivo para redigir estudos contendo resultados não significativos nem para submetê-los a publicação em revistas científicas, pois percebem que há pouco interesse nesses resultados e que os periódicos provavelmente rejeitarão seus manuscritos (Franco, Malhotra e Simonovits 2014). Esse viés de publicação é comumente chamado de "problema de engavetamento de resultados", pois os resultados permanecem na gaveta e não são divulgados nem publicados. Questões semelhantes de viés de publicação podem surgir em avaliações de impacto de programas específicos. As equipes de formulação e gestão, os financiadores e os governos são mais propensos a divulgar e fazer propaganda dos resultados positivos gerados por uma avaliação de programa do que resultados negativos ou a ausência de resultados. Devido a essa tendência, é difícil ter uma visão clara das intervenções que não funcionam, uma vez que os resultados tendem a não estar disponíveis e o conjunto de evidências disponível é bastante distorcido. Os formuladores de políticas que tentam basear suas decisões em evidências disponíveis podem não ter acesso aos resultados não publicados. Dessa maneira, correm o risco de continuar testando políticas públicas que foram malsucedidas em outros lugares.

Uma solução parcial para o viés de publicação é o registro da avaliação. As equipes de avaliação de impacto deveriam ser estimuladas a registrar suas avaliações, e a equipe de formulação e gestão dos programas tem um papel importante a desempenhar para assegurar que a equipe de pesquisa registre a avaliação de impacto. O registro da avaliação é uma prática muito comum (e, frequentemente, necessária) na área de ciências médicas, mas que está apenas começando a ganhar terreno na área das ciências sociais, inclusive para avaliações de impacto. O registro implica que os pesquisadores declaram publicamente sua intenção de realizar uma avaliação antes de fazê-lo, inserindo as principais informações sobre a avaliação em um registro (ver o boxe 13.1). Como resultado, deveria ser possível obter uma lista completa das avaliações de impacto que foram realizadas, quer seus resultados sejam positivos ou não.

Boxe 13.1: Registros de avaliação na área de ciências sociais

As avaliações de impacto de políticas públicas devem, normalmente, ser documentadas nos registros da área de ciências sociais, e não nos registros da área médica, devido à natureza dessas pesquisas. Aqui estão alguns exemplos:

- O registro da American Economic Association para experimentos aleatórios pode ser acessado em http://www.socialscienceregistry.org. Até julho de 2015, esse registro listava 417 estudos realizados em 71 países.
- A Iniciativa Internacional para Avaliação de Impacto (3ie) administra o Registro de Avaliações de Impacto sobre Desenvolvimento Econômico Internacionais (Registry for International Development Impact Evaluations–RIDIE), que se concentra em avaliações de impacto relacionadas ao desenvolvimento em países de baixa e média renda. Até julho de 2015, essa iniciativa tinha aproximadamente 64 avaliações em seus registros.
- O Centro de Ciência Aberta administra o Open Science Framework (OSF), que tem um foco ligeiramente diferente, mas também pode servir como um registro (https://osf.io/).
- O OSF é um sistema de gerenciamento para projetos de pesquisa baseado na nuvem que permite que resumos da pesquisa sejam criados a qualquer momento, com um URL perene e uma marca temporal. Os pesquisadores podem enviar seus protocolos, hipóteses de pesquisa, dados e programas para o OSF e compartilhar o link criado na internet como prova de registro.

Os registros constituem um grande avanço para assegurar que o conjunto de conhecimentos disponíveis se torne menos distorcido. No entanto, muitos desafios ainda precisam ser enfrentados. Por exemplo, mesmo que fique claro em um registro que uma avaliação foi realizada, pode não ser tão fácil obter informações sobre os resultados dessa avaliação. As avaliações de impacto podem ser interrompidas ou podem não ser bem realizadas. E mesmo que estejam disponíveis os resultados de uma avaliação que não encontrou impacto do programa, isso muitas vezes desencadeia um conjunto adicional de perguntas que dificulta a interpretação dos resultados: os pesquisadores não encontraram nenhum resultado porque a avaliação foi mal planejada e mal realizada, porque o programa não estava bem implementado ou porque o programa realmente não teve nenhum impacto? Conforme discutido no capítulo 16, a coleta de dados complementares por meio do monitoramento do programa ou a partir de fontes de dados alternativas pode ajudar a garantir que os resultados sejam bem interpretados.

Mineração de dados, teste de múltiplas hipóteses e análise de subgrupos

Outro problema potencial relacionado às avaliações de impacto é a *mineração de dados* (*data mining*), a prática de manipular os dados em busca de resultados positivos. A mineração de dados pode se manifestar de diferentes maneiras. Por exemplo, quando os dados são disponibilizados, pode haver a tentação de realizar regressões com os dados até que algo positivo surja e, em seguida, adaptar uma hipótese atraente para o resultado encontrado. Isso é um problema pelo seguinte motivo: quando realizamos testes estatísticos para medir a significância dos impactos, precisamos usar um nível de significância de, digamos, 5%. Estatisticamente, um em cada 20 testes do impacto será significativo no nível de 5%, mesmo que a distribuição subjacente não garanta a existência de impacto (ver o capítulo 15 para informações sobre erros do tipo I). Com a mineração de dados, não se pode mais saber se o resultado de um impacto é um resultado genuíno ou se é proveniente puramente das propriedades estatísticas do teste. Esse problema está relacionado à questão do *teste de múltiplas hipóteses*: quando um trabalho de pesquisa inclui muitas hipóteses diferentes, há uma alta probabilidade de que pelo menos uma delas seja confirmada por um teste positivo puramente por acaso (devido às propriedades estatísticas do teste), e não por causa do impacto real. Uma situação semelhante ocorre com as análises de subgrupos: quando a amostra é suficientemente grande, os pesquisadores podem tentar subdividi-la até que encontrem um impacto significativo para *algum* dos subgrupos. Mais uma vez, nesse caso também não é possível saber se o resultado do impacto para esse subgrupo é um resultado genuíno ou se ele provém puramente das propriedades estatísticas do teste.

Outro exemplo de mineração de dados ocorre quando a decisão de continuar ou suspender a coleta de dados depende de um resultado intermediário: por exemplo, uma pesquisa domiciliar foi planejada para uma amostra de 2.000 famílias e o trabalho de campo alcançou 1.000 famílias. Se essa amostra reduzida produzir um resultado de avaliação de impacto positivo e a decisão de suspender a coleta de dados vier a ser tomada para evitar o risco de que dados adicionais possam alterar os resultados, isso constituiria mineração de dados. Outros exemplos desse tipo de prática são a exclusão de certas unidades ou grupos de observação ou a ocultação seletiva de resultados que não se encaixam no resultado desejado. Embora não haja nenhuma razão para acreditar que essas práticas sejam difundidas, apenas alguns casos notórios e escandalosos têm o potencial de minar a validação das avaliações de impacto como ciência. Além disso, mesmo casos menores de mineração de dados têm o potencial de distorcer o conjunto de evidências utilizado pelos formuladores de políticas para decidir quais as intervenções que serão iniciadas, terão continuidade ou serão interrompidas.

Uma recomendação comum para evitar a mineração de dados é usar um *plano de pré-análise*. Esse plano define os métodos de análise antes da realização da análise da avaliação de impacto, esclarecendo, assim, o seu enfoque e reduzindo o potencial de alteração dos métodos uma vez iniciada a análise. O plano de pré-análise deve especificar os resultados a ser medidos, as variáveis a ser criadas e utilizadas, os subgrupos para os quais a análise será conduzida e as abordagens analíticas básicas a ser utilizadas na estimativa do impacto. Os planos de pré-análise também devem incluir as propostas dos pesquisadores de correção de testes de múltiplas hipóteses e testes de subgrupos, caso seja necessário. Por exemplo, testar o impacto de uma intervenção educacional mediante as notas em seis disciplinas diferentes (matemática, português, geografia, história, ciências e inglês), com cinco grupos de idade diferentes (da 1ª à 5ª séries) e dois gêneros (masculino e feminino) corresponde a 60 hipóteses diferentes, e uma ou várias delas provavelmente apresentariam um teste significativo por acaso. Em vez disso, o pesquisador pode propor calcular um ou mais índices que agrupem os indicadores de modo a reduzir o número de hipóteses e subgrupos.[6]

Embora um plano de pré-análise possa ajudar a diminuir a preocupação com a mineração de dados, há também a preocupação de que esse tipo de plano possa remover a flexibilidade necessária para o tipo de análise realizada pelos pesquisadores. Por exemplo, o plano de pré-análise pode especificar os canais de impacto previstos para uma intervenção ao longo da cadeia de resultados. No entanto, após a intervenção ser realmente implementada, uma série de fatores adicionais imprevistos pode aparecer de repente. Por exemplo, se um governo estiver pensando em implementar uma nova maneira de pagar os prestadores de assistência médica, talvez seja possível pensar em alguns canais potenciais de impacto. No entanto, seria muito difícil antecipar todos os possíveis efeitos que a medida poderia ter. Em alguns casos, seria necessário realizar entrevistas qualitativas com os prestadores de serviço para entender exatamente como eles se adaptaram às mudanças e como a medida está afetando o seu desempenho. Seria muito difícil incorporar, de antemão, todas essas possibilidades no plano de pré-análise. Nesse caso, os pesquisadores teriam que trabalhar fora do plano de pré-análise original — e não deveriam ser penalizados por isso. Em outras palavras, um plano de pré-análise pode dar credibilidade adicional às avaliações, transformando-as em confirmações de uma hipótese, em vez de apenas uma pesquisa exploratória. Mas os pesquisadores devem ser capazes de continuar explorando novas opções que poderão ser transformadas em pesquisas confirmatórias em avaliações subsequentes.

Falta de replicação

Existem dois tipos de replicação importantes para a avaliação de impacto. Em primeiro lugar, para um determinado estudo, pesquisadores que não fazem parte da equipe de pesquisa inicial devem ser capazes de produzir os mesmos resultados (ou, pelo menos, resultados muito semelhantes) que os pesquisadores iniciais ao usar os mesmos dados e análise. As replicações de um determinado resultado de avaliação de impacto são uma forma de verificar sua validade interna e a ausência de viés. Quando os estudos ou os resultados não podem ser replicados por falta de disponibilidade de informações sobre os programas ou dados utilizados, existe o risco de que erros e manipulações na análise não sejam detectados e resultados inexatos continuem a influenciar as políticas públicas. Felizmente, estão ocorrendo avanços substanciais em relação à disponibilização de dados, programas e protocolos utilizados. Um número crescente de periódicos da área de ciências sociais está começando a exigir que os dados e programas utilizados sejam disponibilizados com a publicação dos resultados. Diretrizes como as da organização Transparency and Openness Promotion Guidelines (Diretrizes de Promoção da Transparência e Abertura), desenvolvidas pelo Centro de Ciência Aberta, estão mudando lentamente as práticas e os incentivos no setor. Para garantir que a replicação possa ocorrer, as equipes de avaliação de impacto precisam disponibilizar os dados publicamente e garantir que todos os protocolos (incluindo o protocolo de aleatorização), bases de dados e programas de análise da avaliação de impacto sejam documentados, armazenados com segurança e suficientemente detalhados.

Em segundo lugar, depois que uma avaliação é concluída, deve ser possível para outros formuladores de políticas e pesquisadores acessarem os protocolos de intervenção e avaliação originais e, em seguida, aplicá-los em um contexto diferente ou em um momento diferente para verificar se os resultados se mantêm em circunstâncias diferentes. A falta de replicação dos resultados da avaliação é um problema sério para os formuladores de políticas públicas. Digamos que uma avaliação mostre que a introdução de computadores na escola tem resultados altamente benéficos, mas que esse seja o único estudo a produzir tais resultados e que outros pesquisadores sejam incapazes de obter os mesmos resultados positivos em avaliações subsequentes de programas semelhantes. O que um formulador de políticas públicas deve fazer nesses casos? A falta de replicação dos resultados pode ter muitas causas. Em primeiro lugar, pode ser difícil realizar avaliações que apenas tentem replicar os resultados obtidos em um estudo anterior: nem pesquisadores nem financiadores podem estar interessados em estudos desse tipo. Em segundo lugar, mesmo quando há vontade e recursos para replicar estudos, a replicação nem sempre é possível porque os protocolos (incluindo o protocolo de aleatorização), dados e programas de análise do estudo original podem não estar disponíveis ou não ser suficientemente detalhados. Há um esforço crescente entre as organizações que apoiam as avaliações de impacto para estimular as replicações em vários cenários, por exemplo, por meio do desenvolvimento de agrupamentos de estudos sobre tópicos semelhantes ou da promoção de avaliações de impacto em vários locais.

Lista de verificação: uma avaliação de impacto ética e crível

Os formuladores de políticas públicas têm o importante papel de garantir a realização de uma avaliação de impacto ética e crível. Em especial, os formuladores têm a responsabilidade primordial de garantir que as regras de seleção dos beneficiários aos programas sejam justas e devem responsabilizar a equipe de pesquisa pela transparência dos métodos de investigação. Sugerimos a seguinte lista de perguntas a fazer:

✓ A seleção para os grupos de tratamento e de comparação é justa? Existem grupos com elevadas necessidades especiais que deveriam receber o programa de qualquer maneira? Quem será excluído da avaliação de impacto?

✓ A equipe de pesquisa identificou um conselho de revisão de práticas éticas de pesquisa ou o Comitê de Ética em Pesquisa?

✓ O cronograma da avaliação de impacto fornece tempo suficiente para o preparo e o envio do protocolo de pesquisa ao Comitê de Ética em Pesquisa e a obtenção de consentimento antes do início da coleta de dados com seres humanos?

✓ A equipe de pesquisa submeteu o protocolo de pesquisa e o plano de pré--análise a um registro de avaliações na área de ciências sociais?

✓ Existe um procedimento para assegurar que os elementos-chave da intervenção sejam documentados à medida que ocorrem, e não apenas enquanto são planejados?

✓ Os formuladores de políticas públicas entendem que os resultados da avaliação podem mostrar que a intervenção não foi efetiva, e eles concordam com o fato de que tais resultados serão publicados e não serão retidos?

✓ A equipe de avaliação identificou a maneira como os dados e resultados da avaliação serão disponibilizados, mesmo que a equipe de pesquisa não consiga publicar os resultados em um periódico revisto por seus pares?

Os princípios, as questões e a lista de verificação apresentados neste capítulo podem ajudar a garantir que sua avaliação de impacto seja crível e ética.

Recursos adicionais

- Para acessar os materiais complementares a este livro e hiperlinks com recursos adicionais, ver o site Avaliação de Impacto na Prática (http://www.worldbank.org/ieinpractice).
- Treinamento sobre como lidar com seres humanos em pesquisa dos National Institutes of Health–NIH (Institutos Nacionais de Saúde) dos EUA.
  - O NIH oferece um treinamento on-line que, embora seja focado na área de ciências médicas nos Estados Unidos, é muito informativo e leva apenas uma hora para ser concluído. Ver http://phrp.nihtraining.com/users/login.php e http://www.ohsr.od.nih.gov.
- Treinamento sobre como lidar com seres humanos em pesquisa por meio da Collaborative Institutional Training Initiative–CITI (Iniciativa de Treinamento Institucional Colaborativo) da Universidade de Miami.
  - A CITI oferece cursos internacionais em várias línguas para organizações e indivíduos, embora o programa cobre uma taxa (a partir de US$ 100 por pessoa). Ver http://www.citiprogram.com.
- Compilação internacional de padrões de pesquisa com seres humanos
  - Todos os anos, o Department of Health and Human Services (Departamento de Saúde e Serviços Humanos) dos EUA publica uma

compilação de leis, regulamentos e diretrizes que regem as pesquisas envolvendo seres humanos. A edição de 2015 inclui 113 países, bem como as normas de várias organizações internacionais e regionais. O documento identifica os conselhos institucionais nacionais e internacionais de revisão de ética em pesquisa (http://www.hhs.gov/ohrp/international)

- Procedimentos para proteção de seres humanos em pesquisa apoiados pela USAID (Agência dos Estados Unidos para o Desenvolvimento Internacional) (http://www.usaid.gov/policy/ads/200/humansub.pdf).

- Manual de Melhores Práticas em Pesquisas Transparentes de Ciências Sociais, de Garret Christensen com a assistência de Courtney Soderberg (Center for Open Science – Centro de Ciência Aberta) (https://github.com/garretchristensen/BestPracticesManual).
  - Esse é um guia de trabalho que apresenta as melhores práticas mais recentes para a pesquisa quantitativa e transparente na área de ciências sociais. O manual é atualizado regularmente.

- As diretrizes da organização Transparency and Openness Promotion (TOP, ou Promoção da Transparência e da Abertura) (http://centerforopenscience.org/top/).
  - As diretrizes podem ser encontradas no site do Centro de Ciência Aberta (Center for Open Science).

- Para acessar os links de comitês independentes e reconhecidos de ética em pesquisa, ver o Portal de Avaliação do Banco Interamericano de Desenvolvimento (https://www.iadb.org/evaluationhub).

- Para obter mais informações sobre a coleta de dados, ver o Portal de Avaliação do Banco Interamericano de Desenvolvimento (https://www.iadb.org/evaluationhub).
  - Consulte a seção de coleta de dados do tópico Proteção de Seres Humanos.
  - Tome nota do link da Association for the Accreditation of Human Research Protection Programs–AAHRPP (Associação para a Acreditação de Programas de Proteção de Pesquisa com Seres Humanos). AAHRPP fornece treinamento e certificação para comitês de ética em pesquisa. Uma lista das organizações credenciadas pode ser encontrada em seu site.

- Para obter diretrizes referentes à proteção de participantes humanos em pesquisas, ver o Kit de Ferramentas de Avaliação de Impacto do Banco Mundial, Módulo 4 (https://www.worldbank.org/health/impactevaluationtoolkit).

Notas

1. Na ausência de diretrizes nacionais relacionadas à ética em pesquisa, o pesquisador e sua equipe devem ser orientados pela Declaração de Helsinque adotada pela Vigésima-Nona Assembleia Médica Mundial de Tóquio (outubro de 1975) e pelo artigo 7º do Pacto Internacional pelos Direitos Civis e Políticos adotado pela Assembleia Geral da Organização das Nações Unidas (ONU) em 16 de dezembro de 1966. Orientações adicionais são fornecidas pela Organização Mundial da Saúde (OMS) e pelo *Belmont Report on Ethical Principles and*

Guidelines for the Protection of Human Subjects (Relatório Belmont sobre Princípios Éticos e Diretrizes para a Proteção de Seres Humanos) (1974) (http://www.hhs.gov/ohrp/policy/belmont.html). Uma compilação internacional de padrões de pesquisa com seres humanos pode ser encontrada em http://www.hhs.gov/ohrp/international.

2. As diretrizes da Organização Mundial da Saúde sobre como escrever um protocolo de pesquisa envolvendo a participação de seres humanos podem ser encontradas em http://www.who.int/rpc/research_ethics/guide_rp/en/index.html.

3. Mais informações sobre procedimentos de consentimento durante a coleta de dados podem ser encontradas no Kit de Ferramentas de Avaliação de Impacto do Banco Mundial.

4. Mais informações sobre a atribuição de números de identificação podem ser encontradas no Kit de Ferramentas de Avaliação de Impacto do Banco Mundial.

5. Para obter mais informações sobre as recomendações da ciência aberta no contexto das avaliações de impacto, ver Miguel e outros (2014).

6. Outras técnicas estão disponíveis. Ver, por exemplo, Anderson (2008).

Referências

Anderson, Michael L. 2008. "Multiple Inference and Gender Differences in the Effects of Early Intervention: A Reevaluation of the Abecedarian, Perry Preschool, and Early Training Projects." *Journal of the American Statistical Association* 103 (484): 1481–95.

Christensen, Garret e Courtney Soderberg. 2015. *The Research Transparency Manual.* Berkeley Initiative for Transparency in the Social Sciences. https://github.com/garretchristensen/BestPracticesManual.

Franco, Annie, Neil Malhotra e Gabor Simonovits. 2014. "Publication Bias in the Social Sciences: Unlocking the File Drawer." *Science* 345 (6203): 1502–5.

Miguel, Edward, C. Camerer, Katherine Casey, Joshua Cohen, Kevin M. Esterling e outros. 2014. "Promoting Transparency in Social Science Research." *Science* 343: 30–31.

National Commission for the Protection of Human Subjects of Biomedical and Behavioral Research. 1978. *The Belmont Report: Ethical Principles and Guidelines for the Protection of Human Subjects of Research.* U. S. Department of Health, Education, and Welfare Publication No. (OS) 78-0012. Washington, DC: Government Printing Office.

Vermeersch, Christel, Elisa Rothenbühler e Jennifer Sturdy. 2012. *Impact Evaluation Toolkit: Measuring the Impact of Results-Based Financing on Maternal and Child Health.* Banco Mundial, Washington, DC. http://www.worldbank.org/health/impactevaluationtoolkit.

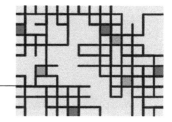

CAPÍTULO 14

Disseminar resultados e lograr impacto em políticas públicas

Uma sólida base de evidências para as políticas públicas

Finalmente terminou a árdua tarefa de avaliar o seu programa do começo ao fim, um esforço de vários anos que envolveu recursos financeiros e humanos significativos. Os produtos de sua avaliação final, incluindo um relatório de 200 páginas e vários anexos, foram entregues. Missão cumprida?

Na realidade, é agora que uma nova fase começa para garantir que todo esse esforço valha a pena sob a forma de impacto nas políticas públicas. As avaliações de impacto visam, fundamentalmente, à prestação de contas por investimentos passados e à orientação das decisões políticas futuras para um desenvolvimento mais efetivo em termos de custos para que recursos escassos possam produzir os mais elevados retornos sociais possíveis. Essas decisões políticas serão influenciadas por uma série de fatores, que vão desde a economia política até posições ideológicas. Mas as avaliações de impacto podem e devem influenciar políticas públicas ao fornecer uma base sólida de evidências que direcione os recursos para intervenções efetivas e comprovadas. Desde as primeiras etapas de um novo programa, incluindo a fase de concepção, as evidências disponíveis de avaliações de impacto relevantes devem desempenhar um papel central na orientação do desenho do programa e do próximo conjunto de perguntas de avaliação.

Em geral, no entanto, o processo de influenciar a política pública não ocorre espontaneamente apenas por meio da geração de evidências. As avaliações de impacto devem, em primeiro lugar, responder a questões de política pública relevantes de uma forma rigorosa, fornecendo provas concretas aos principais interessados no tempo adequado. Mas os formuladores de políticas públicas e os gestores dos programas podem não ter tempo e energia para se aprofundar nos detalhes de um relatório de 200 páginas para extrair suas principais conclusões e recomendações. As informações geradas por meio de avaliações de impacto precisam ser organizadas e disseminadas de maneira que os tomadores de decisão possam acessá-las e utilizá-las com facilidade.

Neste capítulo, discutiremos como a sua avaliação de impacto pode influenciar a política pública, os principais grupos de interesse que você deseja alcançar e as estratégias para comunicar e disseminar informações aos públicos-alvo para que a avaliação logre seu impacto de política.

O ponto de partida para influenciar as políticas públicas é a seleção de perguntas de avaliação relevantes que serão úteis para a tomada de decisões, conforme discutido na parte 1 deste livro. Durante as primeiras etapas da elaboração de uma avaliação de impacto, os formuladores de políticas públicas e os avaliadores provavelmente começarão com uma ampla lista de perguntas. Essa lista deve ser analisada pelo grupo formado pelas principais partes interessadas e pelos tomadores de decisão que, em última instância, são aqueles que usarão a avaliação de impacto para formular as decisões. A lista ampla costuma ser corrigida e melhorada ao longo do tempo para incluir um número mais limitado de questões bem formuladas que sejam ao mesmo tempo relevantes para a política pública e passíveis de ser respondidas por meio de uma avaliação de impacto utilizando os métodos discutidos na parte 2 deste livro. Nesse sentido, a primeira etapa crítica para influenciar a política pública é conseguir engajar, simultaneamente, os formuladores de políticas públicas no processo de identificação das perguntas mais importantes e a equipe de avaliação na análise da viabilidade técnica de responder essas perguntas.

Quando o programa já estiver em funcionamento, a avaliação de impacto provavelmente produzirá importantes insumos analíticos que podem servir para orientar as políticas públicas bem antes de o programa e a avaliação de impacto terem se concretizado. Um exemplo comum desses insumos são as conclusões obtidas por meio de uma pesquisa de linha de base ou de uma análise de resultados de curto prazo. As pesquisas de linha de base produzem, frequentemente, os primeiros dados abrangentes e específicos sobre a população de um programa, fornecendo estatísticas descritivas que podem ser usadas no desenho do programa e nos diálogos sobre políticas públicas. Embora um programa possa contar com uma descrição geral de sua população-alvo por meio de pesquisas nacionais ou estudos de diagnóstico, a pesquisa de linha de base pode fornecer as primeiras informações detalhadas sobre subpopulações específicas ou áreas geográficas onde o programa operará. Por exemplo, um programa concebido para melhorar a nutrição infantil por meio de suplementos nutricionais pode dispor de estatísticas no nível nacional sobre as taxas de baixa estatura e baixo peso obtidas em pesquisas existentes, mas a pesquisa de linha de base pode fornecer as primeiras medidas sobre o estado nutricional e os hábitos alimentares do grupo de crianças que o programa realmente atenderá. Esse tipo de informação pode ser valioso para adaptar o desenho da intervenção e deve ser disponibilizado para a equipe de formuladores e gestores em tempo hábil (de preferência, antes da implantação da intervenção) a fim de influenciar o desenho do programa. O boxe 14.1 apresenta um exemplo de Moçambique.

Boxe 14.1: O impacto sobre a política pública de um modelo inovador de pré-escola em Moçambique

(continuação do capítulo 1)

No capítulo 1 (ver o boxe 1.2), uma avaliação do programa de pré-escolas comunitárias da Save the Children em Moçambique constituiu uma contribuição importante para a política nacional de desenvolvimento da primeira infância no país africano. No entanto, mesmo antes do término do programa, a avaliação gerou informações novas e reveladoras para o debate público do país nessa área. A pesquisa de linha de base da avaliação gerou as primeiras medições populacionais de desenvolvimento infantil utilizando testes especializados adaptados ao contexto moçambicano e coletados por pesquisadores especializados. Embora os dados dissessem respeito a um grupo seleto de comunidades de uma província de Moçambique, as estatísticas de linha de base forneceram um primeiro retrato dos resultados do desenvolvimento infantil no país, mostrando que muitas crianças apresentavam atraso em várias dimensões, desde a linguagem e a comunicação até o desenvolvimento cognitivo e socioemocional.

A pesquisa de linha de base foi apresentada pela equipe de avaliação em seminários e oficinas, nos quais os resultados foram discutidos com formuladores de políticas públicas da alta hierarquia, doadores internacionais e os principais interessados na comunidade dedicada ao desenvolvimento da primeira infância. Os dados gerados por meio dessa avaliação de impacto reforçaram ainda mais a necessidade da realização de investimentos nessa área e desempenharam um papel catalisador na mobilização do apoio à agenda da primeira infância em Moçambique. A avaliação completa acabou sendo divulgada por meio de vários canais, entre eles blogs, resumos de política pública e vídeos, alguns dos quais estão compilados no site da Iniciativa Internacional para a Avaliação de Impacto (3ie).

Algumas avaliações de impacto, especialmente aquelas que dependem de fontes de dados administrativos ou levantamentos de rotina, podem produzir resultados intermediários que retroalimentam o programa enquanto ele está sendo implementado. Esses resultados fornecem informações e recomendações valiosas sobre as mudanças dos indicadores ao longo do percurso causal e do avanço da iniciativa, permitindo que tanto a implementação do programa quanto o cronograma das atividades de avaliação sejam ajustados em conformidade. Por exemplo, se na metade de um programa ficar claro que não há efeitos sobre os resultados de curto prazo, pode ser aconselhável a implementação de uma avaliação operacional para detectar gargalos e adotar ações corretivas. O cronograma de avaliação pode ser ajustado para evitar a realização de uma dispendiosa pesquisa final. No exemplo do programa de nutrição infantil, se a análise de dados administrativos sobre a distribuição de suplementos nutricionais comprovar que os suplementos não estão chegando aos beneficiários pretendidos, a equipe de formuladores e gestores públicos poderá ser alertada sobre a necessidade de uma revisão em sua cadeia de abastecimento. A custosa pesquisa de acompanhamento para medir a altura e o peso das crianças pode ser adiada até alguns meses após o programa começar a funcionar efetivamente, uma vez que não há bons motivos para acreditar que o programa nutricional possa ter gerado qualquer impacto se não estava alcançando seus participantes.

As avaliações de impacto tendem a produzir grande volume de informações, desde os fundamentos técnicos do desenho da avaliação até as estatísticas descritivas e análises de impacto, complementadas por bases de dados, programação dos procedimentos estatísticos e relatórios. É fundamental que a equipe de avaliação se esforce para documentar todas as informações ao longo do ciclo de avaliação e, na medida do possível, disponibilize toda a documentação técnica (não confidencial) relevante ao público, por exemplo, por meio de um site específico da avaliação. Em última análise, a credibilidade dos resultados da avaliação dependerá da metodologia e do rigor com que ela foi implementada. A plena transparência reforça a confiabilidade da avaliação e seu potencial para influenciar a política pública.

Embora a completude e a transparência sejam fundamentais, a maioria dos usuários não se aprofundará nos detalhes. Caberá à equipe de avaliação destacar um conjunto de mensagens-chave de fácil compreensão que resumam os resultados e as recomendações mais relevantes de política pública, e divulgá-las de maneira consistente a todos os públicos. O sequenciamento das atividades de disseminação também é crítico para o impacto sobre as políticas públicas. Salvo acordo em contrário com a equipe de formuladores e gestores, a rodada inicial de apresentações e consultas relacionadas aos resultados de uma avaliação deve ser realizada internamente com a equipe do programa, os gestores e os formuladores de políticas públicas. Um resultado prematuro, divulgado para o público em geral, pode prejudicar a reputação de um programa, com prejuízos duradouros para o impacto político da avaliação.

Adaptar a estratégia de comunicação para diferentes públicos-alvo

Há, pelo menos, três públicos principais para os resultados das avaliações de impacto: a equipe e os gestores envolvidos no programa específico a ser avaliado; os formuladores de políticas públicas da alta hierarquia, que utilizarão a avaliação para orientar o financiamento e as decisões referentes à elaboração de políticas públicas; e a comunidade de usuários da avaliação, que abrange de maneira ampla a comunidade acadêmica, os profissionais da área de desenvolvimento socioeconômico, a sociedade civil (incluindo a mídia) e os participantes do programa. Cada um desses públicos terá interesses diferentes nos resultados da avaliação e exigirá estratégias de comunicação adaptadas de forma a atingir o objetivo de informar e influenciar as políticas públicas (quadro 14.1).

Técnicos e gestores. O primeiro público-alvo inclui as equipes técnica e operacional e os gestores que desenharam e implementaram o programa, bem como funcionários de instituições (como um ministério ou entidade de financiamento) estreitamente associados ao projeto. Em geral, esse grupo de indivíduos será o primeiro a ver os resultados e fornecer comentários sobre as interpretações e recomendações da avaliação.

Quadro 14.1   Engajar os públicos-alvo para lograr impacto nas políticas públicas: por que, quando e como

	Equipe e gestores do programa	Formuladores de políticas públicas da alta hierarquia	Acadêmicos da área de desenvolvimento socioeconômico e grupos da sociedade civil
Por quê?	Eles podem se tornar defensores das avaliações de impacto e do uso de evidências.	Eles precisam entender por que a questão é importante, como a avaliação de impacto pode ajudá-los a tomar melhores decisões e, finalmente, o que as evidências lhes dizem sobre o direcionamento de seus esforços (e do financiamento disponível).	Eles precisam de evidências sobre o impacto dos programas de desenvolvimento socioeconômico para tomar decisões, elaborar novos programas, replicar programas bem-sucedidos em outros países e realizar pesquisas que possam ajudar a melhorar a qualidade de vida da população.

(continua)

	Equipe e gestores do programa	Formuladores de políticas públicas da alta hierarquia	Acadêmicos da área de desenvolvimento socioeconômico e grupos da sociedade civil
Quando?	No início, mesmo antes de o programa ser lançado, e por meio de interações contínuas e frequentes. Os dados de linha de base podem ser usados para ajustar a intervenção. Eles são os primeiros a comentar os resultados da avaliação.	No início, durante a definição das perguntas da avaliação e antes da avaliação ter início e, novamente, quando os resultados forem finalizados. É importante que os formuladores de políticas da alta hierarquia compreendam por que a avaliação de impacto está sendo realizada e como os resultados podem ajudá-los.	Dependendo do programa que está sendo avaliado, os grupos da sociedade civil e especialistas em desenvolvimento socioeconômico podem ser importantes defensores locais. As informações devem ser divulgadas quando os resultados forem finalizados e tiverem sido examinados pela equipe do programa e pelos formuladores de políticas públicas.
Como?	Introduzindo o papel das evidências na formulação de políticas públicas através de uma oficina para engajar os gestores do programa no projeto de avaliação. O acompanhamento deve ser feito com reuniões em momentos-chave: logo a seguir à coleta dos dados de linha de base, depois da obtenção dos resultados intermediários e ao final da avaliação.	Por meio de apresentações em oficinas nacionais e reuniões com equipes de funcionários sêniores para explicar o trabalho. Incentive os gestores dos programas, a equipe técnica e os formuladores de políticas públicas de hierarquia média a manter os ministérios informados sobre a avaliação de impacto. Quando as evidências estiverem finalizadas, apresente-as aos formuladores de políticas públicas da alta hierarquia. Quando possível, inclua análises de custo-benefício ou custo-efetividade e sugestões para as próximas etapas.	Eventos e fóruns públicos — incluindo seminários e conferências, textos para discussão, artigos em revistas e jornais, cobertura da mídia e materiais on-line — são os caminhos para alcançar esses públicos.

Como geralmente essa é a primeira vez que os resultados são disponibilizados, determinar o momento da divulgação das informações a esse público-alvo é fundamental. Por um lado, é importante compartilhar os resultados no início, para que os tomadores de decisão do programa possam incorporar mudanças e tomar decisões, como ampliar (ou reduzir) a escala da intervenção ou ajustar os componentes do programa para melhorar o uso dos recursos e alcançar um impacto maior. Por outro lado, alertamos contra o compartilhamento de resultados muito preliminares, com base em análises parciais ou incompletas, que possam estar sujeitos a alteração. Sua divulgação poderia criar expectativas na equipe do programa e levar a decisões prematuras, que podem ser custosas caso seja necessário revertê-las no futuro. Assim, é necessário buscar um equilíbrio adequado entre a completude e a prontidão para a disseminação inicial dos resultados com a equipe do programa. Isso geralmente acontece após a equipe de avaliação ter realizado uma análise completa e testes de robustez, mas antes que os resultados finais, a interpretação e as recomendações sejam formulados.

Em geral, a equipe e os gestores do programa estão interessados tanto nos detalhes técnicos da metodologia e da análise da avaliação quanto nas particularidades das conclusões e recomendações iniciais. As discussões iniciais sobre os resultados com este grupo podem ser adequadas para reuniões do tipo oficina, com apresentações feitas pela equipe de avaliação e bastante tempo reservado para esclarecer as dúvidas e ouvir os comentários de todas as partes. Estas discussões iniciais normalmente enriquecem a análise final, orientam a interpretação dos resultados e ajudam a ajustar as recomendações finais para que elas sejam mais adequadas e possam orientar os objetivos do programa. As discussões iniciais com a equipe e os gestores do programa são uma boa oportunidade para discutir resultados inesperados ou potencialmente controversos e para propor respostas e recomendações sobre políticas públicas antes da divulgação pública da avaliação de impacto.

Resultados negativos (incluindo quando nenhum impacto é detectado) ou resultados inesperados podem ser decepcionantes para a equipe e os gestores que investiram muito tempo e esforços no programa, mas eles também desempenham o papel crítico de motivar a reformulação da política pública. Por exemplo, se o programa não conseguir atingir seu objetivo primário por causa de problemas de implementação, medidas podem ser tomadas para abordar esses tópicos e um programa aperfeiçoado poderá ser reavaliado posteriormente. Se o programa não produzir impactos no curto prazo ou se apenas produzir impactos em um subconjunto da cadeia de resultados, e se existirem razões para acreditar que é necessário mais tempo para alcançar os resultados finais, a avaliação poderá apresentar e defender seus resultados iniciais e coletas de dados adicionais podem ser planejadas para uma data futura. Por fim, se ficar claro que a intervenção não está produzindo os benefícios pretendidos ou está causando danos inesperados, os gestores do programa podem adotar medidas imediatas para suspender a intervenção ou reformular seu projeto. Dessa maneira, quando os resultados da avaliação forem tornados públicos, os formuladores de políticas públicas responsáveis pelo programa poderão anunciar medidas corretivas e formular respostas antecipadamente para poder lidar com as perguntas difíceis que surjam em debates públicos ou na mídia.

Formuladores de políticas públicas da alta hierarquia. O segundo público-alvo é formado pelos formuladores de políticas públicas da alta hierarquia, que tomarão decisões com base nos resultados da avaliação de impacto, que poderão determinar a expansão, a manutenção ou a diminuição do financiamento para uma intervenção. Esse grupo pode incluir o congresso nacional, presidentes e primeiros-ministros, ministros e secretários, conselhos de administração ou doadores. Em geral, esse grupo de partes interessadas recebe os resultados da avaliação depois que forem finalizados, analisados pela equipe e gestores do programa e examinados por especialistas técnicos externos. Nessa etapa, a equipe de avaliação tem que se concentrar na comunicação dos principais resultados e recomendações de uma maneira acessível — os detalhes técnicos da avaliação podem ser de importância secundária. Os formuladores de políticas públicas da alta hierarquia estarão interessados na tradução dos impactos em valores economicamente significativos por meio de análises de custo-benefício ou da comparação com intervenções alternativas por meio da análise de custo-efetividade. Esses parâmetros ajudarão os tomadores de decisão a definir se vale a pena investir recursos limitados no programa para promover um importante objetivo de desenvolvimento socioeconômico. Os formuladores de políticas públicas da alta hierarquia também podem estar interessados em usar os resultados para promover sua agenda política, como o *lobby* a favor (ou contra) determinada política pública que a avaliação respalde (ou não). A equipe de avaliação pode colaborar com especialistas em comunicação para assegurar que os resultados e as recomendações sejam corretamente interpretados e que as mensagens da estratégia de comunicação permaneçam alinhadas com os resultados da avaliação.

A comunidade de usuários. O terceiro público-alvo compreende todos os usuários da avaliação que estejam fora do âmbito direto do programa ou do contexto do país. Esse grupo heterogêneo engloba a comunidade de praticantes e interessados em setores relevantes para a avaliação, incluindo profissionais da área de desenvolvimento socioeconômico, acadêmicos, a sociedade civil e formuladores de políticas públicas de outros países. Os profissionais da área de desenvolvimento socioeconômico que não estejam relacionados especificamente ao programa podem estar interessados em usar os resultados da avaliação para orientar a elaboração de programas novos ou existentes. Esses profissionais estão interessados tanto nos detalhes da avaliação (métodos, resultados e recomendações) quanto nas lições e recomendações operacionais que possam ajudar a implementar seus próprios projetos de maneira mais efetiva. A comunidade acadêmica, por outro lado, pode estar mais interessada na metodologia da avaliação, nos dados e resultados empíricos.

Na sociedade civil em geral, destacam-se dois públicos-alvo: a mídia e os participantes do programa. Informar o público sobre os resultados de uma avaliação usando os meios de comunicação pode ter um papel fundamental para que a iniciativa consiga prestar contas quanto aos investimentos governamentais, obter o apoio do público em relação às recomendações da avaliação e garantir a sustentabilidade de políticas públicas efetivas. Isso é particularmente verdadeiro no caso de políticas novas e inovadoras, para as quais os resultados eram inicialmente incertos ou objetos de controvérsia no debate público. Se a avaliação trouxer esclarecimentos baseados em dados empíricos sobre algum debate que, até o momento, tenha se dado majoritariamente nos campos teórico ou ideológico, poderá ser um poderoso instrumento de mudança nas políticas públicas.

Por fim, os participantes do programa devem ser incluídos nos esforços de disseminação. Eles investiram seu tempo e sua energia no programa, e podem ter passado bastante tempo fornecendo informações para os propósitos da avaliação. Assegurar que os participantes do programa tenham acesso e permaneçam informados sobre os resultados da avaliação é um gesto pequeno, porém significativo, que pode contribuir para o contínuo interesse pelo programa e a vontade de participar de avaliações futuras.

Disseminar os resultados

A seguir, discutiremos várias estratégias que podem ser consideradas para informar esses públicos-alvo e para lograr os impactos de política pública. De um ponto de vista ideal, as etapas iniciais do planejamento da avaliação devem incluir uma estratégia de disseminação ou de impacto sobre as políticas. Essa estratégia deve ser previamente acordada, explicitando claramente o objetivo da avaliação para a política pública (por exemplo, a expansão de um modelo de intervenção com mais custo-efetividade), os públicos-alvo que a avaliação pretende atingir, as estratégias de comunicação utilizadas e um orçamento para realizar a disseminação. Embora o formato e o conteúdo das atividades e produtos da disseminação variem caso a caso, fornecemos algumas orientações e diretrizes gerais no restante deste capítulo. O boxe 14.2 lista alguns instrumentos de extensão e disseminação.

Geralmente, os relatórios são o primeiro canal de divulgação para o conjunto completo de resultados da avaliação. Recomendamos a redação de relatórios de tamanho moderado, com cerca de 30 a 50 páginas, incluindo um resumo de uma página ou menos, e um sumário executivo com 2 a 4 páginas contendo os principais resultados e recomendações. Detalhes técnicos, a documentação relacionada e análises de apoio, tais como testes de robustez e de falsificação, podem ser apresentados em anexos ou apêndices.

Boxe 14.2: Ferramentas de extensão e disseminação

A seguir, alguns exemplos de canais para a disseminação de avaliações de impacto:

- Apresentação de *slides (slide shows)* sobre o programa e os resultados da avaliação
- Vídeos que apresentam os beneficiários dando sua visão sobre o programa e como ele afeta suas vidas
- Breves notas informativas explicando a avaliação e resumindo as recomendações de política
- Blogs de pesquisadores e formuladores de políticas explicando a importância da avaliação
- Relatórios completos, depois da obtenção dos resultados finais, com sumários executivos robustos para garantir que os leitores possam entender rapidamente os principais resultados
- Convites aos meios de comunicação para que os jornalistas observem o programa em ação e relatem seus resultados.

A publicação da avaliação de impacto no formato de texto acadêmico para discussão (*working paper*) e/ou artigo em periódico científico revisado por outros pesquisadores pode ser uma etapa final trabalhosa, mas de muita valia, para apresentar os resultados da avaliação. As análises rigorosas dos pares exigidas para o processo de publicação fornecerão valiosos comentários para melhorar a análise e a interpretação dos resultados, e a publicação pode enviar um forte sinal para os formuladores de políticas quanto à qualidade e credibilidade dos resultados de uma avaliação.

Com base na estratégia de disseminação acordada, os relatórios e artigos (*papers*) podem ser publicados em vários canais, entre eles: no site do programa; no site da instituição avaliadora; como parte de uma série de textos para discussão; em revistas acadêmicas revisadas por pares; e em livros.

Embora os relatórios de avaliação e os artigos acadêmicos sirvam de base para a estratégia de disseminação, seu alcance para um público mais amplo, fora da comunidade acadêmica e de usuários, pode ser limitado devido a sua extensão e linguagem técnica. A equipe de avaliação, talvez em colaboração com especialistas em comunicação, pode achar útil produzir artigos curtos, escritos em estilo narrativo ou jornalístico, com linguagem clara e simples para disseminação a um público mais amplo. Artigos curtos podem ser publicados sob a forma de notas de política pública, boletins informativos (*newsletters*) e infográficos. Para essas publicações será particularmente útil eliminar o jargão técnico e traduzir os resultados em representações visualmente atraentes, incluindo imagens, esquemas e gráficos (ver o boxe 14.3).

Boxe 14.3: Disseminação efetiva de avaliações de impacto

Várias publicações apresentam os resultados das avaliações de impacto em um formato acessível e de fácil utilização. Entre elas estão duas com foco regional:

- Os resultados da avaliação de impacto de programas de toda a América Latina e Caribe são apresentados no Panorama da Eficácia no Desenvolvimento, publicado anualmente pelo Departamento de Planejamento Estratégico e Eficácia no Desenvolvimento do Banco Interamericano de Desenvolvimento (BID). Os resultados são resumidos em artigos curtos e fáceis de ler, que incluem resumos de uma página em forma de infográficos que condensam a questão-chave da avaliação de impacto, seus métodos, resultados e recomendações de políticas públicas usando imagens, gráficos e ícones que permitem aos leitores compreender as principais mensagens de maneira muito rápida e intuitiva. O Panorama de 2014 inclui os resultados de avaliações de impacto de programas tão diversos como turismo na Argentina, capacitação profissional na República Dominicana, produtividade agrícola na Bolívia e orquestras de jovens no Peru.

- Africa Impact Evaluation Update, do Banco Mundial, reúne os mais recentes resultados para a região. O documento se concentrou no tema de gênero em 2013 e no tema de agricultura e terra em 2014.

Fontes: http://deo.iadb.org e http://www.worldbank.org.

As equipes de avaliação podem gerar um conjunto de apresentações para acompanhar relatórios impressos e artigos curtos. Essas apresentações devem ser adaptadas para o respectivo público específico. Um bom ponto de partida é produzir uma apresentação técnica para a equipe do programa e o público acadêmico e outra apresentação menos técnica e mais curta para os formuladores de políticas públicas e a sociedade civil. Embora as principais conclusões e recomendações de política sejam as mesmas, a estrutura e o conteúdo desses dois tipos de apresentação terão importantes variações. A apresentação técnica deve se concentrar em aumentar a credibilidade dos resultados por meio da apresentação dos métodos de avaliação, dados e análises antes de mencionar os resultados e as recomendações de política. Uma apresentação voltada para os formuladores de políticas públicas deve enfatizar a questão de desenvolvimento socioeconômico que a intervenção pretende abordar e as implicações práticas dos resultados, e apresentar os detalhes técnicos sem se alongar.

Para aproveitar a expansão do acesso à Internet nos países em desenvolvimento e as alternativas de baixo custo para produção de conteúdo em formatos multimídia, as equipes de avaliação também podem optar por utilizar vários tipos de mídias para disseminar os resultados da avaliação — de sites a arquivos de áudio e vídeo. Vídeos curtos podem ser uma forma poderosa de transmitir ideias complexas por meio de imagens e sons, permitindo que a história da avaliação se desdobre de uma forma mais rápida e compreensível do que nos formatos impressos típicos (ver o boxe 14.4).

Por fim, armada com uma variedade de produtos de divulgação, a equipe de avaliação deve ser proativa em relação à disseminação desses produtos aos participantes do programa, ao governo e à comunidade mais ampla de usuários a fim de alcançar os públicos pretendidos e assimilá-los ao processo de tomada de decisão e ao debate sobre a política pública. O processo de disseminação ocorre por meio de reuniões presenciais entre a equipe de avaliação e o gestor do programa, de *lobby* junto aos formuladores de políticas públicas da alta hierarquia, de apresentações em seminários e conferências nos quais acadêmicos e membros da comunidade de usuários se reúnem para obter informações sobre os mais recentes avanços na área de pesquisa e avaliação, de entrevistas e programas de notícias no rádio e na TV e, cada vez mais, por meio da Internet. Os blogs e sites de mídias sociais, em especial, podem ser canais custo-efetivos para alcançar um grande número de usuários potenciais e para capturar o tráfego de informações e orientar os leitores em relação à variedade de produtos disponíveis em uma determinada avaliação (ver o boxe 14.5). Embora as estratégias específicas variem caso a caso, novamente recomendamos planejar e orçar os canais e as atividades de disseminação com antecedência, de modo que os resultados da avaliação possam atingir seus públicos-alvo de forma rápida e eficaz, maximizando, assim, o impacto da política.

Boxe 14.5: Blogs sobre avaliação de impacto

Aqui estão alguns exemplos de blogs que apresentam regularmente resultados de avaliações de impacto:

- Blog do Banco Mundial sobre o impacto no desenvolvimento (World Bank Development Impact Blog)
- Blog do Banco Interamericano de Desenvolvimento sobre a eficácia no desenvolvimento (Inter-American Development Bank Effectiveness Blog)
- Blog de inovações no combate à pobreza (Innovations for Poverty Action Blog)

Recursos adicionais

- Para acessar os materiais complementares a este livro e hiperlinks com recursos adicionais, ver o site Avaliação de Impacto na Prática (http://www .worldbank.org/ieinpractice).
- A Iniciativa Internacional para a Avaliação de Impacto (3ie) e o Overseas Development Institute (ODI) desenvolveram um kit de ferramentas online sobre o impacto nas políticas públicas para ajudar na disseminação e no uso de evidências de avaliações de impacto para a tomada de decisões.

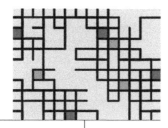

COMO OBTER DADOS PARA A AVALIAÇÃO DE IMPACTO

A quarta parte deste livro fornece orientações sobre como obter dados para a avaliação de impacto, incluindo a escolha da amostra e a localização de fontes de dados adequadas.

O capítulo 15 discute como criar uma amostra a partir de uma população de interesse e como realizar cálculos de poder estatístico para determinar o tamanho apropriado da amostra de avaliação de impacto. O foco do capítulo é a descrição da lógica principal que está por trás dos cálculos de amostragem e de poder estatístico. Nele se destacam também os elementos que os formuladores de políticas públicas devem fornecer à equipe de pesquisa ou ao especialista técnico responsável por fazer a amostragem e os cálculos de poder estatístico.

O capítulo 16 analisa as várias fontes de dados que as avaliações de impacto podem utilizar. Nele se destaca quando podem ser usadas fontes de dados existentes, incluindo dados administrativos. Como muitas avaliações exigem a coleta de novos dados, o capítulo discute todas as etapas da coleta de novos dados de pesquisa, como a definição de quem coletará esses dados, o desenvolvimento e os testes de instrumentos de coleta de dados, a realização do trabalho de campo e do controle de qualidade e o processamento e armazenamento dos dados.

O capítulo 17 fornece uma conclusão para o livro. Ele examina brevemente os elementos centrais de uma avaliação de impacto bem elaborada, e oferece algumas indicações para mitigar os riscos comuns à realização de uma avaliação de impacto. O capítulo também fornece algumas perspectivas sobre o crescimento recente do uso das avaliações de impacto e os esforços de institucionalização relacionados a elas.

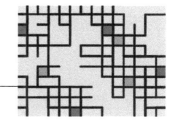

CAPÍTULO 15

A escolha da amostra

Cálculos de amostragem e poder estatístico

Depois de escolher um método para selecionar o grupo de comparação, uma das etapas seguintes é determinar quais os dados de que se precisará e qual a amostra necessária para estimar com precisão as diferenças entre os resultados do grupo de tratamento e do grupo de comparação. Neste capítulo, discutiremos como se pode criar uma amostra a partir de uma população de interesse (amostragem) e como determinar o tamanho necessário para que essa amostra forneça estimativas precisas sobre o impacto do programa (cálculos de poder estatístico). Os cálculos de amostragem e de poder estatístico exigem habilidades técnicas específicas e são frequentemente repassados a um especialista. Neste capítulo, descrevemos os fundamentos para a realização de cálculos de amostragem e de poder estatístico e destacamos os elementos que os formuladores de políticas precisam ser capazes de fornecer aos especialistas técnicos.

A escolha da amostra

A *amostragem* é o processo de escolher unidades a partir de uma população de interesse com o intuito de estimar as características dessa população. É frequentemente necessária porque normalmente não é possível observar e medir diretamente os resultados para toda a população de interesse.

Figura 15.1 Usar a amostra para inferir as características médias da população de interesse

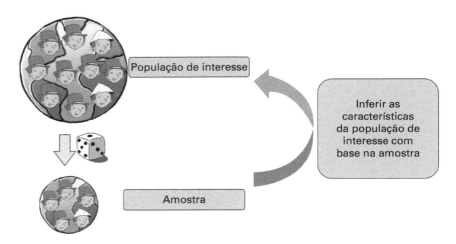

Por exemplo, caso haja interesse em conhecer a altura média das crianças de determinado país com idade inferior a dois anos, seria muito difícil, caro e demorado visitar diretamente e medir todas as crianças dessa população. Em vez disso, uma amostra de crianças extraída dessa população pode ser usada para inferir as características médias da população em geral (figura 15.1).

O processo pelo qual a amostra é extraída da população de interesse é crucial. Os princípios da amostragem fornecem orientações para a obtenção de amostras representativas. Na prática, há três etapas principais para extrair uma amostra:

1. Determinar a população de interesse.

2. Identificar uma base de informação para a amostragem, ou listagem.

3. Extrair tantas unidades dessa listagem quantas forem necessárias de acordo com os cálculos de poder estatístico.

Conceito-chave

A listagem é a relação mais abrangente das unidades da população de interesse que pode ser obtida. Um viés de cobertura ocorrerá se a listagem não coincidir perfeitamente com a população de interesse.

Em primeiro lugar, a *população de interesse* precisa ser claramente definida. Isso exige especificar acuradamente a unidade para a qual os resultados serão medidos dentro da população de interesse e definir claramente a cobertura geográfica ou quaisquer outros atributos relevantes que caracterizem a população de interesse. Por exemplo, se se estiver gerenciando um programa de desenvolvimento na primeira infância, poderá haver interesse em medir o impacto do programa sobre os resultados cognitivos apresentados pelas crianças entre 3 e 6 anos de todo o país ou somente pelas crianças que vivem nas áreas rurais ou apenas pelas crianças matriculadas na pré-escola.

Avaliação de Impacto na Prática

Em segundo lugar, uma vez definida a população de interesse, deve ser criada *uma listagem*, que é a relação mais abrangente das unidades da população de interesse que pode ser obtida. Idealmente, a listagem deve coincidir exatamente com a população de interesse. Um censo completo e totalmente atualizado da população de interesse constituiria uma listagem ideal. Na prática, as listas existentes, como os censos populacionais, os levantamentos realizados em estabelecimentos ou empresas ou as listas de matrículas, são frequentemente usadas como listagens.

É necessária uma listagem adequada para assegurar que as conclusões obtidas a partir da análise de uma amostra possam ser generalizadas para toda a população. Na verdade, uma listagem que não coincida exatamente com a população de interesse cria um viés de cobertura, conforme é ilustrado pela figura 15.2. Se ocorrer um viés de cobertura, os resultados da amostra não terão validade externa para toda a população de interesse, mas apenas para a população incluída na listagem. O grau de generalização das estatísticas calculadas a partir da amostra para a população de interesse como um todo dependerá da magnitude do viés de cobertura, ou seja, da falta de coincidência entre a listagem e a população de interesse.

O viés de cobertura constitui um risco, e a elaboração de listagens requer um esforço cuidadoso. Por exemplo, os dados do censo podem conter a lista de todas as unidades de uma população. No entanto, se tiver passado muito tempo entre a realização do recenseamento e o momento em que os dados da amostra são coletados, a listagem poderá não estar totalmente atualizada. Além disso, os dados do censo podem não conter informações suficientes

Figura 15.2   Uma listagem válida cobre toda a população de interesse

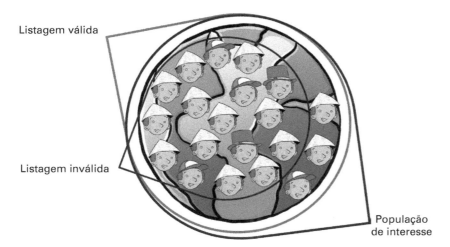

Listagem válida

Listagem inválida

População de interesse

sobre atributos específicos para que se crie uma listagem adequada. Se a população de interesse for constituída por crianças que frequentam a pré-escola e o censo não contiver dados sobre as matrículas pré-escolares, serão necessários dados complementares sobre matrículas ou levantamentos de estabelecimentos de ensino.

Depois de ter identificado a população de interesse e uma listagem, é preciso escolher um método para extrair a amostra. Podem ser utilizados vários procedimentos alternativos.

Os métodos de *amostragem probabilística* são os mais rigorosos, uma vez que atribuem uma probabilidade bem definida para cada unidade a ser extraída. Os três principais métodos de amostragem probabilística são os seguintes:

- *Amostragem aleatória*. Cada unidade da população tem exatamente a mesma probabilidade de ser escolhida.[1]

- *Amostragem aleatória estratificada*. A população é dividida em grupos (por exemplo, homens e mulheres) e a amostragem aleatória é realizada dentro de cada grupo. Como resultado, cada unidade de cada grupo (ou estrato) tem a mesma probabilidade de ser escolhida. Desde que cada grupo seja grande o bastante, a amostragem estratificada permite fazer inferências sobre os resultados não apenas no nível da população, mas também sobre cada grupo. A amostragem estratificada é útil quando se deseja sobreamostrar subgrupos pequenos da população (como as minorias) para estudá-los com mais cuidado. A estratificação é essencial para as avaliações que visam comparar os impactos do programa entre esses subgrupos.

- *Amostragem por conglomerados*. As unidades são agrupadas em conglomerados (grupos), e uma amostra aleatória de conglomerados é extraída. Posteriormente, todas as unidades desses conglomerados constituirão a amostra ou um número de unidades dentro do conglomerado será sorteado aleatoriamente. Isso significa que cada conglomerado tem uma probabilidade bem definida de ser selecionado, e as unidades dentro de um conglomerado selecionado também têm uma probabilidade bem definida de serem escolhidas.

No contexto da avaliação de impacto, o processo de elaboração de uma amostra é frequentemente determinado pelas regras de elegibilidade do programa que está sendo avaliado. Como será mencionado na discussão sobre o tamanho da amostra, se a menor unidade viável de implementação for maior do que a unidade de observação, a seleção aleatória dos benefícios criará conglomerados. Por essa razão, a amostragem por conglomerados surge frequentemente em estudos de avaliação de impacto.

A *amostragem não probabilística* pode criar sérios erros de amostragem. Por exemplo, suponha que uma pesquisa nacional seja realizada por um grupo de entrevistadores orientados a coletar dados sobre as famílias que vivem mais perto das escolas de cada povoado. Se esse procedimento de amostragem não probabilística for usado, é provável que a amostra não seja representativa da população de interesse como um todo. Em especial, surgirá um viés de cobertura, uma vez que os domicílios localizados em áreas mais remotas não serão pesquisados.

É necessário prestar muita atenção à listagem e ao procedimento de amostragem para determinar se os resultados obtidos para uma determinada amostra podem ser generalizados para toda a população de interesse. Mesmo que a listagem tenha uma cobertura perfeita e que seja utilizado um procedimento probabilístico de amostragem, os erros não amostrais também podem afetar a validade interna e externa da avaliação de impacto. Os erros não amostrais são discutidos no capítulo 16. Por fim, há, por vezes, confusão entre a amostragem aleatória e a seleção aleatória. O boxe 15.1 deixa claro que a amostragem aleatória é muito diferente da seleção aleatória.

No restante deste capítulo, discutiremos como o tamanho da amostra é importante para a precisão das avaliações de impacto. Conforme ficará claro, são necessárias amostras relativamente maiores para obter estimativas precisas sobre as características da população. Amostras maiores também são necessárias para obter estimativas mais precisas sobre as diferenças entre os grupos de tratamento e os grupos de comparação, ou seja, para estimar o impacto de um programa.

Boxe 15.1: A amostragem aleatória não é suficiente para a avaliação de impacto

Às vezes, faz-se confusão entre amostragem aleatória e seleção aleatória. E se alguém lhe disser com muito orgulho que está implementando uma avaliação de impacto por meio da realização de entrevistas com uma *amostra aleatória* de participantes e não participantes? Suponhamos que se está observando um grupo de indivíduos que estão participando de um programa de promoção do emprego e um grupo de indivíduos que não estão participando desse programa. E se fôssemos extrair uma amostra aleatória de cada um desses dois grupos? A primeira figura ilustra a seguinte situação: obteve-se uma amostra aleatória de participantes e uma amostra aleatória de não participantes. Se participantes e não participantes tiverem características diferentes, a amostra de participantes e não participantes também terá. A amostragem aleatória não torna comparáveis

(continua)

Figura B15.1.1   Amostragem aleatória entre grupos não comparáveis de participantes e não participantes

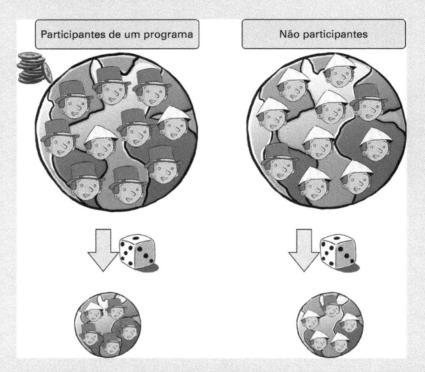

dois grupos não comparáveis e, portanto, não fornece validade interna para a avaliação de impacto. É por isso que a amostragem aleatória não é suficiente para as avaliações de impacto.

Como deve ter ficado claro a partir da discussão apresentada na parte 2, a seleção aleatória dos beneficiários do programa é diferente da amostragem aleatória. O processo de seleção aleatória começa com uma população elegível de interesse e utiliza um procedimento de aleatorização para seleção de unidades (normalmente constituídas por pessoas ou grupos de pessoas, tais como as crianças que estudam em uma escola) da população elegível para o grupo de tratamento que receberá uma intervenção e para o grupo de comparação que não receberá essa intervenção. O processo de aleatorização de um programa, mostrado na segunda figura, é diferente do processo de amostragem aleatória descrito na primeira figura.

(continua)

Figura B15.1.2 Seleção aleatória dos beneficiários do programa para o grupo de tratamento e para o grupo de comparação

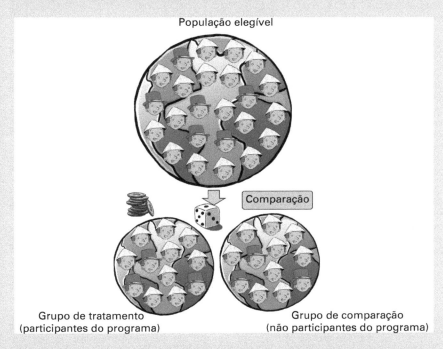

Conforme foi discutido na parte 2, quando a seleção aleatória é bem implementada, ela contribui para a validade interna da avaliação de impacto. A amostragem aleatória pode ser útil para garantir a validade externa, na medida em que a amostra seja escolhida aleatoriamente a partir da população de interesse.

Decidir o tamanho de uma amostra para a avaliação de impacto: cálculos de poder estatístico

Conforme foi discutido, a amostragem descreve o processo de seleção de uma amostra a partir de unidades de uma população de interesse para estimar as características dessa população. Amostras maiores fornecem estimativas mais precisas sobre as características da população. Que tamanho as amostras precisam ter para uma avaliação de impacto? Os cálculos para determinar o tamanho da amostra são chamados de cálculos de poder estatístico. Discutimos a intuição básica por trás dos cálculos de poder estatístico focalizando o caso mais simples: uma avaliação que utilizou um método de seleção aleatória, testou a efetividade de um programa em relação a um grupo de comparação que não recebeu a intervenção e levou em consideração que o descumprimento não era um problema.[2] Ao final do capítulo, discutiremos brevemente outras considerações que vão além desse caso simples.

A lógica por trás dos cálculos de poder estatístico

Os *cálculos de poder estatístico* indicam o tamanho mínimo que uma amostra precisa ter para se realizar uma avaliação de impacto e para responder de forma convincente à questão de política pública de interesse. Em especial, os cálculos de poder estatístico podem ser usados para:

- Avaliar se as bases de dados existentes são suficientemente grandes para realizar uma avaliação de impacto.

- Evitar coletar muito poucos dados. Se a amostra for muito pequena, pode-se não ser capaz de detectar um impacto positivo — mesmo que ele exista — e concluir que o programa não teve nenhum efeito. Isso poderá levar a uma decisão para eliminar o programa, o que seria prejudicial.

- Ajudar a tomar decisões sobre o tamanho adequado da amostra. Tamanhos de amostra maiores fornecem estimativas mais precisas dos impactos do programa, mas a coleta de informações pode ser muito dispendiosa. Os cálculos de poder estatístico fornecem insumos importantes para avaliar o equilíbrio entre os custos necessários para coletar dados adicionais e os ganhos obtidos com o aumento da precisão da avaliação de impacto.

Os cálculos de poder estatístico fornecem uma indicação sobre a menor amostra (e o orçamento mais baixo) a partir da qual é possível medir o impacto de um programa, ou seja, a menor amostra que permitirá detectar diferenças significativas entre os resultados dos grupos de tratamento e de comparação. Por isso, os cálculos de poder estatístico são cruciais para determinar os programas que são bem-sucedidos e os que não são.

Conforme foi discutido no capítulo 1, a pergunta de interesse básica da avaliação de impacto é: qual é o impacto ou efeito causal de um programa sobre o resultado de interesse? A hipótese simples embutida nessa pergunta pode ser reformulada da seguinte maneira: o impacto do programa é diferente de zero? No caso da seleção aleatória, responder a essa pergunta requer duas etapas:

1. Estimar os resultados médios para os grupos de tratamento e de comparação.

2. Avaliar se existe diferença entre o resultado médio para o grupo de tratamento e o resultado médio para o grupo de comparação.

Discutiremos agora como estimar os resultados médios para cada grupo e, em seguida, como testar a diferença entre os grupos.

Estimar resultados médios para os grupos de tratamento e de comparação

Suponhamos que haja interesse em estimar o impacto de um programa de nutrição sobre o peso de crianças de 2 anos e que 200.000 crianças sejam elegíveis para o programa. Dentre todas as crianças elegíveis, 100.000 foram selecionadas aleatoriamente para participar do programa. As 100.000 crianças elegíveis que não foram aleatoriamente selecionadas para o programa servirão como o grupo de comparação. Como uma primeira etapa, será preciso estimar o peso médio das crianças que participaram e o peso médio daquelas que não participaram.

Para determinar o peso médio das crianças participantes, pode-se pesar cada uma das 100.000 crianças participantes e, em seguida, obter a média dos pesos. É claro que fazer isso seria extremamente dispendioso. Felizmente, não é necessário pesar cada criança. A média pode ser estimada usando o peso médio de uma amostra extraída da população de crianças participantes.[3] Quanto mais crianças nessa amostra, mais próxima a média da amostra será da média verdadeira. Quando uma amostra é pequena, o peso médio constitui uma estimativa muito imprecisa da média do peso da população. Por exemplo, uma amostra de duas crianças não dará uma estimativa precisa. Em contraste, uma amostra de 10.000 crianças produzirá uma estimativa mais precisa, muito mais próxima do verdadeiro peso médio da população. Em geral, quanto mais observações na amostra, mais precisas serão as estatísticas obtidas a partir dela (ver a figura 15.3).[4]

Dessa maneira, compreendemos que com uma amostra maior podemos fornecer uma imagem mais precisa da população de crianças participantes. O mesmo será verdadeiro para as crianças não participantes: à medida que a amostra de crianças não participantes crescer, nós saberemos com mais precisão como é essa população. Mas por que devemos nos importar? Se formos capazes de estimar com maior precisão o resultado (peso) médio das crianças participantes e não participantes, também poderemos dizer com mais

Figura 15.3   Uma amostra maior tem maior probabilidade de se assemelhar à população de interesse

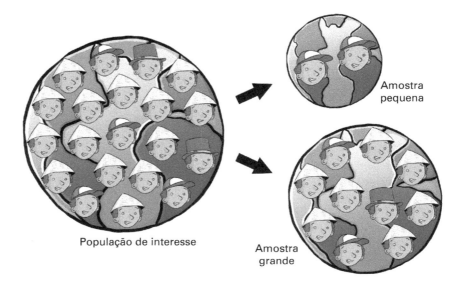

População de interesse

Amostra pequena

Amostra grande

precisão a diferença entre o peso dos dois grupos — e esse é o impacto do programa. Dito de outra forma: se se tiver apenas uma vaga ideia sobre o peso médio das crianças dos grupos participantes (de tratamento) e não participantes (de comparação), como se pode ter uma ideia precisa sobre a diferença no peso dos dois grupos? É óbvio que isso não será possível. Na próxima seção, vamos explorar essa ideia de uma maneira um pouco mais formal.

Comparar os resultados médios entre os grupos de tratamento e de comparação

Após estimar o resultado (peso) médio para o grupo de tratamento (crianças participantes selecionadas aleatoriamente) e para o grupo de comparação (crianças não participantes selecionadas aleatoriamente), pode-se determinar se os dois resultados são diferentes. Esta parte é clara: subtraem-se as médias e verifica-se qual é a diferença. Em termos estatísticos, a avaliação de impacto testa a *hipótese nula* em relação à *hipótese alternativa*.

A hipótese nula é aquela segundo a qual o programa não apresenta impacto. Ela é expressa da seguinte maneira:

H_0: Impacto ou diferença entre o resultado do grupo de tratamento e de comparação = 0.

H_a: Impacto ou diferença entre o resultado do grupo de tratamento e de comparação ≠ 0.

 Avaliação de Impacto na Prática

Imaginemos que, no exemplo do programa de nutrição, começamos com uma amostra de duas crianças tratadas e duas crianças de comparação. Com uma amostra tão pequena, a estimativa sobre o peso médio das crianças tratadas e de comparação e, portanto, a estimativa da diferença entre os dois grupos não será muito confiável. Pode-se verificar isso ao selecionar diferentes amostras de duas crianças tratadas e duas crianças de comparação. Fazendo isso, veremos que o impacto estimado do programa varia muito.

Em comparação, comecemos com uma amostra de 1.000 crianças tratadas e 1.000 crianças de comparação. Conforme discutido, a estimativa do peso médio de ambos os grupos será muito mais precisa. Portanto, a estimativa da diferença entre os dois grupos também será mais precisa.

Por exemplo, digamos que o peso médio na amostra de crianças do grupo de tratamento (participantes) é de 12,2 kg e que a média na amostra de crianças do grupo de comparação (não participantes) é de 12 kg. A diferença entre os dois grupos é de 0,2 kg. Se esses números tiverem vindo de amostras de duas observações cada, não se pode afirmar com muita certeza se o impacto do programa é verdadeiramente positivo, pois os 200 gramas poderiam se dever à falta de precisão de suas estimativas. No entanto, se esse número vier de amostras de 1.000 observações cada, pode-se afirmar com mais certeza de que está muito perto do verdadeiro impacto do programa, que neste caso seria positivo.

Assim sendo, a questão-chave é a seguinte: exatamente quão grande deve ser a amostra para permitir que se tenha certeza de que o impacto positivo estimado se deve ao verdadeiro impacto do programa, e não à falta de precisão das estimativas?

Dois erros potenciais nas avaliações de impacto

Ao testar se um programa tem um impacto, dois tipos de erro podem ser cometidos. O *erro do tipo I* é cometido quando uma avaliação conclui que um programa teve impacto, mas, na realidade, não teve nenhum impacto. No caso da hipotética intervenção nutricional, isso ocorreria se um membro da equipe de avaliação concluísse que o peso médio das crianças da amostra tratada é maior do que o das crianças da amostra de comparação, mesmo que o peso médio das crianças das duas populações seja, na verdade, igual e as diferenças observadas sejam puramente fortuitas. Neste caso, o impacto positivo verificado se deveu exclusivamente à falta de precisão das estimativas.

O *erro do tipo II* é o oposto. O erro do tipo II ocorre quando uma avaliação conclui que o programa não teve impacto, mas, na verdade, teve. No caso da intervenção nutricional, isso ocorreria caso se concluísse que o peso médio das crianças nas duas amostras é o mesmo, mesmo que o peso médio das

Conceito-chave

O erro do tipo I ocorre quando uma avaliação conclui que um programa teve um impacto, mas, na realidade, não teve nenhum impacto.
O erro do tipo II ocorre quando uma avaliação conclui que o programa não teve impacto, mas, na verdade, teve.

criaças da população de tratamento seja de fato maior que o das crianças da população de comparação. Novamente, o impacto deveria ter sido positivo, mas, por causa da falta de precisão das estimativas, concluiu-se que o programa teve impacto zero.

Ao testar a hipótese de que um programa teve impacto, os estatísticos podem limitar o tamanho dos erros do tipo I. A probabilidade de um erro do tipo I pode ser definida por um parâmetro chamado *nível de significância*. O nível de significância é, frequentemente, fixado em 5% — o que significa que é possível ter 95% de certeza ao concluir que o programa teve um impacto. Se houver preocupação com a possibilidade de cometer um erro do tipo I, pode-se ser mais conservador e definir um nível de significância menor — por exemplo, 1%, de modo que será possível ter 99% de certeza ao concluir que o programa teve impacto.

No entanto, os erros do tipo II também são preocupantes para os formuladores de políticas. Muitos fatores aumentam a probabilidade de se cometer um erro do tipo II, mas o tamanho da amostra é crucial. Se o peso médio de 50.000 crianças tratadas for o mesmo que o peso médio de 50.000 crianças de comparação, pode-se concluir com certeza que o programa não teve nenhum impacto. Por outro lado, se duas crianças de uma amostra de tratamento pesarem, em média, o mesmo que duas crianças de uma amostra de comparação, será mais difícil chegar a uma conclusão confiável. O peso médio é semelhante porque a intervenção não teve impacto ou porque os dados não são suficientes para testar a hipótese em uma amostra tão pequena? Selecionar amostras grandes torna menos provável que se observem apenas as crianças que têm o mesmo peso simplesmente devido à (má) sorte. Em amostras grandes, a diferença das médias entre a amostra tratada e a amostra de comparação fornece uma melhor estimativa da diferença verdadeira das médias entre todas as unidades tratadas e todas as unidades de comparação.

O *poder* (ou *poder estatístico*) de uma avaliação de impacto é a probabilidade de detectar uma diferença entre os grupos de tratamento e de comparação quando essa diferença de fato existir. Uma avaliação de impacto tem um alto poder estatístico se houver um baixo risco de não se detectar os impactos reais do programa, isto é, de cometer um erro do tipo II. Os exemplos anteriores mostram que o tamanho da amostra é um determinante crucial do poder estatístico de uma avaliação de impacto. As seções a seguir ilustram esse ponto.

Conceito-chave

Poder estatístico é a probabilidade de detectar impacto quando esse impacto existe de fato. A avaliação de impacto tem alto poder estatístico se houver um baixo risco de não detectar os impactos reais do programa, ou seja, de cometer um erro do tipo II.

Por que os cálculos de poder estatístico são importantes para a política pública

O propósito dos cálculos de poder estatístico é determinar que tamanho de amostra é necessário para evitar concluir que um programa não teve nenhum impacto quando, na verdade, ele teve (erro do tipo II).

O poder estatístico de um teste é igual a 1 menos a probabilidade de um erro do tipo II.

A avaliação de impacto tem *alto poder estatístico* se for improvável a ocorrência de um erro do tipo II, ou seja, ninguém ficará decepcionado porque é pequena a probabilidade de que os resultados mostrem que o programa avaliado não teve impacto quando, na realidade, teve.

Do ponto de vista de política pública, as *avaliações de impacto de baixo poder estatístico,* com uma alta probabilidade de erros do tipo II, não apenas são inúteis, mas podem ser muito dispendiosas. A alta probabilidade de ocorrência de um erro do tipo II compromete o potencial para que a avaliação de impacto identifique resultados estatisticamente significativos. Colocar recursos em avaliações de impacto de baixo poder estatístico é, portanto, um investimento arriscado.

Avaliações de impacto de baixo poder estatístico também podem ter sérias consequências práticas. Por exemplo, na hipotética intervenção nutricional mencionada anteriormente, se se concluir que o programa não foi eficaz, mesmo que tenha sido, os formuladores de políticas poderiam encerrar um programa que, na verdade, beneficia as crianças. Portanto, é crucial minimizar a probabilidade de erros do tipo II usando amostras suficientemente grandes em avaliações de impacto. É por isso que a realização de cálculos de poder estatístico é tão crucial e relevante.

Cálculos de poder estatístico passo a passo

Passaremos agora aos princípios básicos dos cálculos de poder estatístico, focalizando o caso simples de um programa com seleção aleatória dos beneficiários. A realização de cálculos de poder estatístico exige o exame das seguintes cinco questões principais:

1. O programa é implementado no nível de *conglomerados*?

2. Qual é ou quais são o(s) *indicador(es) de resultado*?

3. Qual é o *nível mínimo de impacto* que justificaria o investimento que foi feito na intervenção?

4. Qual é a *média do resultado* para a população de interesse? Qual é a *variância subjacente* do indicador de resultado?

5. Quais são os *níveis* razoáveis *de poder estatístico* e *significância estatística* para a avaliação que está sendo realizada?

Cada uma dessas perguntas se aplica ao contexto da política pública específica no qual se decidiu realizar uma avaliação de impacto.

Quadro 15.1   Exemplos de conglomerados

Benefício	Nível de alocação dos benefícios (conglomerado)	Unidade a partir da qual o resultado é medido
Transferências de renda	Povoado	Família
Tratamento da malária	Escola	Indivíduo
Programa de treinamento	Bairro	Indivíduo

A primeira etapa dos cálculos de poder estatístico é determinar se o programa que se deseja avaliar criou *conglomerados (grupos de unidades de observação)* durante sua implementação. Um programa cujo nível de intervenção (que, muitas vezes, corresponde a um lugar) seja diferente do nível no qual você gostaria de medir os resultados (que, muitas vezes, corresponde a pessoas) cria conglomerados em torno do local da intervenção. Por exemplo, pode ser necessário implementar um programa em hospitais, escolas ou povoados (ou seja, em conglomerados), mas seu impacto é medido em pacientes, estudantes ou moradores (ver o quadro 15.1).[5] Quando uma avaliação de impacto envolve conglomerados, é o número deles que determina, em grande parte, o tamanho efetivo da amostra. Em contrapartida, o número de indivíduos dentro dos conglomerados importa menos. Discutiremos isso mais adiante.

A natureza das amostras obtidas a partir de programas baseados em conglomerados é um pouco diferente da natureza das amostras obtidas de programas que não são baseados em conglomerados. Como resultado, os cálculos de poder estatístico envolverão etapas ligeiramente diferentes, dependendo se um programa aloca aleatoriamente benefícios entre conglomerados ou se simplesmente aloca benefícios de maneira aleatória entre todas as unidades de uma população. Vamos discutir cada uma dessas situações. Começaremos com os princípios do cálculo de poder estatístico quando não há conglomerados, isto é, quando o tratamento é alocado no nível em que os resultados são observados. Em seguida, discutiremos os cálculos de poder estatístico quando os conglomerados estão presentes.

Cálculos de poder estatístico sem conglomerados

Suponhamos que se tenha resolvido a primeira questão listada acima ao estabelecer que os benefícios do programa não são alocados por conglomerados. Em outras palavras, o programa a ser avaliado aleatoriamente aloca benefícios entre todas as unidades de uma população elegível.

Na segunda etapa, deve-se identificar os *indicadores de resultados* mais importantes que o programa foi desenhado para melhorar. Esses indicadores advêm do objetivo do programa, da teoria da mudança e da pergunta principal da pesquisa de avaliação, conforme foi discutido na parte 1. Os cálculos de poder também fornecerão *insights* sobre o tipo de indicadores para os quais as avaliações de impacto podem identificar impactos. Na verdade, conforme discutiremos mais adiante, amostras de diferentes tamanhos podem ser necessárias para medir o impacto em diferentes indicadores.

Em terceiro lugar, deve-se determinar o impacto mínimo que justificaria o investimento realizado na intervenção. Trata-se, fundamentalmente, de uma questão de política pública, e não técnica. Um programa de transferência de renda é um investimento que vale a pena caso ele reduza a pobreza em 5%, 10% ou 15%? Vale a pena implementar um programa voltado para o mercado de trabalho se ele aumentar a renda dos participantes em 5%, 10% ou 15%? A resposta é muito específica para cada contexto, mas, em todos esses contextos, é necessário determinar a mudança nos indicadores de resultado que justificaria o investimento feito no programa. Dito de outra forma: qual é o nível de impacto abaixo do qual uma intervenção deve ser considerada sem êxito? A resposta a essa pergunta fornece o *efeito mínimo detectável* que a avaliação de impacto precisa ser capaz de identificar. Responder a essa questão dependerá não apenas do custo do programa e do tipo de benefícios que ele oferece, mas também do custo de oportunidade de não investir fundos em uma intervenção alternativa.

Embora os efeitos mínimos detectáveis possam ser baseados nos objetivos da política pública, outras abordagens podem ser utilizadas para estabelecê-los. Pode ser útil comparar os efeitos mínimos detectáveis com os resultados de estudos sobre programas semelhantes para lançar luz sobre a magnitude dos impactos que podem ser esperados. Por exemplo, as intervenções educacionais frequentemente medem seus ganhos em termos das notas obtidas em testes padronizados. Estudos existentes mostram que um aumento de 0,1 no desvio padrão é um ganho relativamente pequeno, enquanto um aumento de 0,5 no desvio padrão é relativamente grande. Alternativamente, simulações *ex-ante* podem ser realizadas para avaliar a gama de impactos esperados sob várias hipóteses. Exemplos de simulações *ex-ante* foram fornecidos no capítulo 1 para programas de transferência condicional de renda. Por fim, a análise econômica *ex-ante* pode esclarecer o tamanho do impacto que seria necessário para que a taxa de retorno de um dado investimento fosse suficientemente alta. Por exemplo, os ganhos de renda anualizados gerados por um programa de capacitação profissional precisariam estar acima da taxa de juros de mercado em vigor.

Intuitivamente, é mais fácil identificar uma grande diferença entre dois grupos do que identificar uma pequena diferença entre dois grupos. Para que uma avaliação de impacto possa identificar uma pequena diferença entre os grupos de tratamento e de comparação, será necessária uma estimativa muito precisa da diferença entre os resultados médios dos dois grupos. Isso requer uma amostra grande. Alternativamente, para as intervenções consideradas merecedoras de investimento apenas se provocarem grandes mudanças nos indicadores de resultado, as amostras necessárias para conduzir uma avaliação de impacto serão menores. No entanto, o efeito mínimo detectável deve ser estabelecido de forma conservadora, uma vez que qualquer impacto menor do que o efeito mínimo desejado é menos provável de ser detectado.

Em quarto lugar, para realizar cálculos de poder estatístico, deve-se solicitar a um especialista que estime alguns parâmetros básicos, como a média e variância dos indicadores de resultado na linha de base. Esses valores de referência devem, de preferência, ser obtidos a partir de dados existentes coletados em uma situação semelhante àquela em que o programa em estudo será implementado ou a partir de uma pesquisa-piloto realizada com a população de interesse.[6] É muito importante observar que, quanto maior a variabilidade dos resultados de interesse, maior será a amostra necessária para estimar um efeito de tratamento com precisão. No exemplo da intervenção nutricional hipotética, o peso das crianças é o resultado de interesse. Se todos os indivíduos tiverem o mesmo peso na linha de base, será possível estimar o impacto da intervenção nutricional em uma amostra pequena. Em contrapartida, se o peso das crianças na linha de base variar muito, será necessária uma amostra maior para estimar o impacto do programa.

Em quinto lugar, a equipe de avaliação precisa determinar níveis razoáveis de poder estatístico e de significância para a avaliação de impacto planejada. Como foi dito anteriormente, o poder estatístico de um teste é igual a 1 menos a probabilidade de qualquer erro do tipo II. Portanto, o poder estatístico varia de 0 a 1, com um valor alto indicando menor risco de não identificar um impacto existente. Um poder estatístico de 0,8 é uma referência amplamente utilizada para cálculos de poder estatístico. Isso significa que se encontrará o impacto em 80% dos casos em que o impacto estiver presente. Um nível mais elevado de poder estatístico de 0,9 (ou 90%) muitas vezes fornece um ponto de referência útil, mas é mais conservador, o que exige um aumento no tamanho da amostra necessária.

O nível de significância é a probabilidade de cometer um erro do tipo I. Normalmente, ele é fixado em 5%, de modo que se pode ter 95% de confiança ao concluir que o programa teve impacto caso se encontre impacto significativo. Outros níveis de significância comuns são 1% e 10%. Quanto menor for o nível de significância, mais certeza de que o impacto estimado é real.

Após responder essas cinco perguntas, o especialista em cálculos de poder estatístico poderá calcular o tamanho que a amostra deve ter utilizando um software estatístico padrão.[7] O cálculo do poder estatístico indicará o tamanho necessário para a amostra, dependendo dos parâmetros estabelecidos nos passos 1 a 5. Os cálculos em si são simples, uma vez que os parâmetros relevantes para a política já tenham sido determinados (especialmente nos passos 2 e 3).[8] Se estiver interessado na implementação de cálculos de poder estatístico, o complemento técnico disponível no site deste livro fornece exemplos desses cálculos usando os programas Stata e Optimal Design.

Ao buscar a orientação de especialistas em estatística, a equipe de avaliação deve solicitar uma análise de sensibilidade do cálculo de poder estatístico às mudanças nos pressupostos. Ou seja, é importante entender o quanto o tamanho da amostra terá que aumentar sob pressupostos mais conservadores (tais como a expectativa de um impacto menor, uma maior variabilidade no indicador de resultado ou um nível mais elevado de poder estatístico). Também é uma boa prática realizar cálculos de poder estatístico para vários indicadores de resultados, já que os tamanhos de amostra necessários podem variar substancialmente se alguns indicadores de resultado apresentarem maior variabilidade do que outros. Por fim, os cálculos de poder estatístico também podem indicar o tamanho de amostra necessário para fazer a comparação entre os impactos do programa em subgrupos específicos (por exemplo, homens ou mulheres, ou outros subgrupos da população de interesse). Para cada subgrupo é preciso obter o tamanho de amostra requerido.

 Avaliar o impacto do HISP: decidir o tamanho que a amostra deve ter para avaliar a expansão do HISP

Voltando ao nosso exemplo da parte 2, digamos que o Ministério da Saúde tenha se mostrado satisfeito com a qualidade e os resultados da avaliação do Programa de Subsídio ao Seguro Saúde (HISP). No entanto, antes de ampliar o programa, o ministério decide testar uma versão expandida, batizada de HISP+. O HISP original paga uma parcela do custo do plano de assistência médica para famílias rurais pobres, cobrindo os gastos com cuidados primários e medicamentos, mas não hospitalizações. O ministro da Saúde fica se perguntando se esse HISP+ expandido, que também cobriria hospitalizações, reduziria ainda mais os gastos com assistência médica das famílias pobres. O ministério pede que você elabore uma avaliação de impacto para analisar se o HISP+ reduziria os gastos com saúde das famílias rurais pobres.

Neste caso, escolher um desenho de avaliação de impacto não é um desafio para você: o HISP+ tem recursos limitados e não pode ser implementado de forma universal imediatamente. Desse modo, você conclui que a seleção aleatória seria o método de avaliação de impacto mais viável e robusto. O ministro da Saúde compreende que o método de seleção aleatória pode funcionar bem e apoia a sua decisão.

Para finalizar o projeto da avaliação de impacto, você contratou um estatístico que o ajudará a estabelecer o tamanho necessário para a amostra. Antes de começar a trabalhar, o estatístico pede algumas informações fundamentais. Ele usa uma lista de cinco perguntas.

1. O programa HISP+ gerará conglomerados? Quanto a essa questão, você não está totalmente certo e acredita que pode ser possível aleatorizar o pacote de benefícios ampliado entre todas as famílias rurais pobres que já estão se beneficiando do HISP. No entanto, você está ciente de que o ministro da Saúde pode preferir alocar o programa expandido no nível dos povoados, e que isso criaria conglomerados. O estatístico sugere a realização de cálculos de poder estatístico para um caso de referência sem conglomerados e, em seguida, considerar a análise sobre como os resultados mudariam com a utilização de conglomerados.

2. Qual é o indicador de resultado? Você explica que o governo está interessado em um indicador bem definido: as despesas diretas com saúde das famílias pobres. O estatístico busca a fonte mais atualizada para obter valores de referência para esse indicador e sugere o uso da pesquisa de acompanhamento da avaliação do HISP. Ele observa que, entre as famílias que receberam o HISP, as despesas anuais per capita com saúde alcançaram a média de US$ 7,84.

3. Qual é o nível mínimo de impacto que justificaria o investimento feito na intervenção? Em outras palavras, que redução adicional nas despesas diretas com saúde abaixo da média de US$ 7,84 faria com que essa intervenção valesse a pena? O estatístico ressalta que essa não é apenas uma consideração técnica, mas sim uma questão da política pública: é por isso que um formulador de políticas públicas como você deve definir o efeito mínimo que a avaliação deve ser capaz de detectar. Você então se recorda que, com base na análise econômica *ex-ante*, o programa HISP+ seria considerado efetivo se reduzisse os gastos das

famílias com saúde em US$ 2. Ainda assim, você sabe que, para efeito de avaliação, talvez seja melhor ser conservador ao determinar o impacto mínimo detectável, uma vez que é improvável que qualquer impacto menor seja detectado. Para compreender como o tamanho necessário para a amostra varia com base no efeito mínimo detectável, você sugere que o estatístico realize três cálculos diferentes para simular uma redução mínima de US$ 1, US$ 2 e US$ 3 das despesas diretas com saúde.

4. Qual é a variância do indicador de resultados na população de interesse? O estatístico se volta para o conjunto de dados das famílias do grupo de tratamento do HISP e ressalta que o desvio padrão dos gastos diretos com saúde é de US$ 8.

5. Qual seria o nível razoável de poder estatístico para a avaliação que está sendo realizada? O estatístico acrescenta que os cálculos de poder geralmente são realizados para refletir um poder estatístico entre 0,8 e 0,9. Ele recomenda 0,9, mas se oferece para realizar verificações de robustez adicionais para um nível menos conservador, de 0,8.

Munido de todas essas informações, o técnico realiza os cálculos de poder estatístico. Conforme acordado, ele começa com o caso mais conservador, que prevê um poder estatístico de 0,9. Ele produz os resultados mostrados no quadro 15.2.

O estatístico conclui que, para detectar uma redução de US$ 2 nos gastos diretos com saúde com um poder estatístico de 0,9, a amostra precisa conter pelo menos 672 unidades (336 unidades tratadas e 336 unidades de comparação, sem conglomerados). Ele observa que, se você quisesse detectar uma diminuição de US$ 3 nas despesas diretas com saúde, uma amostra menor, de pelo menos 300 unidades (150 unidades em cada grupo),

Quadro 15.2 Avaliar o HISP: tamanho de amostra necessário para identificar vários efeitos mínimos detectáveis

Efeito mínimo detectável	Grupo de tratamento	Grupo de comparação	Amostra total
US$ 1	1.344	1.344	2.688
US$ 2	336	336	672
US$ 3	150	150	300

Observação: o efeito mínimo detectável descreve a redução mínima nas despesas diretas com saúde das famílias que pode ser detectada pela avaliação de impacto.
Poder estatístico = 0,9, sem conglomerados.

seria suficiente. Em comparação, uma amostra muito maior, de pelo menos 2.688 unidades (1.344 em cada grupo), seria necessária para detectar uma diminuição de US$ 1 nas despesas diretas com saúde.

Em seguida, o estatístico produz outro quadro para um nível de poder estatístico de 0,8. O quadro 15.3 mostra que os tamanhos de amostra necessários são menores para um poder estatístico de 0,8 do que para um poder estatístico de 0,9. Para detectar uma redução de US$ 2 nas despesas com saúde das famílias, uma amostra total de pelo menos 502 unidades seria suficiente. Para detectar uma redução de US$ 3, pelo menos 224 unidades são necessárias. No entanto, para detectar uma redução de US$ 1, pelo menos 2.008 unidades seriam necessárias na amostra. O estatístico salienta que os seguintes resultados são típicos dos cálculos de poder estatístico:

- Quanto maior (mais conservador) o nível de poder estatístico, maior o tamanho da amostra necessário.

- Quanto menor o impacto a ser detectado, maior o tamanho da amostra necessário.

O estatístico pergunta se você gostaria de realizar cálculos de poder estatístico para outros resultados de interesse. Você sugere também considerar o tamanho da amostra necessário para detectar se o HISP+ afetará a taxa de hospitalização. Na amostra de povoados tratados do HISP, 5% das famílias terão um membro que utilizará o hospital em determinado ano. Esse percentual fornece uma taxa de referência. O estatístico produz uma nova tabela para demonstrar que amostras relativamente grandes seriam necessárias para detectar alterações na taxa de hospitalização (quadro 15.4) de 1, 2 ou 3 pontos percentuais a partir da taxa de base de 5%.

Quadro 15.3   Avaliar o HISP: tamanho de amostra necessário para identificar vários efeitos mínimos detectáveis

Efeito mínimo detectável	Grupo de tratamento	Grupo de comparação	Amostra total
US$ 1	1.004	1.004	2.008
US$ 2	251	251	502
US$ 3	112	112	224

Observação: o efeito mínimo detectável descreve a redução mínima nas despesas diretas com saúde das famílias que pode ser detectada pela avaliação de impacto.
Poder estatístico = 0,8, sem conglomerados

Quadro 15.4   Avaliar o HISP: tamanho de amostra necessário para
identificar vários efeitos mínimos detectáveis (aumento na taxa de
hospitalização)

Efeito mínimo detectável (ponto percentual)	Grupo de tratamento	Grupo de comparação	Amostra total
1	7.257	7.257	14.514
2	1.815	1.815	3.630
3	807	807	1.614

Observação: o efeito mínimo detectável descreve a alteração mínima na taxa de utilização hospitalar (expressa em pontos percentuais) que pode ser detectada pela avaliação de impacto. Poder estatístico = 0,8, sem conglomerados.

O quadro 15.4 mostra que os requisitos para o tamanho da amostra são maiores para este resultado (a taxa de hospitalização) do que para despesas diretas com saúde. O estatístico conclui que, se você estiver interessado em detectar os impactos de ambos os resultados, deverá utilizar as amostras maiores geradas pelos cálculos de poder estatístico realizados para as taxas de hospitalização. Se forem utilizadas as amostras obtidas a partir dos cálculos de poder estatístico realizados para as despesas diretas com saúde, o estatístico sugere informar o ministro da Saúde que a avaliação não terá poder estatístico suficiente para detectar efeitos relevantes em relação às taxas de hospitalização.

 Perguntas 8 sobre o HISP

A. Que tamanho de amostra você recomendaria para estimar o impacto do HISP+ sobre as despesas diretas com saúde?
B. Esse tamanho de amostra seria suficiente para detectar alterações na taxa de hospitalização?

Cálculos de poder estatístico com conglomerados

A discussão anterior introduziu os princípios relacionados à realização de cálculos de poder estatístico para programas que não geram conglomerados. No entanto, conforme discutido na parte 2, alguns programas alocam benefícios no nível de conglomerados. Descreveremos brevemente nesta seção como os princípios básicos dos cálculos de poder estatístico precisam ser adaptados para amostras conglomeradas.

Na presença de conglomerados, um importante princípio orientador é o fato de que o número de conglomerados geralmente importa muito mais do que o número de indivíduos dentro de cada conglomerado. Um número suficiente de conglomerados é necessário para testar de maneira convincente se um programa teve um impacto quando se comparam os resultados de amostras de unidades de tratamento e comparação. É o número de conglomerados que determina, em grande parte, o tamanho de amostra efetivo. Quando se seleciona aleatoriamente o tratamento entre um pequeno número de conglomerados, é improvável que os conglomerados de tratamento e de comparação sejam idênticos. A seleção aleatória entre dois bairros, duas escolas ou dois hospitais não garante que os dois grupos sejam semelhantes. Em comparação, selecionar aleatoriamente uma intervenção entre 100 distritos, 100 escolas ou 100 hospitais aumentará a probabilidade de garantir que os grupos de tratamento e de comparação sejam semelhantes. Em suma, é necessário um número suficiente de conglomerados para assegurar o balanceamento entre o grupo de tratamento e comparação. Além disso, o número de conglomerados também é importante para a precisão dos efeitos estimados do tratamento. Um número suficiente de conglomerados é necessário para testar a hipótese de que um programa tem impacto com poder estatístico suficiente. Portanto, ao implementar uma avaliação de impacto baseada na seleção aleatória é muito importante assegurar que o número de conglomerados seja suficientemente grande.

Pode-se estabelecer o número de conglomerados necessários para um teste de hipótese preciso por meio da realização de cálculos de poder estatístico, a qual, para amostras formadas por conglomerados, exige a utilização das mesmas cinco perguntas listadas acima, além de uma questão adicional: qual é a variabilidade do indicador de resultados dentro dos conglomerados?

No extremo, todos os resultados dentro de um conglomerado são perfeitamente correlacionados. Por exemplo, pode ser que a renda das famílias não varie consideravelmente dentro de cada povoado, mas que a desigualdade de renda seja significativa entre povoados diferentes. Neste caso, se você desejar adicionar um indivíduo à sua amostra de avaliação, incluir um indivíduo de um novo povoado proporcionará muito mais poder estatístico adicional do que incluir um indivíduo de um povoado que já está representado. Como os resultados dentro de um conglomerado são totalmente correlacionados, adicionar um novo indivíduo desse mesmo conglomerado não acrescentará nenhuma nova informação. Na verdade, neste caso, esse segundo habitante adicionado provavelmente se parecerá muito com o indivíduo original já adicionado. Em geral, uma maior *correlação intraconglomerado* nos resultados (ou seja, a maior correlação entre os resultados ou características das unidades que pertencem ao mesmo conglomerado) aumenta o número de conglomerados necessários para se alcançar um determinado nível de poder estatístico.

Em amostras com conglomerados, os cálculos de poder estatístico realçam as diferenças entre adicionar conglomerados e adicionar observações dentro desses conglomerados. O aumento relativo do poder estatístico decorrente da inclusão de uma unidade de um novo conglomerado é quase sempre maior do que quando ocorre a inclusão de uma unidade de um conglomerado existente. Embora o aumento do poder estatístico decorrente da inclusão de um novo conglomerado possa ser substancial, a adição de conglomerados também pode ter implicações operacionais e aumentar o custo de implementação do programa ou da coleta de dados. Mais adiante neste capítulo, mostraremos como realizar cálculos de poder estatístico com conglomerados no caso do HISP+ e discutiremos algumas das vantagens e desvantagens envolvidas.

Em muitos casos, são necessários pelo menos 40 a 50 conglomerados em cada grupo de tratamento e de comparação para obter poder estatístico suficiente e garantir o balanceamento das características de linha de base ao usar métodos de seleção aleatória. No entanto, esse número pode variar dependendo dos diversos parâmetros já discutidos e da correlação intraconglomerado. Além disso, como será discutido mais adiante, esse número provavelmente aumentará quando forem utilizados métodos diferentes da seleção aleatória (supondo que todos os outros fatores sejam constantes).

 Avaliar o impacto do HISP: decidir o tamanho de amostra necessário para avaliar um HISP expandido com conglomerados

Depois de sua primeira discussão com o estatístico sobre os cálculos de poder estatístico para o HISP+, você decidiu conversar brevemente com o ministro da Saúde sobre as implicações de alocar aleatoriamente os benefícios do HISP+ expandido a todos os indivíduos da população que já recebem o plano HISP básico. Essa consulta revelou que tal procedimento não seria politicamente viável: nesse contexto, seria difícil explicar por que uma pessoa receberia os benefícios expandidos, enquanto seu vizinho, não.

Em vez da aleatorização no nível individual, você sugere selecionar aleatoriamente um número de povoados que já participam do HISP para testar o HISP+. Todos os moradores do povoado selecionado se tornariam elegíveis. Esse procedimento criaria conglomerados e, portanto, exigiria novos cálculos de poder estatístico. Agora, você deseja determinar o tamanho que uma amostra deve ter para avaliar o impacto de HISP+ quando ele é alocado aleatoriamente a conglomerados.

Você consulta seu estatístico novamente. E ele o tranquiliza: só é necessário um pouco mais de trabalho. Apenas uma pergunta está sem resposta na lista de verificação dele. O estatístico precisa saber qual é a variabilidade do indicador de resultado dentro dos conglomerados. Felizmente, esta também é uma pergunta que ele pode responder utilizando os dados do HISP. Ele verifica que a correlação intrapovoado das despesas diretas com saúde é igual a 0,04.

Ele também pergunta se foi estabelecido um limite máximo para o número de povoados nos quais seria viável implementar o novo programa-piloto. Como atualmente o programa tem 100 povoados participantes do HISP, você explica que poderá ter, no máximo, 50 povoados de tratamento e 50 povoados de comparação para o HISP+. Com essa informação, o estatístico produz os cálculos de poder estatístico mostrados no quadro 15.5 para um poder estatístico de 0,8.

O estatístico conclui que, para detectar uma redução de US$ 2 nas despesas diretas com saúde, a amostra deve incluir pelo menos 630 unidades, ou seja, 7 unidades por conglomerado em 90 conglomerados (45 conglomerados no grupo de tratamento e 45 conglomerados no grupo de comparação). Ele observa que esse número é maior do que o da amostra submetida à seleção aleatória no nível das famílias, que exigiu apenas um total de 502 unidades (251 no grupo de tratamento e 251 no grupo de

Quadro 15.5   Avaliar o HISP: tamanho de amostra necessário para identificar vários efeitos mínimos detectáveis (diminuição nas despesas com saúde das famílias)

Efeito mínimo detectável	Número de conglomerados	Unidades por conglomerado	Amostra total com conglomerados	Amostra total sem conglomerados
US$ 1	100	102	10.200	2.008
US$ 2	90	7	630	502
US$ 3	82	3	246	224

Observação: o efeito mínimo detectável descreve a redução mínima nas despesas diretas com saúde das famílias que pode ser detectada pela avaliação de impacto. O número de conglomerados corresponde ao total de conglomerados. Metade desse total corresponde ao número de conglomerados do grupo de comparação e a outra metade, ao número de conglomerados do grupo de tratamento.
Poder estatístico = 0,8, máximo de 100 conglomerados

Quadro 15.6   Avaliar o HISP: tamanho de amostra necessário para detectar um impacto mínimo de US$ 2 para vários totais de conglomerados

Efeito mínimo detectável	Total de conglomerados	Unidades por conglomerado	Amostra total com conglomerados
US$ 2	30	50	1.500
US$ 2	58	13	754
US$ 2	81	8	648
US$ 2	90	7	630
US$ 2	120	5	600

Observação: o número de conglomerados é o número total de conglomerados. Metade desse total corresponde ao número de conglomerados do grupo de comparação e a outra metade, ao número de conglomerados do grupo de tratamento. Se o projeto não tivesse nenhum conglomerado, seriam necessárias 251 unidades em cada grupo para identificar um efeito mínimo detectável de US$ 2 (ver o quadro 15.3).
Poder estatístico = 0,8

comparação; ver o quadro 15.3). Para detectar uma redução de US$ 3 nos gastos com saúde, a amostra precisaria incluir pelo menos 246 unidades, ou 3 unidades em cada um dos 82 conglomerados (41 conglomerados no grupo de tratamento e 41 conglomerados no grupo de comparação).

Em seguida, o estatístico mostra como o número total de observações necessárias para a amostra varia com o número total de conglomerados. Ele decide repetir os cálculos para um efeito mínimo detectável de US$ 2 e um poder estatístico de 0,8. O tamanho total da amostra necessária para estimar esse efeito aumenta bastante quando o número de conglomerados diminui (quadro 15.6). Com 120 conglomerados, seria necessária uma amostra de 600 observações. Se apenas 30 conglomerados estivessem disponíveis, a amostra total precisaria conter 1.500 observações. Em comparação, se 90 conglomerados estivessem disponíveis, apenas 630 observações seriam necessárias.

 Perguntas 9 sobre o HISP

A. Que tamanho de amostra você recomendaria para estimar o impacto do HISP+ sobre as despesas diretas com saúde?

B. Em quantos povoados você aconselharia o ministro da Saúde a implementar o HISP+?

Ir além do caso de referência

Neste capítulo, falamos sobre o caso de referência de uma avaliação de impacto implementada utilizando o método de seleção aleatória com cumprimento completo. Esse é o cenário mais simples e, portanto, o mais adequado para transmitir a lógica por trás dos cálculos de poder estatístico. Ainda assim, muitos aspectos práticos de nossos cálculos de poder estatístico não foram discutidos, e desvios dos casos básicos discutidos aqui precisam ser cuidadosamente analisados. Alguns desses desvios são discutidos abaixo.

O uso de métodos quase-experimentais. Em igualdade de condições, todos os outros métodos de avaliação de impacto quase-experimentais, como regressão descontínua, pareamento ou diferença em diferenças, costumam exigir amostras maiores do que as amostras necessárias para o método de seleção aleatória. Por exemplo, ao usar o método de regressão descontínua, apenas as observações em torno do ponto de corte de elegibilidade podem ser usadas, conforme vimos no capítulo 6. É necessária uma amostra suficientemente grande em torno desse ponto de corte e é preciso utilizar os cálculos de poder estatístico para estimar a amostra necessária para fazer comparações significativas em torno desse ponto.

Por outro lado, a disponibilidade de várias séries de dados pode ajudar a aumentar o poder de uma avaliação de impacto para um determinado tamanho de amostra. Por exemplo, os dados de linha de base relacionados aos resultados e outras características podem ajudar a tornar a estimativa dos efeitos do tratamento mais precisa. A disponibilização de medidas para os resultados após o início do tratamento em vários pontos do tempo também pode ajudar.

Exame de diferentes formas de implementação do programa ou inovações no desenho. Nos exemplos apresentados neste capítulo, o tamanho total da amostra foi dividido igualmente entre os grupos de tratamento e de comparação. Em alguns casos, a principal questão de política pública da avaliação pode envolver a comparação dos impactos do programa entre as diferentes formas de implementação do programa e as inovações no desenho. Se esse for o caso, o impacto esperado pode ser relativamente menor do que se o grupo de tratamento que estivesse participando do programa fosse comparado a um grupo de comparação que não estivesse recebendo nenhum benefício. Dessa maneira, o efeito mínimo detectável entre dois grupos de tratamento pode ser menor do que o efeito mínimo detectável entre um grupo de tratamento e um grupo de comparação. Isso sugere que a distribuição ideal da amostra conduzirá a grupos de tratamento relativamente maiores do que os grupos de comparação.[9] Nas avaliações de impacto com múltiplos tratamentos, pode ser que seja necessário implementar os cálculos de poder estatístico para estimar separadamente o tamanho de cada grupo de tratamento e de comparação, dependendo das principais questões de interesse da política pública.

Comparação de subgrupos. Em outros casos, algumas das perguntas da avaliação de impacto podem se concentrar na análise de uma possível variação dos impactos do programa entre os diferentes subgrupos, como aqueles divididos por sexo, idade ou faixa de renda. Se esse for o caso, os requisitos referentes ao tamanho da amostra serão maiores e os cálculos de poder estatístico precisarão ser ajustados adequadamente. Por exemplo, pode ser que uma das principais questões da iniciativa envolva definir se um programa de educação tem impacto maior sobre estudantes do sexo feminino do que sobre estudantes do sexo masculino. Intuitivamente, será necessário um número suficiente de alunos de cada sexo no grupo de tratamento e no grupo de comparação para detectar um impacto para cada subgrupo. O objetivo de comparar os impactos do programa entre dois subgrupos pode duplicar o tamanho da amostra necessária. Considerar a heterogeneidade entre mais grupos (por exemplo, entre grupos divididos por idade) também pode aumentar substancialmente o tamanho da amostra necessária. Se tais comparações entre os grupos forem feitas no contexto de uma avaliação de impacto baseada na seleção aleatória, é preferível também levar esse fator em consideração no momento da implementação da aleatorização e, em especial, realizar a aleatorização dentro dos blocos ou estratos (ou seja, dentro de cada subgrupo a ser comparado). Na prática, mesmo que não seja feita nenhuma comparação entre os subgrupos, a aleatorização estratificada (ou em blocos) pode ajudar a maximizar ainda mais o poder estatístico para um determinado tamanho de amostra.

Análise de múltiplos resultados. É necessário cuidado especial nos cálculos de poder estatístico de avaliações de impacto que visam testar se um programa leva a mudanças em vários indicadores de resultados. Se forem considerados muitos resultados diferentes, haverá uma probabilidade relativamente maior de que a avaliação de impacto detecte impacto em um dos resultados por acaso. Para tratar disso, a equipe de avaliação de impacto precisará considerar a realização de testes de significância estatística conjunta das mudanças em vários resultados. Alternativamente, podem ser construídos alguns índices que agreguem conjuntos de indicadores de resultado. Essas abordagens para lidar com múltiplos testes de hipótese têm implicações para os cálculos de poder estatístico e para o tamanho das amostras e, dessa maneira, precisam ser consideradas ao determinar a amostra necessária para a avaliação de impacto.[10]

Lidar com cumprimento parcial ou atrição. Os cálculos de poder estatístico geralmente fornecem o tamanho mínimo necessário para as amostras. Na prática, dificuldades de implementação muitas vezes implicam que o tamanho real da amostra é menor do que o tamanho planejado da amostra. Por exemplo, o cumprimento parcial pode indicar que apenas uma parcela dos beneficiários selecionados para participar do programa realmente participará da intervenção. Os requisitos relacionados ao tamanho da amostra aumentam quando o cumprimento parcial entra em cena. Além disso, mesmo que todos os indivíduos aceitem participar do programa, pode ocorrer alguma atrição na pesquisa de acompanhamento caso nem todos os indivíduos possam ser localizados. Mesmo que o cumprimento parcial ou a atrição sejam aleatórios e não afetem a consistência das estimativas de impacto, esses aspectos afetariam o poder estatístico da avaliação de impacto. Em geral, é aconselhável adicionar uma margem ao tamanho da amostra prevista pelos cálculos de poder estatístico para levar em conta esses fatores. Da mesma maneira, dados de menor qualidade terão mais erros de medida e os resultados de interesse apresentarão maior variabilidade, exigindo também amostras maiores.

As considerações de natureza mais avançada mencionadas nesta seção estão além do escopo deste livro, mas os recursos adicionais listados ao final deste capítulo podem ajudar. Na prática, as equipes de avaliação precisam incluir ou contratar um especialista que possa realizar cálculos de poder estatístico, e esse especialista deve ser capaz de fornecer aconselhamento sobre as questões mais complexas ou avançadas.

Recursos adicionais

- Para acessar os materiais complementares a este capítulo e hiperlinks com recursos adicionais, ver o site Avaliação de Impacto na Prática (http://www .worldbank.org/ieinpractice).
- Para obter exemplos de como realizar cálculos de poder estatístico com os programas de software Stata™ e Optimal Design, especificamente para o caso do HISP que ilustra este capítulo, ver o complemento técnico on-line disponível no site deste livro (http://www.worldbank.org/ieinpractice). O complemento técnico inclui material técnico adicional para leitores com experiência em estatística e econometria.
- Para ler discussões detalhadas sobre amostragem (incluindo outros métodos, como amostragem sistemática ou amostragem em várias etapas) além dos conceitos básicos discutidos aqui, ver as seguintes fontes:
  - Cochran, William G. 1977. *Sampling Techniques*, terceira edição. Nova York: John Wiley.
  - Kish, Leslie. 1995. *Survey Sampling*. Nova York: John Wiley.
  - Lohr, Sharon. 1999. *Sampling: Design and Analysis*. Pacific Grove, CA: Brooks Cole.
  - Thompson, Steven K. 2002. *Sampling*, segunda edição. Nova York: John Wiley.
  - Ou, em nível mais básico, Kalton, Graham. 1983. *Introduction to Survey Sampling*. Beverly Hills, CA: Sage.

- Orientações práticas sobre amostragem podem ser encontradas em:
  - Grosh, Margaret e Juan Muñoz. 1996. "A Manual for Planning and Implementing the Living Standards Measurement Study Survey". LSMS Working Paper 126, Banco Mundial, Washington, DC.
  - Organização das Nações Unidas (ONU). 2005. *Household Sample Surveys in Developing and Transition Countries.* Nova York: Nações Unidas.
  - Iarossi, Giuseppe. 2006. *The Power of Survey Design: A User's Guide for Managing Surveys, Interpreting Results, and Influencing Respondents.* Washington, DC: Banco Mundial.
  - Fink, Arlene G. 2008. *How to Conduct Surveys: A Step by Step Guide*, quarta edição, Beverly Hills, CA: Sage.
- Para obter uma planilha com cálculos de poder estatístico que poderão ser utilizados para definir o poder de um determinado tamanho de amostra após a inclusão de determinadas características, ver o hub de Avaliação do Banco Interamericano de Desenvolvimento, na seção Desenho (Design), sob Ferramentas (Tools) (http://www.iadb.org/evaluationhub).
- Para obter mais informações sobre cálculos de poder estatístico e tamanhos de amostra, ver o Kit de Ferramentas de Avaliação de Impacto do Banco Mundial, Módulo 3 em Desenho (Vermeersch, Rothenbühler e Sturdy 2012). Esse módulo também inclui um guia sobre como fazer cálculos de poder estatístico *ex-ante*, um artigo sobre cálculos de poder estatístico com variáveis binárias e uma coleção de referências úteis para obter mais informações sobre cálculos de poder estatístico. (http://www.worldbank.org/health /impactevaluationtoolkit)
- Para acessar vários posts referentes a cálculos de poder estatístico, ver o blog do Banco Mundial sobre impactos em desenvolvimento socioeconômico (http://blogs.worldbank.org/impactevaluations/).
- Para acessar uma discussão sobre algumas considerações referentes a cálculos de poder estatístico em projetos mais complexos do que o caso de referência de seleção aleatória na presença de cumprimento perfeito, ver:
  - Spybrook, Jessaca, Stephen Raudenbush, Xiaofeng Liu, Richard Congdon e Andrés Martinez. 2008. *Optimal Design for Longitudinal and Multilevel Research: Documentation for the "Optimal Design" Software.* Nova York: William T. Grant Foundation.
  - Rosenbaum, Paul. 2009. "The Power of Sensitivity Analysis and Its Limit". Capítulo 14 de *Design of Observational Studies*, por Paul Rosenbaum. Nova York: Springer Series in Statistics.
- Sobre o tema de múltiplos testes de hipótese, ver:
  - Duflo, E., R. Glennerster, M. Kremer, T. P. Schultz e A. S. John. 2007. "Using Randomization in Development Economics Research: A Toolkit." Capítulo 61 do *Handbook of Development Economics,* Vol. 4, 3895–962. Amsterdã: Elsevier.
  - Schochet, P. Z. 2008. *Guidelines for Multiple Testing in Impact Evaluations of Educational Interventions.* Preparado por Mathematica Policy Research Inc., para o Institute of Education Sciences, Departamento de Educação dos EUA, Washington, DC.

- Várias ferramentas estão disponíveis para os interessados em explorar com mais profundidade os desenhos de amostras. Por exemplo, a Fundação W. T. Grant desenvolveu e disponibilizou gratuitamente o software Optimal Design para pesquisas longitudinais e em vários níveis, que é útil para análises de poder estatístico na presença de conglomerados. O software e o manual do Optimal Design podem ser baixados em http://hlmsoft.net/od.

Notas

1. Estritamente falando, amostras são criadas a partir de listagens. Em nossa discussão, supomos que a listagem coincide ou se sobrepõe perfeitamente à população.
2. Conforme discutido na parte 2, o cumprimento completo pressupõe que todas as unidades selecionadas para o grupo de tratamento são tratadas e todas as unidades selecionadas para o grupo de comparação não são tratadas.
3. Nesse contexto, o termo população não se refere à população do país, mas sim a todo o grupo de crianças que nos interessa: a população de interesse.
4. Esta lógica é formalizada por um teorema batizado de *teorema central do limite*. Formalmente, para um resultado y, o teorema central do limite mostra que a média da amostra $\bar{y}$ constitui, em média, uma estimativa válida da média da população. Além disso, para uma amostra de tamanho n e para uma variância populacional σ^2, a variância da média da amostra é inversamente proporcional ao tamanho da amostra:

$$var(\bar{y}) = \frac{\sigma^2}{n}$$

5. A alocação de benefícios por conglomerado é, muitas vezes, necessária devido a considerações sociais ou políticas que fazem com que a aleatorização dentro de conglomerados seja impossível. No contexto de uma avaliação de impacto, geralmente o conglomerado torna-se necessário devido a prováveis transbordamentos ou ao contágio dos benefícios do programa entre os indivíduos dentro dos conglomerados. Ver a discussão no capítulo 11.
6. Ao calcular o poder estatístico a partir de uma linha de base, a correlação entre os resultados ao longo do tempo também deve ser levada em conta nos cálculos de poder estatístico.
7. Por exemplo, Spybrook e outros (2008) introduziram o Optimal Design, um software fácil de usar para realizar cálculos de poder estatístico.
8. Ter grupos de tratamento e de comparação de tamanho igual é, geralmente, desejável. Na verdade, para um determinado número de observações em uma amostra, o poder estatístico é maximizado pela atribuição de metade das observações ao grupo de tratamento e metade ao grupo de comparação. No entanto, os grupos de tratamento e de comparação nem sempre precisam ter o mesmo tamanho. Ver a discussão ao final do capítulo.

9. Os custos do tratamento também podem ser levados em consideração e implicar em grupos de tratamento e de comparação que não têm o mesmo tamanho. Ver, por exemplo, Duflo e outros (2007).

10. Ver, por exemplo, Duflo e outros (2007) ou Schochet (2008).

Referências

Cochran, William G. 1977. *Sampling Techniques*, terceira edição. Nova York: John Wiley & Sons.

Duflo, E., R. Glennerster e M. Kremer. 2007. "Using Randomization in Development Economics Research: A Toolkit." In *Handbook of Development Economics*, Vol. 4, editado por T. Paul Schultz e John Strauss, 3895–962. Amsterdã: Elsevier.

Fink, Arlene G. 2008. *How to Conduct Surveys: A Step by Step Guide*, quarta edição. Beverly Hills, CA: Sage.

Grosh, Margaret e Paul Glewwe, eds. 2000. *Designing Household Survey Questionnaires for Developing Countries: Lessons from 15 Years of the Living Standards Measurement Study*. Washington, DC: Banco Mundial.

Grosh, Margaret e Juan Muñoz. 1996. "A Manual for Planning and Implementing the Living Standards Measurement Study Survey." LSMS Working Paper 126, Banco Mundial, Washington, DC.

Iarossi, Giuseppe. 2006. *The Power of Survey Design: A User's Guide for Managing Surveys, Interpreting Results, and Influencing Respondents*. Washington, DC: Banco Mundial.

Kalton, Graham. 1983. *Introduction to Survey Sampling*. Beverly Hills, CA: Sage.

Kish, Leslie. 1995. *Survey Sampling*. Nova York: John Wiley.

Lohr, Sharon. 1999. *Sampling: Design and Analysis*. Pacific Grove, CA: Brooks Cole.

ONU (Organização das Nações Unidas). 2005. *Household Sample Surveys in Developing and Transition Countries*. Nova York: Organização das Nações Unidas (ONU).

Rosenbaum, Paul. 2009. *Design of Observational Studies*. Nova York: Springer Series in Statistics.

Schochet, P. Z. 2008. *Guidelines for Multiple Testing in Impact Evaluations of Educational Interventions*. NCEE 2008-4018. National Center for Educational Evaluation and Regional Assistance, Institute of Education Sciences. Washington, DC: Departamento de Educação dos EUA.

Spybrook, Jessaca, Stephen Raudenbush, Xiaofeng Liu, Richard Congdon e Andrés Martinez. 2008. *Optimal Design for Longitudinal and Multilevel Research: Documentation for the "Optimal Design" Software*. Nova York: William T. Grant Foundation.

Thompson, Steven K. 2002. *Sampling*, segunda edição. Nova York: John Wiley.

Vermeersch, Christel, Elisa Rothenbühler e Jennifer Sturdy. 2012. *Impact Evaluation Toolkit: Measuring the Impact of Results-Based Financing on Maternal and Child Health*. Banco Mundial, Washington, DC. http://www.worldbank.org/health/impactevaluationtoolkit.

CAPÍTULO 16

A busca de fontes adequadas de dados

Tipos de dados necessários

Neste capítulo, discutiremos as várias fontes de dados que as avaliações de impacto podem utilizar. Em primeiro lugar, analisaremos as fontes de dados existentes, especialmente de dados administrativos, e forneceremos alguns exemplos de avaliação de impacto que utilizam esse tipo de fonte de informação. Como muitas avaliações exigem a coleta de dados novos, discutiremos as etapas da coleta de dados novos em pesquisas de campo. Uma compreensão clara sobre essas etapas ajudará a garantir que a avaliação de impacto se baseie em dados de qualidade que não comprometam o desenho de avaliação. Primeiramente, é preciso encomendar a construção de um questionário apropriado. Paralelamente, será necessário obter ajuda de um órgão governamental ou de empresas especializadas em coleta de dados. A instituição responsável pela coleta de dados recrutará e formará pessoal para o trabalho de campo e testará o questionário. Depois de fazer os ajustes necessários, a empresa ou órgão poderá prosseguir com o trabalho de campo, coletar os dados, digitalizá-los e processá-los antes que sejam entregues, armazenados e analisados pela equipe de avaliação.

São necessários dados de boa qualidade para avaliar o impacto da intervenção sobre os resultados de interesse. A cadeia de resultados discutida no capítulo 2 fornece uma base para definir os indicadores que devem ser medidos e quando. Os indicadores são necessários ao longo da cadeia de resultados.

Dados sobre os indicadores de resultado. A primeira e mais importante necessidade são os dados sobre os indicadores de resultados diretamente afetados pelo programa. Os indicadores de resultados referem-se aos objetivos que o programa pretende atingir. Conforme discutido no capítulo 2, os indicadores de resultados devem, preferencialmente, ser selecionados de modo que sejam SMART: específicos, mensuráveis, atribuíveis, realistas e direcionados. No entanto, a avaliação de impacto não deve medir apenas os resultados que o programa pode afetar diretamente. Dados sobre os indicadores de resultados que o programa afeta indiretamente, ou os indicadores que captam os efeitos não intencionais do programa, maximizarão o valor das informações geradas pela avaliação de impacto, bem como o entendimento sobre a efetividade geral do programa.

Dados sobre resultados intermediários. Além disso, os dados sobre resultados intermediários são úteis para ajudar a entender os canais pelos quais o programa avaliado impactou — ou não impactou — os resultados finais de interesse. As avaliações de impacto são normalmente realizadas ao longo de vários períodos de tempo, e deve-se determinar quando medir os indicadores de resultado. Seguindo a cadeia de resultados, pode-se estabelecer uma sequência de indicadores de resultados, que vão desde indicadores de curto prazo, que podem ser medidos enquanto os participantes ainda estão no programa — como a frequência escolar medida por uma pesquisa de acompanhamento de curto prazo no contexto de um programa de educação —, até indicadores de longo prazo, como o desempenho educacional dos alunos ou os resultados do mercado de trabalho, que podem ser medidos em uma pesquisa de acompanhamento de longo prazo depois que os participantes já saíram do programa. Para medir o impacto de maneira convincente ao longo do tempo, é necessário obter dados desde a linha de base, antes da implementação do programa que está sendo avaliado. A seção do capítulo 12 que trata do cronograma das avaliações esclarece quando coletar esses dados.

Conforme discutimos no capítulo 15, no contexto dos cálculos de poder estatístico, alguns indicadores podem não ser passíveis de avaliação de impacto em pequenas amostras. A detecção de impacto para os indicadores de resultados que são extremamente variáveis, que representam eventos raros ou que apresentam tendência de serem apenas marginalmente afetados por uma intervenção pode exigir amostras proibitivamente grandes. Por exemplo, identificar o impacto de uma intervenção sobre as taxas de mortalidade materna seria viável apenas em uma amostra que contivesse dezenas de milhares de mulheres grávidas, uma vez que a mortalidade é (felizmente) um evento raro. Nesse caso, pode ser necessário reorientar a avaliação de impacto para indicadores intermediários, que estejam relacionados aos resultados finais e para os quais há poder estatístico suficiente para detectar efeitos. No caso de uma intervenção destinada a reduzir a mortalidade materna, um indicador intermediário pode estar relacionado à utilização de serviços de saúde durante a gestação e ao tipo de instituição em que foi feito o parto, que são fatores associados às taxas de mortalidade. Os cálculos de poder estatístico discutidos no capítulo 15 podem ajudar a tornar mais claros os indicadores nos quais os impactos podem ser detectados e aqueles nos quais os impactos podem ser mais difíceis de detectar sem amostras muito grandes.

Dados sobre atividades e produtos do programa. Os indicadores também são necessários para a parte da cadeia de resultados que descreve as atividades, serviços e produtos do programa. Em especial, os *dados de monitoramento do programa* podem fornecer informações essenciais sobre a entrega dos serviços da intervenção, incluindo quem são os beneficiários e quais os tipos de serviços do programa que podem ter recebido. No mínimo, os dados de monitoramento são necessários para que se saiba quando um programa começou, como também quem recebeu os serviços e para fornecer uma medida da intensidade ou qualidade da intervenção. Isso é especialmente importante nos casos em que o programa não pode ser implementado para todos os beneficiários com o mesmo conteúdo, qualidade ou duração. Uma boa compreensão sobre o nível de adequação da implementação ao seu desenho inicial é fundamental para interpretar os resultados da avaliação de impacto, o que inclui saber se eles mostram a efetividade do programa conforme previsto no momento de sua concepção ou se apresentam algumas falhas de implementação.

Dados adicionais. Outros dados exigidos pela avaliação de impacto podem depender da metodologia utilizada. Para controlar as influências externas, talvez sejam necessários dados sobre outros fatores que possam vir a afetar os resultados de interesse. Esse aspecto é particularmente importante quando se utilizam métodos de avaliação que dependem de mais suposições do que os métodos de aleatorização. Às vezes, também é necessário ter dados temporais sobre os resultados e outros fatores para calcular tendências, como é o caso do método de diferença em diferenças. Levar em consideração outros fatores e tendências passadas também ajuda a aumentar o poder estatístico. Mesmo com seleção aleatória, dados referentes a outras características podem tornar possível estimar os efeitos do tratamento com mais precisão. Eles podem ser usados para incluir controles adicionais ou para analisar a heterogeneidade dos efeitos do programa em relação a características relevantes.

O desenho selecionado para a avaliação de impacto também afetará os requisitos referentes aos dados. Por exemplo, se for escolhido o método de pareamento ou de diferença em diferenças, será necessário coletar dados sobre uma ampla gama de características para os grupos de tratamento e de comparação, o que possibilitará a realização de vários testes de robustez, conforme descrito na parte 2 e no capítulo 11 (ver o quadro 11.2).

Para cada avaliação, é útil construir uma matriz que liste as questões de interesse, os indicadores de resultados para cada questão, os outros tipos de indicadores necessários e a fonte dos dados, conforme descrito na figura 2.1 do capítulo 2 sobre a cadeia de resultados. O momento da preparação de um plano de avaliação de impacto e de um plano de pré-análise é outra oportunidade importante para definir uma lista precisa dos indicadores-chave necessários para a avaliação de impacto.

Uso dos dados quantitativos existentes

Uma das primeiras questões a serem consideradas no momento da elaboração de uma avaliação de impacto é saber que fontes de dados devem ser utilizadas. É fundamental determinar se a avaliação de impacto se baseará em dados existentes ou se exigirá a coleta de novos dados.

Alguns dados existentes são quase sempre necessários no início de uma avaliação de impacto para estimar os valores de referência dos indicadores ou para realizar cálculos de poder estatístico, conforme discutido no capítulo 15. Além das etapas de planejamento, a disponibilidade de dados já existentes pode diminuir substancialmente o custo da realização de uma avaliação de impacto. Embora os dados existentes e, em especial, os dados administrativos, sejam provavelmente subutilizados nas avaliações de impacto em geral, é necessário avaliar cuidadosamente a viabilidade de utilizá-los nessas avaliações.

Na realidade, conforme discutido no capítulo 12, a coleta de dados representa frequentemente o maior custo de implementação das avaliações de impacto. Contudo, para determinar se os dados existentes podem ser utilizados em determinada avaliação de impacto, deve-se considerar uma série de questões, tais como:

- *Amostragem.* Os dados existentes estão disponíveis para os grupos de tratamento e de comparação? As amostras existentes foram extraídas de uma listagem de unidades de observação que representa a população de interesse da avaliação? As unidades foram extraídas da listagem segundo um procedimento probabilístico de amostragem?

- *Tamanho da amostra.* As bases de dados existentes são suficientemente grandes para detectar variações nos indicadores de resultado com poder estatístico adequado? A resposta a esta questão depende da escolha dos indicadores de resultados, bem como dos resultados dos cálculos de poder estatístico discutidos no capítulo 15.

- *Disponibilidade de dados da linha de base.* Os dados existentes estão disponíveis para os grupos de tratamento e de comparação antes da implementação do programa a ser avaliado? A disponibilidade de dados da linha de base é importante para analisar o balanceamento das características pré-programa entre os grupos de tratamento e de comparação quando métodos de aleatorização são utilizados e é fundamental para a implementação de métodos quase-experimentais.

- *Frequência.* Os dados existentes são coletados com frequência suficiente? Eles estão disponíveis para todas as unidades da amostra ao longo do tempo, incluindo os momentos em que os indicadores de resultado precisam ser medidos de acordo com a cadeia de resultados e a lógica da intervenção?

- *Escopo.* Os dados existentes contêm todos os indicadores necessários para responder às questões de políticas públicas de interesse, incluindo os principais indicadores de resultados e os resultados intermediários de interesse?

- *Conexão com as informações de monitoramento do programa.* Os dados existentes podem ser relacionados aos dados de monitoramento relativos à implementação do programa, inclusive para observar quais as unidades que estão nos grupos de tratamento e de comparação e para determinar se todas as unidades alocadas ao grupo de tratamento receberam os mesmos serviços do programa?

- *Identificadores únicos.* Existem identificadores únicos das unidades de observação para vincular todas as fontes de dados entre si?

Conforme as perguntas acima destacam, as exigências em relação aos dados existentes são bastante significativas, e não é comum que esse tipo de dados seja suficiente para as avaliações de impacto. Ainda assim, com o rápido crescimento do escopo e da cobertura dos sistemas de informação, bem como a evolução para um mundo no qual os dados digitais de uma ampla gama de fontes são rotineiramente armazenados, um número crescente de avaliações de impacto poderá considerar o uso de dados existentes. Uma variedade de fontes potenciais de dados existentes pode ser usada nas avaliações de impacto, incluindo dados de censos, pesquisas nacionais ou dados administrativos.

Os *dados dos censos populacionais* podem fornecer informações abrangentes sobre toda a população. Podem ser usados em avaliações de impacto se estiverem disponíveis em nível suficientemente desagregado de informação e se incluírem detalhes sobre as unidades que estão em certo grupo de tratamento ou de comparação, tais como identificadores geográficos ou pessoais. Os dados desses recenseamentos são coletados com pouca frequência e, normalmente, incluem apenas um pequeno conjunto de indicadores para avaliações de impacto. No entanto, os dados desses levantamentos são, às vezes, coletados para alimentar sistemas de informação ou registros que servem para focalizar programas públicos de interesse, e incluem identificadores únicos que podem permitir a ligação com bases de dados existentes.

Pesquisas nacionais representativas, tais como pesquisas domiciliares, referentes a padrões de vida, ao uso da mão de obra, a dados demográficos e de saúde, além de pesquisas sobre empresas ou estabelecimentos, também podem ser consideradas. Elas podem conter um conjunto abrangente de variáveis de resultado, mas raramente contêm observações suficientes sobre os grupos de tratamento e de comparação para possibilitar a realização de uma avaliação de impacto. Suponhamos, por exemplo, que estejamos interessados em avaliar um grande programa nacional que atinge 10% das famílias de determinado país. Se uma pesquisa nacional representativa for realizada com 5.000 famílias todos os anos, ela poderá conter aproximadamente 500 famílias participantes do programa em questão. Será que essa amostra é suficientemente grande para possibilitar a realização de uma avaliação de impacto? Cálculos de poder estatístico podem responder a essa pergunta, mas, em muitos casos, a resposta é não.

Além de analisar se é possível usar pesquisas existentes, deve-se também descobrir se está sendo planejada alguma nova coleta de dados nacionais. Se alguma pesquisa que cubra a população de interesse estiver sendo planejada, pode ser possível introduzir uma pergunta ou uma série de perguntas nessa pesquisa. Se uma pesquisa para medir os indicadores desejados já tiver sido planejada, pode haver a possibilidade de sobreamostrar determinada população para assegurar uma cobertura adequada dos grupos de tratamento e de comparação e permitir a realização da avaliação de impacto. Por exemplo, a avaliação do Fundo Social da Nicarágua complementou a Pesquisa de Padrões de Vida com uma amostra extra de beneficiários (Pradhan e Rawlings 2002).

Os *dados administrativos* normalmente são coletados por instituições públicas ou privadas como parte de suas atividades normais, geralmente com frequência regular e muitas vezes para monitorar os serviços prestados ou para registrar interações com usuários dos programas. Em alguns casos, os dados administrativos contêm os indicadores de resultados necessários para a avaliação de impacto. Por exemplo, os sistemas educacionais coletam registros escolares sobre as matrículas, a frequência às aulas ou as notas dos estudantes e também podem levantar informações sobre outros dados escolares e dos professores. Da mesma maneira, os sistemas de saúde podem coletar dados sobre as características e a localização dos centros de saúde, a oferta de serviços de assistência médica e a alocação de recursos. Podem também consolidar os dados coletados nos centros de saúde referentes a registros médicos dos pacientes, dados antropométricos, históricos de vacinação e, de maneira mais ampla, dados sobre a incidência de doenças e estatísticas vitais. As empresas prestadoras de serviços públicos coletam dados sobre uso de água ou eletricidade. Os departamentos tributários podem coletar dados sobre renda e impostos. Os sistemas de transporte coletam dados sobre os passageiros e a duração das viagens. As agências que regulam o sistema financeiro coletam dados sobre transações ou histórico de crédito de clientes. Todas essas fontes de dados existentes podem ser potencialmente utilizadas em avaliações de impacto. Às vezes, elas incluem extensas séries temporais que podem ajudar a seguir as unidades de observação ao longo do tempo.

A avaliação da disponibilidade e da qualidade dos dados é fundamental quando se considera a possibilidade de usar dados administrativos. Em alguns casos, dados de fontes administrativas podem ser mais confiáveis do que dados obtidos por meio de pesquisas domiciliares. Por exemplo, um estudo realizado no Malaui mostrou que os participantes de uma pesquisa domiciliar exageraram matrículas e frequência à escola em suas respostas à pesquisa em comparação aos registros administrativos obtidos nas próprias escolas. Portanto, os resultados da avaliação de impacto teriam sido mais confiáveis se tivessem se baseado nos dados administrativos (Baird e Özler 2012). Ao mesmo tempo, em muitos contextos, os dados administrativos são coletados por um grande número de prestadores de serviços e podem apresentar qualidade irregular. Assim, sua confiabilidade precisa ser cuidadosamente avaliada antes que se opte por utilizar esse tipo de dado para a realização de avaliações de impacto. Nesse sentido, é fundamental assegurar que existam identificadores únicos para conectar os dados administrativos com outras fontes de dados, incluindo dados de monitoramento do programa que documentam as unidades que receberam os serviços de determinada iniciativa. Quando esses identificadores existem — como no caso dos números de identificação nacionais —, pode-se evitar muito do trabalho relacionado à preparação e à limpeza dos dados. Em todos os casos, a proteção da confidencialidade é uma parte importante do protocolo de preparação e gestão dos dados. Os princípios éticos destinados a proteger seres humanos em pesquisas científicas (ver discussão no capítulo 13) também se aplicam ao uso de dados existentes.

Algumas avaliações retrospectivas influentes basearam-se em registros administrativos (Galiani, Gertler e Schargrodsky [2005], sobre políticas de fornecimento de água na Argentina, Ferraz e Finan [2008], sobre auditorias e desempenho de políticos, e Chetty, Friedman e Saez [2013], sobre incentivos fiscais nos Estados Unidos). O boxe 16.1 fornece um exemplo de avaliação de impacto para a área de saúde na Argentina. O boxe 16.2 ilustra o uso de dados administrativos na avaliação de impacto de um programa de transferência de renda em Honduras.

Em alguns casos, os dados necessários para a realização de uma avaliação de impacto podem ser coletados por meio da construção de novos sistemas de dados administrativos ou de informação. Essa construção pode ser coordenada com o desenho da avaliação, de modo que os

---

Boxe 16.1: A construção de uma base de dados para a avaliação do Plan Nacer na Argentina

Ao avaliar o Plan Nacer, um programa de financiamento baseado em resultados para a área de saúde na Argentina, Gertler, Giovagnoli e Martínez (2014) combinaram dados administrativos de várias fontes para formar uma grande e abrangente base de dados de análise. Após a adoção, sem sucesso, de várias estratégias de avaliação, os pesquisadores aplicaram uma abordagem com variáveis instrumentais, o que exigiu a obtenção de uma quantidade substancial de dados referentes a todos os registros de nascimento nas sete províncias estudadas.

Os pesquisadores precisavam de dados sobre o acompanhamento pré-natal e os nascimentos, que poderiam ser encontrados nos registros de hospitais públicos. Em seguida, precisavam determinar se a mãe era beneficiária do Plan Nacer e se a clínica em que ela tinha se consultado durante a gestação já participava do programa no momento das consultas. Para criar um banco de dados com todas essas informações, a equipe de avaliação combinou cinco fontes de dados diferentes, incluindo bases de dados públicas de maternidades, dados de implementação do programa Plan Nacer,

registros farmacêuticos, o censo populacional de 2001 e informações geográficas referentes a estabelecimentos de saúde. A obtenção dos registros médicos sobre os partos realizados em maternidades foi uma das tarefas mais desafiadoras. Todas as maternidades coletavam dados sobre os atendimentos pré-natais e os nascimentos, mas apenas cerca de metade desses registros havia sido digitalizado. O restante dos dados estava registrado em papel, obrigando a equipe de avaliação a transformar os registros em arquivos de computador.

No final, a equipe foi capaz de compilar um banco de dados abrangente para 78% dos nascimentos ocorridos durante o período de avaliação. Isso resultou em uma grande base de dados que permitiu examinar o impacto do Plan Nacer sobre eventos relativamente raros, como a mortalidade neonatal. Normalmente, isso não é possível em avaliações com amostras menores coletadas por meio de pesquisas de campo. A avaliação constatou que os beneficiários do Plan Nacer tinham uma chance 74% menor de mortalidade neonatal intrahospitalar do que os não beneficiários.

Fonte: Gertler, Giovagnoli e Martínez 2014.

Boxe 16.2: Uso de dados do censo para reavaliar o PRAF em Honduras

O Programa de Asignación Familiar (PRAF), de Honduras, pretendia melhorar os resultados educacionais e de saúde das crianças pequenas em situação de pobreza. A iniciativa forneceu transferências de renda para as famílias elegíveis, condicionadas a frequência escolar regular e a visitas aos centros de saúde. O programa teve início em 1990. Glewwe e Olinto (2004) e Morris e outros (2004) reportaram impactos positivos da iniciativa sobre indicadores de resultado em educação e saúde.

Vários anos depois, Galiani e McEwan (2013) reavaliaram o impacto do programa, usando uma fonte diferente de dados. Enquanto a avaliação de impacto inicial coletou dados de pesquisa domiciliares em 70 de 298 municípios, Galiani e McEwan usaram dados do censo de 2001 em Honduras. Combinaram dados individuais e domiciliares do censo com dados municipais sobre as comunidades do grupo de tratamento. Isso proporcionou aos pesquisadores uma amostra maior, permitindo que eles testassem a robustez dos resultados, além de efeitos de transbordamento. Ademais, como os pesquisadores tinham dados do censo referentes a todos os municípios, puderam aplicar dois métodos de regressão descontínua diferentes (RDDs) usando grupos de comparação alternativos. Para o primeiro RDD, os pesquisadores usaram o ponto de corte de elegibilidade. Para o segundo, usaram as fronteiras municipais.

Como nas avaliações de impacto anteriores, Galiani e McEwan detectaram impactos positivos e estatisticamente significativos do programa. No entanto, as estimativas deles mostraram que o PRAF teve um impacto muito maior do que o detectado pela avaliação inicial. Estimaram que o PRAF tinha aumentado em 12% as matrículas escolares das crianças elegíveis em relação às crianças do grupo de comparação. Os resultados obtidos pelos métodos de regressão descontínua confirmaram a robustez dos resultados.

Fonte: Galiani e McEwan 2013.

---

indicadores de resultados sejam coletados múltiplas vezes para o grupo de tratamento e o grupo de comparação. É provável que a construção de um sistema de informação precise ser definida antes do lançamento do programa para que os centros administrativos possam utilizar esse novo sistema para obter dados do grupo de comparação antes do início da intervenção a ser avaliada. Como a qualidade dos dados administrativos pode variar, a auditoria e a verificação externa são necessárias para garantir a confiabilidade da avaliação. Coletar dados para uma avaliação de impacto por meio de fontes administrativas, e não mediante pesquisas de campo, pode reduzir drasticamente o custo de uma avaliação, mas nem sempre isso é viável.

Mesmo que os dados existentes não sejam suficientes para a realização de uma avaliação de impacto completa, podem, às vezes, ser usados em algumas partes da avaliação. Por exemplo, em alguns casos, os programas coletam dados de focalização detalhados sobre os beneficiários potenciais para estabelecer quem é elegível. Ou dados de censos podem ser disponibilizados pouco antes de um programa ser lançado. Nesses casos, os dados existentes podem, por vezes, ser usados para analisar o balanceamento das características pré-programa dos grupos de tratamento e de comparação na linha de base, mesmo que dados adicionais de acompanhamento ainda precisem ser coletados para medir um conjunto mais amplo de indicadores de resultado.

A coleta de novos dados de pesquisa

Apenas em casos relativamente raros os dados existentes são suficientes para a realização de uma avaliação de impacto completa. Se os dados administrativos não forem suficientes para realizar a sua avaliação, provavelmente será necessário recorrer a dados de pesquisa de campo. Como resultado, provavelmente será preciso fazer um orçamento para a coleta de dados novos. Embora a coleta de dados seja, frequentemente, o principal custo de uma avaliação de impacto, ela também pode ser um investimento de alto retorno do qual a qualidade da avaliação muitas vezes depende. A coleta de novos dados proporciona flexibilidade para garantir que todos os indicadores necessários serão medidos para que seja realizada uma avaliação abrangente do desempenho do programa.

A maioria das avaliações de impacto exige que os dados de pesquisa sejam coletados, o que inclui, pelo menos, uma *pesquisa de linha de base* antes da intervenção a ser avaliada e uma *pesquisa de acompanhamento* após sua implementação. Os dados de pesquisa de campo podem ser de vários tipos, dependendo do programa a ser avaliado e da unidade de análise. Por exemplo, pesquisas empresariais utilizam as firmas ou estabelecimentos como a principal unidade de observação, as pesquisas sobre infraestruturas públicas ou privadas utilizam centros de saúde ou escolas como principal unidade de observação e as pesquisas domiciliares utilizam as famílias como principal unidade de observação. A maioria das avaliações baseia-se em pesquisas individuais ou domiciliares como fonte de dados primária. Nesta seção, analisaremos alguns princípios gerais da coleta de dados de pesquisa de campo. Embora se refiram, principalmente, às pesquisas realizadas com famílias, os mesmos princípios também se aplicam à maioria dos outros tipos de dados de pesquisas de campo.

A primeira etapa para decidir se serão utilizados dados existentes ou se novos dados serão coletados deve envolver a definição do método de amostragem, bem como o tamanho necessário da amostra (conforme discutido no capítulo 15). Se a decisão for a de coletar os dados de pesquisa de campo para realizar a avaliação, será preciso primeiro:

- Determinar quem coletará os dados;

- Desenvolver e testar o instrumento de coleta de dados;

- Conduzir o trabalho de campo e realizar o controle de qualidade; e

- Processar e armazenar os dados.

A implementação dessas várias etapas geralmente é terceirizada, mas a compreensão de seu escopo e de seus principais componentes é essencial para gerenciar efetivamente uma avaliação de impacto de qualidade.

Determinar quem coletará os dados

É preciso indicar a instituição responsável pela coleta de dados logo no início do projeto. Alguns compromissos e compensações importantes devem ser considerados quando se estiver decidindo quem coletará os dados da avaliação de impacto. Entre os candidatos potenciais para o trabalho estão:

- A instituição responsável pela execução do programa;

- Outra instituição governamental com experiência em coleta de dados (como um órgão estatístico nacional); ou

- Uma empresa independente ou um instituto de estudos (*think tank*) especializado em coleta de dados.

A instituição de coleta de dados sempre precisa estar estreitamente alinhada com o órgão responsável pela implementação do programa. É necessária uma estreita coordenação para assegurar que nenhuma operação do programa seja implementada antes que os dados de linha de base tenham sido coletados. Quando os dados de linha de base são necessários para a operação do programa (por exemplo, dados para um índice de elegibilidade no contexto de uma avaliação baseada em um método de regressão descontínua), a instituição responsável pela coleta de dados deve ser capaz de processá-los rapidamente e transferi-los à instituição encarregada de operar o programa. É necessária também uma estreita coordenação no momento da coleta dos dados da pesquisa de acompanhamento. Por exemplo, se for escolhido o método de seleção aleatória por fases, a pesquisa de acompanhamento deve ser implementada antes que o programa seja lançado para o grupo de comparação de forma a evitar contaminação.

Um fator extremamente importante para decidir quem deve coletar os dados é que os mesmos procedimentos de coleta devem ser usados tanto para os grupos de comparação quanto para os grupos de tratamento. Muitas vezes, a instituição executora do programa tem contato apenas com o grupo de tratamento e, portanto, não está em uma boa posição para coletar dados dos grupos de comparação. Mas o uso de diferentes instituições de coleta de dados para os grupos de tratamento e de comparação é muito arriscado, pois pode criar diferenças nos resultados medidos nos dois grupos simplesmente porque os procedimentos de coleta de dados diferem. Se o órgão responsável pela implementação não puder coletar os dados de forma eficaz tanto para os grupos de tratamento quanto para os de comparação, a possibilidade de contratar uma instituição ou agência externa para realizar essa tarefa deve ser seriamente considerada.

Em alguns contextos, também pode ser aconselhável contratar uma instituição independente para coletar dados de forma a garantir a imparcialidade das informações. Mesmo que a preocupação com a possibilidade de o órgão responsável pela implementação do programa não coletar dados imparciais não se justifique, uma instituição de coleta de dados independente que não tenha nenhuma participação nos resultados da avaliação pode adicionar credibilidade ao esforço da avaliação de impacto. Essa instituição também pode garantir que os entrevistados não percebam que a pesquisa faz parte de um programa e, portanto, minimizar o risco de que essas pessoas deem respostas estratégicas na tentativa de aumentar suas chances de participar do programa.

Como a coleta de dados envolve uma sequência complexa de operações, recomenda-se que uma instituição especializada e experiente seja responsável por ela. Poucos órgãos executores de programas têm experiência suficiente para coletar os dados de alta qualidade e em larga escala que são necessários para uma avaliação de impacto. Na maioria dos casos, será preciso considerar a contratação de uma instituição local, como o órgão nacional de estatística, uma empresa especializada ou um instituto de estudos especializado.

Contratar uma instituição local, como o órgão nacional de estatística, pode dar a essa instituição a exposição a estudos de avaliação de impacto e ajudá-la a desenvolver suas capacidades — e isso pode ser um benefício colateral da avaliação de impacto. No entanto, as agências nacionais de estatística nem sempre têm capacidade logística para assumir tarefas adicionais além de suas atividades regulares. Pode ser também que não tenham a experiência necessária na realização de pesquisas para avaliações de impacto, que incluem o conhecimento de rastreamento de indivíduos ao longo do tempo ou a implementação de instrumentos de pesquisa não tradicionais. Se tais restrições aparecerem, a contratação de uma empresa independente ou de um instituto de estudos especializado em coleta de dados pode ser mais prática.

Não é necessário usar a mesma instituição para coletar informações da linha de base e das pesquisas de acompanhamento, pois estas podem variar em termos de escopo. Por exemplo, para a avaliação de impacto de um programa de treinamento cuja população de interesse inclui os indivíduos que se inscreveram no curso, a instituição responsável pelo curso poderia coletar os dados de linha de base quando os indivíduos se inscreverem. É improvável, entretanto, que a mesma instituição seja também a melhor escolha para coletar as informações de acompanhamento tanto para o grupo de tratamento quanto para o grupo de comparação. Nesse contexto, a contratação de rodadas de coleta de dados separadas tem suas vantagens, mas devem ser feitos esforços para que, entre essas rodadas, não se perca nenhuma informação que será útil para rastrear domicílios ou indivíduos, bem como para garantir que os dados de linha de base e de acompanhamento sejam medidos de maneira consistente.

Para determinar a melhor instituição para a coleta de dados da avaliação de impacto, todos esses fatores — experiência com esse tipo de coleta, capacidade para trabalhar em conjunto com o órgão executor do programa, independência, oportunidades de capacitação e adaptabilidade ao contexto da avaliação de impacto — devem ser levados em conta, assim como o custo esperado e a qualidade provável dos dados coletados em cada caso. Uma maneira eficaz de identificar a instituição mais bem capacitada para coletar dados de qualidade é elaborar termos de referência claros e pedir que as instituições apresentem propostas técnicas e financeiras.

Como a pronta entrega e a qualidade dos dados são, muitas vezes, cruciais para a confiabilidade da avaliação de impacto, o contrato com a instituição responsável pela coleta de dados deve ser cuidadosamente estruturado e elaborado. O escopo do trabalho esperado e os resultados a serem entregues devem ficar extremamente claros. Além disso, geralmente é aconselhável introduzir incentivos nos contratos e vincular esses incentivos a indicadores claros relacionados à qualidade dos dados. Por exemplo, a taxa de não resposta é um indicador fundamental sobre a qualidade dos dados. Para criar incentivos para que as instituições de coleta de dados minimizem a taxa de não resposta, o contrato pode estipular um custo unitário para os primeiros 80% da amostra, um custo unitário mais elevado para as unidades entre 80% e 90% da amostra e um custo unitário ainda maior para as unidades entre 90% e 100%. Alternativamente, um contrato separado pode ser redigido para que a empresa de pesquisa rastreie os não respondentes. Além disso, o contrato firmado com a empresa de coleta de dados pode incluir incentivos ou condições relacionadas à verificação da qualidade dos dados, como revisões ou auditorias de qualidade em uma subamostra da pesquisa de avaliação de impacto.

Desenvolver e testar o instrumento de coleta de dados

Ao contratar a coleta de dados, a equipe de avaliação tem um papel importante a desempenhar: fornecer orientação específica sobre o conteúdo dos instrumentos de coleta de dados ou questionários. Os instrumentos de coleta de dados devem levantar todas as informações necessárias para responder à questão de política pública definida pela avaliação de impacto. Conforme já discutimos, os *indicadores* devem ser medidos ao longo de toda a cadeia de resultados, incluindo indicadores para os resultados finais e os resultados intermediários e medidas dos serviços do programa e da qualidade da implementação.

É importante ser seletivo em relação aos indicadores a medir. Ser seletivo ajuda a limitar os custos de coleta de dados, simplifica a tarefa da instituição de coleta de dados e melhora a qualidade dos dados coletados, pois minimiza as demandas sobre os entrevistadores e o tempo gasto com os entrevistados. A coleta de informações irrelevantes ou improváveis de serem usadas tem um custo muito alto e a obtenção de dados adicionais exige mais tempo de preparação, treinamento, coleta e processamento. Com tempo limitado e perda de concentração, os entrevistados podem acabar fornecendo informações de qualidade decrescente caso a pesquisa se estenda demais, e os entrevistadores terão incentivos adicionais para saltar etapas a fim de alcançar as metas de entrevistas. Por isso, as questões irrelevantes têm um preço. Ter objetivos claros para a avaliação de impacto, que estejam alinhados com os objetivos do programa, pode ajudar a priorizar as informações realmente necessárias para a pesquisa. Um plano de pré-análise elaborado antecipadamente (ver essa discussão nos capítulos 12 e 13) ajudará a garantir que a pesquisa colete os dados relevantes para a avaliação de impacto e evite a inclusão de informações adicionais irrelevantes (e dispendiosas).

É preferível coletar dados sobre os indicadores de resultados e as características das variáveis de controle de forma consistente no início (linha de base) e no período de acompanhamento. Ter dados da linha de base é altamente desejável. Mesmo que se esteja usando a seleção aleatória ou o método de regressão descontínua, nos quais simples diferenças pós-intervenção podem, em princípio, ser usadas para estimar o impacto de um programa, os dados de linha de base são essenciais para testar se o desenho da avaliação de impacto é adequado (ver a discussão sobre esse tema na parte 2). Ter dados de linha de base pode proporcionar uma espécie de apólice de seguro quando a aleatorização não funciona e, nesse caso, o método de diferença em diferenças poderá ser usado. Os dados de linha de base também são úteis durante a fase de análise de impacto, pois as variáveis de controle da linha de base podem ajudar a aumentar o poder estatístico e permitir que se analisem os impactos em diferentes subpopulações. Por fim, os dados da linha de base podem ser usados para melhorar o desenho do programa. Por exemplo, eles, às vezes, permitem analisar a qualidade da focalização ou fornecer informações adicionais sobre os beneficiários ao órgão executor do programa. Em alguns casos, a pesquisa de acompanhamento pode incluir um conjunto mais amplo de indicadores do que a pesquisa de linha de base.

Depois de definir os dados essenciais que precisam ser coletados, o próximo passo é determinar exatamente como medir esses indicadores. A *medição* em si é uma arte, e ela é mais bem realizada por especialistas, entre os quais a equipe de pesquisa da avaliação de impacto, a instituição contratada para coletar dados, os especialistas em pesquisa de campo e os especialistas na medição de indicadores complexos. Os indicadores de resultados devem ser os mais consistentes possíveis com as melhores práticas nacionais e internacionais. É sempre útil considerar como os indicadores de interesse foram medidos em pesquisas semelhantes, tanto nacionais quanto internacionais. A utilização dos mesmos indicadores (incluindo as mesmas questões ou módulos do questionário) garante a comparabilidade entre os dados preexistentes e os dados coletados para a avaliação de impacto. Escolher um indicador que não seja totalmente comparável ou que não tenha sido bem medido pode limitar a utilidade dos resultados da avaliação. Em alguns casos, pode fazer sentido investir os recursos para coletar um indicador de resultado inovador, bem como uma alternativa mais bem estabelecida.

Deverá ser dada atenção especial a que todos os indicadores possam ser medidos exatamente da mesma maneira para todas as unidades, tanto no grupo de tratamento quanto no grupo de comparação. O uso de diferentes métodos de coleta de dados (por exemplo, uma pesquisa por telefone para um grupo e uma pesquisa presencial para o outro) cria o risco de gerar viés. O mesmo se aplica à coleta de dados em momentos diferentes para os dois grupos (por exemplo, a coleta de dados para o grupo de tratamento durante a estação chuvosa e para o grupo de comparação durante a estação seca). É por isso que os procedimentos utilizados para medir qualquer indicador de resultados devem ser formulados com muita precisão. O processo de coleta de dados deve ser exatamente o mesmo para todas as unidades. Em um questionário, cada módulo relacionado ao programa deve ser introduzido sem afetar o fluxo ou estrutura de resposta em outras partes do questionário. Na realidade, quando possível, é melhor evitar fazer qualquer distinção entre os grupos de tratamento e de comparação durante o processo de coleta de dados. Na maioria dos casos, a instituição que realiza a coleta de dados (ou ao menos os entrevistadores individuais) não deve ter motivo para conhecer a situação (de tratamento ou comparação) dos indivíduos participantes da pesquisa.

Uma decisão importante a ser tomada é como medir os indicadores de resultado, entre elas a questão de decidir se eles devem ser medidos por meio de pesquisas baseadas em questionários tradicionais com respostas espontâneas dos entrevistados ou por meio de outros métodos. Nos últimos anos, foram feitos vários avanços na medição de resultados ou comportamentos relevantes para a avaliação de impacto. Entre esses avanços estão o refinamento dos métodos de coleta de dados por meio de questionários com respostas autorreportadas pelos entrevistados, bem como técnicas para medir os resultados diretamente.

O *desenho de questionário* tem sido objeto de um volumoso conjunto de pesquisas. Livros inteiros foram escritos para descrever a melhor maneira de medir determinados indicadores em contextos específicos, incluindo a maneira de formular as perguntas feitas em pesquisas domiciliares.[1] Existe também uma base de evidências crescente sobre a melhor forma de elaborar questionários para coletar dados agrícolas, de consumo ou de emprego com o intuito de maximizar sua precisão.[2] Algumas evidências recentes provêm de experimentos aleatorizados que testaram diferentes maneiras de estruturar questionários e comparar sua confiabilidade.[3] Consequentemente, o desenho do questionário requer atenção às melhores práticas internacionais e às experiências locais para a medição de indicadores. Pequenas mudanças na formulação ou sequenciamento das perguntas podem ter efeitos substanciais nos dados coletados, de modo que é essencial prestar muita atenção aos detalhes durante a construção do questionário. Isso é especialmente importante quando se tenta garantir a comparabilidade entre pesquisas, o que inclui, por exemplo, a medição dos resultados repetidas vezes ao longo do tempo. O boxe 16.3 discute orientações para o desenho do questionário e fornece referências adicionais.

Boxe 16.3: Desenho e formatação de questionários

Embora em avaliações de impacto o desenho do questionário seja parte integrante da qualidade dos dados, ele é frequentemente negligenciado. Desenhar um questionário é um processo complexo, longo e iterativo, que envolve muitas decisões sobre o que pode ser medido e como. O curso de métodos aplicados de avaliação de impacto da Universidade da Califórnia, em Berkeley (http://aie.cega .org), fornece um guia para desenhos de questionários dividido em três fases: conteúdo, elaboração e testes. Ao longo dessas fases, o curso destaca a importância de envolver as partes interessadas relevantes, oferecendo tempo suficiente para diversas iterações e realização de testes detalhados:

(continua)

Boxe 16.3: Desenho e formatação de questionários *(continuação)*

1. *Conteúdo*. Primeiramente, determina-se o conteúdo de uma pesquisa definindo os resultados que precisam ser medidos, as unidades de observação e as correlações com outros fatores. Em seguida, essas definições conceituais precisarão ser transformadas em indicadores concretos.

2. *Elaboração*. Elaboram-se as perguntas para medir os indicadores selecionados. Essa é uma etapa fundamental, pois a qualidade dos dados depende dela. O curso fornece recomendações mais aprofundadas sobre a formulação correta das perguntas, a organização da pesquisa, a formatação e outras considerações essenciais.

3. *Testes*. Testa-se o questionário em três níveis: as perguntas, os módulos de perguntas e o questionário como um todo.

O formato do questionário também é importante para garantir a qualidade dos dados. Uma vez que diferentes maneiras de fazer as mesmas perguntas da pesquisa podem gerar diferentes respostas, tanto a estrutura quanto o formato das perguntas devem ser os mesmos para todas as unidades a fim de evitar qualquer viés por parte dos entrevistados ou dos entrevistadores. A Organização das Nações Unidas (ONU) (2005) dispõe de seis recomendações específicas sobre a formatação de questionários para pesquisas domiciliares. Essas recomendações se aplicam igualmente à maioria dos outros instrumentos de coleta de dados. São elas:

1. Cada pergunta deve ser escrita por extenso no questionário, de modo que o entrevistador possa conduzir a entrevista lendo cada uma delas, palavra por palavra.

2. O questionário deve incluir definições precisas de todos os conceitos-chave utilizados na pesquisa para que o entrevistador possa se referir a essas definições durante a entrevista, caso seja necessário.

3. Cada pergunta deve ser o mais breve e simples possível e deve utilizar termos comuns e do dia a dia.

4. Os questionários devem ser elaborados de modo a que as respostas de quase todas as perguntas sejam pré-codificadas.

5. O esquema de codificação das respostas deve ser consistente para todas as perguntas.

6. A pesquisa deve incluir padrões de salto de itens, indicando quais as perguntas que não devem ser feitas com base nas respostas dadas às perguntas anteriores.

Depois que o questionário foi elaborado pelo profissional encarregado de fazê-lo, deve-se apresentá-lo a uma equipe de especialistas para discussão. Todos os envolvidos na equipe de avaliação (formuladores de políticas, pesquisadores, analistas de dados e coletores de dados) devem ser consultados para que se verifique se o questionário coletará toda a informação desejada de maneira apropriada. A revisão por uma equipe de especialistas é necessária, mas não suficiente, pois os testes de campo intensivos sempre são primordiais.

Um conjunto crescente de técnicas foi desenvolvido para a realização da *medição direta dos resultados*. Por exemplo, no setor de saúde, às vezes descrições sucintas são utilizadas para apresentar sintomas específicos aos profissionais de saúde e avaliar se eles recomendam o tratamento adequado com base nas diretrizes e nos protocolos estabelecidos. Essas descrições fornecem uma medida direta sobre os conhecimentos dos profissionais de saúde. Avaliações recentes têm se baseado em pacientes padronizados (também conhecidos como incógnitos ou pacientes simulados) para realizar visitas aos centros de saúde e avaliar diretamente a qualidade dos serviços prestados.[4] No setor de educação, muitas avaliações buscam analisar os impactos do programa sobre o aprendizado dos estudantes. Para isso, aplica-se uma série de avaliações de aprendizado ou medidas diretas das habilidades dos alunos. Da mesma maneira, várias baterias de testes foram elaboradas para medir diretamente o desenvolvimento cognitivo, linguístico e motor de crianças pequenas no contexto das avaliações de impacto de intervenções voltadas ao desenvolvimento na primeira infância. Também foram feitos progressos na realização de mensurações diretas das habilidades dos adultos, que incluem habilidades socioemocionais ou traços de personalidade. Além da avaliação direta dessas habilidades, um número crescente de avaliações de impacto tem buscado obter medidas da qualidade do ensino por meio de observações diretas do comportamento dos professores em sala de aula.

A observação direta de resultados é especialmente importante nos casos em que, aparentemente, é difícil obter informações verdadeiras dos entrevistados. Por exemplo, para não ter que confiar apenas em informações autorreportadas para medir os resultados relacionados ao crime ou à violência, algumas avaliações de impacto têm contratado pesquisadores treinados em comunidades amostradas para que eles observem diretamente o comportamento dos indivíduos usando métodos etnográficos. Essa observação direta, quando bem-feita, pode diminuir os problemas relacionados a comportamentos autorreportados e fornecer informações mais precisas do fenômeno que se quer estudar. Os avanços tecnológicos recentes também permitem a realização de mensurações diretas de vários comportamentos humanos e, portanto, podem ajudar a limitar o uso de informações autorreportadas. Alguns exemplos incluem a observação direta do tempo e intensidade do uso de melhores fogões e mensurações diretas da qualidade da água, do uso de latrinas e da temperatura interna dos domicílios por meio de sensores eletrônicos.

Geralmente, as avaliações de impacto dependem de uma combinação de pesquisas tradicionais baseadas em questionários e outros métodos destinados a observar diretamente os resultados de interesse. Por exemplo, no contexto da avaliação de impacto de financiamentos concedidos a organizações do setor de saúde, uma série de indicadores são medidos por meio de fontes complementares (Vermeersch, Rothenbühler e Sturdy 2012). As pesquisas realizadas em centros e clínicas de saúde incluem um levantamento para detalhar as principais características desses estabelecimentos, além de entrevistas com os agentes de saúde para analisar as características desses profissionais, entrevistas com os pacientes no momento da alta para avaliar os serviços prestados e indicadores de qualidade da assistência prestada mensurados por meio de descrições sucintas e de observações diretas. As pesquisas domiciliares incluem informações sobre o comportamento das famílias e de seus membros, tais como a frequência de visitas aos estabelecimentos de saúde, o tipo de assistência recebida e o total de despesas com saúde, bem como módulos de questões sobre a saúde das mulheres e das crianças. Além da medição antropométrica, são realizados testes biométricos para analisar diretamente a prevalência de anemia, malária ou HIV. Por fim, os questionários aplicados nas comunidades captam as características dessas localidades, além dos serviços disponíveis, infraestrutura, acesso a mercados e preços.

Além de desenvolver indicadores e encontrar a maneira mais apropriada de medi-los, outra decisão fundamental em relação à coleta de novos dados consiste em definir a tecnologia a ser utilizada nesse trabalho. Os métodos tradicionais de coleta de dados captam informações em papel e, posteriormente, digitalizam esses dados, muitas vezes por meio de uma abordagem de digitalização duplamente oculta, na qual dois agentes distintos digitalizam as mesmas informações para compará-las e verificar se há incongruências. Após recentes avanços tecnológicos, os instrumentos informatizados de coleta de dados tornaram-se prevalentes. A coleta de dados realizada por meio de aplicativos instalados em *smartphones* ou *tablets* pode acelerar o processamento dos dados, além de oferecer oportunidades para validações e verificações de qualidade dos dados em tempo real. O boxe 16.4 discute alguns dos prós e contras da coleta eletrônica de dados.

É muito importante que o instrumento de coleta de dados seja testado e experimentado extensivamente em campo antes de ser utilizado amplamente na pesquisa. Os *testes* extensivos desse instrumento avaliarão sua adequação ao contexto local, o seu conteúdo, quaisquer alternativas de formatação e de redação das questões, bem como os protocolos de coleta de dados, incluindo a tecnologia a ser empregada. Os *testes de campo* de todo instrumento de coleta de dados em condições reais são fundamentais para verificar o seu alcance e determinar se o seu formato é suficientemente consistente e abrangente para mensurar de forma precisa todas as informações relevantes. Os testes de campo são parte integrante da preparação dos instrumentos de coleta de dados.

Boxe 16.4: Alguns prós e contras da coleta eletrônica de dados

As entrevistas pessoais assistidas por computador (*computer-assisted personal interviewing,* ou CAPI) são uma alternativa às entrevistas tradicionais do tipo caneta e papel (*pen-and-paper interviewing*, ou PAPI). Nas CAPI, a pesquisa é previamente carregada em um dispositivo eletrônico, como um *tablet* ou *smartphone*. O entrevistador lê as perguntas que aparecem na tela e insere as respostas imediatamente no dispositivo. Vários softwares e aplicativos foram desenvolvidos para a coleta de dados por meio das CAPI. Os prós e contras das CAPI devem ser cuidadosamente considerados pela equipe de avaliação.

Alguns prós:

- A coleta eletrônica de informações pode melhorar a qualidade dos dados. Em um experimento aleatorizado desenhado para comparar as CAPI e as PAPI para uma pesquisa de consumo na Tanzânia, Caeyers, Chalmers e De Weerdt (2012) concluíram que os dados das pesquisas feitas com papel e caneta continham erros que foram evitados nas pesquisas eletrônicas. Os pesquisadores constataram que os erros nos dados das PAPI estavam relacionados a certas características das famílias, o que pode criar viés em algumas análises de dados.

- Os programas de coleta eletrônica de dados podem incluir verificações automáticas de consistência. Determinadas respostas podem desencadear mensagens de alerta para que erros de entrada de dados sejam minimizados e qualquer problema seja esclarecido com o entrevistado durante a entrevista. Por exemplo, Fafchamps e outros (2012) estudaram os benefícios das verificações de consistência

em uma pesquisa sobre microempresas em Gana. Eles descobriram que, quando as verificações de consistência foram introduzidas, o desvio padrão dos dados referentes aos lucros e às vendas foi menor. No entanto, constataram também que, na maioria das vezes, não era necessário fazer nenhuma correção: em 85% a 97% das vezes, os entrevistados confirmaram a resposta original.

- As entrevistas podem ser mais curtas e fáceis de realizar. Quando as CAPI são usadas, o fluxo do questionário pode ser personalizado para orientar melhor os entrevistadores por meio da utilização de padrões que permitam saltar itens e assim minimizar os erros e omissões no questionário. Em uma pesquisa domiciliar realizada na Tanzânia, as entrevistas CAPI foram, em média, 10% mais curtas do que os questionários semelhantes coletados em papel, segundo detectaram Caeyers, Chalmers e De Weerdt (2012).

- A coleta eletrônica de dados elimina a necessidade de entrada manual dos dados em computadores. Isso pode reduzir custos e acelerar o processamento dos dados.

- O uso da tecnologia pode trazer uma gama de benefícios indiretos. Por exemplo, ao usar *tablets* ou *smartphones*, é possível coletar facilmente coordenadas de GPS ou tirar fotografias. Também podem ser introduzidas variações no conteúdo da pesquisa. Com a ajuda de um software específico, partes da entrevista podem ser gravadas para facilitar verificações de qualidade e monitoramento.

(continua)

Conduzir o trabalho de campo e realizar o controle de qualidade

Mesmo quando se terceiriza a coleta de dados para uma empresa externa, é fundamental ter uma compreensão clara de todas as etapas envolvidas nesse processo para garantir que os *mecanismos de controle de qualidade* e os *incentivos* corretos foram implementados. A instituição encarregada da coleta de dados precisará coordenar o trabalho de um grande número de atores diferentes, incluindo entrevistadores, supervisores, coordenadores de campo e a equipe de suporte logístico, além de uma equipe responsável pela entrada de dados composta por programadores, supervisores e digitadores. Um *plano de trabalho* claro deve ser posto em prática para coordenar o trabalho de todas essas equipes — e esse plano de trabalho é um produto fundamental.

Antes que a coleta de dados se inicie, o plano de trabalho deve incluir o *treinamento* adequado da equipe de coleta de dados. Um *manual de referência* completo precisa ser preparado para o treinamento e esse documento deve ser usado durante todo o trabalho de campo. O treinamento é fundamental para garantir que os dados sejam coletados consistentemente por todos os envolvidos. O processo de treinamento também é uma boa oportunidade para identificar os entrevistadores com melhor desempenho e conduzir um último teste dos instrumentos e procedimentos em condições normais. Depois que a amostra é definida, os instrumentos são concebidos e testados e as equipes são treinadas, a coleta de dados pode começar. Faz parte das boas práticas garantir que o plano de trabalho de campo determine que cada equipe de entrevistadores deve coletar dados sobre o mesmo número de unidades de tratamento e de comparação.

Conforme foi discutido no capítulo 15, a amostragem adequada é essencial para garantir a qualidade da amostra. No entanto, muitos *erros não amostrais* podem ocorrer durante a coleta de dados. No contexto de uma avaliação de impacto, existe a preocupação específica de que esses erros possam não ser os mesmos para os grupos de tratamento e de comparação.

A *não resposta* surge quando se torna impossível coletar dados completos para algumas unidades amostradas. Como as amostras de fato utilizadas para análise estão restritas às unidades para as quais os dados podem ser coletados, as unidades que optarem por não responder a uma pesquisa podem tornar a amostra menos representativa e criar um viés nos resultados da avaliação. A *atrição* é uma forma comum de não resposta que ocorre quando algumas unidades saem da amostra entre as diferentes rodadas de coleta de dados: por exemplo, pode não ser possível rastrear o paradeiro de migrantes.

A atrição amostral devido à não resposta é especialmente problemática no contexto das avaliações de impacto, pois pode criar diferenças entre o grupo de tratamento e o grupo de comparação. Por exemplo, a *atrição* pode ser diferente nos dois grupos: se os dados estão sendo coletados após o início do programa, a taxa de resposta das unidades de tratamento pode ser maior do que a taxa de resposta das unidades de comparação. Isso pode ocorrer porque as unidades de comparação estão insatisfeitas por não terem sido selecionadas para o programa ou por apresentarem uma maior propensão a migrar. A não resposta também pode ocorrer no próprio questionário, normalmente porque alguns indicadores estão ausentes ou porque os dados estão incompletos para uma unidade específica.

O erro de medida é outro tipo de problema que pode gerar viés caso seja sistemático. O *erro de medida* é a diferença entre o valor de uma característica fornecida pelo respondente e o seu valor verdadeiro (mas desconhecido) (Kasprzyk 2005). Essa diferença pode ser atribuída à maneira como o questionário foi redigido ou ao método de coleta de dados escolhido. Ela também pode ocorrer por culpa dos entrevistadores que estão realizando a pesquisa ou dos entrevistados que a estão respondendo.

A qualidade da avaliação de impacto depende diretamente da qualidade dos dados coletados. Os *padrões de qualidade* precisam estar claros para todos os envolvidos no processo de coleta de dados; os padrões devem ser especialmente enfatizados durante o treinamento dos entrevistadores e nos manuais de referência. Por exemplo, é essencial adotar procedimentos detalhados para minimizar a não resposta ou (se aceitável) substituir as unidades da amostra. A instituição responsável pela coleta de dados deve entender claramente as taxas aceitáveis de não resposta e atrição. Para fornecer um ponto de referência, muitas avaliações de impacto visam manter a não resposta e a atrição abaixo de 5%. A meta dependerá do momento da avaliação de impacto e da unidade de análise: espera-se que a atrição seja menor nas pesquisas que ocorrem pouco depois da pesquisa de linha de base e que ela seja relativamente maior para as avaliações de impacto de longo prazo, que acompanham indivíduos muitos anos depois. Seriam também esperadas taxas de atrição mais elevadas em populações muito móveis. Às vezes, adota-se algum tipo de compensação para os entrevistados com a intenção de minimizar a não resposta, embora a introdução desse tipo de compensação deva ser cuidadosamente analisada. Por vezes, depois que todas as unidades a ser rastreadas foram identificadas, uma subamostra dessas unidades é selecionada aleatoriamente para a realização de um rastreamento bastante intensivo, o que pode incluir esforços adicionais ou alguma forma de compensação. De qualquer maneira, o contrato da instituição responsável pela coleta de dados deve conter incentivos claros, tais como uma compensação mais elevada se a taxa de não resposta permanecer abaixo de um limite aceitável.

Devem ser estabelecidos *procedimentos de controle de qualidade* bem definidos para todas as fases do processo de coleta de dados, que incluem a elaboração do procedimento de amostragem e do questionário, além das fases de preparação, coleta, entrada, limpeza e armazenamento dos dados.

Os controles de qualidade durante o trabalho de campo devem ser prioritários para minimizar os erros em cada unidade. Devem existir procedimentos claros para revisitar unidades que não forneceram nenhuma informação ou que forneceram informações incompletas. Múltiplos filtros devem ser introduzidos no processo de controle de qualidade: por exemplo, fazendo com que os entrevistadores, os supervisores e, se necessário, os coordenadores de campo revisitem as unidades com não resposta para verificar seu status. Os questionários das entrevistas que apresentaram falta de resposta também devem ser claramente codificados e registrados. Após os dados terem sido completamente digitalizados, as taxas de não resposta podem ser compiladas e todas as unidades da amostra podem ser integralmente contabilizadas.

Controles de qualidade também deverão ser efetuados em quaisquer dados incompletos relacionados a uma determinada unidade pesquisada. Mais uma vez, o processo de controle de qualidade deve incluir múltiplos filtros. O entrevistador é responsável por verificar os dados imediatamente após eles terem sido coletados. O supervisor e o coordenador de campo devem realizar verificações aleatórias numa fase posterior.

Os controles de qualidade dos erros de medida são mais difíceis de colocar em prática, mas eles são cruciais para verificar se as informações foram coletadas acuradamente. Controles de consistência podem ser incorporados ao questionário. Além disso, os supervisores ou funcionários responsáveis pelo controle de qualidade precisam realizar *verificações pontuais* por meio da participação em entrevistas para garantir que os entrevistadores coletem os dados de acordo com os padrões de qualidade estabelecidos. Podem ser realizadas *revisões* ou auditorias de qualidade em uma subamostra da pesquisa de avaliação de impacto para garantir que os dados coletados sejam acurados. Às vezes, isso é feito por um funcionário responsável pelo controle de qualidade que coleta dados de um subconjunto do questionário junto a um participante da pesquisa e compara as respostas desse indivíduo com aquelas previamente obtidas por outro entrevistador com essa mesma pessoa.

Os coordenadores de campo ou os membros da equipe de avaliação também devem contribuir para os controles de qualidade com o intuito de minimizar os possíveis conflitos de interesse dentro da instituição responsável pelo trabalho de campo. Pode-se também contratar uma agência externa para auditar a qualidade das atividades de coleta de dados. Isso poderá limitar significativamente a gama de problemas que venham a surgir como resultado da falta de supervisão da equipe de coleta de dados ou de procedimentos de controle de qualidade insuficientes.

Em última análise, é fundamental que todas as etapas envolvidas na verificação da qualidade sejam descritas explicitamente nos termos de referência no momento da contratação do serviço de coleta de dados.

Processar e armazenar os dados

O processamento e a validação de dados são parte integrante da coleta de novos dados de pesquisa. Incluem as etapas para digitalizar as informações das pesquisas feitas em papel, bem como as etapas para validar os dados tanto das pesquisas feitas em papel quanto das eletrônicas, que utilizam laptops, *smartphones*, *tablets* ou outros dispositivos. Ao trabalhar com pesquisas feitas em papel, é preciso desenvolver um *programa de entrada de dados* e deve-se implementar um sistema para gerenciar o fluxo de dados a serem digitalizados. Também devem ser estabelecidas normas e procedimentos, e os digitadores devem ser cuidadosamente treinados para garantir que essa digitação seja consistente. Tanto quanto possível, a entrada de dados deve ser integrada às operações de coleta de dados (inclusive durante a fase de pré-teste) para que quaisquer problemas com os dados coletados possam ser prontamente identificados e verificados em campo. Em geral, o referencial de qualidade para o processo de entrada de dados consiste no seguinte: os dados físicos brutos são replicados *ipsis litteris* na versão digitalizada, sem modificações feitas durante a digitação. Para minimizar os erros da entrada dos dados, um procedimento de *entrada de dados duplo cego* pode ser usado para identificar e corrigir quaisquer erros remanescentes. Pode-se usar uma abordagem de entrada de dados em campo assistida por computador (CAFE), que coleta dados em papel e, em seguida, os digitaliza e valida imediatamente em campo para identificar erros e inconsistências.

Tanto para as pesquisas em papel quanto para aquelas baseadas na coleta eletrônica de dados, podem ser desenvolvidos programas para validar os dados e realizar verificações automáticas de erros não amostrais (não resposta e inconsistências), que poderão ocorrer em campo. Se o processo de validação estiver integrado aos procedimentos de campo, os dados incompletos ou inconsistentes podem ser encaminhados de volta aos entrevistadores para verificação no local de coleta. Esse tipo de integração não está imune a problemas de fluxo organizacional das operações de campo, mas pode produzir ganhos substanciais para a qualidade, diminuindo os erros de medida e aumentando o poder estatístico da avaliação de impacto. A possibilidade de utilizar essa abordagem integrada deve ser considerada explicitamente quando a coleta de dados estiver sendo planejada. A utilização de novas tecnologias pode facilitar esse controle de qualidade.

Conforme discutido, a coleta de dados compreende um conjunto de operações cuja complexidade não deve ser subestimada. O boxe 16.5 discute como o processo de coleta de dados para a avaliação do programa-piloto Atención a Crisis, da Nicarágua, produziu dados de alta qualidade e com taxas muito baixas de atrição e não resposta, além de poucos erros de medida e processamento. Esses dados de alta qualidade só podem ser obtidos quando os procedimentos de verificação da qualidade dos dados e os incentivos adequados são postos em prática no momento da contratação da coleta de dados.

Ao fim do processo de coleta de dados, a base de dados deve ser entregue com uma documentação detalhada, incluindo a programação completa e o dicionário de dados, e armazenada em um local seguro (ver o boxe 16.6). Se os dados estiverem sendo coletados para uma avaliação de

Boxe 16.5: Coleta de dados para a avaliação do programa-piloto Atención a Crisis, na Nicarágua

Em 2005, o governo da Nicarágua lançou o programa-piloto Atención a Crisis. Foi realizado um estudo para avaliar o impacto da combinação de um programa de transferência condicional de renda (TCR) com transferências de estímulo à produção, como bolsas para investimento em atividades não agrícolas ou capacitação profissional. O programa Atención a Crisis foi implementado pelo Ministério da Família, com o apoio do Banco Mundial.

Utilizou-se uma seleção aleatória em dois estágios para a avaliação. Em primeiro lugar, 106 comunidades-alvo foram aleatoriamente selecionadas para o grupo de comparação ou para o grupo de tratamento. Posteriormente, dentro das comunidades de tratamento, as famílias elegíveis foram selecionadas aleatoriamente para um dos três pacotes de benefícios: transferência condicional de renda; TCR acrescida de uma bolsa que permitia a um dos membros da família escolher entre vários cursos de formação profissional; e TCR acrescida de um subsídio para investimento produtivo com o intuito de incentivar os beneficiários a iniciar uma atividade não agrícola de pequeno porte com o objetivo de criar ativos e diversificar seus rendimentos (Macours, Premand e Vakis, 2012).

Uma pesquisa de linha de base foi realizada em 2005. A primeira pesquisa de acompanhamento ocorreu em 2006 e a segunda, em 2008, dois anos após a intervenção ter terminado. Foram realizados rigorosos controles de qualidade em todas as fases do processo de coleta de dados. Primeiramente, os questionários foram amplamente testados em campo, e os entrevistadores foram treinados tanto em

aulas quanto em condições de campo. Em seguida, foi estabelecida uma supervisão de campo, de modo que todos os questionários fossem revisados várias vezes por entrevistadores, supervisores, coordenadores de campo e outros revisores. Em terceiro lugar, foi utilizado um sistema de entrada de dados duplo cego, juntamente com um programa abrangente de verificação de qualidade capaz de identificar questionários incompletos ou inconsistentes. Questionários com informações ausentes para certas perguntas ou com inconsistências eram sistematicamente enviados de volta a campo para verificação. Esses procedimentos e requisitos foram explicitamente especificados nos termos de referência apresentados à empresa contratada para fazer a coleta de dados.

Além disso, procedimentos de rastreamento detalhados foram implementados para minimizar a atrição. No início do processo, um censo completo das famílias residentes nas comunidades de tratamento e de controle foi realizado em 2008 em estreita colaboração com os líderes comunitários. Como a migração dentro do país era comum, a empresa responsável pela coleta de dados recebeu incentivos para rastrear migrantes individuais em todo o país. Como resultado, apenas 2% dos 4.359 domicílios originais não puderam ser entrevistados em 2009. A empresa responsável pela coleta de dados também foi encarregada de rastrear todos os indivíduos das famílias pesquisadas em 2005. Mais uma vez, apenas 2% dos indivíduos que receberam as transferências do programa não puderam ser rastreados (outros

(continua)

Boxe 16.5: Coleta de dados para a avaliação do programa-piloto Atención a Crisis, na Nicarágua *(continuação)*

2% tinham morrido). A atrição foi de 3% para todas as crianças dos domicílios pesquisados em 2005 e de 5% para todos os indivíduos das famílias pesquisadas em 2005.

As taxas de atrição e de não resposta fornecem um bom indicador da qualidade da pesquisa. Atingir taxas de atrição tão baixas exigiu esforços intensos por parte da empresa responsável pela coleta de dados, bem como incentivos explícitos. O custo por unidade de um domicílio ou um indivíduo rastreado também foi muito maior.

Além disso, verificações de qualidade completas aumentaram os custos e o tempo da coleta de dados. Ainda assim, no contexto do programa piloto Atención a Crisis, a amostra se manteve representativa tanto no nível das famílias quanto no nível individual três a quatro anos após a linha de base. Além disso, os erros de medida foram minimizados e a confiabilidade dos dados de avaliação foi assegurada. Como resultado, os impactos de longo prazo do programa piloto Atención a Crisis puderam ser analisados de maneira convincente.

Fonte: Macours, Premand e Vakis 2012.

Boxe 16.6: Orientações para a documentação e o armazenamento de dados

A principal diretriz relacionada à documentação de dados consiste em manter um registro de todos os dados da avaliação de impacto. Isso inclui protocolos de coleta de dados, questionários, manuais de treinamento e similares. O Banco Mundial, o Banco Interamericano de Desenvolvimento e a Millennium Challenge Corporation, entre outros, têm iniciativas de dados abertos pelas quais eles são disponibilizados publicamente por meio de um catálogo.

O armazenamento de dados pode ser dividido em três categorias: microdados, macrodados e arquivos de controle de identificação (ID).

- Os *microdados* são os dados relacionados às unidades de observação que são mantidas anônimas e não incluem nenhuma informação que identifique os indivíduos. As variáveis de identificação relevantes foram tornadas anônimas por meio de IDs, que se vinculam apenas às informações dos entrevistados em arquivos de controle de ID.

- Os *arquivos de controle de ID* contêm todas as informações coletadas antes de serem tornadas anônimas. Eles devem ser salvos apenas em um servidor seguro e nunca devem ser incluídos em um catálogo de dados.

(continua)

- Os *macrodados* incluem todos os documentos de apoio relevantes para a interpretação dos microdados, como o dicionário de dados, a programação completa, a descrição do desenho do estudo e os questionários.

A catalogação dos micro e dos macrodados ajuda a proteger a segurança dos dados e também segue os padrões internacionais de armazenamento desse tipo de informação. Os catálogos de dados centrais são muito menos vulneráveis a falhas ou *hackers* do que um disco rígido de computador ou um dispositivo de armazenamento portátil. Dentro de certos catálogos de dados, os dados podem ser protegidos por senha por um dado período de tempo antes de serem disponibilizados publicamente.

impacto, esse conjunto também deve incluir informações complementares sobre o status de tratamento e a participação no programa. A entrega de uma documentação completa acelerará o processo de análise dos dados da avaliação de impacto, ajudará a produzir resultados que poderão ser usados para a formulação de políticas em tempo hábil e facilitará o compartilhamento de informações e sua potencial replicação.

Recursos adicionais

- Para acessar os materiais complementares a este capítulo e hiperlinks com recursos adicionais, ver o site Avaliação de Impacto na Prática (http://www .worldbank.org/ieinpractice).

- Para obter um guia para o desenho do questionário, ver o módulo sobre "Applied Fieldwork Techniques" no curso de métodos aplicados de avaliação de impacto da Universidade da Califórnia (http://aie.cega.org).

- Para acessar blogs sobre coleta de dados, ver a lista selecionada pelo blog de impacto no desenvolvimento socioeconômico do Banco Mundial (http://blogs .worldbank.org/impactevaluations).

- Para obter mais informações sobre a coleta de dados, ver:
  - Fink, Arlene G., e Jacqueline Kosecoff. 2008. *How to Conduct Surveys: A Step by Step Guide*, quarta edição. Londres: Sage.
  - Iarossi, Giuseppe. 2006. *The Power of Survey Design: A User's Guide for Managing Surveys, Interpreting Results, and Influencing Respondents*. Washington, DC: Banco Mundial.
  - Leeuw, Edith, Joop Hox e Don Dillman. 2008. *International Handbook of Survey Methodology*. Nova York: Taylor & Francis Group.

- Para obter mais informações sobre as atividades de coleta de dados e sobre a supervisão da qualidade dos dados, ver o Kit de Ferramentas de Avaliação de Impacto do Banco Mundial, Módulo 5 sobre Coleta de Dados (http://www .worldbank.org/health/impactevaluationtoolkit). O módulo inclui vários exemplos de relatórios de andamento de pesquisa de campo, manuais sobre o trabalho de campo e programas de treinamento para domicílios e estabelecimentos do setor de saúde.

- Para acessar vários materiais que podem orientar a preparação de uma pesquisa de campo, ver o centro (*hub*) de Avaliação do Banco Interamericano de Desenvolvimento (http://www.iadb.org/evaluationhub). Na seção Coleta de Dados, você pode baixar:
  - Um manual de desenho para questionários
  - Um manual sobre entrada de dados
  - Formulários de consentimento, exemplos de questionários, programas de entrada de dados e manuais de trabalho de campo para vários tipos diferentes de pesquisas, incluindo pesquisas de domicílios, comunidades, estabelecimentos do setor de saúde, escolas e agricultores
  - Links para outros exemplos de perguntas e questionários de pesquisa
  - Links para diretrizes sobre coletas de dados de qualidade
  - Links para ferramentas disponíveis no site da International Household Survey Network (IHSN) (Rede Internacional de Pesquisas Domiciliares) relacionadas ao armazenamento e gerenciamento de dados.
- Para saber mais por que a documentação de dados é importante, como ela pode ser feita e quem, na equipe de avaliação, é o responsável por ela, ver o Kit de Ferramentas de Avaliação de Impacto do Banco Mundial, Módulo 6 sobre o Armazenamento de Dados (http://www.worldbank.org/health/impactevaluationtoolkit).

Notas

1. Ver referências em Grosh e Glewwe (2000) e ONU (2005). Ver também Muñoz (2005), Iarossi (2006), Fink e Kosecoff (2008) e Leeuw, Hox e Dillman (2008), que fornecem diversas orientações práticas para a coleta de dados.
2. Ver McKenzie e Rosenzweig (2012) para ter uma visão geral sobre os avanços mais recentes.
3. Para obter exemplos desse tipo de experimento, ver McKenzie e Rosenzweig (2012) sobre perguntas genéricas; Beegle, Carletto e Himelein (2012) sobre dados agrícolas; Beegle e outros (2012) sobre medições do consumo das famílias; e Bardasi e outros (2011) sobre dados relacionados ao mercado de trabalho.
4. Para obter exemplos de inovações para os métodos de medição de resultados, ver Holla (2013), Das e Hammer (2007) e Planas e outros (2015).

Referências

Baird, S., and B. Özler. 2012. "Examining the Reliability of Self-reported Data on School Participation." *Journal of Development Economics* 98 (1): 89–93.

Bardasi, E., K. Beegle, A. Dillon, A. e P. Serneels. 2011. "Do Labor Statistics Depend on How and to Whom the Questions Are Asked? Results from a Survey Experiment in Tanzania." *The World Bank Economic Review* 25 (3): 418–47.

Beegle, K., C. Carletto e K. Himelein. 2012. "Reliability of Recall in Agricultural Data." *Journal of Development Economics* 98 (1): 34–41.

Beegle, K., J. De Weerdt, J. Friedman e J. Gibson. 2012. "Methods of Household Consumption Measurement through Surveys: Experimental Results from Tanzania." *Journal of Development Economics* 98 (1): 3–18.

Caeyers, Bet, Neil Chalmers e Joachim De Weerdt. 2012. "Improving Consumption Measurement and Other Survey Data through CAPI: Evidence from a Randomized Experiment." *Journal of Development Economics* 98 (1): 19–33.

Chetty, R., J. N. Friedman e E. Saez. 2013. "Using Differences in Knowledge across Neighborhoods to Uncover the Impacts of the EITC on Earnings." *American Economic Review* 103 (7): 2683–721.

Das, J. e J. Hammer. 2007. "Money for Nothing: The Dire Straits of Medical Practice in Delhi, India." *Journal of Development Economics* 83 (1): 1–36.

Fafchamps, Marcel, David McKenzie, Simon Quinn e Christopher Woodruff. 2012. "Using PDA Consistency Checks to Increase the Precision of Profits and Sales Measurement in Panels." *Journal of Development Economics* 98 (1): 51–57.

Ferraz, C. e F. Finan. 2008. "Exposing Corrupt Politicians: The Effects of Brazil's Publicly Released Audits on Electoral Outcomes." *The Quarterly Journal of Economics* 123 (2): 703–45.

Fink, A. G. e J. Kosecoff. 2008. *How to Conduct Surveys: A Step by Step Guide*, quarta edição, Londres: Sage.

Galiani, S., P. Gertler e E. Schargrodsky. 2005. "Water for Life: The Impact of the Privatization of Water Services on Child Mortality." *Journal of Political Economy* 113 (1): 83–120.

Galiani, Sebastian e Patrick McEwan. 2013. "The Heterogeneous Impact of Conditional Cash Transfers." *Journal of Public Economics* 103: 85–96.

Gertler, Paul, Paula Giovagnoli e Sebastián Martínez. 2014. "Rewarding Provider Performance to Enable a Healthy Start to Life: Evidence from Argentina's Plan Nacer." Policy Research Working Paper 6884, Banco Mundial, Washington, DC.

Glewwe, Paul. 2005. "An Overview of Questionnaire Design for Household Surveys in Developing Countries." Em *Household Sample Surveys in Developing and Transition Countries*. Nova York: Organização das Nações Unidas.

Glewwe, Paul e Pedro Olinto. 2004. "Evaluating the Impact of Conditional Cash Transfers on Schooling: An Experimental Analysis of Honduras' PRAF Program." Relatório final. University of Minnesota and IFPRI-FCND.

Grosh, Margaret e Paul Glewwe, eds. 2000. *Designing Household Survey Questionnaires for Developing Countries: Lessons from 15 Years of the Living Standards Measurement Study*. Washington, DC: Banco Mundial.

Holla, Alaka. 2013. "Measuring the Quality of Health Care in Clinics." Banco Mundial, Washington, DC. http://www.globalhealthlearning.org/sites/default /files/page-files/Measuring%20Quality%20of%20Health%20Care_020313.pdf.

Iarossi, G. 2006. *The Power of Survey Design: A User's Guide for Managing Surveys, Interpreting Results, and Influencing Respondents*. Washington, DC: Banco Mundial.

Kasprzyk, Daniel. 2005. "Measurement Error in Household Surveys: Sources and Measurement." Em *Household Sample Surveys in Developing and Transition Countries*. Nova York: Organização das Nações Unidas.

Leeuw, E., J. Hox e D. Dillman. 2008. *International Handbook of Survey Methodology*. Nova York: Taylor & Francis Group.

Macours, Karen, Patrick Premand e Renos Vakis. 2012. "Transfers, Diversification and Household Risk Strategies: Experimental Evidence with Implications for Climate Change Adaptation." Policy Research Working Paper 6053, Banco Mundial, Washington, DC.

McKenzie, David e Mark Rosenzweig. 2012. "Symposium on Measurement and Survey Design." *Journal of Development Economics* 98 (1º de maio): 1–148.

Morris, Saul S., Rafael Flores, Pedro Olinto e Juan Manuel Medina. 2004. "Monetary Incentives in Primary Health Care and Effects on Use and Coverage of Preventive Health Care Interventions in Rural Honduras: Cluster Randomized Trial." *Lancet* 364: 2030–37.

Muñoz, Juan. 2005. "A Guide for Data Management of Household Surveys." Em *Household Sample Surveys in Developing and Transition Countries,* capítulo 15. Nova York: Organização das Nações Unidas.

Organização das Nações Unidas (ONU). 2005. *Household Sample Surveys in Developing and Transition Countries*. Nova York: Organização das Nações Unidas.

Planas, M-E, P. J. García, M. Bustelo, C. P. Carcamo, S. Martinez, H. Nopo, J. Rodriquez, M-F Merino e A. Morrison. 2015. "Effects of Ethnic Attributes on the Quality of Family Planning Services in Lima, Peru: A Randomized Crossover Trial." *PLoS ONE* 10 (2): e0115274.

Pradhan, M. e L. B. Rawlings. 2002. "The Impact and Targeting of Social Infrastructure Investments: Lessons from the Nicaraguan Social Fund." *World Bank Economic Review* 16 (2): 275–95.

Vermeersch, Christel, Elisa Rothenbühler e Jennifer Sturdy. 2012. *Impact Evaluation Toolkit: Measuring the Impact of Results-Based Financing on Maternal and Child Health*. Banco Mundial, Washington, DC. http://www.worldbank.org/health/impactevaluationtoolkit.

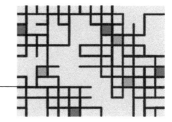

CAPÍTULO 17

Conclusão

Avaliações de impacto: iniciativas complexas, mas que valem a pena

As avaliações de impacto consistem na produção de evidências sobre quais os programas que funcionam, quais os que não funcionam e como aperfeiçoá-los para alcançar melhores resultados em termos de desenvolvimento socioeconômico. Isso pode ser feito em uma estrutura clássica de avaliação de impacto, ou seja, por meio da comparação dos resultados dos grupos de tratamento e de comparação. As avaliações de impacto também podem ser realizadas para examinar diferentes formas de implementação dentro de um programa, para testar inovações ou para analisar diferentes programas a fim de comparar seus desempenhos.

Nosso argumento é que as avaliações de impacto são um investimento que vale a pena para muitos programas. Conjugadas ao monitoramento e outras formas de avaliação, elas melhoram a compreensão sobre a efetividade de políticas específicas; contribuem para aperfeiçoar a prestação de contas junto aos gestores de programas, aos governos, aos financiadores e ao público; orientam as decisões sobre como alocar os recursos escassos destinados ao fomento do desenvolvimento socioeconômico de forma mais eficiente; e ampliam o estoque global de conhecimento sobre o que funciona e o que não funciona na área do desenvolvimento.

Lista de verificação: elementos centrais de uma avaliação de impacto bem elaborada

As avaliações de impacto são iniciativas complexas compostas por muitas peças que estão em constante movimento. A lista de verificação a seguir destaca os elementos centrais de uma avaliação de impacto bem elaborada:

✓ Uma pergunta de política pública concreta e relevante — fundamentada em uma teoria da mudança — que possa ser respondida por uma avaliação de impacto.

✓ Uma metodologia robusta, derivada das regras operacionais do programa, para estimar um contrafactual que mostre a relação causal entre o programa e os resultados de interesse.

✓ Uma equipe de avaliação bem formada e que funcione como uma parceria entre a equipe de formulação e gestão de políticas públicas e a equipe de pesquisa.

✓ O respeito pelos padrões éticos e a consideração pelos seres humanos no desenho e implementação da avaliação e na coleta de dados relacionados a ela, bem como a atenção aos princípios da ciência aberta para garantir a transparência.

✓ Uma amostra com poder estatístico suficiente para permitir a detecção de impactos relevantes para as políticas públicas.

✓ Uma metodologia e amostras que forneçam resultados generalizáveis para a população de interesse.

✓ Dados de alta qualidade que forneçam as informações adequadas e necessárias para a avaliação de impacto, incluindo dados para os grupos de tratamento e de comparação, dados de linha de base e de acompanhamento e informações sobre a implementação do programa e seus custos.

✓ Uma estratégia de engajamento para orientar o diálogo sobre políticas públicas por meio da implementação da avaliação de impacto, bem como um relatório de avaliação de impacto e resumos de política pública divulgados aos principais públicos-alvo em tempo hábil.

Lista de verificação: sugestões para mitigar riscos comuns na realização de uma avaliação de impacto

Destacamos também algumas sugestões que podem ajudar a mitigar os riscos comuns inerentes ao processo de realização de uma avaliação de impacto:

✓ As avaliações de impacto são mais bem desenhadas no início do ciclo do projeto e, idealmente, devem fazer parte do desenho do programa, ou, pelo menos, ser elaboradas antes que o programa a ser avaliado seja implementado. O planejamento antecipado permite um desenho de avaliação prospectivo baseado na melhor metodologia disponível e proporciona o tempo necessário para planejar e implementar a coleta de dados de linha de base nas áreas de avaliação antes do início do programa.

✓ Os resultados da avaliação de impacto devem ser orientados por uma avaliação de processo complementar e por dados de monitoramento que forneçam uma imagem clara sobre a implementação do programa. Quando os programas têm êxito, é importante entender o porquê. Quando os programas fracassam, é importante distinguir entre um programa mal implementado e um desenho de programa falho.

✓ Os dados de linha de base devem ser coletados e uma metodologia alternativa deve ser incorporada em seu desenho de avaliação de impacto. Se o projeto de avaliação original for invalidado — por exemplo, porque o grupo de comparação original recebeu os benefícios do programa —, ter um plano B pode ajudar a evitar descartar a avaliação por completo.

✓ A mesma unidade de observação deve ter o mesmo identificador em diferentes fontes de dados, de forma que as informações possam ser facilmente combinadas durante a análise. Por exemplo, uma família específica deve ter o mesmo identificador nos sistemas de monitoramento e nas pesquisas de avaliação de impacto de linha de base e de acompanhamento.

✓ As avaliações de impacto são úteis para desvendar como os programas funcionam e para testar alternativas de programas — até mesmo para grandes programas que já estejam em andamento. Avaliações de impacto bem elaboradas podem ajudar a testar inovações ou fornecer informações sobre a efetividade relativa dos vários bens e serviços ofertados por programas existentes. Incorporar uma inovação adicional ao programa, como um pequeno piloto no contexto de uma avaliação maior, pode potencializar a avaliação ao produzir informações valiosas para futuras decisões.

✓ As avaliações de impacto devem ser consideradas como mais um componente da operação de um programa e devem contar com uma equipe e orçamento adequados de acordo com os recursos técnicos e financeiros necessários. É importante ser realista quanto aos custos e à complexidade da realização de uma avaliação de impacto. O processo de desenhar uma avaliação e de coletar dados de linha de base a partir do zero normalmente pode demorar um ano ou mais. Uma vez iniciado o programa, o grupo de tratamento necessitará de um período de exposição à intervenção suficiente para que os participantes e, consequentemente, os indicadores de impacto possam ser afetados pela iniciativa. Dependendo do programa, isso pode levar de um ano a cinco anos — ou até mais, para resultados de longo prazo. A realização da análise, de uma ou mais pesquisas de acompanhamento e da disseminação dos resultados também envolverão esforços consideráveis ao longo de vários meses ou anos. No total, um ciclo completo de avaliação de impacto normalmente demora pelo menos de três a quatro anos de engajamento e trabalho intensivo. Recursos financeiros e técnicos adequados são necessários durante cada etapa do processo.

Em última análise, as avaliações de impacto individualmente fornecem respostas concretas para questões de políticas públicas específicas. Embora essas respostas forneçam informações personalizadas para a entidade ou organização específica que encomendou e pagou pela avaliação, elas também fornecem dados valiosos para outras pessoas ao redor do mundo, que podem aprender com eles e tomar decisões baseadas nas evidências obtidas. Por exemplo, programas de transferência de renda da África, da Ásia e da Europa aprenderam lições valiosas com avaliações originalmente realizadas na Colômbia (Familias en Acción), no México (Progresa) e com outros programas latino-americanos de transferência condicional de renda. Dessa maneira, as avaliações de impacto são, em parte, um bem público global. As evidências geradas por uma avaliação de impacto contribuem para o conhecimento mundial sobre o tema analisado. Essa base de conhecimentos pode orientar as decisões sobre políticas públicas de outros países e em outros contextos, desde que com a devida atenção à validade externa. A comunidade internacional está se movimentando rapidamente para ampliar o apoio a avaliações rigorosas.

No nível nacional, governos mais sofisticados e exigentes procuram demonstrar resultados e prestar contas aos seus principais públicos. Cada vez mais, as avaliações têm sido conduzidas por ministérios nacionais, secretarias regionais e órgãos governamentais criados para liderar uma agenda de avaliação nacional, como o Conselho Nacional de Avaliação de Políticas de Desenvolvimento Social, do México, e o Departamento de Monitoramento e Avaliação de Desempenho, da África do Sul. As evidências das avaliações de impacto também têm sido usadas para orientar as alocações orçamentárias apresentadas por órgãos legislativos e parlamentos em nível nacional. Nos sistemas em que os programas são avaliados com base em provas concretas e resultados finais, os programas que apresentam uma forte base de evidências para defender resultados positivos prosperarão, enquanto os programas que não tiverem esse respaldo terão mais dificuldade em manter seu financiamento.

As instituições multilaterais, como o Banco Mundial e o Banco Interamericano de Desenvolvimento, bem como agências nacionais de desenvolvimento, governos doadores e instituições filantrópicas, também estão exigindo mais e melhores evidências sobre o uso efetivo dos recursos de programas de fomento ao desenvolvimento. As evidências são necessárias para a prestação de contas àqueles que emprestam ou doam o dinheiro, bem como para a tomada de decisões sobre onde é melhor alocar os recursos escassos destinados a programas de desenvolvimento socioeconômico.

Um número crescente de instituições dedicadas principalmente à produção de avaliações de impacto de alta qualidade está surgindo, incluindo na área acadêmica, como o Poverty Action Lab, o Innovations for Poverty Action e o Center for Effective Global Action, além de agências independentes que apoiam as avaliações de impacto, como a Iniciativa Internacional para a Avaliação de Impacto (3ie). Várias associações reúnem grupos de profissionais de avaliação e pesquisadores, além de formuladores de políticas públicas interessados no tema, incluindo a Network of Networks on Impact Evaluation e associações regionais, como a Associação Africana de Avaliação e a Rede de Avaliação de Impacto da Associação de Economia da América Latina e Caribe. Todos esses esforços refletem a crescente importância da avaliação de impacto para as políticas internacionais de desenvolvimento.

Considerando esse crescimento da área de avaliação de impacto, estar familiarizado com a linguagem das avaliações é uma habilidade cada vez mais indispensável para qualquer profissional da área de desenvolvimento — quer seja o responsável pela execução e implementação das avaliações, o contratante desse tipo de serviço ou o usuário dos resultados das avaliações de impacto para a tomada de decisão. Evidências rigorosas como aquelas geradas pelas avaliações de impacto podem ser um dos motores do diálogo sobre políticas de desenvolvimento socioeconômico, fornecendo a base para apoiar ou evitar investimentos em programas e políticas de desenvolvimento. As evidências das avaliações de impacto permitem que os formuladores de políticas públicas e os gestores de programas tomem decisões bem fundamentadas sobre como obter resultados de forma mais rentável ou custo-efetiva. Munida com as evidências de uma avaliação de impacto, a equipe de formulação e gestão de política pública tem a tarefa de fechar o ciclo, alimentando o processo de tomada de decisão com esses resultados. Esse tipo de evidência pode orientar debates, opiniões e, em última instância, as decisões sobre a alocação de recursos humanos e monetários de governos, instituições multilaterais e doadores.

A elaboração de políticas públicas baseada em evidências consiste, fundamentalmente, em orientar a elaboração de programas e alocar melhor os orçamentos para expandir as iniciativas custo-efetivas, reduzir aquelas que são ineficazes e introduzir melhorias nos desenhos de programas com base nas evidências de maior qualidade disponíveis. As avaliações de impacto não são puramente acadêmicas. Elas são motivadas pela necessidade de respostas a perguntas de políticas públicas que afetam a vida cotidiana das pessoas. As decisões sobre a melhor maneira de investir recursos escassos em programas de combate à pobreza e de melhoria dos sistemas de transporte, energia, saúde e educação e em iniciativas de seguridade social, microcrédito, agricultura e inúmeras outras ações voltadas para o desenvolvimento socioeconômico têm potencial para melhorar o bem-estar das pessoas de todo o mundo. É vital que essas decisões sejam tomadas com a utilização das evidências mais rigorosas possíveis.

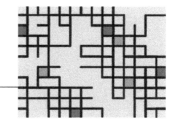

GLOSSÁRIO

Os termos em itálico que aparecem nas definições abaixo são também definidos em outros pontos do glossário.

Amostra. Em estatística, uma amostra é um subconjunto de uma *população de interesse*. Em geral, as populações são muito grandes, o que torna a realização de um *censo* ou de uma enumeração completa de todos os valores da população impraticável ou impossível. Em vez disso, os pesquisadores podem selecionar um subconjunto representativo da população (usando uma *listagem*) e coletar estatísticas sobre essa amostra; essas estatísticas podem ser utilizadas para fazer inferências ou extrapolar para toda a população. Esse processo é chamado de *amostragem*. Compare com *censo*.

Amostra aleatória. Amostra obtida com base em *amostragem probabilística* por meio da qual cada unidade da *listagem* tem uma probabilidade conhecida de ser escolhida. Selecionar uma amostra aleatória é a melhor maneira de evitar uma *amostra* não representativa. A amostragem aleatória não deve ser confundida com a *seleção aleatória*.

Amostra estratificada. Obtida por meio da divisão da população de interesse (*listagem*) em grupos (por exemplo, homens e mulheres), para, em seguida, extrair uma *amostra aleatória* dentro de cada grupo. Uma amostra estratificada é uma amostra probabilística: cada *unidade* de cada grupo (ou estrato) tem uma probabilidade conhecida de ser escolhida. Desde que cada grupo seja suficientemente grande, a amostragem estratificada permite fazer inferências sobre as variáveis de interesse não apenas no nível da população, mas também dentro de cada grupo.

Amostragem. Processo por meio do qual extraem-se unidades de uma *listagem* construída a partir da *população de interesse*. Podem ser utilizados vários procedimentos alternativos de amostragem. Métodos de *amostragem probabilística* são os mais rigorosos, pois atribuem uma probabilidade bem definida para cada unidade a ser selecionada. A *amostragem aleatória*, a amostragem aleatória estratificada e a *amostragem por conglomerados* são métodos de amostragem probabilística. A amostragem não probabilística (como a amostragem intencional ou de conveniência) pode criar erros de amostragem.

Amostragem por conglomerados. É uma *amostra* formada por conglomerados.

Amostragem probabilística. Processo de amostragem que atribui uma probabilidade bem definida para cada *unidade* extraída de uma *listagem*. Esse tipo de amostragem inclui *amostragem aleatória*, amostragem aleatória estratificada e *amostragem por conglomerados*.

Análise de custo-benefício. Estima o total de benefícios esperados de um programa em comparação a seu custo total estimado. Essa análise busca quantificar todos os custos e benefícios de um programa em termos monetários e avalia se os benefícios superam os custos.

Análise de custo-efetividade. Compara o custo relativo de dois ou mais programas ou de alternativas de um programa em termos da obtenção de um *resultado* comum, como a produção agrícola ou as notas dos alunos em avaliações educacionais.

Análise de regressão. Método estatístico usado para analisar as relações entre uma *variável dependente* (a variável a ser explicada) e *variáveis explicativas*. Geralmente, a análise de regressão não é suficiente para captar os efeitos causais. Na *avaliação de impacto*, a análise de regressão é uma forma de representar a relação entre o valor de um indicador de *resultado Y* (variável dependente) e uma variável independente que capta a seleção ao grupo de tratamento ou de comparação, mantendo constantes outras características. Tanto a seleção ao grupo de tratamento e de comparação quanto as outras características são variáveis explicativas. A análise de regressão pode ser univariada (se houver apenas uma variável explicativa; no caso da avaliação de impacto, a única variável explicativa é a seleção ao grupo de tratamento ou de comparação) ou multivariada (se existirem várias variáveis explicativas).

Análise de sensibilidade. Investiga quão sensível é a análise às mudanças nos pressupostos. No contexto dos *cálculos de poder*, ela ajuda os estatísticos a entender o quanto terão que aumentar o tamanho da *amostra* sob pressupostos mais conservadores (como impacto esperado menor, maior variação no indicador de resultado ou nível mais elevado de *poder estatístico*).

Atividade. Ação adotada ou trabalho realizado por meio do qual *insumos*, como recursos financeiros, assistência técnica e outros tipos de recursos, são mobilizados para gerar *produtos* específicos, como dinheiro despendido, distribuição de livros didáticos ou número de participantes em um programa de emprego.

Atrição. A atrição ocorre quando algumas unidades saem da *amostra* entre uma rodada e outra da coleta de dados, como quando as pessoas se mudam e não podem mais ser rastreadas. A atrição é um caso de *não resposta* da unidade de observação e pode criar *viés* na estimativa do impacto do programa.

Avaliação. A avaliação é uma análise objetiva e periódica de um projeto, política ou programa planejado, em andamento ou concluído. As avaliações são utilizadas para responder a questões específicas, frequentemente relacionadas ao desenho, à implementação ou aos resultados.

Avaliação de impacto. *Avaliação* que faz uma ligação causal entre um programa ou *intervenção* e um conjunto de *resultados*. A avaliação de impacto responde à seguinte pergunta: qual é o impacto (ou efeito causal) de um programa sobre um resultado de interesse.

Avaliação de processo. Avaliação que enfoca como um programa é implementado e opera, avaliando se ele está de acordo com seu desenho original e documentando seu desenvolvimento e operação. Compare com a*valiação de impacto*.

Avaliação prospectiva. Avaliação realizada antes da implementação de um programa. A avaliação prospectiva é parte integral dos planos de implementação dos programas. Compare com *avaliação retrospectiva*.

Avaliação retrospectiva. Avaliação realizada após a implementação de um programa (*ex-post*). Compare com *avaliação prospectiva*.

Cadeia de resultados. Define a lógica do programa ao explicar como o objetivo do programa deve ser alcançado. Ela articula a sequência de *insumos*, *atividades* e *produtos* destinados a melhorar os *resultados*.

Cálculos de poder. Método para determinar a dimensão que a amostra deve ter para que uma *avaliação de impacto* estime com precisão o impacto de um programa, ou seja, a menor amostra que permitirá detectar o *efeito mínimo detectável*. Os cálculos de poder dependem de parâmetros como *poder* (ou a probabilidade da ocorrência de *erro do tipo II*), *nível de significância*, média, variância e *correlação intraconglomerado* do *resultado* de interesse.

Censo. Uma enumeração completa de uma população. Os dados do censo abrangem todas as unidades da população. Compare com *amostra*.

Ciência aberta. Movimento que visa tornar os métodos de pesquisa mais transparentes, inclusive por meio do registro de testes, da utilização de planos de pré-análise, da documentação dos dados e de seu registro.

Comparação antes e depois. Também conhecida como comparação pré-pós ou comparação reflexiva. Essa estratégia acompanha as mudanças nos *resultados* para os beneficiários do programa ao longo do tempo, usando medidas antes e depois que a política ou o programa foi implementado, mas sem utilizar um grupo de comparação.

Comparações inscrito e não inscrito. Também conhecidas como comparações com autosseleção. Essa estratégia compara os resultados das unidades que optam por se inscrever em um programa com os resultados das unidades que preferem não se inscrever.

Conglomerado (*cluster*). Um conglomerado é um grupo de unidades que pode compartilhar características semelhantes. Por exemplo, crianças que frequentam a mesma escola podem pertencer a um conglomerado porque compartilham as mesmas instalações escolares e os mesmos professores e vivem no mesmo bairro.

Conselho de Revisão de Práticas Éticas de Pesquisa (Institutional Review Board–IRB). Comitê designado para rever, aprovar e monitorar pesquisas envolvendo seres humanos. Também conhecido como Comitê de Ética em Pesquisa (IEC) ou Conselho de Revisão Ética (ERB).

Consentimento informado. Um dos pilares da proteção dos direitos das pessoas que são objeto de estudo. No caso de *avaliações de impacto*, esse procedimento requer que os participantes tenham uma compreensão clara sobre a finalidade, os procedimentos, os riscos e os benefícios da coleta de dados para a qual foram convidados a participar.

Contrafactual. O contrafactual é o *resultado* (*Y*) que os participantes do programa teriam alcançado na ausência do programa (*P*). Por definição, o contrafactual não pode ser observado. Por isso, ele deve ser estimado usando um *grupo de comparação*.

Correlação. Medida estatística que indica o grau de associação entre duas ou mais *variáveis*.

Correlação intraconglomerado. Também conhecida como *correlação intraclasse*. É o grau de similaridade dos *resultados* ou características entre unidades dentro de um mesmo grupo ou *conglomerado* preexistente relativamente a unidades de outros conglomerados. Por exemplo, as crianças que frequentam uma mesma escola são, em geral, mais semelhantes ou correlacionadas entre si em termos de área de residência ou nível socioeconômico comparativamente a crianças que não frequentam essa escola.

Cumprimento. O cumprimento ocorre quando as *unidades* respeitam a sua alocação para o *grupo de tratamento* ou para o *grupo de comparação*.

Cumprimento parcial. A discrepância entre o status originalmente selecionado e o status real de tratamento. O cumprimento parcial ocorre quando algumas unidades selecionadas para o *grupo de comparação* participam do programa ou quando algumas unidades selecionadas para o *grupo de tratamento* não participam dele.

Dados administrativos. Dados coletados rotineiramente por instituições públicas ou privadas como parte da administração dos programas, normalmente com regularidade e, em geral, no local da prestação de serviços; inclui os serviços prestados, os custos e informações sobre os participantes do programa. Os *dados de monitoramento* são um tipo de dado administrativo.

Dados de monitoramento. Dados provenientes do *monitoramento* de programas que fornecem informações essenciais sobre a realização de uma *intervenção*, incluindo quem são os beneficiários e quais os benefícios ou *produtos* do programa que eles podem ter recebido. Os dados de monitoramento são um tipo de *dado administrativo*.

Dados de pesquisa. Dados que cobrem uma *amostra* da população de interesse. Compare com os dados do *censo*.

Desenho cruzado. Também chamado de desenho transversal. Nesse tipo de desenho, ocorre *seleção aleatória* de duas ou mais intervenções, permitindo que se estime o impacto das intervenções individuais e combinadas.

Diferença em diferenças. Também conhecida como *dupla diferença* ou *DD*. A diferença em diferenças compara as variações nos *resultados* ao longo do tempo entre o *grupo de tratamento* e o *grupo de comparação*. Isso elimina quaisquer diferenças constantes entre esses grupos.

Efeito Hawthorne. Ocorre quando as unidades se comportam de maneira diferente devido ao simples fato de serem observadas.

Efeito John Henry. O efeito John Henry acontece quando as unidades de comparação se esforçam mais para compensar o fato de não terem recebido a oferta de tratamento. Quando comparamos as unidades tratadas com as unidades de comparação mais esforçadas, a estimativa do impacto do programa terá um *viés*: ou seja, estimaremos um impacto menor para o programa do que o impacto verdadeiro que encontraríamos caso as unidades de comparação não fizessem o esforço adicional.

Efeito médio do tratamento (ATE). O impacto do programa sob a hipótese de que houve *cumprimento* pleno da seleção para o programa. Isto é, todas as *unidades* que foram selecionadas a um programa realmente se inscreveram nele, e nenhuma das unidades de comparação recebeu o programa.

Efeito médio local do tratamento (LATE). O *impacto* do programa estimado para um subconjunto específico da população, como as *unidades* que cumprem sua seleção para o grupo de tratamento ou para o grupo de comparação na presença de *cumprimento parcial*, ou em torno do ponto de corte de elegibilidade no *método de regressão descontínua*. Dessa maneira, o LATE fornece apenas uma estimativa local do impacto do programa que não deve ser generalizada para toda a população.

Efeito mínimo detectável. O efeito mínimo detectável é um insumo para o *cálculo de poder estatístico*. Isto é, fornece a magnitude do efeito que uma *avaliação de impacto* deve ser capaz de estimar para um determinado nível de *significância* e *poder*. As *amostras* de avaliação devem ser grandes o suficiente para estimar pelo menos o efeito mínimo detectável com poder estatístico suficiente. O efeito mínimo detectável é estabelecido considerando a mudança nos *resultados* que justificaria o investimento em uma *intervenção*.

Efeitos do equilíbrio de contexto. *Transbordamentos* que ocorrem quando uma *intervenção* afeta as normas comportamentais ou sociais em um determinado contexto, como uma localidade tratada.

Efeitos do equilíbrio geral. *Transbordamentos* que ocorrem quando as *intervenções* afetam a oferta e a demanda de bens ou serviços e, assim, alteram o preço de mercado desses bens e serviços.

Equipe de avaliação. A equipe que realiza a *avaliação*. Trata-se, essencialmente, de uma parceria entre dois grupos: uma equipe formada pelos formuladores de políticas públicas e gestores de programas (a equipe de formulação e gestão) e uma equipe composta de pesquisadores (a equipe de pesquisa).

Erro do tipo I. Também conhecido como erro falso positivo. É o erro cometido ao rejeitarmos uma *hipótese nula* apesar de ela ser verdadeira. No contexto das *avaliações de impacto*, um erro do tipo I é cometido quando uma avaliação conclui que um programa teve *impacto* (ou seja, a hipótese nula de ausência de impacto é rejeitada) mesmo que, na realidade, o programa não tenha tido nenhum impacto (isto é, a hipótese nula é verdadeira). O *nível de significância* é a probabilidade de cometer um erro do tipo I.

Erro do tipo II. Também conhecido como erro falso negativo. É o erro cometido ao aceitarmos (ou não rejeitarmos) a *hipótese nula*, mesmo que ela não seja verdadeira. No contexto das avaliações de impacto, um erro do tipo II é cometido quando se conclui que um programa não teve *impacto* (isto é, a hipótese nula de ausência de impacto não é rejeitada), apesar de o programa ter tido impacto (ou seja, a hipótese nula não é verdadeira). A probabilidade de cometer um erro do tipo II é de 1 menos o nível de *poder*.

Escore de propensão. No contexto das *avaliações de impacto* que utilizam o método de *pareamento*, o escore de propensão é a probabilidade de uma *unidade* se inscrever no programa com base nas características observadas. Esse escore é um número real entre 0 e 1 que resume a influência de todas as características observadas na probabilidade de se inscrever no programa.

Estimador. Em estatística, um estimador é uma função usada para estimar uma característica desconhecida da população (tecnicamente conhecida como *parâmetro*) a partir dos dados; uma estimativa é o resultado da aplicação do estimador a uma amostra específica de dados.

Estudo de efetividade. Avalia se um programa funciona em condições normais de escala. Quando concebido e implementado adequadamente, os resultados desses estudos podem ser mais generalizáveis do que os *estudos de eficácia*.

Estudo de eficácia. Avalia se um programa pode funcionar em condições ideais. Esses estudos são realizados em circunstâncias muito específicas, por exemplo, com grande envolvimento técnico dos pesquisadores durante a implementação do programa. Geralmente, eles são realizados para testar a viabilidade de um novo programa. Seus resultados podem não ser generalizáveis para além do escopo da avaliação.

Experimento de mecanismo. É a *avaliação de impacto* que testa o efeito de determinado mecanismo causal seguindo a *teoria da mudança* de um programa, em vez de testar o efeito causal (*impacto*) do programa como um todo.

Falta de suporte comum. Quando se utiliza o método de *pareamento*, a falta de suporte comum representa a ausência de sobreposição entre *os escores de propensão* do grupo de tratamento ou inscrito e os escores de propensão do grupo não inscrito.

Fator (efeito) fixo. Fator que não varia com o passar do tempo, ou seja, é constante.

Fator variável. Fator que varia com o passar do tempo.

Generalização. A extensão com que os resultados de uma *avaliação* realizada localmente serão válidos em outros contextos e entre outros grupos populacionais.

Grupo de comparação. Também conhecido como *grupo de controle*. Um grupo de comparação válido terá as mesmas características, em média, que o grupo de beneficiários do programa (*grupo de tratamento*), exceto pelo fato de que as unidades no grupo de comparação não se beneficiam do programa. Grupos de comparação são usados para estimar o *contrafactual*.

Grupo de controle. Também conhecido como *grupo de comparação* (consulte definição).

Grupo de tratamento. Também conhecido como grupo tratado ou grupo de intervenção. O grupo de tratamento é o grupo de *unidades* que recebe uma intervenção, em contraposição ao *grupo de comparação*, que não recebe.

Hipótese. Uma hipótese é uma explicação proposta para um fenômeno observável. Consulte também *hipótese nula* e *hipótese alternativa*.

Hipótese alternativa. A *hipótese* de que a *hipótese nula* é falsa. Em *avaliação de impacto*, a hipótese alternativa é geralmente a hipótese de que a *intervenção* tem um impacto sobre os *resultados*.

Hipótese nula. *Hipótese* que pode ser falseada com base em dados observados. A hipótese nula geralmente propõe uma posição geral ou padrão. Na *avaliação de impacto*, a hipótese nula geralmente significa que o programa não tem *impacto*. Isto é, que a diferença entre os resultados obtidos pelo *grupo de tratamento* e pelo *grupo de comparação* é zero.

Impacto. Também conhecido como *efeito causal*. No contexto das *avaliações de impacto*, um impacto é uma mudança diretamente atribuível a um programa, a uma forma de implementação do programa ou a uma inovação no desenho do programa.

Indicador. Um indicador é uma *variável* que mede um fenômeno de interesse para a equipe de avaliação. O fenômeno pode ser um *insumo*, um *produto*, um *resultado*, uma característica ou um atributo. Ver também *SMART*.

Índice de elegibilidade. Também conhecido como variável definidora da descontinuidade ("*forcing variable*"). Esse índice é uma variável contínua que permite classificar a *população de interesse* e que tem um limiar ou um ponto de corte para determinar quem é elegível ou não.

Insumos. Os recursos financeiros, humanos e materiais utilizados na *intervenção*.

Intenção de tratar (ITT). As estimativas de ITT medem a diferença de resultados entre as unidades selecionadas para o *grupo de tratamento* e as unidades selecionadas para o *grupo de comparação*, independentemente de as *unidades* selecionadas para qualquer um dos grupos realmente receberem o tratamento.

Intervenção. No contexto da avaliação de impacto, a intervenção é o projeto, programa, inovação no desenho do programa ou política que devem ser avaliados. Também conhecida como o *tratamento*.

Item com não resposta. Ocorre quando os dados estão incompletos para algumas *unidades* da amostra.

Linha de base. A situação anterior à *intervenção* e em relação à qual pode ser avaliado o progresso ou podem ser feitas comparações. Dados de linha de base são coletados antes que um programa ou política seja implementado para avaliar a situação de *antes*. A disponibilidade de dados de linha de base é importante para documentar o balanceamento das características entre os grupos de tratamento e de comparação antes do programa. Os dados da linha de base são necessários para alguns desenhos de avaliação quase-experimentais.

Listagem. Lista completa de todas as unidades da *população de interesse*. É necessária uma listagem adequada para assegurar que as conclusões obtidas a partir da análise de uma amostra possam ser generalizadas para toda a população. As diferenças entre a listagem e a população de interesse criam um *viés de cobertura*. Na presença de viés de cobertura, os resultados da amostra não têm *validade externa* para toda a população de interesse.

Método de controle sintético. Esse é um método de *pareamento* específico que permite aos estatísticos estimar o impacto em situações nas quais uma única *unidade* (como um país, uma empresa ou um hospital) recebe uma intervenção ou é exposta a um evento. Em vez de comparar essa unidade tratada com um grupo de unidades não tratadas, o método utiliza informações sobre as características da unidade tratada e das unidades não tratadas para construir uma unidade de comparação sintética ou artificial, ponderando cada unidade não tratada de tal modo que a unidade de comparação sintética fique mais parecida com a unidade tratada. Isso requer uma longa série de observações das características tanto da unidade tratada quanto das unidades não tratadas ao longo do tempo. Essa combinação de unidades de comparação em uma unidade sintética proporciona uma comparação melhor para a unidade tratada do que qualquer unidade não tratada individualmente.

Método de regressão descontínua (RDD). *Método quase-experimental* de avaliação de impacto que pode ser usado para programas que se baseiam em um índice contínuo para classificar os participantes potenciais e que têm um ponto de corte ao longo do índice que determina se os participantes potenciais são elegíveis para receber o programa ou não. O ponto de corte para a elegibilidade no programa fornece uma linha divisória entre o *grupo de tratamento* e o *grupo de comparação*. Os resultados dos participantes situados de um lado do ponto de corte são comparados com os resultados dos não participantes situados do outro lado do ponto de corte. Quando todas as unidades cumprem com a alocação que lhes corresponde com base em seu índice de elegibilidade, o RDD é considerado *sharp*. Se houver descumprimento em qualquer um dos lados do ponto de corte, o RDD é considerado *fuzzy*.

Método quase-experimental. Método de *avaliação de impacto* que não tem como base a seleção *aleatória* dos beneficiários para o tratamento. *Diferença em diferenças*, *regressão descontínua* e *pareamento* são exemplos de métodos quase-experimentais.

Métodos mistos. Abordagem analítica que combina dados quantitativos e qualitativos.

Mineração de dados. É a prática de manipular dados em busca de resultados específicos.

Monitoramento. O monitoramento é o processo contínuo de coleta e análise de informações para avaliar o desempenho de determinado projeto, programa ou política. O monitoramento geralmente rastreia *insumos*, *atividades* e *produtos*, embora ocasionalmente inclua também *resultados*. O monitoramento é usado para fornecer informações diárias aos gestores e orientar a tomada de decisões. Ele também pode ser usado para acompanhar o desempenho em relação aos resultados esperados, fazer comparações entre programas e analisar tendências ao longo do tempo.

Não resposta. Ocorre quando há dados ausentes ou incompletos para algumas unidades da amostra. *Unidade com não resposta* surge quando não há informação disponível para algumas unidades da *amostra*, isto é, quando a amostra real é diferente da amostra planejada. *A atrição* é uma forma de não resposta da unidade. *Item com não resposta* ocorre quando os dados estão incompletos para algumas unidades da amostra em determinado período de tempo. A não resposta pode causar *viés* nos resultados da *avaliação* se estiver associada ao status do tratamento.

Pareamento. Método de *avaliação de impacto* não experimental que utiliza grandes conjuntos de dados e técnicas estatísticas para criar o melhor *grupo de comparação* possível para um determinado *grupo de tratamento* com base nas características observadas.

Pareamento por escore de propensão. Método de *pareamento* que se baseia *no escore de propensão* para encontrar o melhor *grupo de comparação* possível para determinado *grupo de tratamento*.

Pesquisa de acompanhamento. Também conhecida como *pesquisa de pós-intervenção*. É uma pesquisa realizada após o início do programa, quando os participantes já se beneficiaram dele por algum tempo. Uma *avaliação de impacto* pode incluir várias pesquisas de acompanhamento, que, às vezes, são chamadas de *pesquisas intermediárias* ou *pesquisas finais*.

Poder (ou *poder estatístico*). A probabilidade de uma avaliação de impacto detectar um impacto (isto é, uma diferença entre o *grupo de tratamento* e o *grupo de comparação*) quando ele existir de fato. O poder estatístico é igual a 1 menos a probabilidade de um *erro do tipo II*, e varia de 0 a 1. Os níveis comuns de poder são 0,8 e 0,9. Níveis mais elevados de poder são mais conservadores, o que significa que há uma baixa probabilidade de não detectar os reais impactos do programa.

Poder estatístico. O *poder* de um teste estatístico é a probabilidade de que o teste rejeite a *hipótese nula* quando a *hipótese alternativa* for verdadeira (isto é, que não resultará em um *erro do tipo II*). À medida que o poder aumenta, as chances da ocorrência de um erro do tipo II diminuem. A probabilidade de um erro do tipo II é chamada de taxa de falsos negativos (β). Portanto, o poder é igual a $1 - \beta$.

População de interesse. Um grupo abrangente composto por todas as *unidades* (tais como indivíduos, famílias, empresas, estabelecimentos) elegíveis para receber uma intervenção ou tratamento e para o qual uma *avaliação de impacto* pretende estimar os *impactos* do programa.

Pressuposto de estabilidade de valor da unidade de tratamento (SUTVA). O requisito básico para que o *resultado* de uma *unidade* não seja afetado pelo status de tratamento específico de outras unidades. Isso é necessário para garantir que a *seleção aleatória* produza estimativas de impacto não enviesadas.

Produto. Os produtos, bens e serviços tangíveis que são produzidos (fornecidos) diretamente pelas *atividades* de um programa. A entrega dos produtos é controlada diretamente pela organização responsável pela implementação do programa. O uso dos produtos pelos beneficiários contribui para mudanças nos *resultados*.

Promoção aleatória. Método que utiliza *variáveis instrumentais* para estimar os impactos do programa. O método aloca aleatoriamente uma *promoção*, ou um encorajamento para participar do programa, a um subgrupo de unidades. A promoção aleatória visa aumentar a adesão a um programa voluntário em uma subamostra da população selecionada aleatoriamente. A promoção pode assumir a forma de encorajamento, estímulo ou informações adicionais que motivem as unidades a se inscrever no programa sem afetar diretamente o resultado de interesse. Desta forma, o programa pode ficar aberto a todas as unidades elegíveis.

Resultado. Resultado de interesse medido no nível dos beneficiários do programa. Os resultados são os efeitos a ser alcançados quando a população beneficiária usa os produtos do projeto. Os resultados não são diretamente controlados por nenhum órgão de implementação do programa; eles são afetados tanto pela implementação de um programa (as *atividades* e os *produtos* que ele fornece) quanto pelas respostas comportamentais dos beneficiários expostos a esse programa (o uso que os beneficiários fazem dos benefícios aos quais são expostos). Um resultado pode ser intermediário ou final (longo prazo). Os resultados finais são resultados mais distantes. A distância pode ser interpretada em termos de tempo (quando o período de tempo para alcançar o resultado é mais longo) ou em termos de causalidade (muitas ligações causais são necessárias para alcançar o resultado e múltiplos fatores o influenciam).

Seleção. Ocorre quando a participação no programa é baseada nas preferências, decisões ou características não observadas dos participantes ou administradores do programa.

Seleção aleatória ou experimentos aleatórios. Método de *avaliação de impacto* por meio do qual cada *unidade* elegível (por exemplo, um indivíduo, uma família, uma empresa, uma escola, um hospital ou uma comunidade) tem a mesma probabilidade de ser selecionada para participar de um programa. Com um número suficientemente grande de unidades, o processo de seleção aleatória garante equivalência tanto nas características observadas quanto nas não observadas entre o *grupo de tratamento* e o *grupo de comparação*, eliminando, desse modo, o *viés de seleção*. A seleção aleatória é considerada o método mais robusto para estimar *contrafactuais* e é muitas vezes tida como o padrão-ouro da *avaliação de impacto*.

Significância. A significância estatística indica a probabilidade de se cometer um *erro do tipo I*, ou seja, a probabilidade de detectar um impacto que não existe de fato. O nível de significância é geralmente indicado pela letra grega α (alfa). Níveis populares de significância são 10%, 5% e 1%. Quanto menor o nível de significância, maior a confiança de que o impacto estimado é real. Por exemplo, se o nível de significância for definido em 5%, há 95% de certeza de que o programa teve impacto caso se encontre um impacto significativo.

Simulações *ex-ante*. São *avaliações* que usam os dados disponíveis para simular os efeitos esperados de um programa ou reforma de política pública sobre os *resultados* de interesse.

SMART: Sigla em inglês para específico, mensurável, atribuível, realista e direcionado. Bons indicadores têm essas características.

Tamanho do efeito. A magnitude da variação em um *resultado* causada por uma *intervenção*.

Teoria da mudança. Explica os canais pelos quais os programas podem influenciar os *resultados* finais. Descreve a lógica causal de como e por que um determinado programa, modalidade de programa ou inovação no desenho do programa alcançará os resultados pretendidos. A teoria da mudança é um alicerce-chave para qualquer *avaliação de impacto*, considerando-se o foco de causa e efeito desse tipo de pesquisa.

Teste de significância. Teste para definir se a *hipótese alternativa* atinge o nível de *significância* predeterminado para ser aceita em vez da *hipótese nula*. Se um teste de significância resultar em um p-valor inferior ao nível de significância estatística (α), a hipótese nula é rejeitada.

Teste placebo. Teste de falseamento utilizado para avaliar se as hipóteses por trás de um método são válidas. Por exemplo, ao aplicar o método de *diferença em diferenças*, pode-se implementar um teste placebo usando um grupo de tratamento falso ou um resultado falso, ou seja, um grupo ou resultado que sabemos que não foi afetado pelo programa. Os testes placebo não podem confirmar se as hipóteses são válidas, mas podem destacar os casos em que elas não procedem.

Transbordamentos. Ocorrem quando o grupo de tratamento afeta direta ou indiretamente os resultados do grupo de comparação (ou vice-versa).

Tratamento. Ver *intervenção*.

Tratamento no tratado (TOT). As estimativas de TOT medem a diferença entre os resultados das unidades que realmente recebem o tratamento e os do grupo de comparação. Compare com *intenção de tratar*.

Unidade. Uma pessoa, uma família, uma comunidade, uma empresa, uma escola, um hospital ou outra unidade de observação que possa receber ou ser afetada por um programa.

Unidade com não resposta. Surge quando nenhuma informação é disponibilizada para determinado subconjunto de unidades, ou seja, quando a amostra real é diferente da amostra planejada.

Validade externa. Uma avaliação é externamente válida se a *amostra* de avaliação representar adequadamente a população das *unidades* elegíveis. Dessa maneira, os resultados da avaliação podem ser generalizados para a população das unidades elegíveis. Estatisticamente, para que uma *avaliação de impacto* seja externamente válida, a *amostra* de avaliação deve ser representativa da *população de interesse*. Ver também *validade interna*.

Validade interna. Uma *avaliação* é internamente válida se fornecer uma estimativa acurada do *contrafactual* por meio de um *grupo de comparação* válido.

Variável. Na terminologia estatística, é um símbolo matemático que representa um valor que pode variar.

Variável dependente. Geralmente, é a variável de *resultado*. É a variável a ser explicada, em oposição às *variáveis explicativas*.

Variável explicativa. Também conhecida como variável independente. *Variável* que é usada do lado direito de uma regressão para ajudar a explicar a *variável dependente*, localizada do lado esquerdo da regressão.

Variável instrumental. Também conhecida como *instrumento*. O método de variáveis instrumentais baseia-se em alguma fonte externa de variação — ou instrumento — para determinar o status do tratamento. O instrumento influencia a probabilidade de participar de um programa, mas está fora do controle dos participantes e não está relacionado às características dos participantes.

Variáveis não observadas. Características que não são observadas. Elas podem incluir características como motivação, preferências ou outros traços de personalidade que são difíceis de mensurar.

Viés. Na *avaliação de impacto*, o viés é a diferença entre o impacto estimado e o impacto real do programa.

Viés de cobertura. Ocorre quando *a listagem* não coincide exatamente com a *população de interesse*.

Viés de seleção. O *impacto* estimado sofre de viés de seleção quando difere do verdadeiro *impacto* devido à presença de *seleção*. O viés de seleção geralmente ocorre quando há razões não observadas que influenciam a participação no programa e que estão correlacionadas com os *resultados*. Esse viés geralmente ocorre quando o *grupo de comparação* é inelegível ou opta por sair do tratamento.

Viés de substituição. Efeito não intencional gerado pelo comportamento do *grupo de comparação*. As *unidades* que não foram selecionadas para receber o programa podem ser capazes de encontrar bons substitutos para o tratamento por iniciativa própria.